U0898664

最高人民法院

指导性案例裁判规则理解与适用

民事诉讼卷

第二版·上册

江必新　何东宁　沈红雨　李延忱　崔晓林　何 利　著

中国法制出版社
CHINA LEGAL PUBLISHING HOUSE

作者介绍

江必新 男，湖北枝江人。西南政法大学法学学士、法学硕士，北京大学法学博士。现任最高人民法院党组副书记、副院长、审判委员会委员，二级大法官。兼任中国法学会副会长、中国行为法学会会长、中南大学教授。1999 年被评为“全国十大杰出中青年法学家”、2009 年被评为“当代中国法学名家”，2015 年获中国行政法学“杰出贡献奖”、2016 年获第二届“金平法学成就奖”。

与民事审判相关的著作主要有：《民事诉讼的制度逻辑与理性构建——〈民事诉讼法〉再修改之思辨》《新民事诉讼法讲义——再审的理念、制度与机制》《新民事诉讼法讲义——执行的理念、制度与机制》《新民事诉讼法再审程序疑难问题解答与裁判指导》《最高人民法院指导性案例裁判规则理解与适用》（担保卷）、（公司卷一至二）、（合同卷一至四）、（婚姻家庭卷）、（劳动争议卷）、（房地产卷）、（侵权赔偿卷一至二）、（民事诉讼卷）（上下册）等著作二十余部。在《中国社会科学》《中国法学》《法学研究》《法学》《人民司法》《法律适用》等刊物上发表论文两百余篇。

何东宁 男，湖南慈利人，法律硕士，全国审判业务专家，中国政法大学兼职教授。现任最高人民法院审判员、审判长、执行局督导室主任。

1984 年至 2008 年在湖南省慈利县人民法院、张家界市中级人民法院和湖南省高级人民法院工作，历任书记员、助理审判员、审判员、副庭长；2008 年 7 月至今在最高人民法院审判监督庭、执行局工作，历任助理审判员、审判员、审判长、室主任。

合著有：《民商审判疑难问题解析与典型案例指导》《最高人民法院指导性案例裁判规则理解与适用》（担保卷）、（公司卷一至二）、（合同卷一至四）、（婚姻家庭卷）、（劳动争议卷）、（房地产卷）、（侵权赔偿卷一至二）、（民事诉讼卷）（上下册）、（物权卷），《新民事诉讼法配套规则适用指引》《存单纠纷审判实务及判例研究》《民事再审程序新问题裁判标准》《新民事诉讼法再审程序疑难问题解答与裁判指导》《新民事诉讼法再审程序问题裁判标准》等三十部著作。在《人民司法》《法律适用》《判解研究》等刊物上发表论文二十多篇。

沈红雨 女，浙江桐乡人，中国人民大学法学博士，现任最高人民法院审判员、审判长，曾在深圳市中级人民法院工作。

与人合著有：《最高人民法院指导性案例裁判规则理解与适用》（民事诉讼卷）；参与撰写《中华人民共和国涉外民事关系法律适用法条文理解与适用》《最高人民法院关于审理外商投资企业纠纷案件若干问题的规定（一）条文理解与适用》；在《人民司法》《河北法学》《法律适用》《涉外商事海事审判指导》等刊物发表论文十余篇。

李延忱 男，辽宁丹东人，法律硕士，曾在辽宁省高级人民法院工作，现供职于最高人民法院，从事民商法审判工作。

与人合著有：《最高人民法院指导性案例裁判规则理解与适用》（公司卷）、（民事诉讼卷），在《立案审判指导与参考》等刊物上发表论文近十篇。

崔晓林 女，湖南长沙人，法学硕士，曾在北京市朝阳区人民法院工作，现供职于最高人民法院，从事国家赔偿工作。

与人合著有：《最高人民法院指导性案例裁判规则理解与适用》（民事诉讼卷），参与撰写《国家赔偿法律实务操作全书》《人民法院国家赔偿案件文书样式制作依据与应用说明》等，曾在《中国审判案例要览》《人民法院案例选》《法律教学案例精选》《国家赔偿办案指南》等刊物上发表文章十多篇。

何利 女，现任四川省高级人民法院监察室副主任，在职博士生，四级高级法官，四川省首届审判业务专家，四川省首届中青年优秀法学专家提名奖获得者，四川省法院学术委员会委员，中国法学会会员、四川法官学院兼职教师、西南财经大学法学院客座教授。

曾在基层人民法庭、基层人民法院、中级人民法院工作，曾任宜宾市中级法院审判员、副庭长、庭长、审判委员会委员、四川法官学院宜宾分院副院长。

合著和参与撰写有《法治与和谐的中国路径研究》《法治与和谐的域外路径研究》《最高人民法院指导性案例裁判规则理解与适用（民事诉讼卷）（公司卷二）》《最高人民法院审判监督业务指导》《新民事诉讼法配套规则适用指引（一审及简易程序卷）》《合同法、担保法理论与实务》《减刑、假释制度改革研究》《婚姻家庭继承法案例教程》《监狱行刑制度改革研究》《民商审判疑难问题解析与典型案例指导》等十余部，在国家级期刊和核心期刊上发表论文二十余篇，有十余篇论文在全国、四川省论文比赛中获特等奖、二等奖、三等奖。

第二版说明

2014年12月，最高人民法院审判委员会通过了《最高人民法院关于适用〈中华人民共和国民事诉讼法〉的解释》（以下简称《民事诉讼法解释》）。《民事诉讼法解释》共分23章，552条，近6万字。为确保民事诉讼程序公正，保障当事人诉讼权利，促进司法公开，规范证据的审查与运用，提高民事审判工作效率，贯彻诚实信用原则，完善法庭秩序，《民事诉讼法解释》主要就以下法律适用问题作出了新的具体规定：一是对专属管辖、地域管辖、管辖转移等管辖问题作了详细规定，以减少管辖争议和管辖异议，促进各地人民法院依法及时、高效、便捷地行使管辖权；二是对诉讼代理人资格、诉讼参加等问题作出具体规定，以规范诉讼代理行为，便于当事人委托诉讼代理人参加诉讼，以利于提高诉讼质量和效率；三是对证明责任分配原则、调查取证、逾期举证、质证、认证、证据的证明标准、证明力等问题作出了详细规定，并专门规定了当事人陈述、证人作证，应当签署据实陈述、如实作证的保证书；四是对电子送达、留置送达等人民法院送达工作中的突出问题作出了明确规定，以规范人民法院送达行为，提高诉讼效率；五是对保全担保问题作出了统一规定，以指导各地法院正确适用保全担保的适用条件，准确确定担保的形式和数额；六是完善了对妨害民事诉讼的强制措施的相关规定，依法加大对虚假诉讼，规避执行以及侮辱、诽谤、威胁、殴打审判人员，严重扰乱法庭秩序等行为的制裁力度，以贯彻诚实信用原则，维护司法权威，为当事人创造安全、和谐的诉讼环境；七是根据党的十八届四中全会关于实行立案登记制度的要求，对符合法定条件的起诉，规定应登记立案，对当场不能判定是否符合起诉条件的，应当接收起诉材料，并在七日内决定是否立案，以充分保障当事人的诉讼权利；八是对按照小额诉讼案件审理的案件适用范围、审理期限、审理程序等作出了详细规定，在依法保障当事人诉讼权利基础上，促进审判效率和质量的提高；九是对公益诉讼、第三人撤销之诉、案外人申请再审以及执行异议之诉等制度作出了细化规定，在充分保障当事人依法行使诉讼权利的基础上，依法维护人民法院生效裁判文书的既判力与稳定性；十是对调解协议司法确认、实现担保物权等特别程序作了全面规定，为当事人解决纠纷、实现民事权益提供更多的可供选择的途径；十一是进一步规范完善申请再审审查、再审审理程序，并专门对人民检察院再审抗诉、再审检察建议的受理条件与范围作了明确规定，以贯彻落实修改后民事诉讼法关于检察监督的相关规定；十二是明确规定了人民法院对执行行为异议、执行异议的审查处理程序，进一步规范了人民法院的查封、扣押、冻结以及拍卖、变卖等执行措施，并专门规定了人民法院可以对符合企业破产法规定条件的企业法人被执行人移送有管辖权的人民法院按照破产程序进行处理，以有效破解“执行难”“执行乱”等问题。

笔者根据《民事诉讼法解释》的规定对全书所有涉及的相关内容进行了全面修订。主要增加、补充和完善了级别管辖异议案件的审查、协议管辖的把握、管辖权异议和被告适格性异议的区别、公益诉讼、司法确认案件的构成、实现担保物权案件、二审期间当事人的撤诉、第三人撤销之诉、执行异议之诉的性质、第三人撤销之诉与案外人执行异议之间的关系、第三人撤销之诉与再审程序的关系、第三人撤销之诉与案外人申请再审制度的关系、终结再审审查程序与终结再审审理程序、检察监督范围的界定、对和解协议达成前已采取强制执行措施的处理、公证债权文书裁定不予执行后的救济、仲裁裁决不予执行程序救济等相关内容。力求对涉及《民事诉讼法解释》相关内容进行深入、准确的阐释，对具体实务操作提供有针对性的指引，对可能产生的疑难问题给出有价值的分析或建设性的探讨，以期让广大读者真正感觉到阅有所获、用有所依。

作　者

二〇一七年一月

序

随着中国特色社会主义法律体系的形成，人民群众对司法的要求和期待也越来越高，对人民法院的关注也空前强烈，这必然要求人民法院更加注重依法办案，正确履行宪法和法律赋予的审判职责，真正做到有法必依，执法必严，并积极完善司法工作机制，全面发挥司法功能，确保中国特色社会主义法律体系得到贯彻落实。

“徒善不足以为政，徒法不足以自行。”法律的生命在于实施，而法律实施的核心在于法律的统一适用，同等情况同等对待不仅是我国法制统一的题中之意，也是法治的重要原则。案例指导制度在统一法律适用标准、指导下级法院审判工作等方面具有重要的作用，然而应当充分认识到我国案例指导制度与西方国家判例法存在着本质的区别。在英美法系国家，“判例”以法源的地位而存在，被称之为判例法，具有创制、借鉴以及遵循判例等一整套法律制度或者法律体系，其根本原则是“遵循先例”。绝大多数大陆法系国家，“判例”不是正式的法律渊源，只是被推定具有约束力或具有事实上的约束力。遵循先例或受先例拘束与指导，不是西方国家所特有的法律现象，而是实现法制统一的一般要求和基本路径。我国的“案例指导制度”在两大法系中均不存在，是我国司法实践特定历史阶段的产物。我国案例指导制度的构建，不仅符合我国的基本政治制度，而且适合我国的司法现状。案例指导制度无论在称谓（案例而非判例）、制度定位、法律依据，还是效力设定、机制构建等方面都与我国的政治语境相适应。指导性案例作为“动态法典”，既将抽象的、一般的静态法典的条文规范通过具体案件的法律适用演变成“活法”；又通过总结提炼法官审判经验、思维方法和价值追求，形成蕴涵着丰富的法律精神和法学理念的“裁判规则”，从而发挥规范类似案件裁判的作用，进而实现法律调整机制的静态与动态的相洽、刚性与柔性的协调、法律体系与社会变迁的相互融合。这是我国司法机关在既有的制度框架下和现行的司法体制基础上所进行的一项体现中国特色并顺应世界两大法系相互融合发展大趋势的法律适用上的机制创新。

当下，随着社会主义法治实践不断深入，社会主义法治理念牢固树立，人们对司法公正越来越关心和渴望。心理学关于公平理论早已证实，公正是社会比较的结果，人们关注的不是其所得到结果的绝对值，而是与他人对比的相对值。“同案同判”的要求是缘于“同样的事情同样对待，相似的事情相似对待”的自然法思想，它是人们最直观、最朴素的正义观在司法领域的直接反映。相反，如果同案不同判，当事人往往就会觉得自己受到了不公正的待遇，就会怀疑、动摇对司法和法律的信任和信仰。指导性案例既可以为相同或类似案件提供统一的司法标准，约束和规范法官自由裁量权的行使，又可基于案例的公开性、可预测性和可比性，阻断“暗箱操作”“违法断案”。因此，案例指导制度具有实现公平正义的特殊功能。

第一，具有对法律规范内涵明确化的宣示功能。成文法典抽象性法言法语容易产生多种理解和解释，指导性案例是人民法院将抽象的法律适用于具体案件的产物，是将具体案件融于法律条款的智慧结晶。实行指导性案例制度，有利于人们通过案件理解法律，通过法律评价案件，从而架起法律与案件之间的桥梁，使法律规范更加明确化、具体化，为实现法律条文的可操作性提供范例。

第二，具有对制定法漏洞的补充功能。社会发展已经证明，包罗万象、有求必应、尽善尽美的法律只能是人们纯真而完美的梦想。成文法不可能详尽无遗地囊括社会生活的全部现象，其条文式的表述不可避免地在实现法律的普遍性、稳定性和确定性的同时，又在很大程度上牺牲必要的特殊性、适应性和灵活性，存在模糊性、僵化性、时滞性等缺陷，甚至不少领域存在空白或法律漏洞，难以适应实践中出现的新情况、新问题。指导性案例结合具体案例演绎法律条文，在法律许可的范围内，充分发挥司法的能动性、灵活性而有针对性地及时弥补成文法的漏洞，从而确保法网疏而不漏。

第三，具有对法官自由裁量权运用的约束功能。实行指导性案例制度，引导法官认同并借鉴案例中归纳出的法律原则或裁判规则，为法官办案提供明确、具体的指引，有效克服法官的主观臆断和任意擅断，规范法官的自由裁量权，能使相同或相似案件得到基本相同的裁判，更好地维护司法的公平公正，增强司法裁判的权威性。

第四，具有提升案件裁判质量和效率的促进功能。实行指导性案例制度，有利于充分挖掘法官群体的司法智慧和裁判经验，为法官办案提供裁判理念、思维方式、办案思路、解决问题的法律方法和价值衡量等方面的指引。既可以减少法官不必要的重复劳动，节省时间和精力，缩短审判周期，又可以建立起解决同类或相似问题的正确思维模式，保证裁判的精准度，统一司法适用，提高司法效率。

第五，具有排除不当干扰的防御功能。由于影响司法公正信赖和司法裁判权威的因素很多，实行指导性案例制度，遵循先例进行裁判，以机会公正、待遇公正、尊严公正、结果公正等体现出法律可预期性的要求，以及“同样情况同样对待”的公平原则，在一定程度上可以弥补法律公正在逼近自然公正中遭遇的困窘和无奈；在一定程度上可以杜绝、避免和减少除法官能力、学识和认识等原因之外的徇私枉法现象，从而限制一些企图通过枉法裁判牟取私利法官的“玩法空间”；在一定程度上可以发挥上级人民法院对下级人民法院的审判监督作用，抵制和排除法院外部的干扰和法院内部的不规范行为，遏制司法腐败，实现司法公正。

第六，具有对社会主体的教育功能。指导性案例的公布，使得司法裁判效力的影响得以延伸，一个个生动的指导性案例无疑是一个个鲜明的标准，既可以让当事人直观、生动、具体地了解指导性案例的裁判思路，更好地预测诉讼风险，采取更加理性的诉讼行为，从而减少司法资源的浪费，也可以增强社会公众近距离接触法律的机会，通过每个鲜活的案例，感受司法的公正与客观，有效地引导社会主体的行为。

第七，具有促进法学研究和推动立法完善的辅助功能。理论必须源于实践，法学作为一门应用学科更应如此。社会变化的必然性是以特殊性、偶然性为基础的，只注重对抽象的法律规范的研究，就难以把握法律运行的多样性和复杂性。研究法律离不开指导性案例，它既是定性研究的重要对象，又为量化分析提供了丰富的素材。作为联结实践与理论、问题与规则的桥梁，指导性案例本身所蕴含的法治信息，所提出的前沿命题，往往成为法学研究创新和理论发展的重要源泉。同时，司法审判活动作为法律发展的重要原动力之一，法律出台的实证基础往往来源于具体的案件，指导性案例涵盖了社会现实中存在的主要热点和难点问题，案例的积累为立法建议和司法解释的制定提供了有针对性和代表性的素材，增强了说服力和可信度，促使法律发展更能契合社会现实需要。

虽然指导性案例具有宣示、补充、约束、促进、防御、教育、辅助等多种功能，但要充分发挥好这些功能，在适用指导性案例时要采取“类比”“类推”的方法，“有条件地适用”“经过审查后适用”，充分运用归纳推理，使法官依据法律的精神和固有价值进行合理的取舍，使归纳结论符合法律的正义要求并具有可接受性。具体适用指导性案例应当注意以下一些问题：

第一，指导性案例不应具有普遍性的约束力。在我国立法体制下，建立案例指导制度的目的，不是要创制新的法律规则，而是要建立一个有利于准确适用法律的司法工作机制，为案件的审理提供具体、规范的参照。按照《关于案例指导工作的规定》明确要求，最高人民法院发布的指导性案例，各级人民法院在审判类似案件时应当参照。以规范性文件的形式赋予了指导性案例一定的效力，这种参照的效力是一种“事实上的拘束力”，这种拘束力表现为指导性案例不具有正式的法律效力，不属于正式的法律渊源，而主要体现为指导性、说服性、参考性，应当参照指导性案例所运用的裁判方法、裁判规则和法律思维。

第二，建立和完善适用指导性案例的识别和引用规则以及保障机制。识别规则就是做好指导性案例裁判规则的总结工作，进一步明确类似案件的判断标准，方便法官尽快寻找到最佳合适的指导性案例。引用规则与指导性案例的效力有着密切的联系。指导性案例不具有普遍性的约束力，不能被裁判文书直接援引，但并不能排除裁判文书的合理引证。保障机制就是要建立起指导性案例遵循的审级监督和社会监督制度、责任追究制度、培训考核机制以及适用的服务体系。

第三，准确把握指导性案例的适用条件。一是现行法律没有明文规定、规定不明确或存在漏洞，司法实践中主要包括拟裁判的民商事、行政案件没有明确的法律依据或法律存在漏洞，以及法律虽然有规定，但比较原则，易产生歧义等情形；二是存在可以比照的指导性案例规则；三是存在相似的案件事实。

第四，正确运用指导性案例的适用程序。一是案情对比，重点是案件的事实，选择事实组合最相类似的指导性案例；二是情势权衡，主要包括政策权衡、价值权衡、利益权衡和功能权衡，保障案件裁判的形式公正与实质公正、程序公正与实体公正、个案公正与社会公正的统一；三是案例遴选，以“主要问题”为中心展开，分析案件事实，明确诉争焦点，列出问题要点，搜索最佳指导性案例；四是规则适用，重点是在法庭审判和法院判决中的适用，既可以作为律师或检察官在法庭辩论时的理由，也可以作为法官阐释裁判的理由，还可以吸收到司法裁判的推理中，以增强裁判的说理性和权威性；五是案例排除适用原则，当指导性案例与拟裁判案件之间存在案件事实差别，以及指导性案例所确定的裁判规则存在与法律原则相冲突，或含混、模糊、宽泛等缺陷时，可以排除指导性案例规则的适用。

指导性案例是法律与实践结合的产物，是司法经验和智慧的结晶。它既包含着对立法精神的理解和阐发，又包含着司法智慧的创造与探索；既包含了实体性规则，又包含了程序性规范；既包括字面上的法律，又包括案例中当事人及司法人员心目中所理解的法律；既包括法官所适用的法条，又包括法律适用活动本身对法律的生动解释。理论界和实务界对指导性案例应当具有“指导效力”已形成共识。为了更好地提高案例的指导性，增强指导性案例的适用价值，充分发挥其功能，让“纸上的法律”真正变成社会中“活的法律”，虽然有赖于诸多因素，但其中行之有效的方法之一就是从法学方法论的立场去阐释蕴涵于个案的裁判规则。这正是我们组织编写出版这套《最高人民法院指导性案例裁判规则理解与适用》丛书的目的和出发点所在。丛书中所选案例是以最高人民法院指导性案例、公报案例为主，同时，还精选了部分最高人民法院直接裁判的具有指导性的案例。《最高人民法院公报》是国家最高审判机关公开介绍我国审判工作和司法制度的重要官方文献，是最高人民法院对外公布司法解释、司法文件、裁判文书、典型案件及其他有关司法信息资料的法定刊物。《最高人民法院公报》案例的最大的特点就是以《公报》为载体，公开、客观地记录和反映具体案件正确适用具体法律的裁判过程，是唯一以最高人民法院官方名义发布的案例，无论案例是哪一级法院审结的案件，但所涉及的法律适用和理解、司法价值取向等都得到了最高人民法院的正式确认，直接体现最高人民法院的司法观点，具有极强的权威性、指导性和典型性。本丛书分民商事、行政、刑事和综合（年卷）四大类，每大类中按不同案件类型编排成卷，如民商事类可分为担保卷、公司卷、合同卷、婚姻家庭卷、房地产卷等。通过对指导性案例、公报案例等进行梳理，然后编定成卷每年定期出版，奉献给大家。

本丛书突破了传统法律案例类图书的“要点提示、案情、法院审判、裁判要旨、评析”等写作模式；在编写体例上，采取了【裁判规则】、【规则理解】、【拓展适用】、【典型案例】的体例。以裁判规则为主线，在内容和体例上都具有一定的独创性，突出强调不仅要关注公报案例等指导性案例本身，而且要关注指导性案例所形成规则的理解与适用，侧重于弥补法律漏洞以及阐释实务中如何正确理解与适用法律，致力于为读者迅速查找指导性案例和把握裁判规则提供最为便捷有效的途径。

所有的【裁判规则】都是通过对案件争议焦点所涉及的法律问题进行评析后形成的并为裁判结论所确立的法律性质规则，属于法律规则或者原则范畴，是案例的核心内容、灵魂所在。指导性案例裁判规则一般是非特定的、非个体的，对法官在同类案件中认定事实、适用法律具有启发、引导、规范和参考作用。从一定意义上讲，指导性案例的指导作用更多地体现为，从案件事实认定和法律适用中提炼出来的裁判规则或者裁判要旨的指导。针对部分公报案例裁判摘要中存在法条构成要件重述、内容不明确等问题，我们对该部分案例的裁判规则进行了重新归纳和提炼。其目的正如美国大法官卡多佐在《司法过程的性质》中所言，在判决案件时，“所做的第一件事就是将他眼前的案件同一些先例加以比较，无论这些先例是贮藏在他心中还是贮藏在书本中……先例的背后是一些基本的司法审判概念，他们是司法推理的一些先决条件；而其后面的是生活习惯、社会制度，那些概念正是在它们之中才得以生成。通过一个互动过程，这些概念反过来修改着这些习惯与制度……如果先例清楚明了并且契合案件，那么法官就无需做更多的事了。”揭示了指导性案例裁判规则的意义所在。

裁判规则不是书面写就的，而是解读而成的。正如德国法学家拉伦茨在《法学方法论》中所言，“制作司法先例的法官首先考虑的是他所裁判的事件，这些要旨不过是裁判理由中蒸馏出来的结晶，与案件事实密切相关，在很大程度上本身也需要解释。”如何将写在纸上的裁判规则，适用于此后千变万化的类案，诠释规则所蕴含的公平与正义精神，是我们法官的重要任务。然而，由于各级法院、各地法院的法官们，在年龄、知识结构、社会阅历、审判经验等方面存在差异，对于裁判规则的理解、运用等都会有不同的结果。因此，我们认为有必要也坚持将指导性案例中所提炼裁判规则的【规则理解】作为本丛书核心内容，突出对所提炼裁判规则解读的指导意义，以超越个案审判的视野，对法律适用进行理性思考，研究案例所体现的法律规则、法律原理、法律精神以及裁判方法、裁判理念等核心价值。虽然指导性案例裁判规则源于个案，但不仅仅局限于个案，而是通过对规则的理解以及适用规则中应当注意问题的把握，达到将裁判规则适用于类案的效果，从而使所提炼的裁判规则中蕴涵的内在价值能够在更广的范围内、更深的层次上得以被发现、被接受、被适用。虽然目前还没有明确规定指导性案例的裁判规则可以在类案的裁判文书中直接援引，但不容置疑的是它的基本精神完全可以渗透于裁判文书的说理部分，可以作为法官裁判的理由、检察官或律师法庭辩论的理由。对于全国各级法院法官及其他法律工作者来说，准确理解和掌握指导性案例裁判规则，有助于统一司法理念、统一法律适用和统一裁判尺度，促进人们对法律的尊重与信仰。

为了防止因裁判规则的抽象性以及所固有的僵化、不周延等成文规范的弊端而导致理解不准，削弱指导性案例的价值和作用，我们对指导性案例的裁判规则进行了【拓展适用】，目的是对与裁判规则相关联的理论问题进行系统梳理和深入探讨，以期能够较为全面地阐释裁判规则的精髓，从而推动相关法学研究向纵深发展，拓宽人民法院、法官发现问题、解决问题的渠道，又能够为立法和司法解释提供新的思路和视角，从而形成实践丰富理论、理论指导实践、实践发展与理论发展互为条件、司法实践与理论研究良性互动的局面，提升司法应对现实的能力。

通过对《最高人民法院公报》【典型案例】等指导性案例进行分类梳理，一方面是对指导性案例进行连续性和系统性的汇编，方便各地各级法院的法官以及检察官、律师和其他法律界人士检索和援引。另一方面是更全面、更客观、更系统、更立体地展现了指导性案例所依附的案件事实、证据以及裁判说理等的真实风貌，更直观、更清晰、更准确地理解裁判规则的涵义，指导同类案件的法律适用，特别是裁判论证和说理过程，使抽象的审判指导概念更具明确性、更具形象化、更具可操作性。

对指导性案例裁判规则进行全面、系统的解读和阐释，是作者的一次尝试。我们深知，本套丛书所涉及的法学理论博大精深，各种研究文献浩如烟海，有许多未知的领域仍需作深入细致的研究。我们深知法学理论对审判实践有着巨大的指导作用，特别是在法律规定不明确的情况下，具有扎实深厚的理论功底，及时掌握理论界研究的最新成果就显得更为重要。正基于此，我们不敢懈怠，时刻关注理论发展的最新动态，时刻关注理论研究的最新成果，时刻关注审判实践中的典型案例和实践经验，结合我们的实际工作，深入思考，产生自己的一些想法和结论，但其中不乏对一些法律或司法解释已有明确规定，或审判实践中已形成了一定处理规则的问题，从研究的角度提出了一些不同的看法和意见，只能算作是个人的学术见解，并不代表任何组织和机构，甚至与我们个人的身份都无关联。当然，这些观点和意见的正确与否，不仅要接受理论界的评判，而且要接受实践的检验。希望借此丛书的出版，使我们能够与理论界的学者、实务界的同仁进行深入交流探讨，以期共同推动我国案例指导制度的完善和案例研究的深化、细化和体系化。

是为序。

江必新

二〇一六年十月十二日

凡　　例

为使行文方便，本书对相关法律、法规和司法解释等规范性法律文件的名称做了缩略。

《宪法》:《中华人民共和国宪法》

《城市房地产管理法》:《中华人民共和国城市房地产管理法》

《侵权责任法》:《中华人民共和国侵权责任法》

《消费者权益保护法》:《中华人民共和国消费者权益保护法》

《未成年人保护法》:《中华人民共和国未成年人保护法》

《妇女权益保障法》:《中华人民共和国妇女权益保障法》

《残疾人保护法》:《中华人民共和国残疾人保护法》

《继承法》:《中华人民共和国继承法》

《村民委员会组织法》:《中华人民共和国村民委员会组织法》

《农村土地承包法》:《中华人民共和国农村土地承包法》

《环境保护法》:《中华人民共和国环境保护法》

《产品质量法》:《中华人民共和国产品质量法》

《药品管理法》:《中华人民共和国药品管理法》

《证券法》:《中华人民共和国证券法》

《土地管理法》:《中华人民共和国土地管理法》

《涉外民事关系法律适用法》:《中华人民共和国涉外民事关系法律适用法》

《商标法》:《中华人民共和国商标法》《公司法》:《中华人民共和国公司法》

《公司法司法解释一》:《最高人民法院关于适用〈中华人民共和国公司法〉若干问题的规定（一）》

《公司法司法解释二》:《最高人民法院关于适用〈中华人民共和国公司法〉若干问题的规定（二）》

《公司法司法解释三》:《最高人民法院关于适用〈中华人民共和国公司法〉若干问题的规定(三)》

《民法通则》:《中华人民共和国民法通则》

《民法通则意见》:最高人民法院《关于贯彻执行〈中华人民共和国民法通则〉若干问题的意见(试行)》

《合同法》:《中华人民共和国合同法》

《合同法司法解释一》:《最高人民法院关于适用〈中华人民共和国合同法〉若干问题的解释(一)》

《合同法司法解释二》:《最高人民法院关于适用〈中华人民共和国合同法〉若干问题的解释(二)》

《担保法》:《中华人民共和国担保法》

《担保法司法解释》:最高人民法院《关于适用〈中华人民共和国担保法〉若干问题的解释》

《物权法》:《中华人民共和国物权法》

《物权法司法解释一》:《最高人民法院关于适用〈中华人民共和国物权法〉若干问题的解释(一)》

《民事诉讼法》:《中华人民共和国民事诉讼法》

《民事诉讼法意见》:《最高人民法院关于适用〈中华人民共和国民事诉讼法〉若干问题的意见》

《民事诉讼法解释》:《最高人民法院关于适用〈中华人民共和国民事诉讼法〉的解释》

《证据规定》:《最高人民法院关于民事诉讼证据的若干规定》

《案由规定》:《民事案件案由规定》

《民事调解规定》:《最高人民法院关于人民法院民事调解工作若干问题的规定》

《审判监督程序解释》:《最高人民法院关于适用〈中华人民共和国民事诉讼法〉审判监督程序若干问题的解释》

《执行规定》:《最高人民法院关于人民法院执行工作若干问题的规定(试行)》

《仲裁法》:《中华人民共和国仲裁法》

《仲裁法司法解释》:《最高人民法院关于适用〈中华人民共和国仲裁法〉若干问题的解释》

总　目　录

上　册

第一章　民事纠纷的可诉性

第二章　形成之诉

第三章　诉讼标的

第四章　诉的合并

第五章 诉讼请求

第六章 案由

第七章 级别管辖

第八章 协议管辖

第九章 移送管辖

第十章 管辖权异议

第十一章 涉外民事诉讼管辖

第十二章 适格当事人

第十三章 公益诉讼

第十四章 公司代表诉讼

第十五章 诉讼调解与和解

第十六章 法律文书的送达

下 册

第十七章 案件的受理

第十八章 重复起诉的审查及处理

第十九章　二审的范围

第二十章　再审的范围

第二十一章　调解书的再审

第二十二章　案外人申请再审

第二十三章　执行强制管理

第二十四章　执行和解

第二十五章　股权的执行

第二十六章　公证债权文书的执行

第二十七章　优先权的执行

第二十八章　仲裁协议与仲裁裁决

第二十九章　瑕疵仲裁协议的效力

第三十章　涉外仲裁

第三十一章　刑民交叉案件的处理程序

目　录

Contents

上　册

第一章　民事纠纷的可诉性

第二章 形成之诉

第三章 诉讼标的

第四章 诉的合并

第五章 诉讼请求

第六章　案由

第七章　级别管辖

第八章 协议管辖

第九章 移送管辖

第十章 管辖权异议

第十一章　涉外民事诉讼管辖

第十二章 适格当事人

第十三章　公益诉讼

第十四章　公司代表诉讼

第十五章　诉讼调解与和解

第十六章　法律文书的送达

下　册

第十七章　案件的受理

第十八章　重复起诉的审查及处理

第十九章 二审的范围

第二十章 再审的范围

第二十一章 调解书的再审

第二十二章 案外人申请再审

第二十四章　执行和解

第二十五章　股权的执行

第二十九章 瑕疵仲裁协议的效力

第三十章 涉外仲裁

第三十一章 刑民交叉案件的处理程序

第一章　民事纠纷的可诉性

规则1：投资者以交易所审核创设权证违规为由而提起的民事侵权之诉，具有可诉性

——邢立强与上海证券交易所权证交易侵权纠纷案①

【裁判规则】

权证产品属新型证券衍生品种，具有不同于股票交易的特点。权证发行后，符合一定条件的机构经交易所审核可创设权证。投资者以交易所审核创设权证违规为由而提起的民事侵权之诉，具有可诉性。

【规则理解】

一、民事纠纷可诉性内涵

纠纷的可诉性即纠纷的可司法性，它是指民事纠纷发生后，纠纷主体可以将其诉诸司法的属性，或者说纠纷可以被诉诸司法因而能够通过司法最终解决的属性。② 从法律概念所涵盖的具体内涵角度观察，民事纠纷可诉性问题与民事案件受理问题并无实质性的概念差异。但是二者解释的出发点有着本质的不同，前者立足于当事人诉的利益保护，是探究当事人诉讼利益保护范畴；后者着眼于司法职权的确立与司法秩序的规范，体现的是司法功能主义与职权主义思想。

我国民事诉讼法学界很少从当事人诉权的角度探讨纠纷的可诉性，通常都是从法院的角度探讨法院的主管范围问题。只有属于法院主管的纠纷，当事人才可以行使诉权。由于法院主管强调的是法院与其他国家机关的权力分工，而不是从当事人诉权的角度进行，因此，也被学者认为“明显是受权力本位观念的影响，表现出轻视当事人权利的倾向。”③ 现行的《民事诉讼法》也是用了专门的章节规定民事诉

---

① 《中华人民共和国最高人民法院公报》2010年第7期。

② 刘敏：《裁判请求权研究》，中国人民大学出版社2005年版，第154页。

③ 刘敏：《裁判请求权研究》，中国人民大学出版社2005年版，第154页。

讼的起诉与受理问题，其第119条规定了起诉所必须符合的实质性要件，与之相配套的《民事诉讼法解释》第208条①专门规定了案件的起诉与受理问题。另外，《民事诉讼法》第124条规定了不属于人民法院民事案件主管范围的7种情况以及人民法院应如何处理的问题。同时，《民事诉讼法解释》第211条、第212条以及第214条至第218条②进行了相应的细化。最高人民法院在有关司法解释当中针对不同的案件情况，也作出了不属于人民法院民事案件主管范围的规定。上述规定，从正、反两个方面针对人民法院民事案件的主管范围作出了规定，其体现的是共同的职权主义或者叫权力本位思想。

二、权证的内涵

（一）权证的概念

权证是指标的证券发行人或其以外的第三人发行的，约定持有人在规定期间内或者特定到期日，有权按约定价格向发行人购买或者出售标的证券，或以现金结算方式收取结算差价的有价证券。权证是发行人与持有人之间的一种契约关系，持有人有权在某一约定时期或者约定时间段内，以约定价格向权证发行人购买或出售一定数量资产（如股票）或权利。购买股票的权证称认购权证，出售股票的权证称认售权证（也称认沽权证）。权证也可以分为欧式权证与美式权证两种。欧式权证是指只有到了到期日才能行权的权证；美式权证是指在到期日之前随时可以行权的权证。根据上海、深圳证券交易所权证管理暂行办法有关规定，我国的权证，根据当事人之间的约定，既可能属于欧式权证，也可能属于美式权证。权证的价值由两部分组成，一是内在价值，即标的股票与行权价格的差价；二是时间价值，代表持有

---

① 《民事诉讼法解释》第208条规定："人民法院接到当事人提交的民事起诉状时，对符合民事诉讼法第一百一十九条的规定，且不属于第一百二十四条规定情形的，应当登记立案；对当场不能判定是否符合起诉条件的，应当接收起诉材料，并出具注明收到日期的书面凭证。需要补充必要相关材料的，人民法院应当及时告知当事人。在补齐相关材料后，应当在七日内决定是否立案。立案后发现不符合起诉条件或者属于民事诉讼法第一百二十四条规定情形的，裁定驳回起诉。"

② 《民事诉讼法解释》第211条规定："对本院没有管辖权的案件，告知原告向有管辖权的人民法院起诉；原告坚持起诉的，裁定不予受理；立案后发现本院没有管辖权的，应当将案件移送有管辖权的人民法院。"第212条规定："裁定不予受理、驳回起诉的案件，原告再次起诉，符合起诉条件且不属于民事诉讼法第一百二十四条规定情形的，人民法院应予受理。"第214条规定："原告撤诉或者人民法院按撤诉处理后，原告以同一诉讼请求再次起诉的，人民法院应予受理。原告撤诉或者按撤诉处理的离婚案件，没有新情况、新理由，六个月内又起诉的，比照民事诉讼法第一百二十四条第七项的规定不予受理。"第218条规定："赡养费、扶养费、抚育费案件，裁判发生法律效力后，因新情况、新理由，一方当事人再行起诉要求增加或者减少费用的，人民法院应作为新案受理。"

者对未来股价波动带来的期望与机会。在其他条件相同的情况下，权证的持续期间越长，权证的价格越高。美式权证由于在存续期间内可以随时行权，比欧式权证的相对价格要高。

（二）权证的特点

权证产品属新型证券衍生品种，具有不同于股票交易的特点。权证实质反映了发行人与持有人之间的一种契约关系，持有人向发行人支付一定数量的价金以后，就从发行人那里取得一种权利，这种权利使得持有人可以在未来某一特定日期或特定期间内，以约定的价格向权证发行人购买或者出售一定数量的资产。除非合同有明确约定，权证持有人对于标的证券发行人和权证发行人的内部管理和经营决策没有参与权。权证赋予权证持有人的是一种选择的权利而不是义务，权证持有人可以根据市场情况自主选择是否行权，而无需承担任何违约责任。

三、证券交易所审核权证创设的监管行为具有民事诉讼的可诉性

权证的创设是指权证上市交易后，由有资格的机构提出申请的、与原有权证条款完全一致的增加权证供应量的行为。根据上海证券交易所与深圳证券交易所“权证管理暂行办法”的有关规定①，在符合有关证券交易所管理规定的前提下，合格的机构可以就已上市交易的权证，创设同种权证。

根据《证券法》的规定，权证产品属于证券的衍生产品，证券衍生产品的发行、交易的管理办法，由国务院依照证券法的原则作出规定②。按照这一规定，权证的发行和交易行为即可纳入证券法的调整范围。根据《证券法》第102条第1款的规定，证券交易所是为证券集中交易提供场所和设施，组织和监督证券交易，实行自律管理的法人。我国的证券交易实行的是会员制，根据《证券法》第110条的规定，进入证券交易所参与集中交易的，必须是证券交易所的会员。权证交易属于证券交易的一种，因此根据《证券法》以及证券交易所的有关管理办法规定，权证交易同样需要在证券交易所内进行。由于一般的普通投资者只能通过证券交易所会员进场交易，一般的投资者与证券交易所之间不存在直接的交易合同关系。交易所仅仅为证券交易提供平台和中介服务，因交易发生损失，证券交易所对投资者不承担契约上的义务。如果一般的投资者基于契约法上的义务提起违约之诉，其诉请将

---

① 《上海证券交易所权证管理暂行办法》第29条、《深圳证券交易所权证管理暂行办法》第29条分别规定：“已上市交易的权证，合格机构可创设同种权证，具体要求由本所另行规定”。

② 《证券法》（第十届全国人民代表大会常务委员会第十八次会议于2005年10月27日修订通过，自2006年1月1日起施行）第2条第3款规定：“证券衍生品种发行、交易的管理办法，由国务院依照本法的原则规定”。

被驳回。但是，如果一般的投资者基于《证券法》上规定的“证券交易所对于证券交易行为的管理义务”提起的侵权之诉，因提起侵权之诉的原告不受主体限制，则符合民事诉讼的受理要件，人民法院可以受理。

有关证券衍生产品权证产品的发行和交易，截至目前还没有专门的法律或行政法规出台，只有上海、深圳两家证券交易所根据《证券法》和证监会的授权所制订的业务规则，即“权证管理暂行办法”。该“暂行办法”对权证的发行、上市、交易以及行权等作出了规范。并且明确了“对权证的发行、上市、交易、行权及信息披露进行监管”①。有关权证创设问题，“暂行办法”第 29 条作了授权性规定，即对于已上市交易的权证，证券交易所可以允许合格机构创设同种权证。从体系解释方法看，有关权证创设的规定放在“暂行办法”第三章第一节“交易”中，属于有关交易的特别规定，当然应当理解为属于证券交易所进行监管的范围当中。实践中，具体的权证创设规则也是由证券交易所根据“暂行办法”的规定在某一具体的权证产品的上市公告中予以确定。因此，证券交易所对于权证创设的监管行为系证券交易所根据国务院证券监管部门批准的业务规则进行的自律监管行为，证券交易所的监管行为如果违反法律规定和其业务规则，一般的投资主体可以对证券交易所提起民事侵权诉讼。

【拓展适用】

一、影响民事纠纷可诉性的因素

（一）司法的本质属性因素

无论是在立法优位国家还是在司法优位国家，纠纷可诉性的范围都将受到司法本质属性的限制。司法的本质属性是指，在具有对立性的双方有关纠纷事实以及法律上的利益发生纠纷，需要由居于无利害关系的国家司法机关，适用法律规则、按照法律程序解决纠纷，以实现法的国家作用的一种纠纷解决机制。司法的本质属性决定了有关事实性质的争议以及非法律性质的政治、道德、宗教等领域的争议，将被排除在纠纷可诉性范围之外。司法仅仅是解决矛盾纠纷的一种方式与途径，而不是解决矛盾纠纷的唯一途径，司法的方式与其他解决方式共同发挥着作用。同时也应当看到，司法与其他解决方式之间的界限并非一成不变、泾渭分明，在不同的国家之间、在同一国家的不同历史时期，司法发生作用的领域总是处于不断变化当中。

---

① 《上海证券交易所权证管理暂行办法》第 4 条、《深圳证券交易所权证管理暂行办法》第 4 条分别规定：“本所对权证的发行、上市、交易、行权及信息披露进行监管，中国证监会另有规定的除外。”

（二）司法在国家权力体系中的地位与作用因素

为避免权利不会在公权力之间的相互争夺或相互推诿中遭受损害或落空，分权制衡的技术进一步划定了司法权在国家权力结构中的具体份额，这一份额取决于政府和社会对司法权的依赖程度及其为之提供的资源支持，并反过来决定着审判权在承担社会冲突解决方面的能力。① 由于我国有中国特色社会主义的国家结构形式，实行人大监督之下的一府两院制，司法机关相对于国家的立法机关并不是分权与制衡关系，司法机关要接受立法机关监督，并向其汇报工作。在实质的权力关系上，所有国家机关都必须接受执政党——中国共产党的领导，司法机关与司法工作同样也不例外。

（三）特定社会发展阶段因素

司法本质上具有被动属性，但同样不可避免地要回应当下的社会问题。特定的社会发展阶段，会出现不同的社会矛盾纠纷，大量的社会矛盾纠纷会以不同的民事案件诉讼到司法机关。在社会发展速度加快、社会转型剧烈、矛盾纠纷加剧的时期，各方利益主体势必将矛盾纠纷诉求于司法机关，司法机关为了回应社会的“新需求与新期待”，其所受理的民事纠纷案件必然增多；反之，司法机关面对的民事纠纷案件则呈现减少的趋势。这也是影响民事纠纷可诉性的一个因素。

（四）司法能动主义与司法者主观因素

徒法无以自行，司法的作用与司法者的主观能动性紧密相关。所谓司法能动，又称为司法积极主义，其基本宗旨就是，法官应该审判案件，而不是回避案件，并且要广泛地利用他们的权力，尤其是扩大平等和个人自由的手段去促进公平。② 考察当代各国司法状况，似乎司法能动主义成为主流，但其出发点却各有不同，无论是出于司法扩张的内在动力驱使，还是出于发挥司法机关与司法者自身作用的工具主义需要，司法能动的一个必然后果就是导致民事纠纷可诉性范围的扩大。

二、确定民事纠纷可诉性范围的原则

（一）遵循司法自身规律

司法不同于其他国家机关，司法具有被动性。与其他矛盾纠纷解决方式相比，司法具有程序性、法律性以及国家意志性。民事纠纷种类繁多，数量庞大，何种民事纠纷能够或者说应当纳入司法调整当中，既关系到国民的基本权利保障，也关系

---

① 傅郁林：“民事诉讼要件与审查程序”，载《人民法院报》2005年9月28日版。

② ［美］克里斯托弗·沃尔夫：《司法能动主义——自由的保障还是安全的威胁》，黄金荣译，中国政法大学出版社2004年版，第3页。

到司法本身的定位。最高人民法院副院长江必新大法官在分析行政诉讼案件受理标准的时候，总结了社会各界提出的以下几个标准问题，即“治理标准”与能动主义取向、“需求标准”与服务主义取向、“能力标准”与实用主义取向、“利害标准”与功利主义取向等。① 在民事纠纷的受理标准问题上，上述总结同样存在，也各有一定的影响。上述四个标准，都可能成为确定民事纠纷可诉性范围的标准。但是，上述标准的确立，其必然结果就是“选择性司法”，而权利能否得到司法保障、权力能否受到司法监督、矛盾能否通过司法化解，都不再具有可预测性。② 有鉴于此，笔者赞同在民事纠纷可诉性问题上采取“法律标准”与法治主义取向，就是在遵循司法自身规律的前提下，严格依法受理民事纠纷案件，法律规定应当受理的就受理，不应当受理的则不受理，这才是最科学的、最妥当的选择。

（二）坚持审慎受理原则

在我国立法优位的宪政体制下，司法必然带有功能主义特征，司法作用的发挥必然受到诸多限制。一方面，司法迫于维护稳定之需求，不得已受理了大量的其他机关不愿意处理和解决的矛盾纠纷；另一方面，针对社会矛盾调整过程中新出现的关乎国民基本权利的矛盾纠纷，司法机关出于工具主义的退缩，又不敢受理，无法将其纳入自身的调整范围之内。上述两种倾向，都实质性地影响到了司法机关的权威性，不同程度地扭曲了司法的定位。有鉴于此，司法机关目前的着眼点应当放到自身功能的合理定位上面，不必急于过度发挥自身的工具作用，在民事纠纷可诉性这一重大司法问题上，似宜坚持审慎受理的原则。

（三）注重完善相关配套措施

民事纠纷可诉性范围与司法机关正常运转、司法效率的提高同样具有很大的关联性。司法机关片面扩大民事纠纷可诉性范围，同时大量的矛盾纠纷积压在司法机关内部迟迟得不到解决，同样是不可容忍的。解决民事纠纷可诉性问题，应当把提高司法效率、合理设置审判程序等问题一并纳入考量的范围。例如，可以借鉴英美法系诉前或者庭外和解制度，通过诉前或者庭外和解使得绝大多数民事纠纷得以解决，最终通过开庭裁判的案件仅仅是极少一部分。再如，充分发挥其他矛盾纠纷解决机制作用，不断完善诉讼与非诉讼矛盾纠纷解决机制的衔接，各个方面形成合力，共同解决当下大量出现的各类社会矛盾纠纷。

---

① 江必新：“论行政案件的受理标准”，载《法学》2009 年第 6 期。

② 江必新：“论行政案件的受理标准”，载《法学》2009 年第 6 期。

【典型案例】

邢立强与上海证券交易所权证交易侵权纠纷案

原告：邢立强。

被告：上海证券交易所。

法定代表人：张育军，该所总经理。

〔基本案情〕

原告邢立强因与被告上海证券交易所（以下简称上交所）发生证券侵权纠纷，向上海市第一中级人民法院提起诉讼。

原告邢立强诉称：2005 年 11 月 22 日，被告上交所在其网站及相关媒体发布《关于证券公司创设武钢权证有关事项的通知》（以下简称《创设通知》），该通知载明，经上交所同意，通知中国登记结算有限公司上海分公司在权证创设专用账户生成次日可交易的权证，该通知自 2005 年 11 月 28 日起施行。按此通知，创设权证最早上市时间应为 2005 年 11 月 29 日。但在 2005 年 11 月 25 日，上交所却提前三天发布公告，称已同意批准券商创设 11.27 亿份武钢认沽权证。该批创设的权证于 2005 年 11 月 28 日上市交易，该提前天量创设行为使原告持有 115000 份武钢认沽权证失去交易机会，由此而造成原告巨大亏损。上交所违规提前创设的行为是对投资者的欺诈，是造成投资者重大损失的直接原因，依法应当赔偿原告的损失。原告持有武钢认沽权证 11500 份，在 2005 年 11 月 25 日以涨停价 1.86 元收盘，因被告违规提前于 11 月 28 日创设，造成该权证连续跌停至 1.09 元，不仅导致原告至少一个涨停的一半的可得利益损失 21390 元（115000 × 1.86 × 10%），还导致原告直接损失 88550 元［（1.86 − 1.09） × 115000，即涨停收盘价减去连续跌停后的第一次卖出价之差再乘以持有的份额］，同时在暴跌 50% 后又使原告间接损失 20000 元，故原告要求被告对上述损失予以全部赔偿，共计 129940 元（21390 + 88550 + 20000 = 129940），并以此笔损失资金为基础，被告还应赔偿原告在此轮大牛市的股资利息的至少六倍损失共计 779640（129940 × 6），并且随着行情的发展，被告承担的赔偿额也应相应增加。被告的侵权行为使被告获取大量的利益，而原告为主张权利而付出的诉讼费、差旅费、误工费、邮寄费、复印费、取证费、鉴定费、律师费等费用均应由被告赔偿。基于以上事实和理由，原告请求：一、确认在 2005 年 11 月 25 日首次创设武钢认沽权证时上交所的提前创设行为是违法、违规、欺诈及操纵市场的过错行为，并且确认被告的过错行为与原告所受损失存在直接的因果关系，判令被告依法承担赔偿责任；二、判令被告依法赔偿原告因被告的过错行为导致原告持有的 115000 份武钢认沽权证突然失去卖出机会而造成的直接损失 129940 元；三、判令被告赔偿原告因第二项诉讼请求所判令的直接损失 129940 元的股资被被告占用所导致的直到本案执行前的行情经营损失 779640 元，同时确认该项损失数额随行情的发展而相应地增加；

四、判令被告承担案件受理费、律师费、差旅费、误工费、邮寄费、复印费、取证费、鉴定费等一切诉讼费用。

原告邢立强提交了如下证据：

1. 被告上交所《关于证券公司创设武钢权证有关事项的通知》(2005 年 11 月 22 日)，用于证明该通知中第五项规定“有关事项施行日为 11 月 28 日，生成次日才可以交易”。

2. 联合证券权证研究设计中心副主任裴晓岩《武钢权证创设制度首次推出的缺陷与公平问题》，用于证明有关舆论对上交所的创设权证制度提出质疑，表示该制度突如其来。

3. 上海证券报头版头条《10 家券商昨创设武钢认沽权证，11.27 亿份创设权证下周一抛向市场》，用于证明武钢认沽权证 11 月 25 日创设，11 月 28 日交易，证明被告上交所违规提前创设权证。

4. 上海证券报头版头条《11.27 亿份创设武钢认沽权证上市，券商跌停价抛出也有利可图》，用于证明券商 11 月 28 日就可以抛售武钢认沽权证，造成重大利空。

5. 武钢认沽权证（代码 580999）自 2005 年 11 月 23 日上市起至 12 月末止的一小时 K 线图，用于证明该权证的走势。

6. 原告邢立强的资金对账单，用于证明原告存在损失。

7. 原告邢立强武钢认沽权证持有变动记录，用于证明原告存在损失。

8. 中国证券登记结算有限责任公司上海分公司《证券交易记录查询申请表》，用于证明原告邢立强合法申请取得证据 7。

9.《中国证券报》报道《白云机场创设权证 28 日可上市》，用于证明被告上交所心虚，对首次上市日期进行解释，越描越黑。

10. 原告邢立强身份证复印件。

11. 原告邢立强上海证券交易所股票账户复印件。

12. 被告上交所基本信息。

13.《第一财经日报》石仁坪文章《券商创设南航 JTP1 获利或达 150 亿!》，用于证明被告上交所方面创设权证获得暴利。

14. 上海市高级人民法院《驳回再审申请通知书》(2007) 沪高受监字第 3 号。

15. 最高人民法院的接待登记表的存根。证据 14、15 用于证明原告邢立强一直主张权利，产生了费用。

16.《中国证券报》记者张翔文章《记者观察：权证不是好玩的》，用于证明记者认为提前创设与投资者损失的因果关系，与原告邢立强的诉请相互印证。

17.《中国证券报》实习记者徐效鸿文章《武钢认沽权证：不会封跌停，博弈更惨烈》，用于证明当时市场认为武钢认沽权证不会封跌停，原告邢立强为保留证据购买了100份。

18. 中信证券股份有限公司关于注销武钢股份认股权证的公告，用于证明中信证券注销武钢认股权证违反常规，是烟雾弹，是怕股票上涨，股民要求行权，造成对原告邢立强的误导。

被告上交所辩称：原告邢立强是以被告侵犯其财产权为由提起的一般侵权诉讼，然而，本案被告制定权证创设规则并依之审核相关证券公司创立武钢权证申请之行为，属于面向整个权证市场、依法履行法定职责、具有普遍约束力的自律监管行为，而非针对原告而实施的具体行为。因此，原告诉称的被告的行为，不符合一般侵权行为的构成要件，原告的侵权之诉不符合法律规定，依法应予以驳回。被告基于维护权证交易秩序、保护投资者权益之正当目的，按照相关规定审核创设人申请并无不当。原告的损失与诉争的被告行为之间，不存在因果关系，被告不应当承担民事赔偿责任。请求驳回原告的诉讼请求。

被告上交所提交了如下证据：

1. 《上海证券交易所权证管理暂行办法》（以下简称权证管理办法），用于证明被告上交所依法创设权证。

2. 《关于证券公司创设武钢权证有关事项的通知》，用于证明创设权证是面向整个权证市场、依法履行法定职责的自律监管行为。

3. 武钢集团2005年11月16日发布的《武钢股份控股股东关于公司人民币普通股股票之认购权证和认沽权证上市公告书》、2005年11月18日发布的《关于武汉钢铁（集团）公司认购权证、认沽权证上市的第二次提示性公告暨行权期调整的提示性公告》，用于证明武钢集团已经两次对投资者提示了权证创设的风险。

4. 合格机构名单及创设人清单、从事相关创新活动证券公司评审公告，用于证明截至2005年11月25日可以从事权证创设的合格机构为13家，其中10家在当日提出创设申请。权证创设是合格券商的自主行为。

5. 光大证券、海通证券、国信证券、广发证券、东海证券、中信证券、华泰证券、长江证券、国泰君安、国元证券2005年11月25日创设武钢JTP1权证的申请表、同日中登公司权证创设履约担保资金交收账户余额证明、同日创设权证业务通知单（创设第0001号－0010号），用于证明十家券商在11月25日自主提出创设武钢权证的申请，在11月28日之前十家券商在登记结算公司开设了账户提供了担保品，在创设申请中明确写明创设的权证的交易日期在11月28日。被告上交所依职权对十家券商的申请和保证进行了形式审核，通过后通知券商可以创设权证，被告的审核行为是面向整个市场、监管市场的行为，并不是针对原告邢立强的特定行为。

6. 十家券商关于创设武钢认沽权证的公告，用于证明十家券商对权证创设进行了程序披露，创设人对权证交易前进行了信息披露，明确上市交易日期，投资者可以明确知道创设权证的交易日期。

7. 关于证券公司创设白云机场权证、包钢权证、邯钢权证、雅戈尔权证、海尔权证等有关事项的通知，用于证明权证创设三日后可以进行交易，是权证创设的惯例。

8. 2005 年 11 月 23 日至 25 日三天武钢权证及武钢股份行情记录，用于证明 2005 年 11 月 23 日至 25 日武钢股份市场价格与武钢认沽权证相应价格，武钢认沽权证在这三天内被疯炒严重背离内在价值。原告邢立强在明知此种情况下仍大量买入武钢认沽权证，对由此造成的风险应自行承担。

9. 原告邢立强签署的风险揭示书，用于证明原告对权证交易的六大风险是明知的，被告上交所已经尽到提示义务。

10. 相关权证创设量与原告邢立强盈亏对照表，用于证明原告买卖权证有十多种，既有认沽权证也有认购权证，且买卖金额较大，说明原告是高风险偏好的投资者。权证创设量大，原告盈利大的情况也存在，创设量大，原告亏损小的情况也存在。说明盈亏与权证创设量大小没有必然关系。

11. 香港《证券及期货条例》，用于证明自律监管行为的绝对豁免原则是国际惯例。

上海市第一中级人民法院依法组织了质证。

对于原告邢立强提交的证据，被告上交所认为：证据 1 证明了被告依法对权证创设的主体和程序作出了规定，并不能证明被告的监管行为构成侵权，通知中规定的“施行”就是实施，就是可以交易。对证据 2～4、证据 9、证据 13、证据 16、证据 17 的合法性和关联性有异议，上述文章均是作者个人意见，作者个人对于权证创设制度的评论，不符合证据合法性的要求，不能作为证据；同时，媒体意见不是客观事实的反映，与本案无关，不能证明被告的监管行为构成侵权，也不能证明原告的损失与被告的行为有直接的因果关系。此外，证据 9 的报道内容正好证明股改派送权证上市交易三天后，创设权证即可交易是创设权证的交易惯例。对证据 5 的关联性有异议，K 线图本身不能证明原告的盈亏，也不能证明原告诉请的金额；K 线图本身仅证明原告没有机会卖出武钢认沽权证，并不能证明原告的损失与被告的监管行为有直接的因果关系。对证据 6、证据 7 的关联性有异议，对账单、变动记录本身不能证明原告诉请的金额，也不能证明原告的损失，其盈亏没有经过专业机构审计；此外，对账单、变动记录显示原告在 2005 年 11 月 30 日还有买入武钢认沽权证的记录，证明原告在创设权证上市交易后对于武钢认沽权证的判断是继续看涨，证明原告权证交易的盈亏完全取决于原告的个人判断，其损失亦由自身的买卖行为导致，与被告的行为无关。对证据 8 的关联性有异议。证据 10、证据 11 是原告的个人信息不能作为本案证据。证据 12，被告的基本信息已经更新。对证据 14、证据 15 的关联性有异议，这两份证据与本案所审理的实体内容无关。对证据的 18 关联性有异议，与本案无关，不能证明被告的监管行为构成侵权，也不能证明原告的损失与被告行为有直接的因果关系。

对于被告上交所提交的证据，原告邢立强认为，对证据 1 的关联性有异议，原告对被告创设权证的依据没有异议，原告认为被告提前创设权证存在侵权。对证据 2 的关联性有异议，被告提出创设行为是针对整个市场的，但与原告提出的提前创设权证侵权无关。对证据 3 公告没有异议，原告作为投资者知道风险，但对被告的提前创设权证行为是无法预知的。对证据 4～6 十家券商的创设权证资格没有异议，部分券商的申请表中有提到 11 月 28 日权证交易日期，但被告不能以此推卸提前创设权证的责任，因为这些申请表是内部申报的，普通投资者是不可能知道的，这种方式也不是披露。11 月 25 日是星期五，26、27 日是双休日，28 日星期一才开市交易，25 日的申请，28 日就上市交易，普通投资者无法进行调整，也不能认定是正常的披露。对证据 7 有异议，武钢权证是第一只发行的权证，不能以之后发行的权证操作行为来认定被告提前创设就是惯例。对证据 8 有异议，这三天的武钢认沽权证价值并没有背离价值，该份证据也无法证实该事实。对证据 9 本身没有异议，原告知道权证交易的风险，进行权证交易必须要签风险揭示书。这个风险揭示书与本案的权证风险没有关系。对证据 10 的合法性有异议，原告的账户中其他权证交易与本案没有关系，权证创设量与原告的盈亏没有关系，原告起诉并不是针对权证创设量而是针对被告提前创设权证的行为。对证据 11 有异议，但根据香港《证券及期货条例》第二十一条，交易所并不存在豁免权。

上海市第一中级人民法院认证如下：对于原告邢立强提供的证据，其中证据 10～12 系本案原告、被告上交所的身份或单位信息资料，法院已对此进行过审核，与争议事实无关，无须作为证据使用。对于证据 2～4、证据 9、证据 13、证据 16、证据 17，系有关媒体对系争权证创设事件的相关报道和评论，与本案争议事实存在一定关联性，可作为本案证据采纳，被告对这些证据的合法性和关联性提出异议的理由不能成立，不予采信。对于其他证据，被告未对其真实性提出异议，法院作为本案证据予以采纳，是否能够证明原告主张，法院将结合本案其他证据一并予以认定。对于被告提供的证据，鉴于原告对这些证据的真实性均无异议，仅对证据的证明力提出反驳，法院将被告提供的证据作为本案证据采纳，能否证明被告主张的事实，将结合本案其他证据一并予以认定。

上海市第一中级人民法院一审查明：2005 年 11 月 16 日，武汉钢铁（集团）公司（以下简称武钢集团）发布《关于武汉钢铁股份有限公司人民币普通股股票认购权证和认沽权证上市公告书》（以下简称武钢权证上市公告书），其中关于认沽权证的发行，公告称，本次发行备兑认沽权证 47400 万份，认沽权证交易代码“580999”，权证交易简称：“武钢 JTP1”，权证存续期间为 2005 年 11 月 23 日至 2006 年 11 月 22 日，权证行权日为 2006 年 11 月 16 日至 2006 年 11 月 22 日，上市时间为

2006年11月23日，标的证券代码“600005”，标的证券简称“武钢股份”，行权价为3.13元，行权比例为1：1，结算方式为股票给付方式。

截至2005年11月25日，经中国证券业协会评审，中信证券等13家证券公司取得从事相关创新活动的试点资格。2005年11月21日，被告上交所发布《关于证券公司创设武钢权证有关事项的通知》，通知称，取得中国证券业协会创新活动试点的证券公司（以下简称创设人）可按照本通知的规定创设权证，创设人创设的权证应与武钢认购或认沽权证相同，并使用同一交易代码和行权代码。创设认沽权证的创设人应在中国登记结算有限责任公司上海分公司（以下简称中国结算上海分公司）开设权证创设专用账户和履约担保资金专用账户，并在履约担保资金专用账户全额存放现金，用于行权履约担保。创设人应将上述账户报上交所备案。创始人向上交所申请创设权证的，应提供中国结算上海分公司出具的其已提供行权履约担保的证明，经上交所审核同意，通知中国结算上海分公司在权证创设专用账户生成次日可交易的权证。权证创设后，创设人可向上交所申请注销权证，创设人每日申请创设或注销权证不得超过一次，每次创设或注销数量均不低于100万份。该通知自2005年11月28日起施行。2005年11月25日，被告上交所审核批准光大证券、海通证券、国信证券、广发证券、东海证券、中信证券、华泰证券、长江证券、国泰君安证券、国元证券等十家券商创设武钢认沽权证的申请，总计创设武钢认沽权证共11.27亿份，定于2008年11月28日上市。2005年11月26日，十家券商在《证券时报》披露了上述创设权证的信息，《上海证券报》等媒体进行了相关报道。

武钢权证上市后，原告邢立强在2005年11月24日、25日分别买入武钢认沽权证73100份（1.51元/份）、13100份（1.688元/份）、28600份（1.767元/份）、200份（1.806/份），累计买入武钢认沽权证115000份。创设权证上市后，同年11月30日，原告又买入武钢认沽权证100份，每份1.09元。至此，原告共计持有武钢认沽权证115100份，平均买入成本价为1.604元/份。2005年12月5日，原告卖出全部武钢认沽权证115100份，成交价为1.09元/份。此后，原告在武钢权证存续期间，又多次买入和卖出。另查明，原告除持有武钢认沽权证外，还对包钢、武钢、邯钢认购权证以及包钢认沽权证进行过多次交易，互有盈亏。

本案一审的争议焦点是：一、原告邢立强作为投资者因投资权证产生损失以上交所作为被告提起侵权之诉是否具有可诉性；二、原告投资权证产生的损失与被告的监管行为是否存在法律上的因果关系，被告是否应当赔偿原告的交易损失。

〔一审裁判理由与结果〕

上海市第一中级人民法院一审认为：

一、关于本案的可诉性问题

权证产品系证券衍生产品，根据修订后的《中华人民共和国证券法》（以下简称证券法）第二条第三款的规定，证券衍生产品的发行、交易的管理办法，由国务院依照证券法的原则规定。依此规定，权证的发行和交易行为可纳入证券法的调整范围。证券法对证券交易所的性质和地位作了明确规定，根据证券法第一百零二条第一款的规定，证券交易所是为证券集中交易提供场所和设施，组织和监督证券交易，实行自律管理的法人。根据证券法第一百一十条的规定，进入证券交易所参与集中交易的，必须是证券交易所的会员。权证交易亦属于证券交易，亦应在证券交易所内进行。鉴于普通投资者系通过交易所会员进场交易，投资者与交易所之间不存在直接的交易合同关系，交易所仅仅为交易提供平台和中介服务，因交易发生损失，交易所对投资者不承担契约上的义务。本案原告邢立强并非提起违约之诉，而是以被告上交所的审核券商创设权证违规为由提起的侵权之诉，根据《中华人民共和国民法通则》（以下简称民法通则）第一百零六条第二款的规定，原告提起侵权之诉不受主体限制，人民法院可以受理。相对于民法通则而言，证券法系特别法，证券法中关于侵权行为的规定应当优先适用，证券法没有规定的，可以适用一般民法关于民事侵权的规定。关于权证产品的发行和交易，目前尚未有单行法律和行政法规出台，只有上交所根据证券法和证监会的授权制订的业务规则即《上海证券交易所权证管理暂行办法》（以下简称权证管理办法）权证管理办法对权证的发行、交易等进行业务规范。而本案涉及的权证创设问题，也仅有权证管理办法第二十九条作了授权性规定，即对于已上市交易的权证，上交所可以允许合格机构创设同种权证。具体的权证创设规则也是由交易所根据权证管理办法的规定在某一具体的权证产品的上市公告中予以确定。因此，权证创设行为系证券交易所根据国务院证券监管部门批准的业务规则作出的履行自律监管行为，该行为如违反法律规定和业务规则，相关受众主体可以对交易所提起民事诉讼。根据以上分析，被告认为本案原告针对交易所的自律监管行为提起的诉讼不具可诉性的辩称，没有法律依据，不予采信。

二、关于原告邢立强的交易损失与被告上交所的监管行为之间的因果关系问题

原告邢立强认为，被告上交所在审核武钢认沽权证时存在违规、欺诈行为，具体表现在未按公告时间创设权证、创设权证严重超量等方面，这些行为直接导致了原告的交易损失，应当由被告进行赔偿。对此，法院认为，被告上交所系根据权证管理办法第二十九条的规定，审核合格券商创设武钢权证，该审核行为符合业务规则的具体要求，是被告履行证券法赋予其自律监管职能的行为，具有合法性。根据权证管理办法的有关权证发行的规定，具有权证创设资格、开设创设专用账户且提供履约担保资金的证券公司，在其认为权证价格高估时，可以创设权证，并在市场上卖出，增加权证的供给；在权证价格回归价值时，可以回购并注销权证，释放履约担保品。根据上述业务规程，被告在武钢权证上市前，就已经要求发行人在2005年11月18日发布的公告中对有关创设权证对权证交易价格可能造成的影响予以特别提示。在2005年11月21日，武钢权证上市前两天，被告发布了关于证券公司创设武钢权证有关事项的通知，对权证创设的主体和相关程序进行了规定。2005年11月

25日，申请创设武钢权证的券商完成了相关创设登记及担保手续，被告审核后向中国结算上海分公司发出了创设权证业务通知单，同意创设人在权证创设专用账户生成次日可交易的权证。同年11月26日，创设人对创设权证事项进行了披露，明确公布所创设的权证将于11月28日起上市交易。从上述权证创设的过程来看，被告履行了相关监管义务，其行为并无不当。虽然被告在创设权证的通知中载明“该通知自2005年11月28日实施”，但该表述并不表明创设权证只能在该日后即11月29日才能上市，该实施日即为上市日，故只要在11月28日前权证创设的相关手续完成，创设的权证即可上市交易。被告的上述审核行为符合权证创设的惯例，亦未违反业务规则的规定。原告认为被告允许十家券商提前创设武钢权证，没有事实依据，法院难以采信。

对权证交易进行监督和管理，是证券法赋予交易所的一项职能。在武钢认沽权证上市后，投资者对该权证进行了非理性的投机炒作，使得该权证严重背离内在价值。被告上交所为抑制这种过度炒作行为的继续，及时审核创设人创设权证，通过增加权证供应量的手段平抑权证价格，其目的在于维护权证交易的正常秩序，作为市场的监管者，其核准创设权证的行为系针对特定产品的交易异常所采取的监管措施。该行为主观上并非出于恶意，行为本身也并非针对特定投资者，而是针对权证交易活动本身作出的普遍监管行为，是交易所的职责所在。就创设权证审核行为而言，被告的行为不符合侵权行为的基本要件，原告邢立强主张被告侵犯其民事权利，依据不足。

原告邢立强认为，被告上交所核准券商超量创设权证亦是造成原告交易损失的直接原因。对此，法院认为，证券交易所作为证券市场的一线监管者行使监管职能，必然会对相对人和社会产生一定的影响和效应。创设权证制度在我国属于一项金融创新制度，是基于股权分置改革的总体要求，结合股改权证的运行特点，借鉴成熟市场的类似做法产生的一种市场化的供求平衡机制。鉴于这项制度仍处于探索阶段，故在创设程序、创设品种、创设数量等方面尚无规范可循，在具体实施时创设人可以根据发行权证的具体情况自由决定实施方案，交易所仅对其资格和上市程序进行审查。对于创设权证的具体规模，业务规则本身亦无限制。虽然涉案认沽权证的创设量远远超出了最初的发行量，但权证管理办法对此并无禁止性规定，只能根据具体权证产品的交易情况和特点予以确定适当的数量，以达到供求平衡。本案中，原告在武钢认沽权证交易中的损失，虽与券商创设权证增加供给量存在关联，但在被告事先已履行必要的信息披露和风险揭示的情况下，原告仍然不顾风险贸然入市，由此造成的交易风险与被告履行市场监管行为不存在必然的、直接的因果关系，故原告要求被告赔偿权证交易差价损失和可得利益损失，没有法律依据，不予支持。

综上，原告邢立强对被告上交所提起侵权损害赔偿的请求，没有事实和法律上的依据，法院不予支持，原告应自行承担权证交易的风险损失。据此，上海市第一中级人民法院依照民法通则第一百零六条第二款的规定，于2008年12月24日判决如下：

驳回原告邢立强的全部诉讼请求。

本案案件受理费人民币12896元，由原告邢立强负担。

〔二审裁判理由与结果〕

邢立强不服一审判决，向上海市高级人民法院提起上诉。因邢立强未按规定预交上诉费，上海市高级人民法院于2009年5月26日作出裁定：本案按自动撤回上诉处理。

一审判决已发生法律效力。

第二章　形成之诉

规则2：解除权在诉讼程序上表现为形成之诉，当事人没有提出诉请的，人民法院不能迳行裁判

——青岛市崂山国土资源局与青岛南太置业有限公司国有土地使用权出让合同纠纷案①

【裁判规则】

解除权在实体方面属于形成权，在诉讼程序上则表现为形成之诉。在没有当事人依法提出该诉讼请求的情况下，人民法院不能依职权迳行裁判。

【规则理解】

一、解除权的内涵及性质

（一）解除权的内涵

得为契约解除之权，谓之解除权。解除权依当事人之契约或依法律之规定而发生。前者谓之约定解除权，后者谓之法定解除权。② 债法上的解除，是指契约的一方以消灭契约为意思表示而形成的单方行为。

从以上概念分析，对解除权的理解，需要注意以下几个方面：第一，解除权发生的原因包括当事人之间的约定和法律规定，解除权可以分为约定解除权和法定解除权。第二，解除权的行使属单方行为，任何一方当事人根据契约约定或者法律规定，得行使解除权。第三，解除权的成立以契约有效为前提，如存在契约无效的情形，契约无效或者可撤销时，解除权也不得成立。第四，契约解除的效果，根据《合同法》第97条规定，合同解除后，尚未履行的，终止履行；已经履行的，根据履行情况和合同性质，当事人可以要求恢复原状、采取其他补救措施、并有权要求

---

① 《中华人民共和国最高人民法院公报》2007年第3期，最高人民法院（2004）民一终字第106号民事判决书。

② 史尚宽：《债法总论》，中国政法大学出版社2000年版，第537页。

赔偿损失。该点极为重要，从一般把握的角度看，应理解为契约解除并不必然产生恢复原状的效果，特别是对于契约已经履行或者部分履行的，根据履行的情况以及合同的性质等，当事人可以要求恢复原状、采取其他补救措施，并有权要求赔偿损失。

（二）解除权的性质

根据通说，解除权因权利人单方的意思表示就能产生使契约效力终止的法律效果，解除权的性质当属形成权。解除权与当事人合意解除不同，合意解除是当事人之间形成契约关系以后，以新的契约来解除前一契约，该前一契约得以解除的原因不是基于任意一方当事人的单方意思表示，而是基于双方当事人达成新的合意。解除权以单方的解除的意思表示到达对方当事人或者为对方当事人所了解而发生法律效力，不必经过对方当事人的同意或者认可。解除的行为也为不要式行为，除非双方当事人之间事先有明确的约定。

二、形成权的类型及行使限制

民事权利体系，依其作用划分，可以分为支配权、请求权、形成权和抗辩权。“形成权者，依权利者一方之意思表示，得使权利发生、变更、消灭或生其他法律上效果之权利也。非如支配权，权利人只得为所特定之行为，乃依特定之行为，更使其发生法律上特定之效果……法律有时使权利人依诉之形式始行使形成权，以判决形成法律关系，谓之形成判决，其诉谓之形成之诉。”① 从形成权对于法律关系效力变动的影响角度分析，形成权可以包括以下类型：1. 促使法律关系发生效力的形成权，如法定代理人对被代理人（被监护人）行为的追认、权利人对无权处分的承认、本人对无权代理的承认；2. 使法律关系效力变更的形成权，如债权的选择权；3. 使法律关系效力消灭的形成权，如撤销权、解除权、抵销权和终止权等。②

形成权赋予了权利人以自己的单方行为得行使之力，从保护相对人角度以及维护法律关系的稳定性出发，形成权的行使也应当受到一定的限制。包括以下几个方面：第一，形成权的行使，原则上不得附有条件或者期限；第二，行使形成权的意思表示不得撤回，但撤回的通知同时或者先于形成权的意思表示到达的，不在此限；第三，形成权得在一定期间内行使，得以行使形成权的期间称为除斥期间，除斥期间不同于诉讼时效，不存在中止、中断以及延长的情形。

---

① 史尚宽：《民法总论》，中国政法大学出版社 2000 年版，第 25 ~ 26 页。

② 张俊浩主编：《民法学原理》，中国政法大学出版社 1997 年版，第 78 页。

三、形成之诉理论问题探讨

民事诉讼理论将诉的类型分为给付之诉、确认之诉以及形成之诉。如果说给付之诉与确认之诉这两种是原告基于实体权无论在何时都能起诉的一般性类型，而且可以说是具有实质内容的分类，那么形成之诉即是依据判决使权利关系及法律关系发生变动之类型的诉讼。承认这种请求的判决被称为形成判决，而使权利关系及法律关系发生变动的效力就是形成力，在观念上这种判决并没有相应的强制执行内容。[①] 一般来说，私法上的权利关系通常只要依据法律行为或者其他法律事实就可以产生发生、变更或者消灭的效果，无需通过提起诉讼的方式来实现。法律只是在个别的对于需要谋求法律关系安定性的情形，或者需要对多数关系人作出划一性变动之情形，才特别地就“依据形成之诉来进行这种法律关系变动”做出规定。因此，形成之诉的共同标识可以归结为，只要形成判决没有确定，就不能向任何人主张作为诉讼标的的法律关系的变动。以撤销公司股东大会决议之诉为例，在撤销该决议的形成判决确定之前，任何人必须以该决议仍然有效为前提来实施行为，该决议所涉内容仍然被推定有效。如何理解该决议仍然有效？假设该公司股东大会决议内容为撤销某公司董事，在提起撤销公司股东大会决议的形成之诉以后，该被撤销的公司董事在形成判决确定之前，不得主张自己仍然为公司董事，也不得主张行使公司董事职权和支付董事报酬。

但在另一方面，形成之诉也是以丧失法律关系变动的机动性为代价的。同样以上例说明，在提起撤销公司股东大会决议的形成之诉以后，该被撤销的公司董事在形成判决确定之前，同样也不得主张因该决议撤销自己的董事身份而主张给予相应的补偿或者赔偿。因为该形成之诉的诉讼标的即为该撤销公司董事的决议，在形成判决关于决议是否应予撤销的形成力确定之前，以该决议的形成力为前提的其他主张也同样因缺少理由而无法获得支持。

总而言之，对于确认之诉与给付之诉而言，只要存在着权利，当事人就可以提起要求对其进行确认（确认之诉）或者实现（给付之诉）的请求，而形成之诉却只有在实体法做出特别认可的情况下，当事人才能够提起该诉讼。法律对形成之诉所预设的理论是，法律行为或者其他要件事实的发生，不会直接导致法律关系的变动，只有当事人通过诉讼来主张并以判决来宣告这种法律关系变动时，才产生法律关系变动的效果。这种处理，一方面使得法律关系的变动变得困难，另一方面也使得法律关系的变动明确化，而且通过形成判决的形成力向第三人扩张，有助于对多

---

① ［日］高桥宏志：《民事诉讼法制度与理论的深层分析》，林剑锋译，法律出版社 2003 年版，第 60 ~61 页。

数利害关系人之间的法律关系做出划一的处理。有鉴于此，形成之诉一般应当限定在有关身份关系或者社团关系当中。

【拓展适用】

一、第三人撤销之诉

（一）第三人撤销之诉的特点

2012 年 8 月 31 日，第十一届全国人民代表大会常务委员会第二十八次会议讨论通过了《全国人民代表大会常务委员会关于修改〈中华人民共和国民事诉讼法〉的决定》，对《民事诉讼法》进行了修订。《民事诉讼法》第 56 条第 3 款规定："前两款规定的第三人，因不能归责于本人的事由未参加诉讼，但有证据证明发生法律效力的判决、裁定、调解书的部分或者全部内容错误，损害其民事权益的，可以自知道或者应当知道其民事权益受到损害之日起六个月内，向作出该判决、裁定、调解书的人民法院提起诉讼。人民法院经审理，诉讼请求成立的，应当改变或者撤销原判决、裁定、调解书；诉讼请求不成立的，驳回诉讼请求。"从上述法条的文义分析，第三人因不能归责于本人的事由未参加诉讼，如果认为生效判决、裁定、调解书的部分或者全部内容错误且损害其民事权益，可以向做出生效判决、裁定、调解书的人民法院提起新的诉讼。与民事诉讼法规定的其他类型案件相比，该种案件具有以下特殊性：第一，从第三人提出的诉讼请求看，该诉讼请求应为变更或者撤销原生效的判决、裁定、调解书。第二，第三人撤销之诉的诉讼标的应为原生效的判决、裁定、调解书所确定的民事法律关系。第三，案件管辖上，民事诉讼法明确规定了由做出生效的判决、裁定、调解书的人民法院管辖。

（二）第三人撤销之诉的性质

从诉的性质上分析，该第三人的诉讼请求为变更或者撤销原生效的判决、裁定、调解书，是否属于民事诉讼法新设立一种撤销之诉，而不同于传统民事诉讼理论对诉的类型划分？笔者认为，该第三人撤销之诉应归属到形成之诉当中去。理由是：第一，从民事诉讼理论看，第三人撤销之诉的诉讼标的为原生效的判决、裁定、调解书所确定的民事法律关系。该民事法律关系因被生效的判决、裁定、调解书所确定，具有稳定性和当事人私行为不得撤销或变更的特性，只能由权利受到侵害的第三人以新的诉讼来撤销或者变更。第二，在原生效的判决、裁定、调解书所确定的民事法律关系被新的诉讼撤销或者变更以前，由于民事裁判文书既判力的作用，得推定该民事法律关系成立。第三，以撤销或者变更民事法律关系为请求的诉讼，符合形成之诉的一般特征。综上，应当认定第三人撤销之诉属于形成之诉，而非我国修订后的《民事诉讼法》增加了新的诉的类型。

（三）第三人撤销之诉的当事人地位

对于第三人撤销之诉的当事人地位的确定，其实质是对第三人撤销之诉的定位，如果定位准确，就能准确确定当事人的诉讼资格。因为，就第三人撤销之诉与再审程序相比较，两者相同点都在于否认生效裁判的效力；不同之处是：再审不但纠正错误，而且是对原案件的继续审理；而第三人撤销之诉是赋予案外人对错误生效裁判的自我救济程序，是基于新的事实主张撤销原生效裁判，是一个新的诉讼。从其他国家、地区有限的立法例来看，第三人撤销之诉都规定为不同于普通民事诉讼的程序，法国法上第三人撤销之诉与再审并列为特别上诉程序，我国台湾地区法律规定第三人撤销之诉是再审程序后的特别程序。在《民事诉讼法解释》出台前，存在不同的认识。第一种观点认为，应当作为再审程序的特别程序。理由有：第一，第三人撤销之诉和再审的诉讼标的都是已经生效的裁判，都是事后救济程序；第二，第三人撤销之诉与再审的区别在于申请再审的主体是原审的当事人，而第三人撤销之诉的提起主体为未参加原审的案外第三人，在制度功能与案外人申请再审相同；第三，从处理的结果来看，都是对生效的裁判的效力进行评价，或者维持或者撤销或者改变原裁判的内容；第四，从有限的第三人撤销之诉立法例来看，都是把第三人撤销之诉作为与再审并列的救济程序。第二种观点认为，第三人撤销之诉是一种新诉。理由是：第一，第三人提起的撤销之诉是依据新事实提起的新诉，而不是民事诉讼法规定的再审事由；第二，第三人撤销之诉当事人基于新的事实提起的诉讼，应当保护其审级利益，可以上诉；第三，第三人撤销之诉由作出原生效裁判的法院管辖，再审原则上应当由上一级人民法院管辖。从《民事诉讼法解释》将第三人撤销之诉放在一审程序部分之后作为一部分单独规定，显然采纳了第二种观点。从当事人的诉讼地位上分析，第三人撤销之诉应以“因不能归责于本人的事由未参加诉讼”的第三人作为案件的原告，以原审诉讼的各方当事人作为案件的被告。

（四）第三人撤销之诉的构成要件

从诉讼的构成要件上分析，第三人撤销之诉应具备下列构成要件：1. 需要提供证据证明发生法律效力的判决、裁定、调解书的部分或者全部内容错误，至于该请求能否获得支持，需要待案件实体审理以后确定。2. 提起诉讼的第三人需要提供证据证明原生效裁判损害其民事权益。3. 第三人应当自知道或者应当知道其民事权益受到损害之日起六个月内提起诉讼。4. 向做出生效的判决、裁定、调解书的人民法院起诉，请求改变或者撤销原判决、裁定、调解书。《民事诉讼法解释》第 292 条对第三人撤销之诉的起诉条件作了明确的规定，“第三人对已经发生法律效力的判决、裁定、调解书提起撤销之诉的，应当自知道或者应当知道其民事权益受到损害之日起六个月内，向作出生效判决、裁定、调解书的人民法院提出，并应当提供存在下列情形的证据材料：（一）因不能归责于本人的事由未参加诉讼；（二）发生法律效力的判决、裁定、调解书的全部或者部分内容错误；（三）发生法律效力的判决、裁定、调解书内容错误损害其民事权益。”就程序条件而言，第一，第三人因不能归责于自己的事由未参加诉讼，未参加诉讼是指其没有成为前一诉讼的第三人，而不是第三人未实际参与诉讼的过程。不能归责于本人的事由，是指第三人未参加诉讼不是由于其自身过错造成，而是由其他客观事由造成。该第三人对此应当承担举证责任。如果因为其本人的过错未参加诉讼的，视为其行使处分权的结果，依法不能提起撤销之诉。第二，自知道或者应当知道其民事权益受到损害之日起六个月。根据《民事诉讼法解释》第127条规定，《民事诉讼法》第56条第3款规定的六个月是不变期间，不适用延长、中止、中断的规定。提起撤销之诉期间的起算，自第三人知道或者应当知道其民事权益受到侵害之日起算。知道或者应当知道，是以第三人知悉对生效判决、裁定、调解书损害其民事权益事实为标准，应当根据生效判决、裁定、调解书是否送达第三人，执行时是否涉及第三人，以及第三人与案件当事人之间的关系等具体情形判断。第三，向作出生效判决、裁定、调解书的法院起诉，属于专属管辖，不适用民事案件地域管辖、级别管辖的规定。就实体条件而言，第一，撤销的对象是已经发生法律效力的判决、裁定和调解书。对于正在审理过程中的案件，或者未生效的判决、裁定和调解书，不得提起第三人撤销之诉。对于生效的判决，既包括一审生效判决，也包括二审生效判决，还包括再审生效裁判。第二，有证据证明发生法律效力的裁判、裁定、调解书部分或者全部内容错误。内容错误是指判决、裁定、调解书中的裁决事项错误，并且仅限于实体处理内容错误，不包括程序内容错误。应当注意，起诉时应当提交证明生效判决、裁定、调解书内容错误的证据材料，不能等同于经审理以后，查证属实足以证明生效裁判内容错误的证据，强调的是要在起诉时提供相应的证据材料，并非要求在立案时要对这些证据材料查证属实。第三，生效的判决、裁定、调解书的错误内容损害第三人的民事权益。这就要求生效的判决、裁定、调解书的内容与第三人民事权益损害之间要有因果关系，实质上是指第三人与生效裁判内容要有法律上的利害关系。

（五）第三人撤销之诉的审理

审理程序上，作为形成之诉，第三人撤销之诉的审理程序应当围绕第三人所提出的变更或者撤销原生效判决、裁定或者调解书的请求进行审理。审理的重点在于第三人所提的构成要件是否成立。如果第三人所提的诉讼请求成立的，应当判决改变或者撤销原判决、裁定、调解书；如果第三人所提诉讼请求不成立的，也应当以判决驳回其诉讼请求。对于一审所做出的判决，各方当事人如果不服，可在法定期限内提起上诉，由二审法院按照第二审程序进行审理，第二审法院所做的判决应为案件的生效判决。

《民事诉讼法》第 56 条明确规定对于已经发生法律效力的判决、裁定和调解书的错误内容可以通过提起撤销之诉予以撤销或者改变，但就第三人撤销之诉撤销的对象即撤销的内容，是指其全部内容，包括事实认定、理由、法律适用和裁判的判项，还是限定于裁判的判项部分没有明确规定。《民事诉讼法解释》第 296 条明确规定："民事诉讼法第五十六条第三款规定的判决、裁定、调解书的部分或者全部内容，是指判决、裁定的主文，调解书中处理当事人民事权利义务的结果"，排除了裁判文书中事实认定、理由等内容。所谓判决主文是指《民事诉讼法》第 152 条第 1 款第 3 项规定的"判决结果和诉讼费用的负担"部分，也就是有关判项部分内容。所谓裁定主文是指《民事诉讼法》第 154 条第 3 款规定的"裁定结果"部分。所谓调解书中处理当事人民事权利义务内容的结果是指调解书确认的当事人达成的调解协议中关于民事权利义务处分的内容部分。但应当注意的是，《民事诉讼法解释》第 297 条规定了不适用第三人撤销之诉的四种情形：（一）适用特别程序、督促程序、公示催告程序、破产程序等非讼程序处理的案件；（二）婚姻无效、撤销或者解除婚姻关系等判决、裁定、调解书中涉及身份关系的内容；（三）《民事诉讼法》第 54 条规定的未参加登记的权利人对代表人诉讼案件的生效裁判；（四）《民事诉讼法》第 55 条规定的损害社会公共利益行为的受害人对公益诉讼案件的生效裁判。

《民事诉讼法解释》对第三人撤销之诉撤销的对象限定为判决、裁定的主文，调解书中处理当事人民事权利义务的结果，主要是考虑以下因素①：第一，裁判内容对第三人民事权益造成损害的可能性。生效裁判之所以能够对第三人民事权益造成不利益，源于生效判决的判决事项具有法律上的确定力和执行力，从而约束到当事人及案外人。依大陆法通说，裁判的既判力主要是指裁判主文内容，事实部分一般不发生既判力，说理部分有关争点的效力原则上限于诉讼当事人之间，一般不仅于案外人。对第三人不具有法律约束力的说理部分内容，自然很少对其民事权益造成损害可能。我国台湾地区对第三人撤销之诉的撤销的对象是否仅限于判决的主文，个别学者认为判决理由系形成判决主文之基础，如其理由之形成对于第三人不

---

① 参见江必新主编：《最高人民法院民事诉讼法司法解释专题讲座》，中国法制出版社 2015 年版，第 227 ~ 228 页。

利益，似不能谓第三人未受不利益。[①] 依我国台湾地区司法实务和学者见解，判决理由中就诉讼标的以外当事人主张之重要争点，已经为判断时，其效力范围限于该诉讼事件同一当事人之间，并不会及于诉讼事件当事人之外的第三人，因此，该第三人在此实务动作之情况下，并无提起第三人撤销之诉的必要。[②]第二，赋予第三人提起撤销之诉予以救济的必要性。第三人撤销之诉作为对生效裁判稳定性提出挑战的事后救济程序，为维护裁判安定和司法权威，应当以第三人缺乏其他通常的救济程序，切实需要通过撤销之诉对第三人权益进行救济为必要。如裁判文书中关于事实认为的部分，虽然该认定以后，可能会对相关第三人利益产生相应影响，依《证据规定》第9条第1款第4项规定，已为人民法院发生法律效力的裁判所确认的事实，在后续的诉讼中当事人无须再举证，但当事人有相反证据足以推翻的除外。前诉裁判中确定的事实，在后续的诉讼中具有当事人免证的效力，但这种效力是相对的，即当事人可以通过反证予以推翻。因此，事实认定的内容原则上当事人可以在新的诉讼中通过举证即可以推翻，实无提起第三人撤销之诉的必要性。

（六）第三人撤销之诉的裁判

第三人撤销之诉是建立在先前已有一个生效裁判或者调解书的基础之上。该第三人由于不可归责于己的原因未能参加前一诉讼，如果该第三人认为前一裁判结果错误或者部分错误并且损害其合法权益的，法律给予了该第三人提供必要的救济途径，赋予其提起撤销之诉的权利。第三人提起撤销之诉以后，原生效裁判或者调解书将成为审查的对象，该生效裁判或者调解书的效力将要受到影响。如果第三人的诉讼请求成立，原生效裁判或者调解书应被变更或者撤销，如果第三人的诉讼请求不成立，原生效裁判或者调解书将被维持。在第三人诉讼请求成立的情况下，如果生效裁判或者调解书被变更，受理撤销之诉的法院应当做出新的裁判文书，就前一诉讼各方当事人之间的法律关系以及第三人所提出的独立的诉讼请求做出新的裁判。如果生效裁判或者调解书被撤销，则各方当事人之间的权利义务关系将全部恢复到前一诉讼提起之前的状态。《民事诉讼法解释》第300条对此作了细化规定："对第三人撤销或者部分撤销发生法律效力的判决、裁定、调解书内容的请求，人民法院经审理，按下列情形分别处理：（一）请求成立且确认其民事权利的主张全部或部分成立的，改变原判决、裁定、调解书内容的错误部分；（二）请求成立，但确认其全部或部分民事权利的主张不成立，或者未提出确认其民事权利请求的，

---

① 姜世明：《再审与第三人撤销之诉》，载月旦法学教室第39期。

② 吕太郎："第三人撤销之诉——所谓法律上利害关系之第三人"，载《月旦法学杂志》第99期。

撤销原判决、裁定、调解书内容的错误部分；（三）请求不成立的，驳回诉讼请求。对前款规定裁判不服的，当事人可以上诉。原判决、裁定、调解书的内容未改变或者未撤销的部分继续有效。”应当注意的是，第三人撤销之诉适用第一审普通程序进行审理，依照《民事诉讼法》第 154 条第 2 款规定，对于不予受理、管辖权异议、驳回起诉的裁定，当事人也可以上诉。当事人提起上诉的期间，应当适用《民事诉讼法》第 164 条的规定，对于判决，应当自判决书送达之日起 15 日内提起，对于裁定应当自裁定书送达之日起 10 日内提起。具体把握以下几个方面：

第一，第三人撤销之诉判决作出后，原判决、裁定、调解书的效力如何把握问题。原判决、裁定、调解书的内容未改变或者未撤销的部分继续有效，对于部分改变或者撤销原判决、裁定、调解书内容的，未撤销或者未改变的原有内容，对原诉讼当事人仍然有效，权利人可以申请强制执行；当事人另行起诉的，人民法院应当按照重复起诉的规定处理。原判决、裁定、调解书内容中被改变或者撤销的内容对原诉讼当事人失去效力。

第二，第三人撤销之诉如何适用撤销、改变判决的问题。《民事诉讼法》第 56 条第 3 款规定，第三人撤销之诉诉讼请求成立时，人民法院应当作出改变或者撤销判决。因改变排在撤销之前，是意味着第三人撤销之诉应当以优先适用改变判决，还是改变判决和撤销判决可以任意选择适用。对此，应当注意以下几点：1. 应当以撤销判决为原则。从性质上讲，第三人撤销之诉是形成之诉，其目的在于撤销生效判决、裁定、调解书中对损害第三人合法民事权益的内容，从而保护第三人的合法实体权利。因此，在第三人撤销之诉的诉讼请求成立时，只要撤销原判决、裁定、调解书的相应内容即足以达成第三人撤销之诉的目的。如果将第三人其他民事权利主张与撤销诉讼请求合并审理，虽然有利于纠纷一次性解决，但势必造成第三人撤销之诉的审理内容更为繁杂，审理程序更为复杂，诉讼效率受到严重影响。另外，从实践来看，多数第三人撤销之诉是针对二审生效判决提起的，如果将第三人撤销之诉与第三人的其他民事权利合并审理，基于第三人撤销之诉是按第一审程序审理，这样，实质上是对审级的上提，这既会造成上级法院，特别是最高人民法院和高级人民法院审判压力，不符合四级法院职能定位。因此，第三人撤销之诉的判决原则上只撤销前诉裁判文书的部分或全部内容，对于撤销后如何重新安排实体权利义务，可让第三人通过另行起诉解决。2. 适用改变判决应当符合一定条件。首先，必须以第三人撤销之诉提起改变判决的诉讼请求为限。第三人没有请求改变原判决、裁定、调解书错误内容的，人民法院不得作出改变判决，只能作撤销判决。其次，第三人撤销之诉诉讼请求改变原判决、裁定、调解书的内容，提出独立的民事权利主张应当与撤销内容直接关联，即与原诉讼标的相关。例如，原审判决某物所有权归原审原告，第三人主张其为所有权人，该权利主张实质上是第三人撤销之诉成立的基础，审理第三人撤销之诉时必须以确定第三人对该标的物的所有权为前提，此时可以撤销原判决，并确认第三人对该物的所有权。如果与原诉讼标的没有直接关系的新的民事权利主张，不宜一并审理。例如，原审当事人之间诉争为买卖合同关系，第三人以《合同法》第 74 条规定的撤销权为由主张撤销原判决，同时提出请求原审当事人一方向其履行第三人与原审当事人一方之间另一债权的，此时，不能认定两个债权之间直接关联，也不能一并审理。3. 适用改变判决可根据原生效判决是一审生效判决还是二审生效判决而有区别。如果第三人撤销之诉是对一审生效判决提起的，对于第三人提出的民事权利主张，如果认为应当直接改变原审裁判文书全部或部分内容有必要的，可以直接作出改变判决。如果当事人提起上诉后，二审法院完全可以维持原判、改判或者发回重审，不会带来审级方面的问题。如果第三人撤销之诉是对二审生效判决提起的，对第三人提出的新的民事权利主张，原则上可以仅作撤销判决，特殊情况作改变判决更为妥当。因为《民事诉讼法》第 56 条第 3 款关于管辖的规定，很多情况下是前诉二审法院作为第一审法院受理并审理第三人撤销之诉案件，如果决定撤销后直接就各方当事人的实体权利义务重新加以认定并做出安排，往往会带来审级上移和上级法院负担过重等弊端。

第三，调解书的撤销与改变问题。《民事诉讼法》将调解书作为第三人撤销之诉的对象，主要基于调解书内容具有安排当事人之间的民事权利义务的内容，一旦错误，也可能损害第三人的合法权益，特别是近年来出现当事人恶意串通损害第三人合法权益的案件有上升趋势，为保护第三人的实体权利而设，此处与我国台湾地区“民事诉讼法”规定第三人仅可以对判决提起撤销之诉不同。由于调解书与判决是完全两种不同性质的法律文书，判决是法院对案件事实和当事人主张审理后，以国家名义依法作出的判断和决定；调解是当事人之间通过自愿协商，自行处分民事权利义务的结果。实践中应当注意，对于调解书，第三人提起撤销之诉的，因损害第三人合法权益而应当适用判决撤销，而不宜适用判决改变。理由是：第一，调解书的内容是当事人通过协商形成的，判决的内容则是法院依法决定，如以法院的决定代替当事人之间的协议内容，有违调解之当事人处分和自愿原则。第二，调解协议往往是当事人之间对整体民事权利义务的一种安排，从保护第三人利益角度而言，撤销损害第三人合法权益的部分就可以实现，无需对原诉当事人之间的民事权利义务安排进行处理，否则，不利于原诉当事人之间纠纷的解决。对于调解书撤销的范围问题，第三人撤销之诉请求成立时，可以撤销整个调解书。但第三人仅请求撤销调解书部分内容的，能否判决撤销第三人请求的部分，则应当根据具体情况来确定。如果调解书的内容各部分不可分的，则不能只撤销调解书的部分内容，应当全部撤销调解书。如果调解书的内容可分，撤销部分后不影响其他部分继续有效的，可以撤销调解书的部分内容。

（七）被遗漏的必须共同诉讼当事人不能提起第三人撤销之诉

《民事诉讼法》第52条规定了共同诉讼制度，第132条规定："必须共同进行诉讼的当事人没有参加诉讼的，人民法院应当通知其参加诉讼。"明确提出了必须共同参加诉讼当事人的概念，是指只有所有共同诉讼人都参加诉讼，作为共同原告或者共同被告，才符合法定的诉讼条件的诉讼。除了诉讼标的是同一的要件外，共同诉讼人之间具有不可替代或者分割之法律关系。从实践中看，典型的必要共同诉讼，即存在必须参加共同诉讼的当事人的诉讼有：遗产分割前各继承人为一方的诉讼，第三人撤销合同诉讼，第三人主张合同无效的诉讼，第三人主张婚姻无效诉讼等。《民事诉讼法》规定第三人撤销之诉制度后，立法机关在民事诉讼法释义中曾明确提出，实践中，第三人提起撤销之诉的撤销事由包括原诉遗漏了必要共同诉讼当事人损害其利益的情形。[①]《民事诉讼法解释》规定必要共同诉讼当事人不可提起第三人撤销之诉。理由是：第一，必要共同诉讼当事人的诉讼地位，只能是当事人，而不可能是第三人，即使其未参加原诉讼，符合广义的案外人的概念，但不符合《民事诉讼法》第56条前两款规定的第三人的范畴。第二，《民事诉讼法》第200条第8项规定，应当参加诉讼的当事人因不能归责于本人或者其诉讼代理人的事由未参加诉讼的，可以作为当事人申请再审的事由。此处的应当参加诉讼的当事人，应当是《民事诉讼法》第132条规定的必须共同进行诉讼的当事人，其意与必要共同诉讼当事人相同。第三，对遗漏的必要共同诉讼当事人的权利保护，《民事诉讼法解释》规定了两种申请再审的程序。一是在执行过程中，遗漏的必要共同诉讼当事人提出执行标的异议后，则可以按照《民事诉讼法》第227条规定，申请再审。即《民事诉讼法解释》第423条规定："根据民事诉讼法第二百二十七条规定，案外人对驳回其执行异议的裁定不服，认为原判决、裁定、调解书内容错误损害其民事权益的，可以自执行异议裁定送达之日起六个月内，向作出原判决、裁定、调解书的人民法院申请再审。"二是在执行程序之外，遗漏的必要共同诉讼当事人，可以根据《民事诉讼法》第200条申请再审。即《民事诉讼法解释》第422条第1款规定："必须共同进行诉讼的当事人因不能归责于本人或者其诉讼代理人的事由未参加诉讼的，可以根据民事诉讼法第二百条第八项规定，自知道或者应当知道之日起六个月内申请再审，但符合本解释第四百二十三条规定情形的除外。"

---

① 王胜明主编：《中华人民共和国民事诉讼法释义》，法律出版社2012年版，第122页。

二、调解协议的确认

（一）调解协议确认案件的特点

《全国人民代表大会常务委员会关于修改〈中华人民共和国民事诉讼法〉的决定》第42条规定：在民事诉讼法第15章第5节后增加二节，作为第6节、第7节。其第6节即规定了人民法院对调解协议的确认。《民事诉讼法》第194条规定，“申请司法确认调解协议，由双方当事人依照人民调解法等法律，自调解协议生效之日起三十日内，共同向调解组织所在地基层人民法院提出。”第195条规定，“人民法院受理申请后，经审查，符合法律规定的，裁定调解协议有效，一方当事人拒绝履行或者未全部履行的，对方当事人可以向人民法院申请执行；不符合法律规定的，裁定驳回申请，当事人可以通过调解方式变更原调解协议或者达成新的调解协议，也可以向人民法院提起诉讼。”《民事诉讼法解释》第353条至第360条对上述两个条文的内容进行了细化。从民事诉讼法及司法解释的规定看，对调解协议的确认具有类似于确认之诉的特点：第一，确认之诉并不具有要求给付的内容，仅为请求确认某个法律关系的存在，也就是说确认具体生活当中产生的人与人之间的法律关系的存在。第二，确认之诉要求确认的是具体的法律关系，而不是要求确认事实或者有关的事实情况。第三，确认之诉只能达到当事人确认其所主张的法律后果的目的，并不具有可执行性。对调解协议确认的情况下，如果一方当事人不主动履行的，对方当事人申请执行的并非是人民法院做出的确认裁定，而是被裁定所确认的调解协议。该调解协议之所以具有可执行性，也是由于经过了人民法院的确认裁判。

（二）调解协议确认案件属于特别程序案件

对调解协议确认的案件，与实现担保物权案件一样，属于非诉案件，都是属于民事诉讼特别程序案件，具有特别程序共有的特点：1. 实行一审终审制；2. 重大、疑难的案件由审判员组成合议庭审理，其他案件由审判员一人独任审理；3. 人民法院应当在立案之日起30日内或者公告期满后30日内审结，有特殊情况需要延长的，由本院院长批准。

（三）调解协议确认案件的当事人地位

从当事人诉讼地位上看，调解协议确认案件由调解协议的双方当事人共同作为申请人，向调解组织所在地基层人民法院提出确认申请。至于主持达成调解协议的调解组织，并不是确认之诉的案件当事人。

从构成要件上分析，申请人据以提起确认的法律依据是《人民调解法》等法律以及最高人民法院有关确认调解协议案件的司法解释规定；提起诉讼的期间要求是自调解协议生效之日起30日内，如果超出该法律规定的期间，调解协议的双方当事人就不能再向人民法院提起调解协议的确认，只能由任意一方当事人向人民法院提起普通的民事诉讼；管辖法院应为调解组织所在地基层人民法院。

（四）调解协议确认案件的审查程序及裁定效力

《民事诉讼法》第195条规定了调解协议确认案件的审查程序以及法律效力。人民法院受理双方当事人提出的申请后，主要审查该调解协议是否符合法律规定并最终做出确认调解协议效力的裁定或者驳回申请的裁定。如果经人民法院审查，认为调解协议符合法律规定的，人民法院将裁定该调解协议有效。在人民法院裁定有效以后，如果一方当事人拒绝履行或者未全部履行的，对方当事人可以向人民法院申请执行该调解协议。如果人民法院经审查认为该调解协议不符合法律规定的，则裁定驳回申请。申请被裁定驳回以后，调解协议当事人可以通过调解的方式变更原调解协议或者达成新的调解协议，也可以向人民法院提起诉讼。

三、实现担保物权案件

根据《全国人民代表大会常务委员会关于修改〈中华人民共和国民事诉讼法〉的决定》，《民事诉讼法》第15章第7节规定了实现担保物权之诉。《民事诉讼法》第196条规定，“申请实现担保物权，由担保物权人以及其他有权请求实现担保物权的人依照物权法等法律，向担保财产所在地或者担保物权登记地基层人民法院提出。”第197条规定，“人民法院受理申请后，经审查，符合法律规定的，裁定拍卖、变卖担保财产，当事人依据该裁定可以向人民法院申请执行；不符合法律规定的，裁定驳回申请，当事人可以向人民法院提起诉讼。”

从上述法律规定分析，担保物权人以及其他有权请求实现担保物权的人所提起的实现担保物权请求，其目的在于促请人民法院以司法行为变更担保物的财产形态，以最终实现自己的担保物权。从法律关系变化的角度分析，该诉讼的结果并未引起原来的法律关系的变化，变化的只是担保物的财产形态。人民法院根据当事人的申请做出的拍卖、变卖担保财产裁定，当事人依据该裁定可以向人民法院申请执行。从该裁定具有可执行性角度分析，笔者倾向将该类诉讼归入到给付之诉当中去。不过必须承认，这是一种民事诉讼特别程序的给付之诉，与传统的给付之诉相比，具有很大的不同。因为传统的给付之诉，从裁判结果看，就直接引起了法律关系的变更，而实现担保物权之诉所变化的仅仅为财产的形态，并没有直接导致该财产权属的变更。

司法实践当中，有关实现担保物权案件的管辖问题，应依据该法条的规定，由担保财产所在地或者担保物权登记地的基层人民法院管辖，对此一般不会引起太大的争议。至于诉讼标的物担保物权是否应以登记为要件，笔者倾向认为应当按照《物权法》的相关规定，坚持物权法定原则。2015 年 1 月 30 日最高人民法院公布了《民事诉讼法解释》，该解释第 361 条至第 372 条对实现担保物权案件申请主体、实现权利质权案件管辖法院、实现担保物权案件专门管辖、人保与物保并存的处理、实现担保物权案件的处理结果等内容进行了规定。

（一）关于实现担保物权申请人和被申请人的范围[①]

主体适格是启动民事诉讼程序的前提，也是人民法院立案受理的关键。哪些主体可以成为实现担保物权的申请主体，是此类案件立案审查与审理中首先需要明确的问题。

1. 申请人

对于申请人的范围，依据《民事诉讼法》第 196 条规定，包括“担保物权人”以及“其他有权请求实现担保物权的人”。但是，对于“担保物权人”和“其他有权请求实现担保物权的人”的具体范围，哪些主体可以成为实现担保物权案件的申请人，在司法解释公布前主要有以下三种意见：第一种意见认为，《民事诉讼法》第 196 条规定的“担保物权人”主要是指《物权法》第 195 条规定的“抵押权人”，“其他有权请求实现担保物权的人”主要是指《物权法》第 220 条规定的“出质人”和第 237 条规定的“财产被留置的债务人”，以及《合同法》第 286 条规定的建设工程合同中的承包人。该意见认为，“抵押人、质权人、留置权人”三类主体应排除在申请人之外，尤其是“质权人和留置权人”已实际占有担保财产，不必依赖公权力实现担保物权。[②]第二种意见认为，担保物权人包括“抵押权人、质权人和留置权人”；其他有权申请实现担保物权的人包括“出质人”和“财产被留置的债务人”，当然也包括《合同法》第 286 条中规定的建设工程合同中的承包人。该种意见与第一种意见相比，主要是将“质权人”和“留置权人”列为适格申请主体，仅将“抵押人”排除在外。第三种意见认为，担保物权人包括“抵押权人、质权人和留置权人”；其他有权申请实现担保物权的人包括“出质人、财产被留置的债务人以及抵押人”等。该种意见与第二种意见相比，是将“抵押人”

① 参见江必新主编：《最高人民法院民事诉讼法司法解释专题讲座》，中国法制出版社 2015 年版，第 320 ~ 322 页。

② 高民智：“关于实现担保物权案件程序的理解与适用”，载《人民法院报》2012 年 12 月 9 日；李相波：“贯彻新民事诉讼法之四——实现担保物权案件程序的理解与适用”，载《商事审判指导》总第 31 期，人民法院出版社 2013 年版；全国人大常委会法制工作委员会民法室编著：《中华人民共和国民事诉讼法释义与适用》，人民法院出版社 2012 年版，第 316 页。

也作为有权申请实现担保物权的主体。而《民事诉讼法解释》第361条作出了明确规定，“民事诉讼法第一百九十六条规定的担保物权人，包括抵押权人、质权人、留置权人；其他有权请求实现担保物权的人，包括抵押人、出质人、财产被留置的债务人或者所有权人等。”也就是说，“抵押权人、质权人、留置权人、抵押人、出质人、财产被留置的债务人”均可以作为实现担保物权的申请人，有资格向人民法院申请实现担保物权的实现；在该司法解释的法条中最后加了个“等”字，为将来其他主体也可以成为适格的申请人留有余地。

应当注意的是，《合同法》第286条规定的建设工程承包人是否可以作为申请人申请实现建设工程价款优先权?《合同法》第286条规定：“发包人未按照约定支付价款的，承包人可以催告发包人在合理期限内支付价款。发包人逾期不支付的，除按照建设工程的性质不宜折价、拍卖的以外，承包人可以与发包人协议将该工程折价，也可以申请人民法院将该工程依法拍卖。建设工程的价款就该工程折价或者拍卖的价款优先受偿”。《最高人民法院关于建设工程价款优先受偿权问题的批复》规定，人民法院在审理房地产纠纷案件和办理执行案件中应当依照《合同法》第286条的规定，认定建筑工程的承包人的优先受偿权优于抵押权和其他债权。基于此，有观点认为，行使优先受偿权的建设工程承包人属于《合同法》明确规定的可以请求人民法院拍卖建设工程的权利主体，也应当包含在有权实现担保物权的人概念范畴之内。但对于建设工程款优先权是否为法定抵押权，理论界和实务界存有争议。有观点认为是法定抵押权，有观点认为是法定留置权。因此，司法解释未明确建设工程款优先权可以适用该程序。

2. 被申请人

关于担保物权实现程序中的被申请人，《民事诉讼法》没有明文规定。按照法理，与担保物权人申请人直接对应的主体即是被申请人，如抵押权人与抵押人相对应、质权人与出质人相对应、留置权人与财产被留置的债务人相对应，因此，抵押人、出质人和财产被留置的债务人作为被申请人应无异议；当抵押人、出质人、财产被留置的债务人申请实现担保物权时，抵押权人、质权人、留置权人作为被申请人也无异议。

司法实践中应当注意的问题是：1. 在物的担保人与主债务人非为同一人时，是否应将主债务人列为被申请人或追加为第三人？对此存在不同认识，有观点认为此种情形下可以不将主债务人列为被申请人追加为第三人，理由是：一方面，主债务人并非担保物权法律关系的主体，与实现担保物权案件的申请事项无直接法律关系；另一方面，因实现担保物权案件程序为非讼程序，法院采职权主义，可依职权向主债务人或其他案外人调查、询问与案件有关的事实情况。另一种观点认为，由于担保物权以特定物或权利为客体，该特定物或权利上还可能存在其他权利人，这些不同权利人之间很可能存在利害冲突，担保物权的实现程序可能使得潜在的利害冲突明朗化。为避免不同利害关系人之间的权利冲突，应当尽可能将相关利害关系人作为实现担保物权案件中的被申请人。若未将相关利害关系人作为被申请人，法院裁定对担保物权进行变现时，极易损害利害关系人的利益、引起其他诉讼、从而影响担保物权实现程序的效率价值。我们倾向于后一种观点。2. 被申请人下落不明的，可否公告送达？存在不同观点，第一种观点认为，应保障被申请人的知情权和程序参与权，送达系案件审理的必经程序，下落不明导致无法送达的，应直接裁定驳回申请。理由是，该类案件涉及实体权利处分，且作为抵押物的不动产往往价值较大，故应当保障被申请人的知情权和程序参与权。如果被申请人下落不明或故意逃避的，则说明案件存在争议，不符合特别程序非争议性的特点，应直接裁定驳回申请。第二种观点认为，送达系案件审理的必经程序，下落不明导致无法送达的，应比照普通诉讼程序采公告送达，公告送达后特别程序可继续适用。理由是《民事诉讼法》不仅未禁止在特别程序中适用公告送达，而在第 180 条中规定，人民法院适用特别程序审理的案件，应当在立案之日起 30 日内或者公告期满后 30 日内审结，对实现担保物权案件在被申请人下落不明的情形下进行公告送达，有相应的法律依据。第三种观点认为，实现担保物权程序是非讼特别程序，不必比照普通诉讼程序以送达为前提，人民法院可根据对不同案件事实的心证判断，酌情作出准予实现担保物权或驳回申请的裁定。理由为：首先，采取耗时较长的公告送达方式有悖于实现担保物权特别程序快速实现权利的立法本意。其次，对于实践中被申请人明显属恶意逃避送达而担保法律关系又十分清楚的案件，如果简单地以“被申请人下落不明”为由一律裁定驳回申请，可能会导致该程序的设立目的落空，为不诚信的被申请人提供了恶意逃避、拖延义务的途径。再次，法院在特别程序中采职权主义审查，有权在形成心证判断的基础上进行自由裁量。当然，如果在被申请人下落不明的情况下，法院经过审查后对于申请人的申请能否成立不能确信，则应该驳回申请，告知申请人另行起诉。总之，对于下落不明的申请人是否公告送达，应由法院经过审查后根据案件事实和具体情况决定，以防止被申请人以下落不明而恶意逃避义务。[①] 我们倾向于第三种观点。

---

① 浙江省高级人民法院民二庭课题组：“审理实现担保物权案件若干实务问题探析”，载《法律适用》2014 年第 2 期。

（二）实现担保物权案件的管辖①

1. 关于实现权利质权案件管辖法院确定的问题

《民事诉讼法》对于实现权利质权的管辖法院如何确定，未给出明确规定。根据《民事诉讼法解释》第362条规定，“实现票据、仓单、提单等有权利凭证的权利质权案件，可以由权利凭证持有人住所地人民法院管辖；无权利凭证的权利质权，由出质登记地人民法院管辖。”有权利凭证的汇票、支票、本票、债券、存款单、仓单、提单等证券化权利，可以理解为权利凭证所在地就是担保财产所在地。鉴于权利凭证所在地易于变动，结合管辖法院的确定性以及权利人实现担保物权的便利性，应由权利凭证持有人住所地人民法院管辖。同时，根据《物权法》第224条、第226条、第227条以及第228条的规定，对于没有权利凭证的财产权利，其质权均须进行相应出质登记后方可设立，即以没有权利凭证的汇票、支票、本票、债券、存款单、仓单、提单出质的，以基金份额、股权出质的，以注册商标专用权、专利权、著作权等知识产权中的财产权出质的，以及以应收账款出质的，质权均自办理相应出质登记时设立。此类权利质权的实现案件，由担保物权登记地人民法院管辖。

2. 关于实现不动产所在地与不动产抵押登记地不在同一地域案件管辖法院确定的问题

由于担保物权种类的多样性以及我国关于担保物权登记程序本身的特殊性和各地区的差异性，存在不动产所在地与不动产抵押登记地不在同一地域管辖的范围内的情形。此种情况下，是两地法院均有管辖权还是只能由一地法院管辖？我们认为，应当参照民事诉讼管辖的一般原则处理，可以由审级低的人民法院管辖。至于留置权，作为法定担保物权，其设立以债权人事先合法占有债务人的动产为要件，无需办理标的动产的登记，属于非登记物权。因此，对于留置权而言，由留置财产所在地法院管辖。

3. 关于实现担保物权案件是否适用约定管辖，是否适用应诉管辖及管辖权异议的问题

虽然法律条文没有使用“专属管辖”的用语，但依据法理，非讼管辖的目的在于追求迅速及符合公益目的之需求，且经常涉及第三人权益，其管辖似有定性为专属管辖的必要；依其性质，不适用约定管辖及应诉管辖和管辖异议制度。②在实践

① 参见江必新主编：《最高人民法院民事诉讼法司法解释专题讲座》，中国法制出版社2015年版，第322~325页。

② 姜世明：《非讼事件法新论》，台湾新学林出版股份有限公司2011年版，第57页。

中，对于被申请人提出的管辖权异议，人民法院应通过释明方式予以解决，无需出具书面裁定。审判实践中经常遇到的问题是，在实现担保物权的案件中原主合同中约定有管辖法院，与《民事诉讼法》第 196 条规定的管辖法院不一致时，是否以《民事诉讼法》第 196 条规定为准？我们认为，实现担保物权案件是特别程序，主合同中约定的管辖法院并不必然就对实现担保物权的实现适用，还是按《民事诉讼法》第 196 条的规定处理即可。

4. 关于实现担保物权案件是否涉及级别管辖的问题

《民事诉讼法》第 196 条明确规定，申请实现担保物权案件应向担保财产所在地或者担保物权登记地基层人民法院提出。实践中，有的实现担保物权案件的标的额较大，按照诉讼案件级别管辖的规定，应由中级人民法院或者高级人民法院管辖。此种情况下，应依照法律规定一律由基层人民法院管辖，抑或是由中级人民法院或高级人民法院管辖？我们认为，基于申请实现担保物权案件的非讼程序特征，法律作了严格规定，此类案件一律由基层人民法院管辖。但实践中有观点主张，此类案件超过基层人民法院诉讼案件级别管辖范围的，可以先由基层人民法院受理，再依据《民事诉讼法》第 38 条的规定上移给上级人民法院管辖，这种认识是违反法律规定的。

5. 关于当财产登记地与财产所在地不一致时，是否专属于财产所在地法院管辖的问题

对此有不同意见。一种意见认为，不动产专属管辖系《民事诉讼法》之特别规定，应当予以适用。另一种意见认为，《民事诉讼法》增设了实现担保物权的特别程序，并以方便当事人行使权利为原则，兼采了两种地域管辖标准，其本身亦系特别程序中的特殊规定，不适用诉讼程序中的不动产专属管辖之规定。如为实现一笔债权还要分别向多家抵押房产所在地法院提出实现担保物权申请，则无法体现“关注抵押权实现的便捷需求，降低抵押权实现的成本”的立法本意。我们认为，《民事诉讼法》第 33 条规定，因不动产纠纷提起的诉讼，由不动产所在地人民法院专属管辖。主要是指因不动产的权利确认、分割、相邻关系等引起的物权纠纷，而实现不动产抵押权等实现担保物权案件是特别程序案件，适用《民事诉讼法》第 196 条规定，“申请实现担保物权案件由担保财产所在地或者担保物权登记地基层人民法院管辖”。可由不动产登记地人民法院管辖。

6. 关于实现担保物权案件的管辖法院是否恒定的问题

在司法实践中可能有案件担保物权人依据担保财产所在地申请立案后，担保财产

转移出立案法院辖区的情形。我们认为，依据《民事诉讼法解释》第 37 条至第 39 条[①]的规定，管辖是恒定的。受理法院可以继续受理案件的审查，不受担保物变动的影响，这不但可以减少当事人的诉累，同时也能够避免被申请人不断变更担保物的所在地来规避法院的审查问题。

7. 关于专门法院能否管辖实现担保物权案件的问题

根据《最高人民法院关于海事法院受理案件范围的规定》，海事法院审理涉及海事海商的普通程序、特别程序案件，海事法院受理案件的范围包括“申请实现以船舶、船载货物、船用物料、海运集装箱、港航设备设施、海洋开发利用设备设施等财产为担保物的担保物权案件”。而《民事诉讼法》第 196 条的规定并没有排除海事法院的专门管辖，因此，海事法院受理申请实现船舶抵押权的案件符合法律规定，应该受理。因此，《民事诉讼法解释》第 363 条规定“实现担保物权案件属于海事法院等专门人民法院管辖的，由专门人民法院管辖。”在本条司法解释的条文中之所以加入“等”字，因为，《中华人民共和国宪法》第 124 条的规定，中华人民共和国设立最高人民法院、地方各级人民法院和军事法院等专门人民法院，而依据《全国人民代表大会常务委员会关于在沿海港口城市设立海事法院的决定》以及《全国人民代表大会常务委员会关于在北京、上海、广州设立知识产权法院的决定》[②] 可知，目前我国的专门人民法院有军事法院、海事法院、知识产权法院等。法条中采用“等”字就是为将来其他专门法院管辖该类案件留有余地，体现司法解释的前瞻性。

在审判实践中如何确定船舶抵押的船舶所在地？我们认为，船舶抵押权的实现应该向“船舶抵押登记地”或“抵押船舶所在地”海事法院提出申请，并由该海事法院进行审查。因为，船舶登记港为船籍港，船籍港一般由船舶所有人依据其住

---

① 《民事诉讼法解释》第 37 条规定：“案件受理后，受诉人民法院的管辖权不受当事人住所地、经常居住地变更的影响。”第 38 条规定：“有管辖权的人民法院受理案件后，不得以行政区域变更为由，将案件移送给变更后有管辖权的人民法院。判决后的上诉案件和依审判监督程序提审的案件，由原审人民法院的上级人民法院进行审判；上级人民法院指令再审、发回重审的案件，由原审人民法院再审或者重审。”第 39 条规定：“人民法院对管辖异议审查后确定有管辖权的，不因当事人提起反诉、增加或者变更诉讼请求等改变管辖，但违反级别管辖、专属管辖规定的除外。人民法院发回重审或者按第一审程序再审的案件，当事人提出管辖异议的，人民法院不予审查。”

② 1984 年 11 月 14 日第六届全国人民代表大会常务委员会第八次会议通过《全国人民代表大会常务委员会关于在沿海港口城市设立海事法院的决定》，2014 年 8 月 31 日第十二届全国人民代表大会常务委员会第十次会议通过《全国人民代表大会常务委员会关于在北京、上海、广州设立知识产权法院的决定》。

所或主营业所所在地就近选择，船舶抵押登记向船籍港的船舶登记机关登记，船舶抵押登记地法院实为船籍港所在地的海事法院。按照《海商法》第14条的规定，建造中的船舶可以设定船舶抵押权，在建船舶抵押权登记机关为船籍港所在地船舶登记机关，因此，建造中的船舶其抵押登记地仍为船籍港所在地。抵押船舶所在地法院一般是船舶被扣押地的海事法院，停泊地的海事法院也享有管辖权。

8. 关于同一笔债权有多个担保物时实现担保物权管辖法院的问题

在审判实践中，经常存在同一笔债权有多个担保物且又存在不同的地区，此时，担保物权人申请实现担保物权是向各个担保物所在地的人民法院分别申请还是向其中一个担保物所在地法院申请，该法院管辖权的效力及于同一笔债权下多个担保物，对此，《民事诉讼法解释》第364条规定“同一债权的担保物有多个且所在地不同，申请人分别向有管辖权的人民法院申请实现担保物权的，人民法院应当依法受理。”应该注意的是，对于同一债权的担保物有多个且所在地不同，当申请人向有管辖权的人民法院分别提出申请实现担保物权申请的，法院不能以该债权有多个担保物应该向其他法院申请为借口而拒绝受理。

9. 关于当人保与物保并存时申请实现担保物权的，人民法院是否应该受理的问题

对于人保和物保并存时，担保物权人是可以向人民法院申请实现担保物权，还是应该根据《物权法》第176条的规定进行具体处理的问题。我们认为，如果当事人对物保和人保的担保范围及实现顺序等有明确约定，担保物权人提出的实现担保物权申请不违反该约定的，法院应当适用实现担保物权程序。如果当事人对物保和人保的担保范围及实现顺序等没有约定，又区分两种情形：人保和主债务人自己提供的物保并存的，债权人应当先就物保实现债权，其提出的实现担保物权申请，法院应适用实现担保物权程序。人保和第三人提供的物保并存时，债权人可自由选择行使物保或人保，债权人选择申请实现担保物权的，法院也应适用实现担保物权程序。《民事诉讼法解释》第365条规定：“依照物权法第一百七十六条的规定，被担保的债权既有物的担保又有人的担保，当事人对实现担保物权的顺序有约定，实现担保物权的申请违反该约定的，人民法院裁定不予受理；没有约定或者约定不明的，人民法院应当受理。”应当注意的是，（1）当实现担保物权案件完结后，债权人能否就担保财产拍卖、变卖后不足清偿债务部分再起诉债务人及保证人？我们认为，应予准许。即通过担保物权实现程序拍卖、变卖担保物仍不足以清偿债务的，债权人对债务人和保证人仍有求偿权，可再行通过普通诉讼程序主张权利。（2）当人保与物保并存而实现担保物权案件尚完结时，对于保证部分可否同时提起民事诉讼？我们认为，实现担保物权案件作为一种特别程序，其最终目的与诉讼程序基本

相同，即取得执行依据。当连带责任保证和物保并存时，债权人可自由选择行使物保或人保，抵质押人提起实现担保物权程序，可同时对承担连带责任保证的保证人提起民事诉讼，人民法院对于既申请实现担保物权又同时对保证部分提起诉讼的，都应该受理，但对于诉讼部分可以先行中止，待担保物权实现程序结束后再行恢复。

10. 关于同一财产上设有多个担保物权的，登记在先的担保物权尚未实现的情况下，后顺位的担保物权人向人民法院申请实现担保物权的，人民法院应否受理的问题

我们认为，此种情形下，可以在保障先顺位担保物权的前提下，允许后顺位担保物权人先行申请实现权利。执行法院可将拍卖、变卖价款按顺位在先的担保物权人可优先受偿的金额予以留存，剩余款项则可清偿给后顺位担保物权人。《民事诉讼法解释》第366条规定“同一财产上设立多个担保物权，登记在先的担保物权尚未实现的，不影响后顺位的担保物权人向人民法院申请实现担保物权。”也就是说，此种情形下，后顺位的担保物权人在登记在先的担保物权为实现的情况下，向人民法院申请实现担保物权的，人民法院应当受理。由于先顺位担保物权所担保的主债务是否已清偿、是否已到期等问题无法在本案中一并查明，故裁定主文可表述为：“对被申请人×××的×××担保财产准予采取拍卖、变卖等方式依法变价，申请人×××对变价后所得款项超出顺位在先的×××担保债权的部分，在×××元的范围内优先受偿”。

（三）关于人民对于申请实现担保物权案件的审查内容

根据《民事诉讼法解释》第371条规定，“人民法院应当就主合同的效力、期限、履行情况，担保物权是否有效设立、担保财产的范围、被担保的债权范围、被担保的债权是否已届清偿期等担保物权实现的条件，以及是否损害他人合法权益等内容进行审查。被申请人或者利害关系人提出异议的，人民法院应当一并审查。”上述规定人民法院对于担保物权实现的条件是否具备进行审查。主合同的效力、期限、履行情况，担保物权是否有效设立、担保财产的范围、被担保的债权范围、被担保的债权是否已届清偿期等内容，是审查申请人的申请是否符合法律规定的最主要、最核心的内容，只有上述规定的内容具备了，人民法院才能作出准许拍卖、变卖的裁定。当然，实现担保物权程序是非讼程序，当事人保障不像诉讼程序完备，而且有些时候是申请人申请且被申请人同意，此时人民法院应该着重审查是否损害其他人、案外人的合法权益，如果损害了其他人、案外人合法权益的，也不应该作出准许的裁定。此外，当被申请人或者利害关系人提出异议的，人民法院也应当一并对申请人或者利害关系人异议进行审查。

对于实现担保物权案件应当是“形式审查”。对于实现担保物权的审查标准，《民事诉讼法》第 197 条仅仅规定了符合法律规定的裁定拍卖、变卖担保财产，审判实践中存在不同认识和做法。一种做法是进行“实质审查”，理由是，《民事诉讼法》规定的实现担保物权案件程序主要是针对《物权法》等实体法作出的程序性规定，符合法律规定应该理解为必须满足《物权法》等实体法规定的实现担保物权的条件。另一种做法是进行“有限的形式审查”。理由是，实现担保物权案件只需要对申请人提交的材料进行“有限形式审查”，无需对实现担保物权案件涉及的主合同、担保物权的效力等基础法律关系进行实质审查。我们认为，（1）从国外的立法例来看，很多个国家和地区对实现担保物权案件的审查均为“形式审查”。（2）“实质审查”虽然有利于法院全面、准确的查明案件事实，公正作出裁判，但该做法不符合实现担保物权案件程序的非讼的属性和原理，忽视了实现担保物权非讼程序快捷、高效实现担保物权的立法本意可能导致实现担保物权程序的“休眠化”。（3）申请实现担保物权案件程序属于非讼程序，依据“非讼法理”，此类程序无需进行实质审查。因此，对此类案件应当进行“形式审查”而非“实质审查”。[①]具体而言，法院的“形式审查”主要是审查担保物权实现的条件是否成就（包括担保物权是否有效成立、履行期是否届满、担保物权的实现是否受到限制等）。为此，《民事诉讼法解释》第 371 条作出了上述规定，也是人民法院对此类案件的审查标准。对审判实践中如何审查的问题，我们认为，对已经登记的担保物权，基于登记的公信效力，法院对担保物权人提交的权属证书及登记证明只需作形式审查，只要其担保物权已经合法登记，债务已届清偿期，并且无法律限制行使担保物权情形的，即可作出准许拍卖、变卖担保财产的裁定；而未登记的担保物权，其效力及实现条件均无法依据权属证书及登记簿登记证明确定，担保物权人申请拍卖、变卖担保财产的，法院可以询问担保物权人与债务人。在审查方法上，可以根据案件的不同情况来决定书面审查还是需要与调查核实相关事实相结合的做法。在审限的问题上，法院应根据第十五章特别程序中的一般规定，应在立案之日起 30 日内审结。当然，对于重大、疑难的案件应该组成合议庭进行审查，对于特殊情况需要延长审限的，应由本院院长批准。法院对于实现担保物权的案件的审查为“形式审查”并不意味着法院仅就当事人提交的材料进行书面审查，而放弃依职权取调查核实相关的事实是的职责，“形式审查”与法院的依职权调查核实相关的实施并不是相互对立的。

---

① 最高人民法院：“深化商事理念，维护公平正义，为经济社会持续健康发展提供有力司法保障”，载《法律适用》2013 年第 11 期。

【典型案例】

青岛市崂山国土资源局与青岛南太置业有限公司国有土地使用权出让合同纠纷案

上诉人（原审被告）：青岛市崂山区国土资源局。

法定代表人：冯益光，该局局长。

委托代理人：罗杰，北京市中经律师事务所律师。

委托代理人：孟凡胜，北京市中经律师事务所律师。

被上诉人（原审原告）：青岛南太置业有限公司。

法定代表人：宋雷，该公司董事长。

委托代理人：唐俭，山东万润律师事务所律师。

委托代理人：马桂芹，山东万润律师事务所律师。

〔基本案情〕

上诉人青岛市崂山区国土资源局（以下简称崂山区国土局）与被上诉人青岛南太置业有限公司（以下简称南太公司）国有土地使用权出让合同纠纷一案，山东省高级人民法院于2004年9月14日作出（2004）鲁民一初字第9号民事判决。崂山区国土局不服一审判决，向本院提起上诉。本院受理后，依法组成合议庭，于2004年12月2日开庭审理了本案。崂山区国土局的委托代理人罗杰、孟凡胜，南太公司的委托代理人唐俭、马桂芹到庭参加诉讼。本案现已审理终结。

山东省高级人民法院一审审理查明：2001年2月23日，山东省青岛市人民政府在澳大利亚举办“青岛日”招商活动。在招商活动中，山东省青岛市崂山区沙子口街道办事处段家埠村与澳大利亚南太置业股份有限公司、青岛鑫城房地产有限公司签订了《开发“澳大利亚旅游观光度假村”联建合同书》，青岛高科园管委会副主任张运平作为山东省青岛市崂山区沙子口街道办事处段家埠村授权代表，澳洲南太资源开发集团公司首席执行官作为澳大利亚南太置业股份有限公司和青岛鑫城房地产有限公司授权代表，山东省青岛市人民政府副市长周嘉宾作为山东省青岛市崂山区沙子口街道办事处段家埠村证人代表，澳洲本市政厅议员派克·柯顿作为澳大利亚南太置业股份有限公司和青岛鑫城房地产有限公司证人代表，分别在合同上签了字。

2001年8月15日，崂山区国土局与南太公司、澳大利亚南太置业股份有限公司签订青崂土预字（2001）第18号《青岛市崂山区国有土地使用权预约协议》。该协议约定：土地位于山东省青岛市崂山区沙子口街道办事处段家埠村，土地面积为20万平方米，土地使用权出让费用为每亩21万元，总计金额为6300万元，土地规划用途为综合用地，使用期限为50年；南太公司和澳大利亚南太置业股份有限公司凭本协议办理企业设立等手续，在预约有效期内，与崂山区国土局正式签订《国有土地使用权出让合同》，取得土地使用权。

2001 年 10 月 11 日，山东省青岛市人民政府以商外资青府字（2001）0820 号《外商投资企业批准证书》同意成立南太公司。该批准证书载明，企业类型为中外合资企业，经营年限为十年，注册资本为 2000 万元，其中澳大利亚南太置业股份有限公司出资 600 万元，占注册资本的 30%；青岛鑫城房地产有限公司出资 200 万元，占注册资本的 10%；青岛福日汽车销售有限公司出资 600 万元，占注册资本的 30%；青岛高科工业园竟佳商贸有限责任公司出资 600 万元，占注册资本的 30%。经营范围：在山东省青岛市崂山区沙子口街道办事处段家埠村，依据青崂土预字（2001）第 18 号文确定的 300 亩土地范围内，从事房地产开发及房屋销售等业务。2001 年 11 月 13 日，山东省青岛市工商行政管理局给南太公司颁发了《企业法人营业执照》。

2002 年 1 月 24 日，山东省青岛市崂山区发展计划局依据南太公司的申请，下发崂计项字（2002）29 号《关于澳洲花园项目立项的批复》，同意澳洲花园开发项目实施。该批复载明：1. 项目内容：建设澳洲花园住宅小区，包括住宅、公寓和别墅。2. 项目位于沙子口街道办事处段家埠村，总占地面积 20 万平方米，总建筑面积 26 万平方米。3. 项目计划总投资 3.5 亿元，所需资金由南太公司自筹解决。4. 项目计划 2002 年 10 月开工，建设工期 3 年。5. 项目须办理土地使用、规划定点、环保、消防等审批手续后方可开工建设。

2002 年 2 月 4 日，山东省青岛市规划局下发青规函字（2002）84 号《建设工程规划审查意见书》。该意见书载明，根据《中华人民共和国城市规划法》和有关法规、规范规定及城市规划要求，函复意见如下：（1）根据山东省青岛市人民政府批复的沙子口镇总体规划，该项目用地规划性质为居住用地，开发性质与规划用地性质相符，同意选址建设。（2）考虑到拟建用地周边的建设现状与规划情况，为统筹安排拟建用地周边的开发建设与各类设施的综合配套，请建设单位依据沙子口总体规划，按照《城市规划编制办法》的要求，先行编制汉河西侧图示红线围合区域的控制性详细规划方案。（3）请到山东省青岛市规划局崂山分局落实河道蓝线、周边及区内道路红、绿线。（4）请抓紧作出上述区域的控制性详细规划并报山东省青岛市规划局审批后，再办理相关规划手续。

2002 年 7 月 29 日，山东省青岛市规划局下发《建设用地规划设计条件通知书》，同意南太公司按规划设计条件，对该用地进行规划设计。

2002 年 12 月 26 日，山东省青岛市人民政府向山东省人民政府报送《关于崂山区 2002 年度第十八批城市建设用地的请示》。该请示称，经审查，该批用地符合崂山区沙子口街道办事处土地利用总体规划，在确定的建设用地范围内，所占耕地已开发补充同等数量的耕地，并验收合格，拟同意作为崂山区 2002 年度第十八批城市建设用地呈报，办理农用地转用和土地征用手续。该用地经批准后，由崂山区国土局作为储备土地进行管理。具体安排项目时，按照国家规定分别供地。土地有偿使用费由崂山区人民政府负责缴纳。

2002 年 12 月 27 日，山东省青岛市规划局崂山分局下发《建设工程规划方案审查意见书》，原则同意南太公司报送的沙子口 8 号线、10 号线、12 号线、15 号线、17 号线、19 号线道路工程规划设计方案，并要求南太公司报审施工图。

2003 年 1 月 6 日，崂山区国土局与南太公司签订《国有土地使用权出让合同》。该合同第三条约定：崂山区国土局出让给南太公司的宗地位于沙子口街道办事处段家埠村，宗地面积 186235 平方米，其中出让土地面积为 152702 平方米。第四条约定：出让土地用途为住宅。第六条约定：出让年期为 50 年。第七条约定：出让金为每平方米 369.15 元，总额为 56369943.3 元。第十五条约定：南太公司在按本合同约定支付全部土地使用权出让金之日起 30 日内，应持本合同和土地使用权出让金支付凭证，按规定向崂山区国土局申请办理土地登记，领取《国有土地使用权证》，取得出让土地使用权。崂山区国土局应在受理土地登记申请之日起 30 日内，依法为南太公司办理出让土地使用权登记，颁发《国有土地使用权证》。第四十条第二款约定：本合同项下宗地出让方案尚需经山东省人民政府批准，本合同自山东省人民政府批准之日起生效。第四十五条约定：本合同未尽事宜，由双方约定后作为合同附件，与本合同具有同等法律效力。同日，双方就本合同未尽事宜达成《补充协议》，该《补充协议》第四条约定：根据合同第三条约定，宗地总面积为 186235 平方米，其中净地面积 152702 平方米，南太公司同意代征道路及绿化带面积 33533 平方米，价格为每亩 5 万元，总计 2514975 元，并承担相关税费及地面附着物补偿费。最终用地面积确定后，本款用地面积作相应调整。第五条约定：崂山区国土局供地时间自本合同批准之日起。第六条约定：本协议经崂山区国土局和南太公司双方签字、盖章后生效。

2003 年 1 月 13 日，山东省青岛市规划局向南太公司发放了青规用地字（2003）3 号《建设用地规划许可证》，明确“澳洲花园”项目用地符合城市规划要求，准予办理规划用地手续。

2003 年 2 月 19 日，山东省人民政府下发鲁政土字（2003）52 号《关于青岛市崂山区 2002 年第十八批次城市建设用地的批复》，同意青岛市将崂山区沙子口街道办事处 20 万平方米农用地转为建设用地，其中耕地 66191 平方米，园地 133809 平方米。上述农用地转用后同意征用，用于山东省青岛市城市建设。

2004 年 4 月 12 日，崂山区国土局以《国有土地使用权出让合同》无效、其无法履行合同约定的义务为由，通知南太公司解除双方签订的《国有土地使用权出让合同》，并要求南太公司于接到通知后 30 日内到崂山区经营性用地合同清理办公室办理退款等相关事宜。2004 年 6 月 18 日，崂山区国土局向南太公司送达《关于抓紧办理土地出让金退款手续的函》，要求南太公司于接到本函后 15 日内到崂山区经营性用地合同清理办公室办理土地出让金退款等相关手续，逾期崂山区经营性用地合同清理办公室将依法律程序退还南太公司已经缴纳的土地出让金。

另查明，自2001年9月28日至2003年5月29日，南太公司付清了出让合同约定的土地出让金56369943.3元及《补充协议》约定的代征道路及绿化用地征地费2514975元，两项合计58884918.3元。

2004年6月28日，南太公司向一审法院起诉称，南太公司系青岛“澳洲花园”项目的开发商，《国有土地使用权出让合同》是为该项目用地所签。该项目是山东省青岛市人民政府的招商引资项目，该项目及为此项目成立的项目公司已经山东省青岛市人民政府合法批准。2003年2月19日，山东省人民政府以鲁政土字（2003）52号文批复了澳洲花园项目所涉土地使用权的农用地转用手续及征地事宜。山东省青岛市规划局及崂山分局、崂山区发展计划局以及崂山区国土局为南太公司办理了“澳洲花园”项目所需的各种规划手续。依据2001年8月15日南太公司与崂山区国土局签订的《国有土地使用权预约协议》，2003年1月6日双方正式签订了《国有土地使用权出让合同》。该合同签订后，南太公司不仅如约履行了自己的义务，还向当地村民支付了500万元的土地补偿费，并协助当地村委会给全体村民办理了养老保险等相关事宜。但崂山区国土局却不仅没有依约为南太公司办理《国有土地使用权证》，反而以合同无效为由，于2003年7月口头通知南太公司解除合同，于2004年4月12日书面通知南太公司解除合同，于同年6月18日发函催促南太公司办理退款手续。崂山区国土局的行为不仅严重违约，而且给南太公司造成了不可估量的经济损失。为维护自己的合法权益，特请依法判令崂山区国土局继续履行《国有土地使用权出让合同》，立即为南太公司颁发土地使用权证。

崂山区国土局口头答辩称，崂山区国土局和南太公司签订的《国有土地使用权出让合同》没有生效，该合同对双方当事人没有约束力。请求一审法院判决驳回南太公司的诉讼请求。

〔一审裁判理由与结果〕

山东省高级人民法院一审认为，双方当事人的争议焦点为：《国有土地使用权出让合同》是否生效及是否有效；《国有土地使用权出让合同》应否继续履行。

关于《国有土地使用权出让合同》是否生效及是否有效问题。根据《国有土地使用权出让合同》第四十条第二款的约定，该合同的生效条件为“本合同项下宗地出让方案尚需经山东省人民政府批准，本合同自山东省人民政府批准之日起生效”。经查，本案所涉及的“澳洲花园”项目是山东省青岛市人民政府在招商引资活动中引入的项目，该项目引进后，与该项目相关的立项、规划、用地等手续已经山东省青岛市人民政府有关职能部门批准。2002年12月26日山东省青岛市人民政府向山东省人民政府报送了《关于崂山区2002年第十八批城市建设用地的请示》，该请示的内容包括了本案所涉及的土地。2003年2月19日，山东省人民政府以《关于青岛市崂山区2002年第十八批次城市建设用地的批复》，批准了山东省青岛市人民政府的用地请示。至此，双方当事人所签订的《国有土地使用权出让合同》的生效条件已成就，该合同自山东省人民政府批复之日起生效。至于山东省青岛市人民政府报送的请示中是否包括合同约定的“出让方案”，不影响该合同的效力。崂山区国土局关于《国有土地使用权出让合同》没有生效的抗辩主张不成立，不予支持。双方当事人签订的《国有土地使用权出让合同》及《补充协议》内容合法，意思表示真实，为有效合同。

关于《国有土地使用权出让合同》应否继续履行问题。南太公司按照《国有土地使用权出让合同》和《补充协议》约定，付清了土地出让金和代征道路及绿化用地征地费，山东省青岛市人民政府有关职能部门为该项目办理了项目立项、规划、土地农转用、征用等手续，双方的合同义务已基本履行完毕。根据合同第十五条的约定，今后只要崂山区国土局继续履行合同义务，依约为南太公司办理国有土地使用权证，合同目的即可得到实现。因此，南太公司请求崂山区国土局继续履行合同的主张，予以支持。据此判决：（一）崂山区国土局、南太公司继续履行双方于2003年1月6日签订的《国有土地使用权出让合同》；（二）崂山区国土局于判决生效后三十日内为南太公司办理《国有土地使用权证》。案件受理费291859.72元，财产保全费281849.72元，均由崂山区国土局负担。

〔当事人上诉及答辩意见〕

崂山区国土局不服一审判决，向本院提起上诉，请求撤销一审判决，改判驳回南太公司的诉讼请求，由南太公司负担本案一审、二审诉讼费及财产保全费。主要事实和理由是：

（一）一审判决认定崂山区国土局与南太公司所签《国有土地使用权出让合同》的生效条件已经成就不符合事实和法律规定

1. 本案所涉《国有土地使用权出让合同》是附生效条件的合同，所附条件并未成就。双方明确约定了合同的生效条件，即在《国有土地使用权出让合同》第四十条约定：“本合同项下宗地出让方案尚需经山东省人民政府批准，本合同自山东省人民政府批准之日起生效。”在双方签订的《补充协议》第五条中也约定，崂山区国土局供地时间自本合同批准之日起。《合同法》第四十五条规定：“当事人对合同的效力可以约定附条件。附生效条件的合同，自条件成就时生效。”本案中双方约定的合同生效条件，即本合同项下宗地出让方案，山东省人民政府从未批复过。按国家法律规定，只有供地方案（包括出让方案）经过有批准权的人民政府批准后，市、县人民政府土地行政管理部门才能与土地使用者签订《国有土地使用权出让合同》。《中华人民共和国土地管理法实施条例》第二十二条明确规定：“……（二）建设单位持建设项目的有关批准文件，向市、县人民政府土地行政主管部门提出建设用地申请，由市、县人民政府土地行政主管部门审查，拟订供地方案，报市、县人民政府批准；需要上级人民政府批准的，应当报上级人民政府批准。（三）供地方案经批准后，由市、县人民政府向建设单位颁发建设用地批准书。有偿使用国有土地的，由市、县人民政府土地行政主管部门与土地使用者签订国有土地有偿使用合同……”可见，供地方案的审批，是市、县人民政府土地行政主管部门签订土地出让合同的必经步骤，也是前置程序。在实践中，也存在先签合同后报批的情况。正因为有这种情况，由国土资源部和国家工商行政管理局监制的标准合同《国有土地使用权出让合同》才在开头部分“使用说明”第七条中指出：“合同第四十条关于合同生效的规定中，宗地出让方案业经有权人民政府批准的，按照第一款规定生效；宗地出让方案未经有权人民政府批准的，按照第二款规定生效。”双方在签订《国有土地使用权出让合同》时，对第四十条关于合同生效的规定作出了第二项选择，即“本合同项下宗地出让方案尚需经山东省人民政府批准，本合同自山东省人民政府批准之日起生效。”并且，根据《山东省实施〈中华人民共和国土地管理法〉办法》的规定，本案中的出让方案应当由山东省人民政府审批。实践中的做法是，土地使用者向建设项目当地市、县人民政府土地行政管理部门提出申请，由当地市、县人民政府土地行政管理部门拟定出让方案，报同级人民政府批准；需要报上级人民政府批准的，再报上级人民政府批准。根据1999年8月22日山东省人大常委会制定的《山东省实施〈中华人民共和国土地管理法〉办法》第二十四条规定：“占用土地8公顷以上的，由省人民政府批准。”这是山东省地方性法规关于建设项目使用国有建设用地审批权限的规定。本案项下合同出让土地的面积为15.27公顷，依法应由山东省人民政府批准。因本案所涉的出让方案至今没有得到山东省人民政府批准，因而合同的生效条件始终没有成就。

2. 一审判决混淆了政府对出让方案审批和对农用地转用审批这两个不同性质的审批，错误地认定对农用地转用的审批就是对出让方案的审批。通过和取得农用地转用的审批是形成供地方案的前提条件。供地方案包括划拨方案和出让方案。之所以需要对供地方案（包括出让方案）进行审批，是因为我国《城市房地产管理法》（1994年）第十一条规定：“土地使用权出让，由市、县人民政府有计划、有步骤地进行。出让的每幅地块、用途、年限和其他条件，由市、县人民政府土地管理部门会同城市规划、建设、房地产管理部门共同拟订方案，按照国务院规定，报经有批准权的人民政府批准后，由市、县人民政府土地管理部门实施。”依照《建设用地审查报批管理办法》第十条第四款的规定，供地方案（包括出让方案）应当包括供地方式、面积、用途、土地有偿使用费标准、数额等。可见，对农用地转用的审批是对供地方案（包括出让方案）审批的前置程序，二者不能等同。而一审法院恰恰混淆了两者，在当事人已经在合同中明确约定以出让方案得到批准作为合同生效条件的情况下，错误地认为山东省人民政府批准山东省青岛市人民政府的农用地转用请示后，双方所签订《国有土地使用权出让合同》的生效条件就已经成就。山东省人民政府对青岛市人民政府的用地请示的批复，是对包括该《国有土地使用权出让合同》项下宗地在内的20万平方米的农用地转为建设用地的批复，并非是对出让方案的审批。一审判决认定双方当事人所签订的《国有土地使用权出让合同》的生效条件已成就，没有事实和法律依据。

（二）一审判决认定双方签订的《国有土地使用权出让合同》为有效合同不能成立

1. 双方签订的《国有土地使用权出让合同》严重违反了《城市房地产管理法》（1994 年）第八条“城市规划区内的集体所有的土地，经依法征用转为国有土地后，该幅国有土地的使用权方可有偿出让”的规定。山东省人民政府是在 2003 年 2 月 19 日《关于青岛市崂山区 2002 年第十八批次城市建设用地的批复》中，同意青岛市将崂山区沙子口街道办事处 20 万平方米农用地转为建设用地。上述农用地转用后同意征用，用于青岛市城市建设。而本案所涉的《国有土地使用权出让合同》却早在 2003 年 1 月 6 日即已签订，其时农用地尚未被征用转为国有土地。建设用地须先征用后签订出让合同，这是房地产管理法的强制性规定。本案所涉的《国有土地使用权出让合同》违反了这一强制性规定。因此，该合同自始即没有法律效力。

2. 双方签订的《国有土地使用权出让合同》严重违反了国家关于招标拍卖挂牌出让国有土地使用权的相关强制性规定。国土资源部颁发的《招标拍卖挂牌出让国有土地使用权规定》早在 2002 年 7 月 1 日即已开始实施，而本案所涉的《国有土地使用权出让合同》在 2003 年 1 月 6 日才签订。《招标拍卖挂牌出让国有土地使用权规定》第四条规定：“商业、旅游、娱乐和商品住宅等各类经营性用地，必须以招标、拍卖或者挂牌方式出让。”按照这一规定，本案《国有土地使用权出让合同》项下的土地必须通过招标、拍卖、挂牌的方式公开进行出让，而双方在《招标拍卖挂牌出让国有土地使用权规定》已实施半年后仍以协议方式签订《国有土地使用权出让合同》，出让国有土地用于住宅建设，违反了国家关于招标拍卖挂牌出让国有土地使用权的规定，也违反了国土资源部和监察部国土资发（2002）265 号《关于严格实行经营性土地使用权招标拍卖挂牌出让的通知》的相关规定。因此，该《国有土地使用权出让合同》属无效合同。

3. 除前述导致《国有土地使用权出让合同》无效的情形外，南太公司在签订《国有土地使用权出让合同》过程中还存在着与前崂山区国土局局长于志军恶意串通、损害国家利益的嫌疑。这一点从土地评估的过程即可窥知一斑。同以 2002 年 8 月 13 日为基准日，南太公司委托的青岛东部房地产评估咨询有限公司对本案项下土地的评估价格是每平方米 369.15 元，据此确认的南太公司应交纳的出让金为 56369943.3 元。崂山区国土局在处理群众对本案的举报中，又委托青岛衡元评估有限责任公司进行评估，评估的价格是每平方米 1001.9 元，如果据此要求南太公司交纳土地出让金，则应为 152992133.8 元。也就是说，每平方米的评估价格相差了近三倍，土地出让金的差距更是达 96622190.5 元之巨。根据《城市房地产市场估价管理暂行办法》第十条的规定，每个土地估价项目必须由两名以上的估价师承办，而南太公司委托的青岛东部房地产评估咨询有限公司的《土地估价报告》却是由一名估价师做出的。评估时的土地用途为综合用地，到了出让合同中就变成了住宅。而且，《国有土地使用权出让合同》使用说明中规定：合同第四条土地用途按《城镇地籍调查规程》规定的土地二级分类填写，属于综合用地的，应注明各类具体用途及所占的面积比例。双方签订的出让合同与规划和评估报告中的土地用途都不相同。

（三）一审法院以支持南太公司诉讼主张的判决结果，错误地否定了崂山区国土局贯彻中央和各级政府指示精神，对非法出让土地进行的纠偏行为

鉴于改革开放以来，由于我国政府在土地管理上的经验不足和立法上的滞后，加之部分房地产商与个别官员相勾结，在暴利的诱惑下不惜采用非法手段攫取土地，造成国家土地出让秩序混乱，大面积土地进入个别人的控制范围，国有资产流失严重，国务院于2001年以来出台了一系列政策、法规，严格整顿和规范土地出让行为。本案就是在这种国家整顿和治理土地管理秩序的大背景下发生的。在山东省人民政府高度重视下，山东省青岛市人民政府经对本案项下出让行为进行充分调查研究后，认定该宗地的出让是非法出让，指示崂山区国土局依法进行查处，并将此出让行为认定为违法违规重点案件之一。

一审法院认定只要崂山区国土局依约为南太公司办理《国有土地使用权证》，合同目的即可实现，这是错误的。依照我国土地管理法规的规定，只有土地出让方案经过有权人民政府批准以后，土地管理部门才有权依照出让方案和相对方签订出让合同。就本案来讲，土地管理部门在签订合同以前没有经过有权人民政府批准，所以才约定出让方案经过有权人民政府批准以后合同才生效。而目前既然政府已经认定该宗地的出让是非法出让，政府就不会再批准该宗地的出让方案，崂山区国土局根本无法继续履行合同义务。如果按照一审法院的判决内容，为南太公司办理《国有土地使用权证》，则不仅否定了崂山区国土局在治理整顿土地市场秩序过程中针对向南太公司非法出让土地而进行的纠偏行为，与中央和各级政府的指示精神相冲突，而且也不符合相关法律法规的规定。因此，无论从《国有土地使用权出让合同》未生效及无效的法律层面上考虑，还是从贯彻中央和各级政府指示精神的层面考虑，双方签订的《国有土地使用权出让合同》均已没有履行的可能。如果二审法院不支持崂山区国土局的上诉请求，其结果是合同无法履行，当事人主张的权利也无法实现。故请求二审法院查清事实，实事求是地作出判决，即使认定合同有效，也要考虑到由于法律和事实上的障碍，崂山区国土局已经无法继续履行本案中的合同的事实，作出合法合理合情的判决。

（四）一审判决超越民事审判权限，扩大了判决范围，违反了“不告不理”的民事诉讼法准则

南太公司在民事诉状中提出的诉讼请求为两项：1. 判令崂山区国土局继续履行双方所签《国有土地使用权出让合同》；2. 判令崂山区国土局承担案件受理费、保

全费及其他诉讼费用（庭审过程中，南太公司撤销了原来提出的要求判令崂山区国土局赔偿损失的诉讼请求）。可见，南太公司的实质性诉讼请求只有一项，即“继续履行《国有土地使用权出让合同》”，而一审判决除支持南太公司的诉讼请求外，又增加了一项崂山区国土局于判决生效后三十日内为南太公司办理《国有土地使用权证》。该判项内容，南太公司在起诉中并没有作为一项诉讼请求提出。一审法院超出当事人的诉讼请求做出判决，违反了“不告不理”的民事诉讼法准则。另外，颁发《国有土地使用权证》在性质上应属于崂山区国土局的行政行为，一审法院在民事案件审理和判决中无权判决当事人做出行政行为。因此，一审判决既超出了当事人的诉请范围，又超越了民事审判权限，应予撤销。

（五）一审判决在认定事实和适用法律方面还存在以下问题

1. 混淆了山东省青岛市人民政府与崂山区国土局的关系，将山东省青岛市人民政府的行政行为视同为崂山区国土局的履行合同行为。本案中的项目不是山东省青岛市人民政府引入的项目。签订《开发“澳大利亚旅游观光度假村”联建合同书》的双方中没有山东省青岛市人民政府，而且所签合同违反了土地管理法的强制性规定，属于无效合同。2. 不合理地采取诉讼保全措施并判决崂山区国土局负担财产保全费。3. 错误地认定山东省青岛市人民政府有关的职能部门为该项目办理了项目立项、规划等手续，双方的合同义务已基本履行完毕。4. 没有采纳崂山区国土局在一审中提交的大量证据，也没有说明理由。

南太公司答辩称，崂山区国土局提起上诉依据的事实和理由不成立，请求驳回上诉，维持原判。主要事实和理由是：

（一）一审判决认定双方当事人所签订的《国有土地使用权出让合同》的生效条件已成就，符合事实和法律规定

1. 根据现行土地管理法和土地管理法实施条例等法律和行政法规的规定，国有土地使用权出让中，像本案所涉土地的情况，只有农用地转用方案、补充耕地方案、征用土地方案应当由省人民政府审批，而本案中山东省人民政府已以鲁政土字（2003）52号文就上述事项批复同意。

2. 正因为只有上述内容依法应由省人民政府审批，因此双方合同第四十条关于合同的生效条件“本合同项下的宗地出让方案尚需经山东省人民政府批准，本合同自山东省人民政府批准之日生效”，只能是指对宗地出让方案中的农用地转用方案、补充耕地方案、征用土地方案的审批，其余事项山东省人民政府既无法律授予的审批权限，也无此义务。即使合同中用了“宗地出让方案”这个不确切的词，也只能依法确定其真实意思并据此审查合同是否生效。

3. 崂山区国土局在上诉状中，将供地方案、宗地出让方案及农用地转用方案、补充耕地方案、征用土地方案的审批，混淆不清，其认为本案所涉《国有土地使用权出让合同》不生效的理由不能成立。（1）供地方案的审批，并非双方合同约定的

生效条件；(2) 供地方案的审批机关依法并非山东省人民政府，而是山东省青岛市崂山区人民政府。法律依据为《中华人民共和国土地管理法实施条例》第二十二条第（二）项规定；(3) 崂山区国土局在上诉状中所有引用的法律条文，均没有供地方案（或其所称的出让方案）应由山东省人民政府批准的规定。其引用《山东省实施〈中华人民共和国土地管理法〉办法》第二十四条来论证供地方案的审批机关是山东省人民政府，也是错误的，因为从该条所处的章节位置来看，该条规定的是农用地转用的审批权限，并非供地方案的审批权限。综上，一审判决认定出让合同设定的生效条件已成就是完全符合事实和法律规定的。

（二）一审判决认定双方当事人签订的《国有土地使用权出让合同》为有效合同是完全正确的

本案双方所签出让合同的内容并未违反法律和行政法规的强制性规定，合同的主体、客体、意思表示等各要素均合法。至于崂山区国土局在上诉状中列举的所谓违法问题，均是崂山区国土局对法律规定的任意曲解和有意回避法律规定造成的，依法根本不能成立。(1) 崂山区国土局对房地产管理法的理解错误。该法第八条规定："城市规划区内的集体所有的土地，经依法征用转为国有土地后，该幅国有土地的使用权方可有偿出让。"该规定崂山区国土局任意曲解为"城市规划区内的集体所有的土地，经依法征用转为国有土地后，该幅土地的使用权方可签订出让合同（有偿出让）。"所以才得出"建设用地须先征用，后签订出让合同"的错误结论。该规定的立法本意是，强调集体所有的土地未经依法征用转为国有后，不能进行事实上的出让行为或产生出让的结果。也即该条款限制的是《土地使用权出让合同》的具体履行时间，并非是对《土地使用权出让合同》签订时间的限制，法律也不可能对合同的签订时间进行限制。况且，本案所涉出让合同签订时，约定了以土地征用等被批准为生效条件，该生效条件业已成就。崂山区国土局已与原土地所有权人签订土地征用合同，已经履行完毕。(2) 崂山区国土局有意回避国家关于招标拍卖挂牌出让国有土地使用权的相关规定。崂山区国土局在论证本案所涉土地可否协议出让这一问题时，有意回避了国地发（365）号文，即国土资源部《关于进一步治理整顿土地市场秩序中自查自纠若干问题的处理意见》。该意见第三条专门对《招标拍卖挂牌出让国有土地使用权规定》实施前遗留问题进行了明确规定。根据该规定，本案所涉土地是可以协议出让的。崂山区国土局无视该365号文已颁布实施的事实，论证出让合同无效是错误的。(3) 关于崂山区国土局提及的南太公司在签订出让合同过程中存在与前崂山区国土局局长于志军恶意串通、损害国家利益的嫌疑，纯属对南太公司的中伤。对于评估问题，在南太公司起诉到一审法院前一年多"调查时间"里，崂山区国土局从未向南太公司提起该问题，本案所涉土地的评估符合当时的法律规定。关于评估报告上应当由几个评估师署名，法律无明确规定。

（三）所谓"纠偏行为"与本案无关

举报的内容为南太公司是假外商，未投一分钱，土地付款超期，均与事实相悖。本案的土地本已通过了国务院五部委、省国土资源厅等部门的土地审查验收，因匿名举报人的恶意举报，引起所谓的“纠偏”。崂山区国土局竟不顾举报内容不实之事实，就直奔收地主题。并且在举报到正式通知收地的过程中，崂山区国土局一次又一次找理由（不是举报中的理由）欲收回土地，当所找理由均不能成立时，才以最终书面通知的理由解除合同，而该解除理由与所谓的举报无关。

（四）一审判决并未超越审判范围

关于请求法院判令由崂山区国土局为南太公司办理《国有土地使用权证》的申请，南太公司在当庭宣读诉状第一项请求判令崂山区国土局继续履行双方所签合同时，特意明确了为南太公司办理《国有土地使用权证》这一继续履行合同的实质内容，并记录在案。因此，一审并未超越审判范围，并未违反“不告不理”原则。另外，颁发《国有土地使用权证》是崂山区国土局在民事合同中应尽义务，该判决内容也未超出民事审判范围。

（五）一审判决并未混淆山东省青岛市人民政府与崂山区国土局的关系

本案所涉《国有土地使用权出让合同》中崂山区国土局的主要义务，就是提供土地和为南太公司办理土地证。上述义务履行涉及依法应办理的审批手续，是崂山区国土局履行上述义务的必经程序，也是其应尽义务。

（六）采取诉讼保全措施是正当必须的，其费用理应由崂山区国土局承担

本案在南太公司向崂山区国土局及其上级部门积极反映情况，要求公正合法处理过程中，崂山区国土局于2004年4月12日书面通知解除合同，并于同年6月18日办理退款手续，且限期为15天，否则依法处理。如果南太公司不采取保全措施，崂山区国土局完全可以提存土地款项并另行出让土地。故南太公司申请保全是必须的、正当的。

〔最高人民法院查明的事实〕

最高人民法院二审查明：青岛鑫城房地产有限公司为南太公司股东，占南太公司的10%股份。2001年8月15日，崂山区国土局与南太公司、澳大利亚南太置业股份有限公司签订《青岛市崂山区国有土地使用权预约协议》时，路国强担任南太公司的总经理，并作为南太公司代表在该预约协议上签字。

另查明，2003年2月19日，山东省人民政府下发鲁政土字（2003）52号《关于青岛市崂山区2002年第十八批次城市建设用地的批复》，除同意青岛市将崂山区沙子口街道办事处20万平方米农用地转为建设用地，以及上述农用地转用后征用，用于青岛市城市建设外，同时指出，要严格按照有关规定向具体建设项目提供用地，供地情况要经青岛市国土资源部门及时报山东省国土资源厅备案。

又查明，2002年10月31日，崂山区国土局以崂国土价字（2002）55号《关于确认土地估价结果的批复》，对南太公司委托青岛东部房地产评估咨询有限公司土地

评估结果进行了确认。

还查明，2004年3月1日，青岛市人民政府法制办公室与青岛市国土资源和房屋管理局共同下发青法制〔2004〕22号《关于崂山区段家埠村“澳洲花园”项目用地的情况报告》提出的处理意见为：鉴于目前情况，该宗用地实际已不能按2003年1月6日崂山区国土局与南太公司签订的《国有土地使用权出让合同》的约定进行协议出让，处理该问题的关键是依法解除该出让合同。但因该合同的性质属民事法律关系范畴，其主体是崂山区国土局与南太公司，而不是市政府，故应由合同双方当事人依法解除该合同。为此，建议市政府召集崂山区政府及相关单位会议，对下列事项进行研究和明确后，由有关责任单位依法组织实施：（一）崂山区国土局依法解除与南太公司签订的《国有土地使用权出让合同》，退还土地出让金等相关费用。（二）崂山区国土局依法完善该宗地征地手续，并将其依法纳入政府储备。2004年3月8日，山东省青岛市人民政府办公厅向山东省人民政府督查处报送《关于青岛市崂山区段家埠村“澳洲花园”项目用地的情况报告》提出的处理意见为：鉴于目前情况，该宗用地实际已不能按2003年1月6日崂山区国土局与南太公司签订的《国有土地使用权出让合同》的约定进行协议出让，应依法解除该出让合同，退还其土地出让金等相关费用，将该宗地依法纳入政府储备。

2005年7月4日，崂山区国土局向本院提交《关于青岛市崂山区国土资源局上诉青岛南太置业有限公司一案的几点补充说明》，在该材料中提到，如果不支持崂山区国土局的上诉请求，其结果是合同无法履行，当事人主张的权利也无法实现。请求本院查清事实，实事求是地作出判决，即使认定合同有效，也要考虑到由于法律和事实上的障碍，崂山区国土局已经无法继续履行本案中的出让合同的事实，作出合法合理合情的判决。

2005年9月1日，山东省青岛市崂山区人民政府向本院提交崂政函〔2005〕21号《关于我区国土资源局与青岛南太置业有限公司国有土地使用权出让合同纠纷案有关情况说明的函》。该函中提及，因该案涉及执行国家部委规定及落实国务院领导批示事宜，特作如下说明：（一）根据有关规定和领导批示精神，崂山区国土局于2004年4月14日作出《关于解除〈国有土地使用权出让合同〉的通知》；（二）根据现行国有土地出让管理的规定以及目前崂山区实际情况，该宗土地出让合同已无法继续履行，理由及相关具体意见请参见青岛市人民政府法制办公室与青岛市国土资源和房屋管理局青法制〔2004〕22号《关于崂山区段家埠村“澳洲花园”项目用地的情况报告》。

本院二审期间，2005年3月10日，崂山区国土局提供山东省泰安市中级人民法院于2005年1月13日作出的（2004）泰刑二初字第20号刑事判决书。被告人于志军在法定期间内未提起上诉，该判决已经发生法律效力。南太公司对此不持异议。该判决书认定，2001年8月，被告人于志军利用担任崂山区国土局局长职务的便利，接受青岛鑫城房地产有限公司总经理路国强的请托，为该公司办理了国有土地使用权预约手续。为表示感谢及继续得到于志军的关照，2002年春节前一天，路国强送给于志军3万元的青岛佳世客购物卡。2003年1月，于志军以购车为由，向路国强索要33万元。于志军的上述行为已构成受贿罪，且具有索贿情节。

本院二审查明的其他事实与一审法院查明的事实相同。

〔最高人民法院裁判理由与结果〕

最高人民法院认为，本案双方当事人在二审中争议的焦点问题有三个，一是双方签订的《国有土地使用权出让合同》是否生效，二是双方签订的《国有土地使用权出让合同》是否有效，三是一审判决是否违反"不告不理"民事诉讼原则。

1. 关于双方签订的《国有土地使用权出让合同》是否生效的问题。根据《中华人民共和国合同法》第四十五条规定，当事人对合同的效力可以约定附条件。附条件的合同，自条件成就时生效。所谓附条件的合同，是指当事人在合同中特别约定一定的条件，以条件是否成就作为合同效力发生的根据。合同所附条件，必须是将来发生的、不确定的事实，是当事人约定的而不是法定的，同时还必须是合法的。在我国，政府机关对有关事项或者合同审批或者批准的权限和职责，源于法律和行政法规的规定，而不属于当事人约定的范围。当事人将法律和行政法规规定的政府机关对有关事项或者合同的审批权或者批准权约定为附条件的合同中的条件，不符合《合同法》有关附条件的合同的规定。当事人将法律和行政法规没有规定的政府机关对有关事项或者合同的审批权或者批准权约定为附条件的合同中的条件，同样不符合《合同法》有关附条件合同的规定。根据《合同法》规定精神，当事人在订立合同时，将法定的审批权或者批准权作为合同生效条件的，视为没有附条件。将法律未规定为政府机关职责范围的审批权或者批准权作为包括合同在内的民事法律行为生效条件的，同样视为没有附条件，所附的"条件"不产生限制合同效力的法律效果。

根据一审法院和本院查明的事实，本案涉及的"澳洲花园"项目是山东省青岛市人民政府在招商引资活动中引入的项目，与该项目相关的立项、规划、用地等手续已经山东省青岛市人民政府有关职能部门及山东省青岛市崂山区人民政府有关职能部门陆续批准。2002年12月26日，山东省青岛市人民政府向山东省人民政府报送了《关于崂山区2002年第十八批城市建设用地的请示》，内容中包括了本案所涉及的土地。2003年2月19日，山东省人民政府下发鲁政土字（2003）52号《关于青岛市崂山区2002年第十八批次城市建设用地的批复》，同意青岛市将崂山区沙子口街道办事处20万平方米农用地转为建设用地。上述农用地转用后同意征用，用于青岛市城市建设。该批复还指出，要严格按照有关规定向具体建设项目提供用地，供地情况要经青岛市国土资源部门及时报山东省国土资源厅备案。这表明山东省人民政府对建设项目供地管理采取的是备案制而不是审批制，有关供地事项不需要报经山东省人民政府审批。

崂山区国土局与南太公司在《国有土地使用权出让合同》中约定“本合同项下宗地出让方案尚需经山东省人民政府批准，本合同自山东省人民政府批准之日起生效”，虽然表明双方约定经山东省人民政府批准合同项下宗地出让方案作为《国有土地使用权出让合同》的生效条件，但该条件不属于我国《合同法》规定的附生效条件合同的条件，并且山东省人民政府在有关批复中明确指出，具体建设项目提供用地情况经青岛市国土资源部门及时报山东省国土资源厅备案，表明不需要报经批准。因此，双方关于合同项下宗地出让方案需经山东省人民政府批准生效的约定，对本案所涉《国有土地使用权出让合同》不产生限制合同效力的法律效果。崂山区国土局认为双方签订的《国有土地使用权出让合同》约定的合同生效条件未成就，以此为由主张所涉土地出让合同未生效，没有法律依据。一审法院认为山东省青岛市人民政府报送的请示中是否包括合同约定的“出让方案”，不影响该合同的效力，适用法律是正确的。

2. 关于双方签订的《国有土地使用权出让合同》是否有效的问题。本案双方所签《国有土地使用权出让合同》，是在平等自愿基础上达成的协议，意思表示真实。根据自1999年1月1日起施行的《中华人民共和国土地管理法》第四十四条规定，建设占用土地，涉及农用地转为建设用地的，应当办理农用地转用审批手续。在土地利用总体规划确定的城市和村庄、集镇建设用地规模范围内，为实施该规划而将农用地转为建设用地的，按土地利用年度计划分批次由原批准土地利用总体规划的机关批准。在已批准的农用地转用范围内，具体建设项目用地可以由市、县人民政府批准。本案讼争土地已经山东省人民政府鲁政土字（2003）52号批复批准，属于已批准的建设用地，土地出让方案应由市、县人民政府批准。根据自1999年1月1日起施行的《中华人民共和国土地管理法实施条例》第二十二条规定，具体建设项目占用土地利用总体规划确定的城市建设用地范围内的国有建设用地的，需要市、县土地行政主管部门出具建设项目用地预审报告，由市、县人民政府批准土地行政主管部门拟定的供地方案，市、县人民政府批准供地方案后向建设单位颁发建设用地批准书，然后由市、县土地行政主管部门与土地使用者签订国有土地有偿使用合同。本案中，作为市、县一级土地行政主管部门的崂山区国土局与作为土地使用者的南太公司签订《国有土地使用权出让合同》之前，虽然没有颁发建设用地批准书，但这属于崂山区国土局在办理有关供地手续过程中程序的简化或者遗漏，不属于违反《中华人民共和国合同法》第五十二条规定导致合同无效的情形。

在崂山区国土局与南太公司于2003年1月6日签订《国有土地使用权出让合同》后不久，即2003年2月19日，山东省人民政府批准了合同项下宗地农用地转为建设用地的审批手续和征地手续，同时要求按照有关规定向具体建设项目提供用地并将供地情况报山东省国土资源厅备案。这表明双方签订的《国有土地使用权出让合同》项下的土地已经履行了农用地转为建设用地以及征地手续，符合《中华人民共和国土地管理法》规定的由市、县人民政府批准具体建设项目用地条件，不再需要将合同项下宗地出让方案报经山东省人民政府批准，合同项下宗地符合建设用地条件，可以进入土地出让市场。双方于2003年1月6日签订的《国有土地使用权出让合同》效力自此得到补正，符合《中华人民共和国合同法》第五十一条关于无处分权的人处分他人财产，订立合同后取得处分权的，该合同有效的规定精神。故崂山区国土局主张双方签订的《国有土地使用权出让合同》违反法律和行政法规的强制性规定，应认定为无效合同，于法无据，不予支持。

山东省人大常委会制定的《山东省实施〈中华人民共和国土地管理法〉办法》，是一部地方性法规；自2002年7月1日起施行的《招标拍卖挂牌出让国有土地使用权规定》，是国土资源部为加强土地管理而制定的部门规章。根据《中华人民共和国合同法》第五十二条第（五）项的规定和《最高人民法院关于适用〈中华人民共和国合同法〉若干问题的解释（一）》第四条“合同法实施以后，人民法院确认合同无效，应当以全国人大及其常委会制定的法律和国务院制定的行政法规为依据，不得以地方性法规、行政规章为依据”的规定，只有违反法律和行政法规强制性规定的合同才能被确认为无效，地方性法规和行政规章不能作为确认合同无效的依据。因此，崂山区国土局提出双方签订的《国有土地使用权出让合同》违反山东省人大常委会制定的地方性法规和国土资源部制定的部门规章，应认定为无效的请求，于法无据，不予支持。此外，按照国家有关规定，在2002年7月1日前未经市、县政府前置审批或者签订书面项目开发协议而在此后协议出让经营性用地的，应当按照有关规定改为以招标拍卖挂牌方式出让。崂山区国土局提出其出让讼争土地的行为违反有关行政管理规定需要完善招标拍卖挂牌手续，无法继续履行《国有土地使用权出让合同》，属于对相关合同的变更或者解除，影响到相关合同能否实际履行以及是否解除的问题，不影响和限制合同的效力，不是认定合同无效的理由和依据。

根据崂山区国土局提供的已经生效的山东省泰安市中级人民法院于2005年1月13日作出的（2004）泰刑二初字第20号刑事判决书认定，路国强在2001年8月签订《国有土地使用权预约协议》后，送给于志军价值3万元的购物卡。于志军于2003年1月以购车为由，向路国强索要33万元。于志军利用时任崂山区国土局局长职务的便利条件受贿和索贿，是其个人犯罪行为，已由有关法院对其追究了相应的刑事责任。崂山区国土局与南太公司签订《国有土地使用权预约协议》和《国有土地使用权出让合同》，是具体落实山东省青岛市人民政府有关招商引资项目，于志军在签订有关协议时虽然担任崂山区国土局局长，但不具有决定有关协议和合同是否签订的权力和责任。作为时任崂山区国土局局长的于志军，在签订有关协议后向对方索要33万元购车款的事实，不能证明崂山区国土局与南太公司签订有关国有土地使用权预约协议和出让合同时，恶意串通，损害国家利益。没有证据证明崂山区国土局与南太公司在签订《国有土地使用权出让合同》过程中存在恶意串通，损害国家利益的情形。故崂山区国土局以此为由主张认定有关国有土地使用权出让合同无效，证据不足，不予采信。

关于本案所涉土地的评估是否符合有关规定的问题。崂山区国土局主张其在处理群众对本案的举报中委托青岛衡元评估有限责任公司同以2002年8月13日为基准日，对本案项下土地的评估价格，与当时作为签订出让合同价款依据的青岛东部房地产评估咨询有限公司对本案项下土地的评估价格相差很大，以此为由主张土地使用权出让合同无效，并未对鉴定机构的鉴定资质提出异议。南太公司委托评估的鉴定机构由两名土地估价人员进行评估，符合有关规定。崂山区国土局委托评估时的土地用途为住宅用地，双方签订出让合同之前南太公司委托评估的土地用途为综合用地。因此，虽然同是以2002年8月13日为基准日，但由于鉴定结论出自不同的鉴定机构和鉴定人员，评估时间不同，土地用途不同，土地评估价格会出现较大差异。双方在国有土地使用权预约合同中约定的土地用途是综合用地，但山东省青岛市规划局于2002年2月4日下发的青规函字（2002）84号《建设工程规划审查意见书》载明意见，根据山东省青岛市人民政府批复的沙子口镇总体规划，该项目用地规划性质为居住用地，开发性质与规划用地性质相符，同意选址建设。因此，在双方签订《国有土地使用权出让合同》之前南太公司委托评估土地用途为综合用地，在签订《国有土地使用权出让合同》中将土地用途变成住宅，属于崂山区国土局与南太公司通过签订合同的形式对部分条款内容的变更，与《中华人民共和国土地管理法》第五十六条关于建设单位使用国有土地的，应当按照土地使用权出让等有偿使用合同的约定或者土地使用权规划批准文件的规定使用土地的内容不相冲突。双方签订的《国有土地使用权出让合同》与规划和评估报告中的土地用途不相同，如果可能导致土地使用权出让金低于订立合同时当地政府按照国家规定确定的最低价的，属于影响国有土地使用权出让合同价格条款效力的因素，但不导致国有土地使用权出让合同无效。

3. 关于一审判决是否违反“不告不理”民事诉讼原则的问题。经查，南太公司在一审当庭宣读起诉状第一项请求判令崂山区国土局继续履行双方所签合同时，特意明确了办理《国有土地使用权证》这一继续履行合同的实质内容，并有一审庭审笔录佐证。按照双方在《国有土地使用权出让合同》第十五条第二款约定，崂山区国土局应依法为南太公司办理出让土地使用权登记，颁发《国有土地使用权证》。这是崂山区国土局基于双方签订的《国有土地使用权出让合同》而应尽的合同义务，属于继续履行合同义务范畴。一审法院对此进行审理并作出判决，没有超出民事审判范围，并未违反“不告不理”民事诉讼原则。

在对当事人的上述三个争议焦点问题作出评判之后，本案还面临着双方签订的《国有土地使用权出让合同》如何处理的问题。从双方当事人在本案一审和二审中的诉辩情况看，当事人争议的焦点问题始终围绕本案所涉《国有土地使用权出让合同》的效力问题。在经法院审理确认崂山区国土局主张合同未生效、无效的理由不成立的情况下，从本案的具体情况看，还存在一个合同权利义务是否应当终止问题，或者说合同应否解除问题。民事主体从事民事活动，除必须遵守法律外，在法律没有规定的情况下还应当遵守国家政策。按照国家有关规定，在2002年7月1日前未经市、县政府前置审批或者签订书面项目开发协议，而在此后协议出让经营性用地的，应当按照有关规定改为以招标拍卖挂牌方式出让。本案所涉项目用地在2002年7月1日前只取得计划立项而未取得《建设用地规划许可证》，不属于已进行了前置审批情形；在2002年7月1日前，双方当事人虽然签订了联建合同书和国有土地使用权预约协议，但未签订书面项目开发协议，故本案讼争用地不符合国家有关规定确定的历史遗留问题可以协议方式出让的范围。南太公司在一审中提出的请求法院判令崂山区国土局继续履行《国有土地使用权出让合同》，立即为南太公司颁发国有土地使用权证，因本案讼争国有土地使用权需要按照国家有关规定改为以招标拍卖挂牌方式出让，属于国家政策性要求。崂山区国土局未严格执行国家有关政策通过招标拍卖挂牌方式出让本案讼争土地使用权，是造成双方签订的《国有土地使用权出让合同》无法继续履行的原因。这一政策方面的程序要求虽不导致本案所涉《国有土地使用权出让合同》无效，但却影响该合同在客观上无法继续履行，故南太公司要求判令崂山区国土局继续履行《国有土地使用权出让合同》的诉讼请求，难以支持，一审判决相关判项应予撤销，对南太公司的该项诉讼请求应予驳回。根据有关法律规定精神，解除权在实体方面属于形成权，在程序方面则表现为形成之诉，在没有当事人依法提出该诉讼请求的情况下，人民法院不能依职权迳行裁判。该《国有土地使用权出让合同》的解除或者权利义务终止及其法律责任承担问题，需通过独立的诉讼请求予以保护。本案中，南太公司始终未就此问题提出诉讼请求。限于本案当事人的诉讼请求和二审案件的审理范围，本院对此问题不予审理。

综上所述，崂山区国土局上诉主张本案所涉《国有土地使用权出让合同》未生效、无效的理由不能成立，认为一审判决违反民事诉讼原则的理由亦不能成立。因双方签订的《国有土地使用权出让合同》事实上无法继续履行，南太公司要求判令继续履行该合同的诉讼请求难以支持，一审判决相关判项应予撤销，南太公司的该项诉讼请求应予驳回。本案所涉《国有土地使用权出让合同》是否应当依法予以解除及其法律后果承担问题，当事人可依法另行解决。由于双方纠纷成讼以及南太公司关于继续履行合同的诉讼请求不能得到支持的根本原因，是崂山区国土局的行为造成的，崂山区国土局应当为诉讼成本付出代价，即承担本案的全部诉讼费用。依照《中华人民共和国民事诉讼法》第一百五十三条①第一款第（三）项之规定，判

① 对应2012年《民事诉讼法》第170条。

决如下：

一、撤销山东省高级人民法院（2004）鲁民一初字第 9 号民事判决；

二、驳回青岛南太置业有限公司关于继续履行合同的诉讼请求。

一审案件受理费、财产保全费和二审案件受理费共计 865569.16 元，均由青岛市崂山区国土资源局负担。

本判决为终审判决。

第三章　诉讼标的

规则3：当事人基于同一份债权转让合同、同一法律关系而向同一债务人提起诉讼，不涉及合并审理

——福州商贸大厦筹备处与福建佳盛投资发展有限公司借款纠纷案①

【裁判规则】

基于债权转让而产生的诉讼，当事人以同一份债权转让合同、同一法律关系而向同一债务人提起诉讼，不涉及合并审理问题。

【规则理解】

一、诉讼标的理论的历史沿革

作为大陆法系民事诉讼基本理论之一，诉讼标的理论经历了作为传统诉讼标的理论之实体法说，作为新诉讼标的理论之诉的声明与诉讼理由合并说（二分肢说）以及诉的声明说（一分肢说）等。关于诉讼标的理论的研究在我国虽然有所涉及，但是远未成熟，诉讼标的以及与诉讼标的有关的一些基本概念尚未厘清，尤其是关于诉讼标的与诉讼请求的关系，到底它们是同一概念在不同语境中的不同表达，还是互有联系却内涵相异的两个概念，从一些学者在涉及诉讼标的时的分析和表述来看，还存在一定的分歧。② 对于诉讼标的理论的研究，仍须从基本概念入手，在基本概念明确的基础上再予以逻辑的展开，方能建立诉讼标的理论的完整体系。

诉讼标的理论在以德日为代表的大陆法系国家大致经历了以下的制度与理论的发展脉络：

（一）实体法说

诉讼标的一词来源于罗马法，最初是以私法上的请求权作为诉讼标的。1877

---

① 《中华人民共和国最高人民法院公报》2006年第7期，最高人民法院（2005）民二终字第147号民事判决书。

② 江伟、段厚省："论诉讼标的与诉讼请求的关系"，载《诉讼法学研究》2002年第1期。

年德国民事诉讼法采纳了诉讼标的概念。其后的民事诉讼法权威著作认为民事诉讼法上的诉权，不过是权利保护请求权的另一形态，权利保护请求权本身就是诉讼标的，从而将实体法上的请求权概念引入民事诉讼法领域。直到现在，私法上的请求权一词，作为实体法上的概念，有时仍然作为诉讼法上的概念在广泛地使用，即是受该理论影响。此为传统的诉讼标的理论，即实体法说。

（二）二分肢说

传统的诉讼标的理论，主要是依据实体法上请求权的多少来确定诉讼标的，因其不能解决请求权竞合问题，在盛行约 50 年之后，终于导致了新诉讼标的理论的产生。新理论认为，原告所关心的是诉讼结果，而不是其请求权或形成权在实体法上具有何种性质，因此，诉讼标的概念，应从实体法关系中脱出，成为纯粹的诉讼法上的概念。既然诉讼标的的内容不以实体法上的请求权为依据，则应以原告所陈述的事实理由和诉的声明作为其识别标准，在上述两者任一或均为多数时，诉讼标的乃为多数，并发生诉的合并、追加或变更。该新理论因将事实理由与诉的声明共同作为诉讼标的的识别标准，故又被称作二分肢说。在二分肢说中，诉讼请求仅仅是诉讼标的构成要素之一，与传统的诉讼标的理论将诉讼标的与诉讼请求等同的做法明显区别。但二分肢说的诉讼请求，指的是当事人起诉时所希望达到的法律效果，或者说是当事人根据事实理由希望从对方那里获得的利益，并未陈明当事人所依据的具体的实体法上的权利，是一种未经实体法评价的利益主张。而传统实体法说的诉讼标的理论所指的诉讼请求，则是当事人在诉讼中依据实体法所提出的权利主张，是当事人所主张的法律关系。

（三）一分肢说

至 1949 年，德国学者伯特赫尔通过对婚姻诉讼的研究，认为对婚姻诉讼之诉讼标的而言，事实理由并不重要，应以诉的声明作为识别诉讼标的的唯一标准。由于此说仅以诉的声明作为诉讼标的的构成要素，故又被称作一分肢说。既然此一请求就是诉讼标的的内容，则诉讼标的与诉讼请求又归于等同。该说因强调回归实体法中寻求对请求权竞合及诉讼标的单复异同的根本解决，遂又被称做新实体法说。

二、债权转让关系中的有关诉讼问题

根据民事实体法理论，除了根据合同性质、按照当事人的约定以及依照法律规定不得转让以外，债权人可以将合同的权利全部或者部分转让给合同以外的第三人。我国合同法针对债权转让采通知主义立场，即债权人转让权利的，应当通知债务人；如未经通知，则该转让对债务人不发生效力。债务人接到债权转让通知后，债务人对让与人的抗辩，可以向受让人主张。在债权转让法律关系当中，涉及的民事诉讼问题包括当事人的诉讼地位、案件管辖以及诉的合并等。

（一）当事人诉讼地位

根据合同的相对性理论，债权转让以后，受让人取代债权人成为合同的当事人，在合同的履行过程中，可能会在受让人与债务人二者之间发生纠纷。一般来说，如果不涉及原来的债权人的，仅以受让人、债务人为案件当事人即可。但是，如果债务人针对债权人的权利向受让人提出抗辩的，就需要列原债权人为案件的第三人。根据《合同法司法解释一》的第27条规定，债权人转让合同权利后，债务人与受让人之间因履行合同发生纠纷诉至人民法院，债务人对债权人的权利提出抗辩的，可以将债权人列为第三人。

（二）案件管辖

《合同法》第79条至第89条[①]规定了合同转让的三种情形：合同权利的转让、合同义务的转移、合同权利义务的概括转让。债权人可以将合同的权利全部或者部分转让给第三人，债权人转让权利的，应当通知债务人；债务人转移债务、债权债务概括转让，必须征得债权人的同意。《合同法》从实体法的角度解决了合同的可转让性和转让生效的条件两个问题。但合同转让后，第三人（受让人）基于受让的合同对转让人提起诉讼的，如果原合同存在管辖协议的，是否适用协议管辖的约定呢？《民事诉讼法》第34条规定“合同或者其他财产权益纠纷的当事人可以书面协议选择被告住所地、合同履行地、合同签订地、原告住所地、标的物所在地等与争议有实际联系的地点的人民法院管辖，但不得违反本法对级别管辖和专属管辖的规定。”根据合同相对性原则，通常情况下，合同中关于管辖法院的约定，只能约束

① 《合同法》第79条规定：“债权人可以将合同的权利全部或者部分转让给第三人，但有下列情形之一的除外：（一）根据合同性质不得转让；（二）按照当事人约定不得转让；（三）依照法律规定不得转让。”第80条规定：“债权人转让权利的，应当通知债务人。未经通知，该转让对债务人不发生效力。债权人转让权利的通知不得撤销，但经受让人同意的除外。”第81条规定：“债权人转让权利的，受让人取得与债权有关的从权利，但该从权利专属于债权人自身的除外。”第82条规定：“债务人接到债权转让通知后，债务人对让与人的抗辩，可以向受让人主张。”第83条规定：“债务人接到债权转让通知时，债务人对让与人享有债权，并且债务人的债权先于转让的债权到期或者同时到期的，债务人可以向受让人主张抵销。”第84条规定：“债务人将合同的义务全部或者部分转移给第三人的，应当经债权人同意。”第85条规定：“债务人转移义务的，新债务人可以主张原债务人对债权人的抗辩。”第86条规定：“债务人转移义务的，新债务人应当承担与主债务有关的从债务，但该从债务专属于原债务人自身的除外。”第87条规定：“法律、行政法规规定转让权利或者转移义务应当办理批准、登记等手续的，依照其规定。”第88条规定：“当事人一方经对方同意，可以将自己在合同中的权利和义务一并转让给第三人。”第89条规定：“权利和义务一并转让的，适用本法第七十九条、第八十一条至第八十三条、第八十五条至第八十七条的规定。”

合同双方，而不能约束作为第三人。但在合同转让中，情况则比较特殊。对第三人（受让人）而言，在受让合同前，应推定其对合同约定的内容是明知的，其受让合同权利或承担合同义务同时应视为接受合同关于协议管辖的约定。有关债权转让中的案件管辖主要是指案件的地域管辖。司法实践中存在两种情况：一是原合同中无协议管辖条款或者该条款无效，二是原合同中有协议管辖条款。在原合同中无协议管辖条款或者该条款无效的情况下，应以《民事诉讼法》有关法定管辖的相关规定来确定案件的管辖，即以被告住所地或者合同履行地确定管辖法院。而鉴于协议管辖条款作为合同争议解决条款，具有独立性。合同的变更、解除、终止或者无效，不影响协议管辖条款的效力。如果原合同中存在生效的管辖协议，我们认为，即使在单纯的债权转让的情况下，也应当视为受让人对于该争议解决条款的概括受让。但转让时受让人不知道有管辖协议，或者转让协议另有约定且原合同相对人同意的除外。也就是说，应当理解为受让人同意该管辖协议条款。理由有二，一是争议解决条款的独立性，其相对于其他约定实体权利义务的条款具有独立性，除非当事人之间具有明确的排除适用约定，否则应在合同当事人之间适用；二是避免当事人规避案件管辖，如果当事人所进行的合同债权转让可以理解为对于争议解决条款的排除，将为一定数量的合同当事人规避管辖问题打开方便之门。但要注意的是：第一，受让人不知道原合同有管辖协议的，不受该管辖协议的约束。第二，转让协议另有约定且原合同相对人同意的，也不受原合同管辖协议的约束。因此，《民事诉讼法解释》对因转让合同提起的纠纷应适用原合同协议管辖条款作出了规定，即第三十三条规定“合同转让的，合同的管辖协议对合同受让人有效，但转让时受让人不知道有管辖协议，或者转让协议另有约定且原合同相对人同意的除外。”应注意的是，若转让合同无效，不影响协议管辖条款的效力。

（三）诉的合并问题

在原债权人对债务人具有多笔债权、债权人通过一个债权转让合同将多笔债权一并转让的情况下，如果受让人基于该债权转让合同提起诉讼，是否涉及诉的合并的问题？实践中有两种不同观点，第一种观点认为，当事人基于同一份债权转让合同、同一法律关系而向同一债务人提起诉讼，不涉及合并审理问题。第二种观点认为，如果债权转让之前的多笔债权不是属于同一法律事实或者法律关系而产生的，即使受让人基于一个债权转让合同受让该多笔债权，其提起的诉讼仍然涉及诉的合并的问题。笔者倾向于第二种观点，理由如下：其一，债务人可得以其对原债权人的权利向受让人行使抗辩权。也就是说，如果转让之前的多笔债权不是属于同一法律事实或者法律关系而产生的，债务人可以向原债权人主张诉是否合并的抗辩，其也同样可以针对受让人行使该抗辩权。其二，受让人取得的权利不得大于原债权人的权利。在债权未转让的情况下，债权人就其多笔债权提起之诉是否构成合并还需考量，还要由受诉人民法院决定是否合并以及对方当事人确定是否同意，不能仅仅因为基于一个转让合同就使得受让人当然取得该权利。其三，利益衡量的考量。在债权转让之前，债务人针对某一具体债权可能享有针对原债权人的抵销权或者罹于诉讼时效的抗辩，如果认为受让人基于同一转让合同就不存在诉的合并，则使得债务人上述实体法上的抗辩权丧失法律基础，显然对于债务人构成了重大利益失衡。

【拓展适用】

一、诉讼标的与诉讼请求的关系

我国关于诉讼标的的理论研究起步较晚，学理分歧较大，这种学理分歧既是我国立法上关于诉讼标的和诉讼请求概念在表述上含糊不清的折射，也是导致立法表述含糊不清的因素之一。而学理上的分歧和立法表述上的含糊，已经使实务部门无所适从，出现了操作上的矛盾。如学者柴发邦认为：“民事诉讼的双方当事人，因为某种权利义务关系发生纠纷或者受到侵害，要求人民法院作出裁判或者调解，这种需要作出裁判或者调解的权利义务关系就是当事人间争议的诉讼标的。”① 学者常怡认为：“所谓诉的标的，是指当事人之间发生争议，并要求人民法院作出裁判的民事法律关系。诉的标的，又称为诉讼标的。”② 归纳起来，学界关于诉讼标的的理论或定义包括以下几种观点：一是法律关系说，诉讼标的是原告在诉讼上具体表明其所主张的实体法上的权利或法律关系。二是诉讼上的请求具有两种不同的含义，狭义上的诉讼请求是审判的对象，也就是诉讼标的，是针对对方的权利主张；而广义上的诉讼请求是对法院的要求。三是认为诉讼标的是指当事人之间争议的，原告请求法院裁判的实体权利或者法律关系的主张或者要求（声明）。

就诉讼标的与诉讼请求的关系来看，目前需要解决的问题是：诉讼标的与诉讼请求的各自内涵是什么，它们是不是内涵相同的概念？如果是同一概念，它们分别在什么样的语境中使用，对同一概念进行这种不同的表述，其意义何在？如果是不同概念，它们之间的关系又如何；以及对诉讼标的与诉讼请求关系的不同定位将对民事诉讼的程序运作和当事人程序及实体权利保护产生什么样的影响等。

通过对大陆法系主要国家的诉讼标的理论研究发现，诉讼标的理论无论发展至何种阶段，采取何种学说，其均与诉讼请求这一概念紧密相关。考察诉讼标的理论，似乎给人以玄而又玄之感，且似乎已经走入了理论研究的“死胡同”。有的学

---

① 柴发邦主编：《民事诉讼法学新编》，法律出版社1992年版，第60页。

② 常怡主编：《民事诉讼法学》，中国政法大学出版社1994年版，第127页。

者甚至批判该理论已经出现了所谓“内卷化”（意指一种停滞不前的社会状态）倾向，看上去精细深邃的理论，因其过于繁复且难以自圆其说而蜕变为纯粹的书斋学问，不仅不为司法实践所青睐，也未能影响相关立法，成了没有用武之地的“屠龙术”。①

笔者同样不赞成纯粹为了理论而理论的研究。但是稍有助益的理论研究，其对于实践的指导意义将是难以估量的，即使这种估量还需要待以时日。研究诉讼标的理论，首先需要厘清的是，该理论对于民事诉讼的指导意义何在？笔者认为，主要在于合理定义“诉”的概念，进而合理地保护公民的合法诉权。在一般的简单之诉的问题上，该问题不会成为问题。但是在复杂之诉上面，该问题的重要性将凸显出来。

我们现在能够取得共识的事实是，我国民事诉讼法学研究长期受前苏联学说与制度的影响，很多诉讼理论是前苏联理论的完全照抄照搬。诉讼标的理论长期以来坚持“法律关系说”，在该“法律关系说”理论的影响下，法院相对于当事人有着极大的职权，不但可以干预当事人的程序权利，而且可以干预当事人的实体权利。因此，属于一种“超职权主义”的审判模式。在这种诉讼模式下，原告的诉讼请求已经不具有规定法院审判范围的意义。在坚持实事求是，追求客观真实的思想指导下，法院的审判范围可以扩张至原告的诉讼请求以外，实质上已不是从原告、被告的主张与抗辩的角度对案件进行裁判，而是从当事人之间所争议的法律关系的全部进行裁判。这种裁判范围的扩张，使得法院的审判对象在内涵上从原告的诉讼请求扩张至当事人之间所争议的法律关系全部。这就是我国学理将诉讼标的定义为“争议的法律关系”而不是与诉讼请求作为等同概念的根本原因。② 试想一下，这种指导思想在今天完全根绝了么？

近十几年来，包括诉讼法学在内的法学界进行了大胆的理论引介与创设，诉讼标的理论倾向于诉讼请求说，如果我国的诉讼理论研究已经在各个方面取得比较深入的成果，从简单化的角度出发，笔者同样赞同将诉讼标的归纳为诉讼请求的做法。但是，在复杂的案件当中特别是涉及诉的合并问题时候，我们并没有完善起来相关的制度设计，比如预备之诉以及选择之诉的合并理论完全缺失，有关释明权的制度设计存在明显缺陷。如果将诉讼标的完全等同于诉讼请求，则必然有一部分复杂的合并之诉难以进入司法裁判领域。因此，笔者认为，在我国当前民事诉讼法学

① 吴英姿：“诉讼标的理论‘内卷化’批判”，载《中国法学》2011年第2期。

② 江伟、段厚省：“论诉讼标的与诉讼请求的关系”，载《诉讼法学研究》2002年第1期。

发展阶段，似乎不宜越过二分肢学说阶段，直接采诉讼标的等同于诉讼请求的一分肢学说。在诉讼标的问题上，还应当采取事实与理由加上诉讼请求的两标准区分法为妥。

二、执行异议之诉的性质

《民事诉讼法》第 227 条规定了执行异议之诉制度，是指在执行过程中，案外人提出旨在排除对执行标的执行的异议，人民法院对异议依法审查作出裁定后，当事人不服的，可以依法向人民法院提起诉讼请求不予以执行或者准许执行的制度。执行异议之诉旨在解决排除或者继续对特定执行标的的执行问题，审理的内容是案外人对执行标的是否享有实体权益以及人民法院的执行行为是否妨害了其所享有的实体权益。《民事诉讼法解释》第 305 条、第 306 条①按照提起诉讼的主体及请求的不同，将执行异议之诉分为案外人执行异议之诉和执行申请人执行异议之诉。案外人执行异议之诉，是指案外人对执行标的提出排除执行的民事权益主张，人民法院经审查裁定驳回其异议后，案外人对该裁定不服，依法请求人民法院排除对执行标的执行的诉讼。执行申请人执行异议之诉，是指人民法院基于案外人对执行标的提出的民事权益主张而裁定中止执行，执行申请人不服，请求人民法院许可对执行标的继续执行的诉讼。《民事诉讼法解释》明确被执行人不得独立提出执行异议之诉。《民事诉讼法解释》第 309 条规定，“申请执行人对中止执行裁定未提起执行异议之诉，被执行人提起执行异议之诉的，人民法院告知其另行起诉。”

关于执行异议之诉的性质，在理论上和实践中存在不同的认识。主要有以下几种观点：

第一种观点是确认之诉。该观点认为，案外人异议之诉的目的在于案外人要求法院确认其具有排除强制执行的权利，一旦确认案外人对执行标的的权利存在，执行机关就应尊重法院的判决，接受判决的反射效力，也就当然不得实施强制执行。第二种观点是给付之诉。该观点认为，案外人提起该诉讼的目的在于一方面请求法

---

① 《民事诉讼法解释》第 305 条规定：“案外人提起执行异议之诉，除符合民事诉讼法第一百一十九条规定外，还应当具备下列条件：（一）案外人的执行异议申请已经被人民法院裁定驳回；（二）有明确的排除对执行标的执行的诉讼请求，且诉讼请求与原判决、裁定无关；（三）自执行异议裁定送达之日起十五日内提起。人民法院应当在收到起诉状之日起十五日内决定是否立案。”第 306 条规定：“申请执行人提起执行异议之诉，除符合民事诉讼法第一百一十九条规定外，还应当具备下列条件：（一）依案外人执行异议申请，人民法院裁定中止执行；（二）有明确的对执行标的继续执行的诉讼请求，且诉讼请求与原判决、裁定无关；（三）自执行异议裁定送达之日起十五日内提起。人民法院应当在收到起诉状之日起十五日内决定是否立案。”

院确认其对执行标的物拥有所有权或者其他权利存在，另一方面，同时请求判令债权人不得对其为民事执行。此说为日本学者吉川大二郎所提倡，我国台湾地区陈宗荣教授也认为该诉的诉讼标的并不是执行异议权，而是作为异议权基础的实体权利或实体法律关系。第三种观点是形成之诉。该观点认为，当执行机构在执行中不当执行属于案外人的财产时，案外人就具有了诉讼法上对抗该执行的异议权。凭借此异议权，案外人就可以提起异议之诉。这种异议权的性质属于形成权，因为该权利要求法院变更执行上的现有关系，即撤销执行机构的不当执行。异议之诉的判决具有撤销执行程序或执行行为的法律效果，这与形成诉讼的基本特点具有一致性。目前，此说为德国、日本和我国台湾地区的通说。① 第四种观点是诉讼救济。此学说认为，异议之诉是确认之诉与形成之诉之合成，不属于其中单一的某种诉，既具有确认的法律效果，也具有排除执行的形成效果，这样就克服了单一的形成诉讼的既判力难题，又克服了单一的确认诉讼判决无执行力的问题。该学说为日本学者三月章、石川明等所提倡。第五种观点是命令诉讼。我国学者张卫平教授认为，案外人异议之诉为命令诉讼，其理由是案外人异议之诉的胜诉判决不但对实体权利关系有既判力，而且也为执行机关设定了相应的义务，即宣告执行机关须为一定的行为，在这一点上具有其特色，它不属于任何一种既有的诉讼类型。②

执行异议之诉与普通民事诉讼相比，确实具有其特殊性③：第一，执行异议之诉在发生原因上具有当事人之间存在民事争议和异议当事人不服执行行为的两重性。执行异议之诉的原因在于案外人认为人民法院对特定标的强制执行行为损害了其合法权益。第二，执行异议之诉具有形式上和实质上的两重性。形式上体现为法院强制执行行为是否侵害案外人合法权益，是否应当停止并撤销法院的强制执行行为；实体上体现为申请执行人请求人民法院对特定执行标的进行强制执行的主张与案外人对该执行标的的权利主张相互冲突，是平等主体之间的民事纠纷。第三，执行异议之诉具有程序和实体目的的两重性。执行异议之诉在程序上旨在排除或者许可对执行标的物的执行，在实体上旨在确认案外人对执行标的物的实体权利主张是否足以排除对执行标的的执行。权利之确认是确定执行是否排除的前提，确定是否排除执行是确权的目的，两者不可分割。因此，执行异议之诉执行异议之诉并不能

① 李祖军：“民事强制执行救济制度论”，载《执行工作指导》2006 年第 1 期。

② 程晓斌、王婧：“案外人执行异议之诉：立法的三维解读与程序架构”，载《人民司法·应用》2012 年第 12 期。

③ 参见江必新主编：《最高人民法院民事诉讼法司法解释专题讲座》，中国法制出版社 2015 年版，第 239 ~240 页。

简单地归属于形成诉讼、确认诉讼或者给付诉讼，而是一种具有复合性的新类型诉讼。民事诉讼法解释采用了复合性诉讼标的说观点，即《民事诉讼法解释》第312条规定，“对案外人提起的执行异议之诉，人民法院经审理，按照下列情形分别处理：（一）案外人就执行标的享有足以排除强制执行的民事权益的，判决不得执行该执行标的；（二）案外人就执行标的不享有足以排除强制执行的民事权益的，判决驳回诉讼请求。案外人同时提出确认其权利的诉讼请求的，人民法院可以在判决中一并作出裁判。”

三、第三人撤销之诉与案外人执行异议之间关系①

《民事诉讼法》第227条规定，“执行过程中，案外人对执行标的提出书面异议的，人民法院应当自收到书面异议之日起十五日内审查，理由成立的，裁定中止对该标的的执行；理由不成立的，裁定驳回。案外人、当事人对裁定不服，认为原判决、裁定错误的，依照审判监督程序办理；与原判决、裁定无关的，可以自裁定送达之日起十五日内向人民法院提起诉讼。”可见，在执行程序中，案外人对执行标的提出书面异议被驳回后，认为原判决、裁定错误的，依照审判监督程序处理。明确此种情况下，案外人享有申请再审的权利。如果该案外人也符合《民事诉讼法》第56条第3款规定的第三人撤销之诉条件时，案外人是提起第三人撤销之诉，还是申请再审，存在不同认识。第一种观点认为，应当赋予当事人的选择权。理由是：第一，《民事诉讼法》明确规定了案外人有权提起第三人撤销之诉和申请再审，两种救济程序都属于当事人的权利；第二，第三人撤销之诉与再审程序是两种不同的程序，各有其程序利益，如何适用，应由权利人自行选择。第二种观点认为，不宜由当事人选择，应当优先适用再审程序。理由是：第一，第三人撤销之诉是一般性规定，《民事诉讼法》第227条规定的再审程序是特别规定，特别规定应当优先于一般规定适用；第二，救济程序应当是有限的，原则上对同一情形只能适用同一救济程序。如果允许当事人选择，程序适用上将较为混乱，而且容易形成程序上的扯皮现象，反而不利于对案外人权益的保护；第三，再审程序相比第三人撤销之诉程序，具有一次性解决纠纷的制度优势，有利于提高纠纷的效率。根据《民事诉讼法解释》第303条规定，“第三人提起撤销之诉后，未中止生效判决、裁定、调解书执行的，执行法院对第三人依照民事诉讼法第二百二十七条规定提出的执行异议，应予审查。第三人不服驳回执行异议裁定，申请对原判决、裁定、调解书再审的，人民法院不予受理。案外人对人民法院驳回其执行异议裁定不服，认为原判

① 参见江必新主编：《最高人民法院民事诉讼法司法解释专题讲座》，中国法制出版社2015年版，第235~236页。

决、裁定、调解书内容错误损害其合法权益的，应当根据民事诉讼法第二百二十七条规定申请再审，提起第三人撤销之诉的，人民法院不予受理。”可见，司法解释规定按照启动程序的先后，当事人只能选择一种相应的救济程序，不能同时启动两种程序，一旦选定则不允许再变更。先启动执行异议程序的，对驳回其执行异议裁定不服的，按照《民事诉讼法》第227条的规定通过审判监督程序救济；先启动第三人撤销之诉程序的，即使第三人又在执行程序中提出执行异议，第三撤销之诉也应继续进行，第三人不能再按照《民事诉讼法》第227条规定申请再审，以提高诉讼效率，也便于当事人诉讼和法院审理案件。

民事诉讼法解释之所以这样规定，一个很重要的原因是，第三人提起撤销之诉与依照《民事诉讼法》第227条规定申请再审的实体条件在该司法解释中已经相同。《民事诉讼法解释》第423条对案外人依照《民事诉讼法》第227条规定申请再审的条件作了明确规定，“案外人对驳回其执行异议的裁定不服，认为原判决、裁定、调解书内容错误损害其民事权益的，可以自执行异议裁定送达之日起六个月内，向作出原判决、裁定、调解书的人民法院申请再审。”该规定的申请再审的条件与第三人提起撤销之诉相比，就实体条件而言，完全相同，都是生效裁判、裁定、调解书内容错误且损害到第三人的民事权益；程序条件上，两者有所不同，单就权利保护的期间看，申请再审的期间起算点始自人民法院驳回其执行异议裁定送达之日，较之于第三人撤销之诉的自知道或者应当知道生效裁判损害其民事权益之日，更有利于第三人。

【典型案例】

福州商贸大厦筹备处与福建佳盛投资发展有限公司借款纠纷案

上诉人（原审被告）：福州商贸大厦筹备处。

法定代表人：林志亮，该筹备处总经理。

委托代理人：王云英，福建新世通律师事务所律师。

委托代理人：周军芳，福建新世通律师事务所律师。

被上诉人（原审原告）：福建佳盛投资发展有限公司。

法定代表人：陈乃雄，该公司总经理。

委托代理人：许金利，福建大中律师事务所律师。

委托代理人：程浩，福建大中律师事务所律师。

〔基本案情〕

上诉人福州商贸大厦筹备处（以下简称筹备处）为与被上诉人福建佳盛投资发展有限公司（以下简称佳盛公司）借款纠纷一案，不服福建省高级人民法院（2004）闽民初字第67号民事判决，向本院提起上诉。本院依法组成合议庭进行了审理。本案现已审理终结。

福建省高级人民法院查明：1993年11月30日，中国工商银行福州市南门支行（以下简称南门工行）与筹备处签订一份最高额授信借款合同——1993年93015号流动资金借款合同。合同约定：南门工行向筹备处发放6000万元的最高额授信借款，期限自1993年11月30日至1998年12月27日，借款利率为月9.15‰，如遇国家调整利率，按调整后的利率计算。借款实际发放和期限以借据为凭，并在特别约定条款中明确贷款发放采取逐笔核贷。逾期还贷，则按中国人民银行有关规定计收利息等。福州民天集团有限公司（以下简称民天公司）、福州市台江百货大楼（以下简称台江百货）、福州榕福糖酒副食品批发公司（以下简称批发公司）作为保证人，为筹备处提供连带责任保证。上述最高额授信借款合同签订后，南门工行先后向筹备处发放五笔贷款。一、1993年11月30日，南门工行向筹备处发放人民币1000万元贷款，借款到期日为1995年6月27日，用于商业网点建设，借款利率为月9.15‰。民天公司、台江百货、批发公司作为保证人，为筹备处提供连带责任保证。上述贷款发放后，筹备处无法按期还款，后上述贷款经两次展期，第一次展期自1995年6月27日至1996年6月27日，利率月10.98‰。第二次展期自1996年6月27日至1998年6月27日，利率月12.45‰。民天公司、台江百货、批发公司继续为筹备处提供连带责任保证。但展期后，筹备处未偿还借款。二、1994年12月9日，南门工行与筹备处签订94014抵押借款合同，向筹备处发放人民币1500万元贷款，借款期限自1994年12月9日至1996年12月13日，用于试桩、施工等，借款利率为10.98‰，如遇国家调整利率，按调整后的利率计算。逾期还贷，则按中国人民银行有关规定计收利息等。上述借款由筹备处提供坐落于八一七北路东侧总面积为4860平方米的土地使用权［土地证号：榕证地（1993）137号］作为借款的抵押担保并在福州市土地管理局办理抵押登记，领取了榕抵证（1994）字第136号土地使用权抵押证书。上述合同签订后，南门工行依约发放贷款，但筹备处至今无法还款。三、1995年11月，南门工行与筹备处签订95021抵押借款合同（即榕房押字第950098号在建房地产抵押贷款合同），向筹备处发放人民币700万元贷款。借款期限自1995年11月30日至1997年11月23日。用于商业网点设施，借款利率为12.06‰，如遇国家调整利率，按调整后的利率计算。逾期还贷，则按中国人民银行有关规定计收利息等。上述借款由筹备处提供坐落于八一七北路东侧在建工程总面积用于抵押担保。上述抵押物已在福州房地产交易管理所办理抵押登记。上述抵押借款合同签订后，南门工行依约发放700万元贷款，但筹备处至今无法还款。四、1996年4月22日，南门工行与筹备处签订96011抵押借款合同（即榕房押字第960064号在建房地产抵押贷款合同），向筹备处发放人民币150万元贷款，借款期限自1996年4月25日至1998年4月3日，用于商业网点设施，借款利率为10.95‰，如遇国家调整利率，按调整后的利率计算。逾期还贷，则按中国人民银行有关规定计收利息等。上述借款由筹备处提供坐落于八一七北路东侧在建工程总面积用于抵押担保。上述抵押物已在福州房地产交易管理所办理抵押登记。上述抵押借款合同签订后，南门工行依约发放150万元贷款，但筹备处至今无法还款。五、1996年12月26日，南门工行与筹备处签订编号为96040人民币短期借款合同，向筹备处发放人民币200万元贷款。借款期限自1996年12月26日至1997年12月26日。借款利率为9.24‰，如遇国家调整利率，按调整后的利率计算。逾期还贷，则按中国人民银行有关规定计收利息等。上述借款由福州颐丰集团公司（以下简称颐丰公司）提供连带责任担保。上述借款担保合同签订后，南门工行依约发放200万元贷款，但筹备处至今无法还款。颐丰公司亦未履行担保义务。

2000年6月21日，中国工商银行福建省分行（以下简称福建工行）与中国华融资产管理公司福州办事处（以下简称华融福州办）签订《债权转让协议》。由福建工行将南门工行所享有的前述五笔债权及其相应的担保从债权全部转让给华融福州办。上述债权转让已告知筹备处及相应保证人。

2003年6月26日，华融福州办与中信信托投资有限责任公司签订《华融资产处置财产信托合同》、《信托财产委托处置协议》，将上述债权设定为信托财产，华融福州办仍有权处置上述财产。华融福州办在管理上述债权期间，多次通过报纸公告或邮寄送达等方式向筹备处及相应保证人催收。

2004年11月，华融福州办将上述已设定为信托财产的五笔债权全部转让给佳盛公司。上述转让事实已由中信信托投资有限责任公司与华融福州办共同通知筹备处及相应保证人。佳盛公司为实现债权，于2004年11月26日向原审法院提起诉讼，请求判令：筹备处返还尚欠佳盛公司的贷款本金3550万元，并按中国人民银行有关规定支付至实际还款之日止的利息、罚息（利息、罚息暂计至2004年9月21日为28746682.79元）；佳盛公司对筹备处用于担保的抵押物（坐落于八一七北路东侧总面积为4860平方米的土地使用权）有优先受偿权，从处置上述抵押物所得价款中优先清偿佳盛公司在94014抵押借款合同项下享有的债权（本金1500万元及相应利息、罚息）；佳盛公司对筹备处用于担保的抵押物（坐落于八一七北路东侧的在建工程）有优先受偿权，从处置上述抵押物所得价款中优先清偿佳盛公司在编号为榕房押字第950098在建房地产抵押贷款合同项下享有的债权（本金700万元及相应利息、罚息）；佳盛公司对筹备处用于担保的抵押物（坐落于八一七北路东侧的在建工程）有优先受偿权，从处置上述抵押物所得价款中优先清偿佳盛公司在编号为榕房押字第960064号在建房地产抵押贷款合同项下享有的债权（本金150万元及相应利息、罚息）；筹备处承担本案的诉讼费用。

〔一审裁判理由与结果〕

福建省高级人民法院认为，本案属于债权转让而产生的欠款纠纷，佳盛公司在2004年11月29日从华融福州办受让取得债权本金人民币3550万元及利息。债权债务转让合法有效。佳盛公司取得合法有效的债权即人民币本金3550万元及利息，包含了该债权债务上述的五份借款合同及三份抵押合同。至于2000年6月20日华融福州办从福建工行受让取得的债权本金人民币3550万元及利息11030159.17元，也是合法有效的，其从2000年6月20日始本金3550万元产生的利息应归于新的债权人即华融福州办。华融福州办在2004年的债权转让也是将2000年6月20日后的利息与本金转让给佳盛公司，明确指出转让后债权所产生的利息也一并随之转让。因此，佳盛公司取得债权后也同时取得本金人民币3550万元及利息11030159.17元，以及本金3550万元从2000年6月20日起至诉讼时的利息。关于划拨地能否抵押问题，该院认为，筹备处将自有的土地用于抵押，根据《中华人民共和国城镇国有土地使用权出让和转让暂行条例》第45条规定，经市、县人民政府土地管理部门批准，其土地使用权和地上建筑物，其他附属物所有权可以转让、出租、抵押。筹备处在借款时已经福州市土地管理部门批准并办理抵押登记手续，因此，抵押合同及抵押登记是合法有效的。其他两项在建工程的借款抵押合同，用于抵押的在建工程也是筹备处自有的财产，并经有关部门登记合法有效。关于能否合并审理问题。根据《中华人民共和国民事诉讼法》的规定，本案五笔借款属于同一种类，同一当事人，合并审理符合法律规定。

综上，原审法院认为，佳盛公司与华融福州办的债权转让协议合法有效。筹备处与南门工行签订的三份借款抵押合同，是双方当事人的真实意思表示，合法有效。该债权转让后抵押合同也一并转让给佳盛公司，根据《中华人民共和国担保法》的规定，佳盛公司对抵押的土地及其土地上的在建工程享有优先受偿权。因此，佳盛公司要求筹备处返还欠款的请求，符合法律规定，应予支持。筹备处的抗辩无事实和法律依据，不予支持。据此，原审法院根据《中华人民共和国民事诉讼法》第一百三十八条①，《中华人民共和国合同法》第八十条、第八十二条、第二百零六条、第二百零七条，《中华人民共和国担保法》第三十三条、第四十一条、第四十六条、第五十六条的规定，判决：一、筹备处应在该判决生效之日起十日内返还尚欠佳盛公司的借款本金人民币3550万元及利息11030159.17元。借款本金人民币3550万元从2000年6月21日债权转让后所产生的利息按日万分之二点一支付至实际还款之日止。二、佳盛公司对筹备处用于担保的抵押物（坐落于八一七北路东侧总面积为4860平方米的土地使用权）有优先受偿权，从处置上述抵押物所得价款中优先清偿佳盛公司在94014抵押借款合同项下享有的债权（本金1500万元及相应利息、罚息）。三、佳盛公司对筹备处用于担保的抵押物（坐落于八一七北路东侧的在建工程）有优先受偿权，从处置上述抵押物所得价款中优先清偿佳盛公司在编号为榕房押字第950098在建房地产抵押贷款合同项下享有的债权（本金700万元及相应利息、

① 对应2012年《民事诉讼法》第152条。

罚息）。四、佳盛公司对筹备处用于担保的抵押物（坐落于八一七北路东侧的在建工程）有优先受偿权，从处置上述抵押物所得价款中优先清偿佳盛公司在编号为榕房押字第960064号在建房地产抵押贷款合同项下享有的债权（本金150万元及相应利息、罚息）。本案一审案件受理费331244元，由筹备处承担。

〔当事人上诉及答辩意见〕

筹备处不服原审法院上述民事判决，向本院提起上诉称：原审判决认定事实不清，适用法律不当。一、原审判决对于债权转让范围之事实认定错误。2000年10月，南门工行及华融福州办联合送达给筹备处的债权转让通知书表明：南门工行转让的是“截止2000年6月20日止”尚未履行偿还义务的主债务及担保债务，转让金额合计人民币46530159.17元，被上诉人佳盛公司从华融福州办随之受让的债权也不应超出此范围，这充分说明受让方华融福州办对筹备处仅享有人民币46530159.17元的债权，筹备处有权依据上述债权转让通知书及我国合同法的有关规定抗辩佳盛公司超出部分的诉请。二、原审将五个独立之诉合并受理及审理存在程序上的不当。三、原审判决上诉人筹备处全额承担一审受理费不公。综上，故请求撤销原审判决第一项中“从2000年6月21日起债权转让后产生借款本金人民币3550万元的利息计算按日万分之二点一支付利息至实际还款之日止”部分，驳回佳盛公司相应主张；依法判决佳盛公司承担本案诉讼费用。

被上诉人佳盛公司答辩称：一、2000年6月21日福建工行转让给华融福州办的债权已经包含了2000年6月20日后的利息，原审判决的认定是正确的。（一）根据2000年6月21日福建工行与华融福州办签订的编号为1－2－2－2－2010《债权转让协议》第一、二、三条之约定，债权转让后，“华融替代工行在借款合同中的债权人地位，享有在借款合同项下相应的债权”，因此，2000年6月20日后的利息已经归于新的债权人华融福州办。（二）根据福州市公证处（2000）榕公证内民字第8299号《债权转让通知书》，福建工行与华融福州办在上述债权转让通知中已明确告之筹备处，“我分行决定将贵借款人和担保人截止2000年6月20日止尚未履行偿还义务的主债权及担保债务，即我分行的贷款主债权及担保债权转让给华融福州办，并已签订《债权转让协议》编号1－2－2－2－2010。”上述债权转让通知中明确将贷款主债权及担保债权已全部转让给华融福州办。（三）2000年12月8日，福建工行与华融福州办在福建日报B2版所发债权转让公告，也明确告之筹备处：“中国工商银行福建省分行及所属分、支行已经合法将下述企业的贷款主债权及相应的从权利转让给中国华融资产管理公司福州办事处。”（四）根据最高人民法院《关于审理涉及金融资产管理公司收购、管理、处置国有银行不良贷款形成的资产的案件适用法律若干问题的规定》第七条：“债务人逾期归还贷款，原借款合同约定的利息计算办法不违反法律法规规定的，该约定有效。没有约定或者不明的，依照中国人民银行《人民币利率管理规定》计算利息和复息”。根据该司法解释，在债权转让给华融福州办后，华融福州办有权依原合同约定向筹备处收取2000年6月20日后的利息。（五）根据主从债关系，主债权转让，作为从债权的利息亦随之转让。二、本案是基于同一债权转让之事实而产生的诉讼，应合并审理。三、原审判决筹备处全额承担一审受理费是正确的。综上，请求驳回上诉，维持原判。

〔最高人民法院查明的事实〕

本院二审除认定原审法院查明的事实外，另查明：华融福州办于2004年11月29日向原审法院出具《债权转让证明》载明："……上述合同项下的债权本金为人民币3550万元，利息（暂计至2004年9月21日）为28746682.79元。上述转让的债权本金及利息合计人民币64246682.79元。2004年9月22日起的利息随之转让"。

〔最高人民法院裁判理由与结果〕

最高人民法院认为，本案双方当事人对于两次债权转让协议中确认的债务本金3550万元及其计算至2000年6月20日的利息11030159.17元均无争议，故本院对原审判决主文第一项中关于该部分的判决内容予以维持。本案争议焦点在于筹备处对于2000年6月21日之后的利息是否应予给付问题。首先，从债权转让合同的约定看，2000年6月20日，华融福州办从福建工行受让前述五份借款合同、三份担保合同项下未受清偿债权之时，并未明示放弃债权受让之后的利息之债；2004年11月29日，佳盛公司从华融福州办转让取得相同债权，亦未明示放弃相应利息之债。其次，华融福州办向筹备处出具的数份《催款通知书》上写明的无具体数额的"相应利息"，以及华融福州办于2004年11月29日向原审法院出具《债权转让证明》中关于"债权本金3550万元、利息（暂计至2004年9月21日）及2004年9月22日之日起的利息随之转让"的表述，亦能说明华融福州办从未放弃2000年6月21日之后的利息之债。况且，银行利息是主债权的收益，属法定孳息，除法律有特别规定或当事人有特别约定外，取得孳息的权利随着主物所有权转移而同时转移。本案债权虽经两次转让，但合同当事人均未明确表示放弃债权转让之后的利息，故原审判决判令债务人筹备处偿还债权人佳盛公司自2000年6月21日起至给付之日止的利息并无不当，本院应予维持，但计息标准应按照中国人民银行同期逾期贷款利率分段计付。原审判决统一按照日万分之二点一计付未能考虑中国人民银行逾期贷款利率的变动情况，本院予以纠正。

关于本案合并审理问题。本院认为，本案是基于债权转让而产生的诉讼，佳盛公司基于同一份债权转让合同、同一法律关系而向同一债务人提起诉讼，不涉及合并审理问题。

综上，原审判决认定事实清楚，除逾期罚息的计付标准表述不当而应予调整以外，其余适用法律并无不当，本院予以维持。上诉人筹备处的上诉理由不能成立，本院不予支持。本院依照《中华人民共和国民事诉讼法》第一百五十三条①第一款第（一）、（二）项之规定，判决如下：一、维持福建省高级人民法院（2004）闽民初字第 67 号民事判决主文第二、三、四项；二、变更原审判决主文第一项为：福州商贸大厦筹备处偿还福建佳盛投资有限公司借款本金 3550 万元、利息 11030159.17 元及逾期罚息（自 2000 年 6 月 21 日起至实际给付之日止按照中国人民银行同期逾期贷款利率分段计付）。上述应付款项于本判决送达之次日起十日内给付。逾期给付则按照《中华人民共和国民事诉讼法》第二百三十二条②之规定办理。

本案一审案件受理费 267710 元按照一审判决执行；二审案件受理费 267710 元，由上诉人福建商贸大厦筹备处承担。

本判决为终审判决。

---

① 对应 2012 年《民事诉讼法》第 170 条。

② 对应 2012 年《民事诉讼法》第 253 条。

第四章　诉的合并

规则4：多个债务纠纷的债权人、债务人均相同，债权债务性质亦相同，且均属于同一法院管辖范围，仅债务担保人不同的，可以合并审理

——东营市海科化学工业有限责任公司与何荣兰、东营水泥制品厂、东营市黄河口建材开发总公司清偿债务纠纷案[①]

【裁判规则】

涉及的两个以上债务纠纷，债权人、债务人均相同，债权债务性质亦相同，且均属于同一法院管辖范围，仅债务担保人不同的，法院可以将两个以上债务纠纷合并审理。

【规则理解】

一、诉的合并内涵及种类

（一）诉的合并内涵

任何一个诉的构成与存在都必须具备一定的要件，这些要件使诉能够特定化、具体化，在民事诉讼理论上，这些要件就是诉的要素。关于诉的要素，在我国民事诉讼法学界曾经有过“二要素论”、“三要素论”和“四要素论”的争论。[②] 笔者倾向认为，诉由主观要素和客观要素两个方面构成，主观要素就是案件的双方当事人，客观要素就是诉讼标的。如果主观要素和客观要素两个方面都是单一的，即为单一之诉；如果两个要素中至少有一个方面是多数时，即为复合之诉。

复合之诉又称合并之诉、诉的合并。其中主观要素为多数的诉讼，又可以被称为诉的主体的合并，或者叫诉的主观合并，也就是通常所说的“共同诉讼”。如果

---

① 《中华人民共和国最高人民法院公报》2004年第4期，最高人民法院（2003）民一终字第46号民事判决书。

② 常怡：《民事诉讼法学》，中国政法大学出版社1994年版，第138页。

诉的客观要素（诉讼标的）为复数的，即被称为诉的客观合并。通常意义上说，诉的合并仅指诉的客观合并，也称为狭义上的诉的合并。客观的诉的合并，是指同一原告对同一被告在同一诉讼程序中主张两个以上诉讼标的。在存在诉的客观合并的诉讼中，形式上虽然是单一的诉讼，然而实质上却包含着若干个独立之诉。诉的合并并不等同于诉讼请求的合并，诉讼请求的合并在很多情况下并不存在多个诉的合并。在诉讼请求合并的诉讼中，只要诉讼标的唯一，无论有多少个诉讼请求合并在一起，人民法院都只是裁判了一个诉。司法实践中，当事人提出多项诉讼请求的情况非常普遍，如果说诉的合并是诉讼请求的合并，那么就会得出司法实践中大多数诉讼都是诉的合并（合并之诉）的荒谬结论。

（二）诉的合并之种类

如果以合并诉的目的为标准来划分，可以将客观的诉的合并分为四种：即单纯的诉的合并、竞合的诉的合并、预备的诉的合并以及选择的诉的合并，不同种类的诉的合并有不同的裁判要求。以上几种客观的诉的合并类型，再加上主观的诉的合并，包括不同当事人之诉的合并，如反诉与本诉的合并、第三人提起有独立请求权的诉讼等，共同构成了诉的合并的类型。如果再考虑到主观合并与客观合并的交叉，则使得诉的合并理论更加复杂。但是，如果从立法层面以及民事诉讼理论研究层面科学界定诉的合并问题，无疑能够极大地指导司法实践，正确解决好实践中大量存在的疑难民事诉讼问题。

二、现行民事诉讼法关于诉的合并的相关规定解读

我国现行的《民事诉讼法》（2012 年修改）在文义上能够体现为诉的“合并”的法条规定有四条：一是第 52 条①的规定，即关于共同诉讼的规定；二是第 53 条②

① 《民事诉讼法》第 52 条规定：“当事人一方或者双方为二人以上，其诉讼标的是共同的，或者诉讼标的是同一种类、人民法院认为可以合并审理并经当事人同意的，为共同诉讼。共同诉讼的一方当事人对诉讼标的有共同权利义务的，其中一人的诉讼行为经其他共同诉讼人承认，对其他共同诉讼人发生效力；对诉讼标的没有共同权利义务的，其中一人的诉讼行为对其他共同诉讼人不发生效力。”

② 《民事诉讼法》第 53 条规定：“当事人一方人数众多的共同诉讼，可以由当事人推选代表人进行诉讼。代表人的诉讼行为对其所代表的当事人发生效力，但代表人变更、放弃诉讼请求或者承认对方当事人的诉讼请求，进行和解，必须经被代表的当事人同意。”

的规定，即关于代表人诉讼的规定；三是第 56 条[①]的规定，即关于第三人的规定；四是第 140 条的规定，即“原告增加诉讼请求，被告提出反诉，第三人提出与本案有关的诉讼请求，可以合并审理”。《民事诉讼法》第 52、53、56 条的规定虽然具有诉的合并的内容，但从立法体例上讲，上述有关条款均是在当事人的章节当中，其立法本意是对当事人的规范，属于当事人制度的内容。《民事诉讼法解释》对此在继承纠纷当事人、被代理人和代理人为当事人、共有纠纷当事人、必要的共同诉讼当事人等方面予以了规定，充分体现了立法的本意。从诉的合并理论探究，该第 52、53、56 条应属主观的（主体的）诉的合并，另外需要注意的是《民事诉讼法》第 56 条第 1 款规定“对当事人双方的诉讼标的，第三人认为有独立请求权的，有权提起诉讼”，应属主观的诉的合并与客观的诉的合并的交叉，既有本诉原、被告的单独之诉，又有有独立请求权的第三人针对本诉原、被告的诉讼标的提出独立的请求权。

《民事诉讼法》第 140 条规定，原告增加独立的诉讼请求，被告提出反诉，第三人提出与本案有关的诉讼请求，可以合并审理。笔者认为，从立法字面含义理解，反诉与本诉可以合并审理，也可以不合并审理。可见合并审理并非反诉的目的，只是一种解决纠纷的方式，分开审理也不应影响反诉的成立。因此，这种合并实际上并不是，至少不完全是诉的合并，被告提出反诉，第三人提出参加之诉实际上既是诉的主体的合并，又是诉的客体的合并，但是当事人增加诉讼请求则不属于诉的客体的合并，而是前文所述的诉讼请求的合并。诉讼请求的合并，诉讼标的仍然不失唯一性，仍然属于单独之诉。《民事诉讼法解释》第 221 条规定：“基于同一事实发生的纠纷，当事人分别向同一人民法院起诉的，人民法院可以合并审理。”意在建立客观的诉的强制性合并制度。立法目的在于纠正合并制度缺失带来的弊端，但是也不能矫枉过正，如果一律强调诉的合并，也可能走向问题的反面，因此应当对于不同的诉是否进行强制性合并作出区分。区分的标准在于两个单纯的诉是否具有牵连性。一般而言，这种牵连性主要考量客观因素（也就是客体方面），即各

① 《民事诉讼法》第 56 条规定：“对当事人双方的诉讼标的，第三人认为有独立请求权的，有权提起诉讼。对当事人双方的诉讼标的，第三人虽然没有独立请求权，但案件处理结果同他有法律上的利害关系的，可以申请参加诉讼，或者由人民法院通知他参加诉讼。人民法院判决承担民事责任的第三人，有当事人的诉讼权利义务。前两款规定的第三人，因不能归责于本人的事由未参加诉讼，但有证据证明发生法律效力的判决、裁定、调解书的部分或者全部内容错误，损害其民事权益的，可以自知道或者应当知道其民事权益受到损害之日起六个月内，向作出该判决、裁定、调解书的人民法院提起诉讼。人民法院经审理，诉讼请求成立的，应当改变或者撤销原判决、裁定、调解书；诉讼请求不成立的，驳回诉讼请求。”

个单纯之诉所依据的事实关系或者法律关系是否具有一致性或者重叠性。如果各个单纯之诉所依据的事实关系或者法律关系并不具有一致性，或者重叠性较小以至于不足以产生相互矛盾的裁判，则认为该各个单纯之诉并不符合强制性合并的要件。

通过以上分析，笔者认为，我国《民事诉讼法》只对单纯之诉的合并、不同当事人之诉的合并有一定的规定，而对竞合之诉的合并、预备之诉的合并、选择之诉的合并则缺乏规定。《民事诉讼法》对诉的合并的相关规定，其内容也仅触及形式，而对于一些实质性的问题并无规定。另外从体例上看，涉及诉的合并的相关规定散见于不同的章节当中，缺乏与相关民事诉讼制度的衔接。因此，我国现行的《民事诉讼法》对诉的合并制度的规定极为有限，并未形成为一项诉讼制度。

三、合并之诉的案件管辖

（一）合并之诉管辖存在的问题

现行《民事诉讼法》缺乏合并之诉制度与管辖制度的协调性规定，主要存在以下几个方面的问题：（1）同一原告基于不同的事实关系或法律关系而产生的针对同一被告几个单纯之诉，该几个单独之诉如果合并（客观的诉的合并），其管辖法院如何确定？（2）不同的当事人基于同一事实关系或同一法律关系提出的各自独立的诉讼请求的诉的合并（主观的诉的合并或者交叉的诉的合并）如何确定管辖法院？（3）上述情况的当事人如果在不同的法院单独提起诉讼，是否应当强制合并，如果强制合并应如何确定管辖法院？

对于上述问题的研究，涉及对于《民事诉讼法》第52条第1款的理解问题，该款规定："当事人一方或者双方为二人以上，其诉讼标的是共同的，或者诉讼标的是同一种类、人民法院认为可以合并审理并经当事人同意的，为共同诉讼。"虽然该款规定的是共同诉讼的法律概念，但是其也暗含了诉的合并的要件以及相关的制度规定。从上款规定可以看出，现行《民事诉讼法》对于诉的合并规定，诉讼标的是共同的或者属于同一种类；如果符合诉的合并要件时候，是人民法院认为"可以"合并并且需要经过当事人同意，才能够合并。也就是说《民事诉讼法》并没有规定诉的强制合并。这种规定的弊端是，依现行《民事诉讼法》的规定，不管在上述问题的哪种情形下，当事人分别向不同法院起诉的时候，每个有管辖权的法院都不能拒绝受理，又由于分别起诉的具体诉讼标的是不同的，因而所有后受理的法院也都不能将其受理的案件向先受理的法院移送。如果一概分别起诉并分别审理，其弊端是显而易见的，在不同法院、不同审判组织就相互具有牵连关系的诉分别裁判的情况下，各自作出相互矛盾的裁判将不可避免。如果诉的合并制度与案件管辖制度具备协调性的规定，规定受理后诉的法院发现本案与先诉有密切联系时，必须将案件向先诉法院移送以实现合并审理，那么，诉的合并制度的实施就有了制度性的保障。

（二）合并之诉管辖的原则

在现行《民事诉讼法》规定框架之下，有关诉的合并案件管辖的确定，笔者认为可以遵循以下原则：第一，几个单纯之诉如果其中之一符合专属管辖或者专门管辖条件的，应以专属管辖或专门管辖规定确定管辖法院。第二，一个诉的成立影响到另外诉的成立，这时对于一个诉的标的的裁判实质上是另外诉的标的裁判的先决条件。这种情况大多数存在于确认之诉或形成之诉构成了给付之诉的先决条件的案件。例如：原告向法院提起宣告婚姻关系无效，同时提起分割共同居住期间财产之诉，此时，是否宣告婚姻无效的裁判就是分割财产裁判的前提；再如原告请求确认其对某一不动产享有所有权或者使用权，同时请求判令被告协助办理相关手续，那么权属的归属确认就是协助办理手续的前提。这种情况下，应以构成先决条件的诉确定案件管辖。第三，一个诉附属于另一个诉，两个诉均要求法院裁判。如债权人起诉债务人要求偿还债务，同时起诉一般保证人要求承担保证责任，则按照被附属之诉确定案件的管辖法院。第四，几个单纯之诉的合并，没有从属关系的，受诉法院应当对其中一个诉具有管辖权。第五，法律或者司法解释有明确规定的，从其规定。如《担保法司法解释》第129条规定，“主合同和担保合同发生纠纷提起诉讼的，应当根据主合同确定案件管辖……”；“主合同和担保合同选择管辖的法院不一致的，应当根据主合同确定案件管辖”。再如《合同法司法解释一》第23条规定：“债权人依照合同法第七十四条的规定提起撤销权诉讼的，由被告住所地人民法院管辖”。

【拓展适用】

一、我国民事诉讼法关于诉的合并制度的完善

我国现行的《民事诉讼法》对于诉的合并制度的规定内容过于简单片面，仅触及形式而缺乏实质性的规定，体例涣散，且缺乏与相关民事诉讼制度的衔接，并未形成为一项有效的诉讼制度。主要体现在以下几个方面：第一，缺乏对于诉的合并制度总体构成要件以及效力的基本规定，仅仅在《民事诉讼法》第52条第1款的共同诉讼中一般性的规定了诉的合并要件，同时缺乏有关诉的强制合并的规定。第二，仅对单纯之诉的合并、不同当事人之诉的合并稍有规定，而对竞合之诉的合并、预备之诉的合并、选择之诉的合并则无任何规定。第三，单纯之诉的合并是否包括同一原告对同一被告基于无关联的法律事实或法律关系提出的不同之诉的合并，法律没有明确。第四，未规定反诉的类型有哪些，反诉是否一定基于本诉所依据的法律事实或法律关系，提出不同反诉的条件和程序有哪些。第五，第三人制度的缺陷。现行《民事诉讼法》规定第三人分为有独立请求权的第三人和无独立请求权的第三人，有独立请求权第三人有权提起诉讼。但是，无独立请求权第三人只有在法院判决其承担责任以后才有当事人的诉讼权利。既然法律规定案件处理结果同无独立请求权第三人有法律上的利害关系，其也可以申请参加诉讼，那又为何不能提起诉讼，偏要等待法院判决其承担责任以后才有当事人的诉讼权利？第六，缺乏诉的合并制度与管辖制度的协调性规定。

诉的合并制度的立法缺陷导致的弊端和问题也是显而易见的。容易在不同法院之间针对相互具有牵连关系的案件产生互相矛盾的裁判，影响到司法的统一性与权威性；浪费了当事人的诉讼成本和法院的司法成本，造成极大的不便；不能有效地遏制司法腐败以及地方保护主义。因此，在修订《民事诉讼法》时有必要重视诉的合并制度的重新建构与完善。

（一）合理区分强制性合并之诉与合意性合并之诉

笔者并不赞同不加区分地将单纯之诉一律合并。诉的合并，其立法目的在于纠正合并制度缺失带来的弊端，但是也不能矫枉过正，如果一律强调诉的合并，也可能走向问题的反面，因此应当对于不同的诉是否合并作出区分。区分的标准在于两个单纯的诉是否具有牵连性。一般而言，这种牵连性主要考量客观因素（也就是客体方面），即各个单纯之诉所依据的事实关系或者法律关系是否具有一致性或者重叠性。如果各个单纯之诉所依据的事实关系或者法律关系并不具有一致性，或者重叠性较小以至于不足以产生相互矛盾的裁判，则认为该各个单纯之诉并不符合强制性合并的要件。在各个单纯之诉并不符合强制合并的情况下，如果合并受理更符合诉讼经济的原则，则可以进行合意性合并。合意性合并并不限于各方当事人在诉前达成合意，如果原告提起诉讼，被告在答辩期间内并未就诉的合并提出异议，并就案件实体问题进行了答辩，则可以理解为当事人之间已就诉的合并达成了合意。

（二）适当扩大诉的合并的种类

一是单纯之诉的合并，各个诉讼标的可以不限于相同或者同一种类的限制。二是适当扩大反诉的范围，《民事诉讼法解释》第233条规定，“反诉的当事人应当限于本诉的当事人的范围。反诉与本诉的诉讼请求基于相同法律关系、诉讼请求之间具有因果关系，或者反诉与本诉的诉讼请求基于相同事实的，人民法院应当合并审理。反诉应由其他人民法院专属管辖，或者与本诉的诉讼标的及诉讼请求所依据的事实、理由无关联的，裁定不予受理，告知另行起诉。”目前的反诉是要基于相同法律关系，并且诉讼请求之间具有因果关系，或者基于相同事实的。如果被告按照法定程序提出反诉，在诉讼标的相同或者属于同一种类的前提下，可以不是基于同一法律事实或者法律关系。如原告基于合同之债的请求权要求被告给付违约金，被告可以基于侵权之债的请求权要求原告给付赔偿金。三是规定预备之诉的合并以及选择之诉的合并。预备之诉的合并，即原告在同一诉讼程序中同时提出主（先）位之诉和备（后）位之诉，并请求若主位之诉败诉时，法院应就备位之诉进行判决。选择之诉的合并，即在选择之债的情形下，原告在同一诉讼程序中同时提出两个或两个以上的可供被告选择债务履行的诉，由法院在同一诉讼程序中审理和裁判。

（三）完善诉的合并制度与相关民事诉讼制度的衔接与协调

在对诉的合并的理论研究与制度设计中，同样需要对其与管辖制度、当事人制度（如第三人制度的改造）以及具体的诉讼程序的设计进行融通性的研究，其结果将有助于诉的合并制度与相关制度的协调，使《民事诉讼法》获得局部与整体的协调发展。[①] 具体建议已如前述。

二、无独立请求权第三人参加诉讼的方式

《民事诉讼法》第 56 条第 2 款规定，“对当事人双方的诉讼标的，第三人虽然没有独立请求权，但案件处理结果同他有法律上的利害关系的，可以申请参加诉讼，或者由人民法院通知他参加诉讼。人民法院判决承担民事责任的第三人，有当事人的诉讼权利义务。”《民事诉讼法解释》第 81 条规定，“根据民事诉讼法第五十六条的规定，有独立请求权的第三人有权向人民法院提出诉讼请求和事实、理由，成为当事人；无独立请求权的第三人，可以申请或者由人民法院通知参加诉讼。第一审程序中未参加诉讼的第三人，申请参加第二审程序的，人民法院可以准许。”上述法律和司法解释明确规定了无独立请求权第三人参加诉讼的方式，一是根据无独立请求权第三人的申请参加诉讼，二是由人民法院通知无独立请求权第三人参加诉讼。无独立请求权的第三人参加诉讼，实际是将一个已经开始的诉讼和一个今后可能发生的潜在的诉讼合并审理，从而达到简化诉讼，方便当事人，彻底解决纠纷的目的。

所谓无独立请求权第三人申请参加，是指无独立请求权第三人主动向已经受理本诉的人民法院提出申请，经人民法院审查同意而参加诉讼的方式；所谓人民法院通知无独立请求权第三人参加，是指人民法院向无独立请求权第三人发出通知，责令其参加到已经开始的诉讼中来的一种方式。由于无独立请求权第三人对本诉当事人争诉的诉讼标的，不能提出独立的权利主张，不是本诉实体法律关系的直接利害关系人，因此，可以认为无独立请求权的第三人不是必须参加本诉进行诉讼的当事

---

① 张晋红：“诉的合并制度的立法缺陷与立法完善之价值分析”，载《法学评论》2007 年第 4 期。

人。既然无独立请求权第三人的参加之诉与本诉是可分之诉，第三人与本诉的一方当事人是否以诉讼的方式解决他们之间的纠纷应取决于他们的自愿选择，那么法院依职权通知并强制无独立请求权第三人参加诉讼的方式就只能理解为强职权主义模式下立法对民事私权的过度干预了。①

三、具有无独立请求权第三人的情形

《民事诉讼法解释》第82条对无独立请求权第三人的权利义务进行了规定，即“在一审诉讼中，无独立请求权的第三人无权提出管辖异议，无权放弃、变更诉讼请求或者申请撤诉，被判决承担民事责任的，有权提起上诉。”可见，无独立请求权的第三人对他人之间争议的诉讼标的没有独立的实体权利，只是参加到诉讼中，如果在诉讼中支持一方的主张，实质上则是为了维护自身的权益。人民法院判决承担民事责任的第三人，则享有当事人的诉讼权利义务，此诉讼权利义务，最重要的是对裁判不服的，有权提出上诉。但无独立请求权的第三人在第一审中无权对案件的管辖提出异议，无权放弃、变更诉讼请求或申请撤诉。在审判实务中，确立无独立请求权第三人参加诉讼主要是根据实体法的规定，最高人民法院在总结审判经验的基础上，以司法解释的形式进行了相应规定。

一是《最高人民法院〈关于审理劳动争议案件适用法律若干问题的解释〉》规定，下列人员可以作为第三人参加诉讼：（1）用人单位招用尚未解除劳动合同的劳动者，原用人单位与劳动者发生劳动争议，可以列新的用人单位为第三人；（2）原用人单位以新的用人单位侵权为由向人民法院起诉的，可以列劳动者为第三人。

二是《合同法司法解释一》的规定，下列人员可以作为第三人参加诉讼：（1）债权人以次债务人为被告向人民法院提起代位权诉讼，未将债务人列为第三人的，人民法院可以追加债务人为第三人；（2）债权人依照《合同法》第74条的规定提起撤销权诉讼时只以债务人为被告，未将受益人或者受让人列为第三人的，人民法院可以追加该受益人或者受让人为第三人；（3）债权人转让合同权利后，债务人与受让人之间因履行合同发生纠纷诉至人民法院，债务人对债权人的权利提出抗辩的，可以将债权人列为第三人；（4）经债权人同意，债务人转移合同义务后，受让人与债权人之间因履行合同发生纠纷诉至人民法院，受让人就债务人对债权人的权利提出抗辩的，可以将债务人列为第三人；（5）合同当事人一方经对方同意将其在合同中的权利义务一并转让给受让人，对方与受让人因履行合同发生纠纷诉至人民法院，对方就合同权利义务提出抗辩的，可以将出让方列为第三人。

---

① 江必新主编：《新民事诉讼法理解适用与实务指南》，法律出版社2012年版，第220页。

由于司法实践中存在滥列无独立请求权第三人的情形，为防止无独立请求权第三人范围的无限扩大，最高人民法院在1994年以法发［1994］29号司法解释明确规定一定人员不能作为无独立请求权第三人参加诉讼。即《最高人民法院关于在经济审判工作中严格执行〈中华人民共和国民事诉讼法〉的若干规定》第9、10、11条规定，下列人员不能作为无独立请求权第三人参加诉讼：（1）受诉人民法院对与原被告双方争议的诉讼标的无直接牵连和不负有返还或者赔偿等义务的人，以及与原告或被告约定仲裁或有约定管辖的案外人，或者专属管辖案件的一方当事人，均不得作为无独立请求权的第三人通知其参加诉讼；（2）人民法院在审理产品质量纠纷案件中，对原被告之间法律关系以外的人，证据已证明其已经提供了合同约定或者符合法律规定的产品的，或者案件中的当事人未在规定的质量异议期内提出异议的，或者作为收货方已经认可该产品质量的，不得作为无独立请求权的第三人通知其参加诉讼；（3）人民法院对已经履行了义务，或者依法取得了一方当事人的财产，并支付了相应对价的原被告之间法律关系以外的人，不得作为无独立请求权的第三人通知其参加诉讼。

【典型案例】

东营市海科化学工业有限责任公司与何荣兰、东营水泥制品厂、东营市黄河口建材开发总公司清偿债务纠纷案

上诉人（原审被告）：东营市海科化学工业有限责任公司。

法定代表人：杨晓宏，该公司董事长。

委托代理人：蔡忠杰，山东康桥律师事务所律师。

委托代理人：金荣奎，山东康桥律师事务所律师。

被上诉人（原审原告）：何荣兰。

委托代理人：于杰。

委托代理人：于福顺。

原审被告：东营水泥制品厂。

法定代表人：田振荣，该厂厂长。

委托代理人：刘军，山东黄河律师事务所东营分所律师。

原审被告：东营市黄河口建材开发总公司。

法定代表人：田振荣，该公司经理。

〔基本案情〕

上诉人东营市海科化学工业有限责任公司与被上诉人何荣兰、原审被告东营水泥制品厂、原审被告东营市黄河口建材开发总公司清偿债务纠纷一案，山东省高级人民法院于2003年6月2日作出（2003）鲁民一初字第4号民事判决，上诉人东营市海科化学工业有限责任公司不服，向本院提起上诉。本院依法组成合议庭，于2003年8月7日公开开庭对本案进行了审理。上诉人东营市海科化学工业有限责任公司的委托代理人蔡忠杰、金荣奎，被上诉人何荣兰的委托代理人于杰、于福顺，原审被告东营水泥制品厂的委托代理人刘军到庭参加了诉讼。本案现已审理终结。

山东省高级人民法院一审查明：1994年8月24日、12月2日和12月5日，东营水泥制品厂（以下简称水泥制品厂）分别向中国农业银行东营市河口区支行借款100万元、93万元和7万元，用于购买水泥、钢材，并约定利息分别为10.98‰和14.64‰。到期限不还贷款，对逾期贷款加收20%的利息。上述借款均由东营市黄河口建材开发总公司（以下简称建材公司）担保。

1996年12月24日，水泥制品厂向中国农业银行东营市东营区支行借款1050万元，用于购买水泥制品材料，期限1年，自1996年12月24日至1997年12月24日，利率为月息9.24‰，该合同第二条约定，水泥制品厂应按合同约定的期限归还贷款本息。逾期贷款在逾期期间按日利率万分之四计收利息。如需延期还款，水泥制品厂必须在贷款到期前十日提出延期申请，经同意后签订延期还款协议，延期协议签订后，其效力及于保证人，保证人自愿继续承担保证责任，原保证期间相应延长。该合同第五条约定，保证人与借款人对债务承担连带责任。保证人保证期间为：自本合同生效之日起最后一笔借款到期日后的两年，即自1997年12月24日至1999年12月24日。该合同由东营市海科化学工业有限责任公司（原山东东营石油化工厂，以下简称海科公司）担保。

1997年12月24日，中国农业银行东营市东营区支行与水泥制品厂、海科公司签订（97）农银保借延协字第00013号《保证担保借款延期还款协议书》约定，水泥制品厂于1996年12月24日向贷款人借款1050万元，应于1997年12月24日偿还全部借款本息，由于资金短缺原因，不能如期偿还，经各方协商一致同意延期到1998年3月24日偿还，1996年12月24日签订的《借款合同》是本协议不可分割的整体，原《借款合同》各项条款对本协议仍有效，本协议与原《借款合同》条款有抵触者，以本协议为准。海科公司作为担保人在该协议上签章认可。

1998年6月20日，中国农业银行东营市河口区支行向水泥制品厂发出了贷款逾期催收通知书称，借款200万元已到期，到1998年6月20日止，你单位仍欠我行贷款本金及利息225万元，已构成违约，请立即归还全部贷款本息。水泥制品厂及担保人建材公司于1998年6月22日在该通知上盖章。1999年11月29日，中国农业银行山东省分行催收到（逾）期借款通知书第25号，载明：1996年12月24日借款1050万元，于1998年3月24日到期。请准备资金按期来银行办理还款手续，否则按合同约定处理。1999年12月22日，水泥制品厂签发通知单回执载明：第25号催收到（逾）期借款通知书，已于1999年12月22日收到，意见如下：尽快筹集资金，归还银行贷款。水泥制品厂加盖了公章。担保人的法定代表人亦签名并加盖了公章，落款时间为2000年3月23日。

1999年12月20日，中国农业银行东营市河口区支行向水泥制品厂发出贷款逾期催收通知书，内容为："贷款200万元已到期。到1999年12月20日止，你单位仍欠我行贷款本息合计233万元，请立即归还我行全部贷款本息。"水泥制品厂及担保人建材公司于1999年12月22日在该通知书上签章。

2000年3月10日，中国农业银行山东省分行与中国长城资产管理公司济南办事处签订《剥离收购不良资产协议书》约定，债务人水泥制品厂、担保人建材公司所欠中国农业银行下述本息2398520元。债务人水泥制品厂、担保人海科公司所欠中国农业银行下述本息12270874.12元，债权2000年3月25日起转移给中国长城资产管理公司。并分别以（济）中长资债字（2000）第050300002号和（济）中长资债字（2000）第050200027号债权转移确认通知书，通知了债务人和担保人，同时要求债务人和担保人在接到本债权转移确认书后，主动向中国长城资产管理公司归还前述全部债务款或者制定还款计划。水泥制品厂和建材公司在（济）中长资债字（2000）第050300002号债权转移确认通知书回执及水泥制品厂、海科公司在（济）中长资债字（2000）第050200027号债权转移确认通知书回执均明确表示，对债权转移事项不持任何异议，借款人和担保人保证继续履行借款合同、担保合同或协议约定的各项义务。建材公司签署时间为2000年6月3日，海科公司签署时间为2000年3月23日。

2000年5月31日，海科公司向中国农业银行东营市东营区支行出具证明："我单位多次为水泥制品厂向贵行借款提供担保，并于1996年12月24日为该企业转贷贷款1050万元提供担保。特此说明。"2002年3月12日，山东法制报第14版刊登债权催收公告，要求水泥制品厂、建材公司、海科公司履行清偿义务。

2002年9月30日，中国长城资产管理公司济南办事处根据中长资复（2002）386号关于水泥制品厂债权转让请示的批复，与何荣兰签订（2002）中长资济债转字第003号债权转让协议约定，将水泥制品厂所拖欠的5笔贷款债权（及其附属权利）转让给何荣兰并附债权转让清单。2003年1月21日，中国长城资产管理公司济南办事处及何荣兰在山东法制报第2版刊登债权转移通知，通知水泥制品厂及担保人建材公司、海科公司，其依法享有水泥制品厂债权本金1260万元及相应利息及其项下附属权利均已依法转移给何荣兰，由其行使债权人的一切权利。在接到本通知书后主动向何荣兰履行还款义务。

一审法院审理中，何荣兰出具了有关债权款项利息的计算依据。1050万元借款按月利率9.24‰计，1997年1月1日至第四季度末应付本息11504338.14元。对此水泥制品厂及海科公司均认可。1998年至2003年第一季度按合同第二条约定的万分之四计算本金及罚息合计为24183095.93元。对此，水泥制品厂无异议，但海科公司提出异议认为不应按万分之四计，应按万分之二点一计。200 万元借款本息及罚金合计为 7598582.02 元。对此，水泥制品厂及建材公司均予以认可。

2003 年 4 月 17 日，一审法院委托山东省司法鉴定中心对涉案利息，依照合同和中国人民银行的利率规定（不计复利）分别自贷款之日起至2003 年3 月31 日止分段进行了计算，鉴定结果为：1050 万元本金的利息为 6171375 元，本息合计 16671375 元。200 万元的利息为 1899951 元，本息合计 3899951 元。各方当事人对计算的依据、方法和计算结果均无异议。但海科公司主张 2000 年 3 月 25 日前利息应按农业银行与中国长城资产管理公司的债权转让协议中确定的数目为准，即本金 1050 万元表外利息 1770874.12 元。债权转让前的利息不应重新计取。自 2000 年 3 月 25 日到 2003 年 3 月 31 日，按 1050 万元本金计算，利息为 2438730 元。

2003 年 2 月 13 日，何荣兰向一审法院提起诉讼称：中国长城资产管理公司济南办事处依法享有水泥制品厂债权本金1260 万元及相应利息。2002 年9 月 30 日，中国长城资产管理公司济南办事处与何荣兰签订《债权转让协议》，将上述债权及其项下所属权利全部转让给何荣兰，由何荣兰行使债权人的一切权利。何荣兰已具备向债务人及担保人主张权利的主体资格，截至起诉之日，水泥制品厂应当承担债务本息合计 31783677.95 元，请求：1. 判令水泥制品厂立即清偿债务本息合计 31783677.95 元，海科公司对水泥制品厂应付债务中的 24183095.95 元承担连带清偿责任；建材公司对水泥制品厂应付债务中的 7598582.02 元承担连带清偿责任。2. 财产保全费、案件受理费、律师代理费及何荣兰为实现债权支出的合理费用由水泥制品厂、海科公司及建材公司共同负担。

水泥制品厂、建材公司未作答辩。

海科公司答辩称：水泥制品厂和海科公司至今未得到中国长城资产管理公司济南办事处将债权转让给何荣兰的任何通知。海科公司承担保证责任的期间已过，根据合同约定是自 1997 年 12 月 24 日起至 1999 年 12 月 24 日止。债权转移的方式是书面通知而不是登报的方式。何荣兰没有提供其受让债权的有效证据。两个借款合同纠纷不应合并审理。根据最高人民法院《关于适用〈中华人民共和国担保法〉若干问题的解释》（以下简称担保法司法解释）第 31 条、第 44 条及最高人民法院法函(2002) 3 号的答复、《金融资产管理公司条例》第 10 条及《金融资产管理公司资产处置管理办法》第 3 条的规定，海科公司不应承担保证责任。再则，债权转移是无效的。因此，应驳回何荣兰对海科公司的诉讼请求。

〔一审裁判理由与结果〕

山东省高级人民法院认为，本案涉及的全部借款合同、担保合同、延期协议、催款单及回执、债权转让合同、通知及公告通知等均是当事人的真实意思表示，其内容和形式均是合法有效的，当事人都应按照合同约定，自觉履行各自的义务。何荣兰依其与中国长城资产管理公司济南办事处签订的《债权转让协议》履行了义务，也取得了债权人的资格，因此，何荣兰的主要诉讼请求，符合法律的规定，应予支持。就海科公司反驳的几个问题认定如下：

其一，债权转让应用何种方式通知债务人及担保人的问题。对于债权转让通知的方式，目前国家法律没有强制性规定必须用什么方式通知。登报通知是一种合法的方式，更具有时间性、公开性和广泛性，与单个书面通知具有同等作用和效力。债权转让不同于债务转让，债务转让我国法律有明确的规定，即债务人转移债务的必须书面通知债权人及保证人，并征得债权人和保证人的同意，否则转让无效。而债权转让只需通知债务人及保证人即可，无须经债务人及保证人同意。本案债权转让通知是原债权人中国长城资产管理公司济南办事处于2003年1月21日在山东法制报上用登报通知方式通知债务人及担保人，其内容和形式均符合《中华人民共和国合同法》（以下简称合同法）第八十条之规定，亦不违反合同法第七十九条的规定。所以，海科公司对此主张理由不成立。

其二，关于海科公司承担保证责任的期间是否已过的问题。海科公司称，根据合同约定，海科公司承担保证责任期间是1997年12月24日起至1999年12月24日止。海科公司在债权转让确认通知书回执上签字的时间是2000年3月3日。依据《担保法司法解释》第31条、第44条及最高人民法院法函（2002）3号答复的规定，海科公司不应承担保证责任，即使何荣兰与中国长城资产管理公司济南办事处的债权转让协议对海科公司发生法律效力，海科公司在保证期间届满后，亦不应承担担保责任。一审法院认为，首先，《担保法司法解释》第31条规定，保证期间不因任何事由发生中断、中止、延长的法律后果。保证期间与诉讼时效是两个不同的概念，不能混同。《担保法司法解释》第44条不适用本案，本案不属于破产案件。最高人民法院法函（2002）3号答复主要是明确诉讼时效中断问题，不影响何荣兰诉讼权利的有效行使。其次，根据（97）农银保借延协字第00013号协议书，1050万元借款延期到1998年3月24日止。海科公司在该协议上签章认可。随着借款的延期，依据借款合同和担保合同的约定，海科公司的保证期间亦相应延期自1998年3月25日起至2000年3月24日止。即使在原保证期间内，即1999年11月29日，中国农业银行山东省分行向水泥制品厂发出催收到（逾）期借款通知书（第25号），水泥制品厂和海科公司分别于1999年12月22日和2000年3月23日在催收到期借款通知书回执上签字盖章。这份催收到（逾）期借款通知书，证明了当时的债权人在担保人履行保证责任期限内，向借款人及保证人主张了权利。依照法律规定，此时开始计算诉讼时效为两年，即1999年11月29日起至2001年11月28日止。保证期间与诉讼时效虽然都是因债权人在一定期间不行使权利，而发生一定的法律后果，但两者有着本质上的区别。在保证期间内，债权人行使了权利，变更了原有的法律关系，使保证期间的作用消灭；而在诉讼时效期间内，权利人行使了请求权，维持了原有的法律关系，使原有的法律关系得以继续延续。因此，本案中海科公司、建材公司作为保证人不免除保证责任，保证责任不再受保证期间的制约，应受诉讼时效的制约。再次，从中国长城资产管理公司济南办事处与中国农业银行东营市东营区支行发出的债权转让确认通知书回执角度分析，借款人和保证人保证继续履行借款合同、担保合同和协议规定的各项义务。保证人签字盖章的时间为2000年3月23日，这份通知书及回执说明，海科公司仍在自愿延长保证期间，即2000年3月24日之前，权利人再次主张明确要求债务人及担保人还款。依据《担保法司法解释》第34条第2款的规定，从2000年3月24日起重新开始计算中国长城资产管理公司济南办事处对保证人要求履行保证责任的诉讼时效，即自2000年3月24日起到2002年3月23日止。2002年3月12日，中国长城资产管理公司济南办事处在山东法制报公告向债权人和担保人催收债权主张权利，至此，诉讼时效依法中断，重新计算诉讼时效，即自2002年3月12日起到2004年3月11日止。2003年1月21日，中国长城资产管理公司济南办事处在山东法制报第2版刊登债权转让通知，要求向新债权人何荣兰履行还款义务。2003年2月13日，债权人何荣兰向本院起诉，主张还本付息。何荣兰的起诉是在法定诉讼时效期间之内，因此，海科公司主张何荣兰的起诉已超过保证期间，不应负任何法律责任的理由不能成立。

其三，关于本案的管辖问题。最高人民法院规定山东省高级人民法院一审民事案件的受理标的额为3000万元以上，一审法院依此规定立案，并不违反最高人民法院的规定，且依据《中华人民共和国民事诉讼法》第三十九条①第一款之规定，上级人民法院有权审理下级人民法院管辖的第一审民事案件，也可以把本院管辖的第一审民事案件交下级人民法院审理。一审法院受理本案亦于法有据。所以，海科公司关于本案应由山东省东营市中级人民法院审理的主张，理由不能成立。

其四，本案能否合并审理的问题。本案的债权人均为何荣兰，债务人均为水泥制品厂，债权债务关系明确。担保人虽不属同一人，但担保人在本案中承担的是各自的担保责任，其责任也明确，所以，合并同案审理并非不可，故海科公司对此主张理由亦不成立。

其五，关于利息计算问题。海科公司提出的利息计算主张，依法应予支持。利息的计算应依法予以调整，其结果应为：1050万元2000年3月25日前的本息为12270874.12元，加上2000年3月21日至2003年3月31日的利息2438730元，共计14709604.12元；200万元2000年3月25日前的本息为2398520元，加上2000年3月21日至2003年3月31日的利息464520元，共计2863040元。

综上，判决：（一）水泥制品厂于判决生效后十日内偿还何荣兰借款本金1050万元及利息合计14709604.12元，海科公司承担连带清偿责任；（二）水泥制品厂于判决生效后十日内偿还何荣兰借款本金200万元及利息合计2863040元，建材公司承

---

① 对应2012年《民事诉讼法》第38条。

担连带清偿责任；（三）驳回何荣兰的其他诉讼请求。一审案件受理费168928元，由何荣兰负担76017.60元，水泥制品厂负担92910.40元，其中的75257.40元由海科公司负连带责任，17653元由建材公司负连带责任。保全费80000元，由海科公司负担。鉴定费30000元，由何荣兰负担10500元，水泥制品厂负担19500元，其中15015元由海科公司负连带责任，4485元由建材公司负连带责任。

〔当事人上诉及答辩意见〕

海科公司不服一审判决，向本院提起上诉：1. 一审判决认定事实不清。①一审判决所列被告之一建材公司已经不存在，其不具备诉讼主体资格。根据海科公司所调查到的工商登记注册资料，建材公司是1993年由水泥制品厂更名而来，1996年12月该公司又更名为水泥制品厂并且沿用此名称至今。在一审诉讼期间，根本就不存在一个名为建材公司的企业法人。一审法院将一个不存在的企业列为本案被告，属认定事实错误。②一审认定中国农业银行东营市河口区支行1994年8月24日、12月2日和12月5日与水泥制品厂、建材公司的借款合同、担保合同合法有效是错误的。山东省东营市工商行政管理局东营分局的企业工商登记资料记载：水泥制品厂于1990年6月开业，1993年1月经核准登记变更为建材公司，1996年12月经核准登记又变更为水泥制品厂，该名称自1996年12月沿用至今。据此，1994年间，水泥制品厂已经变更名称为建材公司，在当时已经不存在一个名为水泥制品厂的企业。所以，在当时以水泥制品厂为借款人，以建材公司为担保人的借款合同，由于借款人已经不存在，借款合同是无效的，担保合同也无效。一审认定合同有效是错误的。2. 一审判决适用法律错误。一审判决认为债权人以报纸公告的方式通知债务人有关债权转让的事实符合法律规定是错误的。本案中原债权人中国长城资产管理公司济南办事处没有直接通知债务人债权转让的事实。作为债务人，由于没有收到债权转让通知，因而也没有向受让人履行债务的法律义务。到受让人何荣兰起诉之时，中国长城资产管理公司济南办事处与何荣兰之间的债权转让协议由于没有通知到债务人，对债务人尚不发生效力，何荣兰起诉债务人还款没有事实和法律依据。报纸公告的通知方式只是一种推定被通知人可以收到通知的方式，采用这种通知方式至少应同时具备两个条件：一是由于被通知人地址不详或下落不明等原因无法直接通知，二是法律规定可以采用公告的方式通知，并且规定公告多长时间视为通知到达。不具备这两个条件，就只能采用直接书面通知的方式。本案原债权人中国长城资产管理公司济南办事处明知债务人及担保人的地址，而不采用直接书面的方式通知，却采用没有法律依据的报纸公告方式，该通知不产生法律效力。依学理解释，债权转让通知的方式应当与债权成立的方式相同。债权以书面方式成立的，转让债权亦应以书面方式通知债务人。3. 一审程序违法。①一审违反了法律关于级别管辖的规定，错误审理本案。最高人民法院《关于各高级人民法院受理第一审民事、经济纠纷案件问题的通知》① 规定，山东省高级人民法院受理第一审经济纠纷案件，争议金额不得低于5000万元。本案属于经济纠纷案件。何荣兰起诉的金额只有3000余万元，与山东省高级人民法院一审管辖的经济纠纷案件争议金额相差很大，山东省高级人民法院不应受理此案。就一审级别管辖错误的问题，海科公司向一审法院提出了管辖权异议，申请将案件移送有管辖权的山东省东营市中级人民法院审理，一审法院对该异议不予理睬，违反法律规定。一审判决认为本案是民事案件，山东省高级人民法院一审受理民事案件的争议金额为3000万元，此认定是错误的。借款合同纠纷不属于最高人民法院关于级别管辖规定中所指的民事纠纷案件，属于经济纠纷案件。本案应当以程序违法为由撤销原判，将案件移送有管辖权的法院审理。②一审将几个当事人不相同的借款合同的欠款纠纷合并审理不符合民事诉讼法关于共同诉讼的规定，应将不同的合同纠纷分别处理。何荣兰是从中国长城资产管理公司济南办事处受让的债权，而中国长城资产管理公司济南办事处是从中国农业银行东营市东营区支行、东营市河口区支行分别受让的债权。其中从东营市东营区支行受让的债权，其借款合同是海科公司担保的，本金1050万元；而从东营市河口区支行受让的债权，共有三个合同，担保人是建材公司。中国长城资产管理公司济南办事处受让这些债权后，分别取代中国农业银行东营市东营区支行、东营市河口区支行在各个借款合同中的贷款人地位，成为不同合同的债权人。假设何荣兰有效受让了中国长城资产管理公司济南办事处的债权，则其又取代了中国长城资产管理公司济南办事处的债权人地位，分别成为不同借款合同的债权人。其中一个合同本金1050万元，由海科公司担保；另外三个合同，本金共计200万元，由建材公司担保。如前所述，这三个借款合同的借款人在签合同的1994年已经更名，该企业是不存在的，借款合同应认定为无效。对于这样四个当事人及合同效力都不相同的借款合同纠纷，一审法院将其合并审理，不符合我国民事诉讼法关于共同诉讼的规定，不利于案件正确审理。综上，请求依法驳回何荣兰的起诉，或裁定撤销一审判决，将案件移送有管辖权的山东省东营市中级人民法院审理。

何荣兰答辩称：1. 海科公司以建材公司不具备诉讼主体资格为由主张一审判决认定事实不清没有依据。何荣兰将水泥制品厂、海科公司及建材公司一并起诉后，田振荣作为水泥制品厂和建材公司的法定代表人出庭参加了诉讼，并对何荣兰所诉事实予以认可。对于相对方当事人并无争议的事实，海科公司作为另一笔债务的保证人没有权利对该部分事实提出上诉，海科公司也没有证据证明其主张。特别需要说明的是，中国农业银行东营市河口区支行与水泥制品厂、建材公司签订的借款合同、担保合同均与海科公司无关，该借款合同和担保合同是否有效的问题与海科公

① 已被《最高人民法院关于调整高级人民法院和中级人民法院管辖第一审民商事案件标准的通知》代替。

司没有任何法律上的利害关系，海科公司无权对此提出上诉。2. 海科公司主张一审判决适用法律错误的理由不能成立。关于以报纸公告的方式通知债务人有关债权转让的事实是否符合法律规定的问题。最高人民法院《关于审理涉及金融资产管理公司收购管理、处置国有银行不良贷款形成的资产的案件适用法律问题的规定》第六条规定，金融资产管理公司受让国有银行债权后，原债权银行在全国或省级有影响的报纸上发布债权转让公告的，人民法院可以认定债权人履行了《合同法》第八十条第一款规定的通知义务。这一司法解释，充分肯定了以报纸公告方式通知债务人有关债权转让事宜的合法性。一审法院根据中国长城资产管理公司济南办事处登报公告债权转让的事实和基于对《合同法》第八十条第一款的正确理解，认定原债权人中国长城资产管理公司济南办事处以登报公告的形式向债务人水泥制品厂、担保人海科公司和建材公司依法正当履行了债权转让通知义务是正确的。3. 海科公司关于一审法院程序违法的主张不能成立。①海科公司关于一审法院违反了民事诉讼法关于级别管辖规定的主张不能成立。一审法院立案庭根据答辩人起诉的法律关系确定作为民事案件立案是有法律依据的。本案何荣兰与水泥制品厂、海科公司及建材公司之间的清偿债务纠纷，属于自然人与法人之间的合同纠纷案件，且符合最高人民法院规定的高级人民法院受理一审民事案件的诉讼标的额标准（3000 万元以上），因此，一审法院受理本案并不违反最高人民法院关于级别管辖的规定。何况，根据《中华人民共和国民事诉讼法》第三十九条的规定，上级人民法院有权审理下级人民法院管辖的第一审民事案件。因此，一审法院受理本案无任何不当之处。海科公司关于一审法院对其提出的管辖权异议没有任何答复的上诉主张不符合事实。根据最高人民法院的有关规定，对于当事人就级别管辖问题提出的管辖权异议，受诉法院经审查就管辖权异议是否成立，直接告知当事人即可，而不需作出书面裁定。本案的基本事实是，一审法院立案庭承办法官根据最高人民法院有关规定，已明确告知海科公司，一审法院立案受理并不违反级别管辖的规定，海科公司提出的级别管辖异议不成立，从而口头驳回了海科公司提出的管辖权异议。对于其后提交的《管辖权异议申请书》，一审法院立案庭鉴于对该问题已作明确答复，故直接将案卷转至民一庭进行审理。案卷移送至民一庭后，民一庭的承办法官亦明确告知海科公司管辖权异议不成立，并告知其应当及时到庭参加诉讼。海科公司两次到庭参加诉讼对何荣兰提交的证据和一审法院委托鉴定报告进行充分质证的事实也证明了一审法院对该问题并非未作任何答复，海科公司正是以积极的诉讼行为接受了一审法院的级别管辖。一审法院慎重审理，对海科公司的质证意见予以充分考虑，并已作出公正的判决。②海科公司关于本案不能合并审理的主张不能成立。合并审理是指诉的合并，诉的合并可分为两种：即诉的主体合并与客体合并。海科公司作为担保人属于必要共同诉讼的当事人，海科公司参加本案的诉讼属于诉的主体合并。因本案所涉借款合同的借款人，也即债务人均为水泥制品厂，而将转让债权所涉及的数笔借款作为一个整体在本案中予以合并审理属于诉的客体合并。本案的债权人为何荣兰，债务人为水泥制品厂一家，双方当事人之间的债权债务关系明确。本案中的担保人海科公司、建材公司虽不是同一主体，但因二担保人各自担保履行的债务关系明确，且在各自担保履行的债务范围内所应承担的连带清偿责任也是明确的，合并审理并不损害海科公司的任何诉讼权利，所以，一审法院进行合并审理符合法律有关规定。综上，一审判决认定事实清楚，适用法律正确。海科公司的上诉请求证据不足，理由不当，请求二审法院依法驳回上诉，维持原判。

水泥制品厂及建材公司未进行书面答辩。

〔最高人民法院查明的事实〕

最高人民法院查明的事实与一审法院查明的事实相同。

〔最高人民法院裁判理由与结果〕

最高人民法院认为，2002 年 9 月 30 日，何荣兰与中国长城资产管理公司济南办事处签订的债权转让合同，是双方当事人真实意思表示，合同内容不违反法律法规的强制性规定，一审判决认定该债权转让合同有效是正确的。海科公司在上诉主张中就本案级别管辖问题提出异议，因级别管辖是上下级法院之间就一审案件审理方面的分工，当事人就级别管辖提出管辖异议的，受诉法院应认真审查，确无管辖权的，应将案件移送有管辖权的法院，并告知当事人，但不作裁定。上述规定表明，当事人虽然就级别管辖问题有权提出异议，但就异议不具有诉权。当事人不得以级别管辖异议为由提起诉讼主张，对异议被驳回后亦不具有上诉的权利。海科公司向一审法院提出的级别管辖异议，已经一审法院予以答复，且在一审卷宗中有所记载。海科公司就级别管辖问题提出的上诉请求，超出了当事人提起上诉的请求范围，故不应支持。海科公司上诉主张，水泥制品厂与建材公司实际上是同一主体，故建材公司不具备诉讼的主体资格，且应认定中国农业银行东营市河口区支行与水泥制品厂、建材公司签订的担保借款合同无效。在一审诉讼期间，水泥制品厂、建材公司及何荣兰均未对建材公司的诉讼主体资格问题提出异议。一审判决后，何荣兰、水泥制品厂及建材公司亦未对建材公司的诉讼主体资格提起上诉。海科公司不是上述担保借款合同的当事人，且其没有证据证明该担保借款合同损害海科公司的权益，建材公司是否具备诉讼主体资格及该担保借款合同的效力与海科公司没有法律上的利害关系。海科公司的该诉讼请求本院亦不予支持。海科公司主张本案所涉的两个债务纠纷不应合并审理。由于诉的合并既可以基于当事人的申请，也可以由人民法院决定。本案中涉及的两个债务纠纷，债权人均为何荣兰，债务人均为水泥制品厂，债权债务的性质相同，且均属于一审法院管辖范围，一审法院将两个债务纠纷合并审理并无不当。海科公司仅以债务的担保人不同，提出一审法院合并审理错误，理据不足，其主张应予驳回。本案中何荣兰作为债权人向债务人及担保人提出诉讼主张，是基于其与中国长城资产管理公司济南办事处的债权转让合同，取得债权人地位后，以债权人的身份提起的民事诉讼。一审判决后，债权人何荣兰、债务人水泥制品厂及担保人建材公司均未提出上诉。就债权转让的效力，何荣兰、水泥制品厂及担保人建材公司、海科公司在一审判决后亦未提出异议。海科公司主张债权的转让，没有通知债务人及担保人，故债权转让的效力不及于海科公司。合同法第八十条第一款规定，债权人转让权利的，应当通知债务人。未经通知，该转让对债务人不发生法律效力。但法律法规对通知的具体方式没有规定。本案的实际情况是，中国长城资产管理公司济南办事处将其债权转让何荣兰后，双方共同就债权转让的事实在山东法制报上登报通知债务人及担保人。山东法制报是在山东省内公开广泛发行的报纸，一审法院认为债权人在该报纸上登报通知债务人及担保人债权转让的事实，不违反法律法规的强制性规定，应认定债权人已将债权转让的事实告知债务人及担保人，并无不妥。且本案中债权转让人、债权受让人、债务人及担保人均未对债权转让的事实及效力提出异议，债务人及担保人只是对债务款项利息的数额有异议，一审法院已作审查处理。海科公司在上诉请求中，没有涉及债权转让内容及效力问题的异议，即海科公司对双方债权债务存在的事实是认可的。海科公司通过参加本案的诉讼活动，已明知债权转让的事实，且知道履行债务的对象。本案中的债权转让并没有致使债务人错误履行债务、双重履行债务或加重债务人履行债务的负担，也没有损害海科公司的利益。双方债权债务关系明确，债务人及担保人应承担相应的法律责任。海科公司仅以债权人在报纸上登载债权转让通知不当为由，否认债权转让对其发生法律效力，理由不充分，本院不予支持。综上，一审判决认定事实清楚，适用法律正确。根据《中华人民共和国民事诉讼法》第一百五十三条①第一款第（一）项之规定，判决如下：

驳回上诉，维持原判。

二审案件受理费 168928 元，由海科公司负担。

本判决为终审判决。

规则 5：连带责任之诉中，原告基于其诉讼利益的判断而选择其中某些主体为被告，不违反法律规定，人民法院应予尊重

——陈丽华等 23 名投资人与大庆联谊公司、申银证券公司虚假陈述侵权赔偿纠纷案②

① 对应 2012 年《民事诉讼法》第 170 条。

② 《中华人民共和国最高人民法院公报》2005 年第 11 期。

【裁判规则】

根据《最高人民法院关于审理证券市场因虚假陈述引发的民事赔偿案件的若干规定》，对发行人或者上市公司的上市文件，证券承销商、证券上市推荐人或者专业中介服务机构都有责任审核，都可能对发行人或者上市公司的虚假陈述行为承担连带责任，以上述主体为被告的诉讼，属于特殊形态的共同诉讼。诉讼中，原告基于其诉讼利益的判断而选择其中某些主体为被告，不违反法律规定；法院根据原告的请求确定诉讼参加人，属于尊重当事人的诉讼选择权，不能依职权将原告未起诉的连带责任债务人追加为共同被告。

【规则理解】

一、共同诉讼的界定

（一）共同诉讼的内涵

我国《民事诉讼法》第52条第1款规定："当事人一方或者双方为二人以上，其诉讼标的是共同的，或者诉讼标的是同一种类、人民法院认为可以合并审理并经当事人同意的，为共同诉讼。"即共同诉讼是指当事人一方或者双方为二人以上的诉讼。原告为二人以上的，称为积极的共同诉讼。被告为二人以上的，称为消极的共同诉讼。

共同诉讼是我国民事诉讼法规定的一项重要的诉讼制度，其意义在于：（1）在一个诉讼程序中一并解决多数当事人之间的纠纷或者多个纠纷，节约当事人诉讼成本和司法资源，符合诉讼经济原则；（2）避免法院对同一案件或同类案件做出相互冲突的判决。尤其是多数当事人之间的关联诉讼，裁判冲突对当事人权益和判决的权威和执行力均有影响；（3）基于实体法上的必要。实体法上的权利义务关系争议涉及多数权利主体的，部分纠纷依其性质必须同时裁判才能解决，否则难以处理。

根据共同诉讼成立的不同条件，可以将共同诉讼分为必要共同诉讼和普通共同诉讼。

（二）必要共同诉讼

必要共同诉讼，是指当事人一方或者双方为二人以上，其诉讼标的是共同的，人民法院必须合并审理并作出同一判决的诉讼。诉讼标的，是指双方当事人争议的，要求人民法院裁判的民事法律关系。当事人的诉讼标的是共同的，表明他们在民事权利、义务上具有共同的利害关系，必须一同起诉或应诉，因此这种诉讼是不可分之诉，人民法院必须合并审理，不能分案审理。[①]

---

① 章武生主编：《民事诉讼法新论》，法律出版社2002年版，第170页。

由于必要共同诉讼是不可分之诉，因此共同诉讼当事人必须一同起诉或一同应诉。遗漏必须共同进行诉讼的当事人，不仅程序上难以保证其合法诉权的行使，实体裁判时也无法将其对诉讼标的的实体权利义务予以固定，故《民事诉讼法》第170条第1款第4项规定遗漏当事人构成“严重违反法定程序”的发回重审事由，第200条第8项规定“应当参加诉讼的当事人，因不能归责于本人或者其诉讼代理人的事由，未参加诉讼的”构成应当再审的事由。因此，在司法实践中，人民法院应当注意对必要共同诉讼当事人的追加，确保符合法定程序要求。一是人民法院在诉讼中发现必须共同进行诉讼的当事人没有参加诉讼时，应当通知其参加诉讼。《民事诉讼法》第132条规定：“必须共同进行诉讼的当事人没有参加诉讼的，人民法院应当通知其参加诉讼。”二是未起诉的公民、法人或者其他组织认为属于必须共同进行诉讼的当事人，也可以向人民法院申请参加诉讼。对当事人提出的申请，人民法院应当依照《民事诉讼法解释》第73条规定的程序，予以审查，决定应否追加。该条规定：“必须共同进行诉讼的当事人没有参加诉讼的，人民法院应当依照民事诉讼法第一百三十二条的规定，通知其参加；当事人也可以向人民法院申请追加。人民法院对当事人提出的申请，应当进行审查，申请理由不成立的，裁定驳回；申请理由成立的，书面通知被追加的当事人参加诉讼。”三是根据《民事诉讼法解释》第74条的规定，人民法院追加共同诉讼当事人时，应通知其他当事人。应当追加的原告，已明确表示放弃实体权利的，可不予追加。其既不愿意参加诉讼，又不放弃实体权利的，仍追加为共同原告，其不参加诉讼，不影响人民法院对案件的审理和依法作出判决。四是关于追加当事人申请被人民法院裁定驳回后，其是否享有上诉的救济权的问题。多数意见认为，《民事诉讼法》第154条第2款规定可以上诉的裁定仅限于不予受理、管辖权异议和驳回起诉裁定，因此，驳回当事人追加申请的裁定不可上诉，但该主体可以根据《民事诉讼法》第200条第8项的规定，对生效裁判申请再审，主张权利救济。

（三）普通共同诉讼

普通共同诉讼，是指当事人一方或者双方为二人以上，其诉讼标的是同一种类，人民法院认为可以合并审理，而且当事人也同意合并审理的诉讼。在普通共同诉讼中，当事人之间没有共同的权利义务关系，既可以作为共同诉讼合并审理，也可以作为单独诉讼分别审理。例如某化工厂排放的污染物致使多名农户的庄稼受损，多名农户均向该化工厂提起诉讼。各原告之间没有共同利害关系，但诉讼标的系同一种类。是否合并审理，由人民法院根据当事人是否同意，能否达到简化程序、节省时间和司法资源的目的等因素予以确定。

二、必要共同诉讼和普通共同诉讼的区别

必要共同诉讼和普通共同诉讼的区别主要体现在以下几个方面：

（一）诉讼标的的性质不同

必要共同诉讼人对诉讼标的享有共同的权利或承担共同的义务，其诉讼标的是共同的或同一的。普通共同诉讼的标的则属同一种类。

（二）追加当事人的必要性不同

必要共同诉讼的当事人没有参加诉讼，法院应当追加当事人；如果是必要共同原告，当事人已明确表示放弃实体权利的，可不予追加；既不愿意参加诉讼，又不放弃实体权利的，仍追加为共同原告。普通共同诉讼不存在追加当事人的问题。

（三）合并审理的要件不同

必要共同诉讼是一种不可分之诉，共同诉讼人必须一同起诉或者一同应诉，法院必须合并审理并作出合一判决。普通共同诉讼是一种可分之诉，共同诉讼人既可以一同起诉或者一同应诉，也可以分别起诉或应诉。法院既可以合并审理，也可以分开审理，是否合并审理由人民法院根据当事人是否同意以及能否达到简化程序、节省时间和费用的目的来确定。但即使合并审理，判决仍应分别确认共同诉讼人与对方当事人之间的权利义务关系。

（四）共同诉讼人之间的相关性和独立性不同

必要共同诉讼除原被告之间对立的外部关系外，在共同诉讼人内部还存在相互关系。在共同诉讼人意见不一致时，需处理其内部关系。《民事诉讼法》第 52 条第 2 款规定："共同诉讼的一方当事人对诉讼标的有共同权利义务的，其中一人的诉讼行为经其他共同诉讼人承认，对其他共同诉讼人发生效力……"即必要共同诉讼人之一的行为能否约束其他共同诉讼人，取决于其他共同诉讼人的承认。从西方国家和我国台湾地区民事诉讼立法来看，则大多采取"有利说"，即必要共同诉讼人之一的诉讼行为，有利于全体的，对全体发生效力；不利于全体的，对全体不发生效力。必要共同诉讼在相互关系之外，也存在一定程度的独立性，其独立性表现为：一是法院对各共同诉讼人的资格调查应分别进行；二是共同诉讼人可以独立进行无关实体利害关系的诉讼行为，例如委托代理人等。①

普通共同诉讼，数诉合并一诉仅属形式的合并，以便同时辩论及裁判而已，各共同诉讼人都处于独立的地位，与其单独诉讼时没有差别。因此，民事诉讼法解决必要共同诉讼内部关系的原则不适用于普通共同诉讼。《民事诉讼法》第 52 条第 2

① 江伟主编：《民事诉讼法专论》，中国人民大学出版社 2005 年版，第 205 页。

款规定："……对诉讼标的没有共同权利义务的，其中一人的诉讼行为对其他共同诉讼人不发生效力。"例如共同诉讼人之一撤回诉讼请求的效力只及于自己，不影响其他共同诉讼人继续进行诉讼。普通共同诉讼人之一出现诉讼中止情形的，也不影响其他共同诉讼人继续进行诉讼程序。但是普通共同诉讼人的诉讼行为独立性原则也不是绝对的，由于数诉合并审理，言词辩论、调查证据及其他审理程序通常共同进行，因此普通共同诉讼人之间也存在某种牵连。主要表现为，普通共同诉讼人中一人在诉讼中的作为或不作为，以及所提出的证据，对法院在认定其他共同诉讼人的请求或判断其他证据时有参考价值。①

三、连带责任之诉属于特殊形态的共同诉讼

司法实践中，连带责任之诉案件的诉讼标的并非同一，且诉讼标的不属同一种类，但是由于当事人间存在事实或法律上的牵连关系，有必要作为共同诉讼处理。例如在连带保证借款合同诉讼中，诉讼标的分别为借款合同法律关系和连带保证合同法律关系。再如公司请求股东补足出资义务的诉讼中，《公司法司法解释三》第18条规定，有限责任公司的股东未履行或者未全面履行出资义务即转让股权，受让人对此知道或者应当知道，公司请求该股东履行出资义务、受让人对此承担连带责任的，人民法院应予支持。在该连带责任诉讼中，诉讼标的分别为股东与公司之间的出资法律关系、转让人和受让人之间的股权转让合同瑕疵担保法律关系。可见，连带责任之诉既非法律规定的诉讼标的同一的必要共同诉讼，也非法律规定的诉讼标的为同一种类的普通共同诉讼，但案件当事人之间存在事实上和法律上的牵连性，有在一个诉讼程序进行审理和作出裁判的必要，故属于一种特殊的共同诉讼形态，称为牵连性的共同诉讼。

第一，原告作为债权人对连带债务享有选择起诉全部债务人或部分债务人的权利。《民法通则》第87条规定："……负有连带义务的每个债务人，都负有清偿全部债务的义务，履行了义务的人，有权要求其他负有连带义务的人偿付他应当承担的份额。"即连带责任是指两名以上的债务人按照法律的规定或者合同的约定，连带地向债权人承担责任。连带责任具有确保债权实现的目的和作用，在此种责任中，债权人有权要求责任人中的任何一个人承担全部的或者部分的责任，责任人也有义务承担全部的或者部分的责任，而后向其他负有连带义务的人请求偿付应当承担的份额。② 部分实体法明确债权人的请求权，例如《侵权责任法》第8条规定："二人以上共同实施侵权行为，造成他人损害的，应当承担连带责任。"第9条第1

① 章武生主编：《民事诉讼法新论》，法律出版社2002年版，第172页。

② 王利明：《民法总则研究》，中国人民大学出版社2003年版，第276～277页。

款规定："教唆、帮助他人实施侵权行为的，应当与行为人承担连带责任。"第13条规定："法律规定承担连带责任的，被侵权人有权请求部分或者全部连带责任人承担责任。"可见，实体法对连带债务赋予债权人可选择的请求权，债权人可以行使共同请求权，也可以行使个别请求权。相应地，原告在诉权行使方面亦享有诉讼选择权，其可以选择起诉全部债务人或者只起诉部分债务人。

第二，原告基于其诉讼利益的判断，选择部分债务人为被告的，法院应当尊重原告的诉讼选择权，遵循不告不理原则，根据原告的请求确定诉讼参加人。司法实践中有一种错误认识，认为连带责任之诉属于不可分的必要共同诉讼，多个连带债权人或者连带债务在诉讼中必须一同起诉（连带债权人做共同原告）、应诉（连带债务人做被告）。如有遗漏，法院应依通知追加。这种依职权强制增加共同诉讼人的做法，不仅是对诉权行使自由的限制，而且改变了民事实体法规定的权利保护要件，抑制了实体法当事人意思自治的因素，增加了当事人的讼累，是不恰当的。相反，如法院尊重原告的诉权，把是否将其他主体引入诉讼的诉讼选择权交给原告，有利于保障原告的诉权，保护被告和其他连带债务人的合法权益，也不妨碍原告在行使共同请求权时一并解决相关纠纷。因此，原告起诉全部连带债务人时，法院应当确定全部连带债务人为被告；原告只起诉部分连带债务人时，法院应当确定被诉的部分连带债务人为被告，且不应依职权主动追加原告未起诉的被告。

第三，原告起诉多个连带债务人时，应参照必要共同诉讼处理，由法院直接合并诉讼，无需经过当事人同意。由于我国《民事诉讼法》对于必要共同诉讼的界定过窄，只限于诉讼标的同一的情形，因此连带责任之诉不属于法定的必要共同诉讼。但连带责任之诉相互之间在事实和法律上均存在很强的牵连性，一旦原告选择合并起诉，为查清全案事实，正确分配责任、充分保护当事人实体利益和程序利益以及防止出现相互冲突裁判的目的，必须放在一个诉讼程序中解决。

第四，司法实践中应注意区分连带责任之诉、补充责任之诉与必要共同诉讼。《民事诉讼法解释》规定了十一种共同诉讼人的情形，分别为：1. 以挂靠形式从事民事活动，当事人请求由挂靠人和被挂靠人依法承担民事责任的，该挂靠人和被挂靠人为共同诉讼人。[①] 2.（个体工商户）营业执照上登记的经营者与实际经营者不一致的，以登记的经营者和实际经营者为共同诉讼人。[②] 3. 在劳务派遣期间，被派遣的工作人员因执行工作任务造成他人损害的，以接受劳务派遣的用工单位为当事

① 《民事诉讼法解释》第54条。

② 《民事诉讼法解释》第59条第2款。

人。当事人主张劳务派遣单位承担责任的，该劳务派遣单位为共同被告。[①] 4. 在诉讼中，未依法登记领取营业执照的个人合伙的全体合伙人为共同诉讼人。[②]。5. 企业法人分立的，因分立前的民事活动发生的纠纷，以分立后的企业为共同诉讼人。[③] 6. 借用业务介绍信、合同专用章、盖章的空白合同书或者银行账户的，出借单位和借用人为共同诉讼人。[④] 7. 原告起诉被代理人和代理人，要求承担连带责任的，被代理人和代理人为共同被告。[⑤] 8. 因保证合同纠纷提起的诉讼，债权人向保证人和被保证人一并主张权利的，人民法院应当将保证人和被保证人列为共同被告。保证合同约定为一般保证的，债权人仅起诉保证人的，人民法院应当通知被保证人作为共同被告参加诉讼；债权人仅起诉被保证人的，可只列被保证人为被告。[⑥] 9. 无民事行为能力人、限制民事行为能力人造成他人损害的，无民事行为能力人、限制民事行为能力和其监护人为共同被告。[⑦] 10. 在继承遗产的诉讼中，部分继承人起诉的，人民法院应通知其他继承人作为共同原告参加诉讼；被通知的继承人不愿意参加诉讼又未明确表示放弃实体权利的，人民法院仍应把其列为共同原告。[⑧] 11. 共有财产权受到他人侵害，部分共有权人起诉的，其他共有权人应当列为共同诉讼人。[⑨] 上述规定中，第 1、2、4、5、6、7 种情形以及第 8 种情形中的连带保证责任之诉，均属连带责任之诉，而不是法定的必要共同诉讼，法院不应依职权主动追加被告，但在原告选择合并起诉时，则应参照必要共同诉讼处理。第 3 种劳务派遣情形以及第 8 种中的一般保证情形，劳务派遣单位和一般保证人承担的是补充赔偿责任，属于补充责任之诉，赋予补充责任人先诉抗辩权，即从程序意义上说是顺位的补充。权利人有权自主选择是否起诉补充责任人，这与连带责任之诉是相同的，但在权利人选择单独起诉补充责任人时，法院则应追加直接责任人为共同被告，此有别于连带责任之诉中的不告不理情形。第 9、10、11 种情形属于典型的必要共同诉讼，其诉讼标的是同一的。在司法实践中应注意区分共同诉讼的不同形态。

第五，担保合同纠纷中连带责任保证主体诉讼地位的确定。《担保法》颁布实

---

① 《民事诉讼法解释》第 58 条。
② 《民事诉讼法解释》第 60 条
③ 《民事诉讼法解释》第 63 条。
④ 《民事诉讼法解释》第 65 条。
⑤ 《民事诉讼法解释》第 71 条。
⑥ 《民事诉讼法解释》第 66 条。
⑦ 《民事诉讼法解释》第 67 条。
⑧ 《民事诉讼法解释》第 70 条。
⑨ 《民事诉讼法解释》第 72 条。

施后，《担保法司法解释》明确应当根据担保责任的不同形态确认原告选择被告的权利。《担保法司法解释》第126条规定：“连带责任保证的债权人可以将债务人或者保证人作为被告提起诉讼，也可以将债务人和保证人作为共同被告提起诉讼。”第125条规定：“一般保证的债权人向债务人和保证人一并提起诉讼的，人民法院可以将债务人和保证人列为共同被告参加诉讼……”，第128条规定：“债权人向人民法院请求行使担保物权时，债务人和担保人应当作为共同被告参加诉讼。同一债权既有保证又有物的担保的，当事人发生纠纷提起诉讼的，债务人与保证人、抵押人或者出质人可以作为共同被告参加诉讼。”由于《民事诉讼法意见》第53条中“除保证合同明确约定保证人承担连带责任的外，人民法应当通知被保证人作为共同被告参加诉讼，债权人仅起诉被保证人的，可只列被保证人为被告”的规定，与《担保法》第19条“当事人对保证方式没有约定或约定不明确的，按照连带责任承担保证人”的规定不相符合，故《民事诉讼法解释》第66条作了相应的修改。该条规定：“因保证合同纠纷提起的诉讼，债权人向保证人和被保证人一并主张权利的，人民法院应当将保证任何被保证人列为共同被告。保证合同约定为一般保证，债权人仅起诉保证人的，人民法院应当通知被保证人作为共同被告参加诉讼；债权人仅起诉被保证人的，可以只列被保证人为被告。”也就是说，对连带保证责任之诉按照完全可分之诉处理，原告有权一并起诉主债务人和保证人，或分别起诉主债务人和保证人。对一般保证责任之诉和物权担保责任之诉，原告仅选择起诉主债务人而不起诉担保人的，人民法院尊重原告的选择权，但如果原告选择起诉担保人的，法院应当追加主债务人为共同被告。司法实践中有争议的情形是，债权人仅起诉连带责任保证人，但被告申请追加主债务人作为共同被告参加诉讼，此时人民法院是否准予。我们倾向于认为，可以向原告释明其享有的选择权，如果原告坚持不同意追加主债务人参加诉讼，并拒绝对主债务人提出诉讼请求，人民法院应遵循不告不理原则，不追加主债务人为共同被告。此外，司法实践中还存在原告仅起诉一般保证人，人民法院通知主债务人作为共同被告参加诉讼，而原告不同意追加主债务人参加诉讼的情形。此时，人民法院应当向原告释明民事诉讼法的相关规定，如原告仍坚持其立场，并拒绝对主债务人提出诉讼请求的，根据先诉抗辩权的原理，人民法院应当裁定驳回原告对一般保证人的起诉。

第六，除《民事诉讼法解释》以外，我国实体法以及司法解释规定了大量的连带责任之诉。例如《证券法》第69条规定违反信息披露义务的法律责任为连带责任，具体为：（1）发行人、上市公司公告的招股说明书、公司债券募集办法、财务会计报告、上市报告文件、年度报告、中期报告、临时报告以及其他信息披露资料，有虚假记载、误导性陈述或者重大遗漏，致使投资者在证券交易中遭受损失的，发行人、上市公司应当承担赔偿责任；（2）发行人、上市公司的董事、监事、高级管理人员和其他直接责任人员以及保荐人、承销的证券公司，应当与发行人、上市公司承担连带赔偿责任，但是能够证明自己没有过错的除外；（3）发行人、上市公司的控股股东、实际控制人有过错的，应当与发行人、上市公司承担连带赔偿责任。再如《公司法》第30条规定："有限责任公司成立后，发现作为设立公司出资的非货币财产的实际价额显著低于公司章程所定价额的，应当由交付该出资的股东补足其差额；公司设立时的其他股东承担连带责任。"今后司法实践中，不仅应注意连带责任之诉与必要共同诉讼及普通共同诉讼的区分，还应归纳连带责任之诉的特点，为我国民事诉讼法中的共同诉讼制度未来的完善提供切实可行的意见。

四、证券市场虚假陈述民事赔偿诉讼和代表人诉讼

现行的《证券法》没有对虚假陈述及法律责任进行明确的阐释，关于虚假陈述的规定散见于各章节中，如第63条、第69条、第171条、第173条等。2003年1月9日，《最高人民法院关于审理证券市场因虚假陈述引发的民事赔偿案件的若干规定》（以下简称《规定》），对证券市场虚假陈述民事赔偿案件的认定、受理范围、诉讼时效、受理程序及管辖权、诉讼方式、归责原则与举证责任、共同侵权责任、损失认定等作了系统明确的规定，标志着人民法院开始有序地受理及处理证券市场民事侵权纠纷。证券市场虚假陈述侵权涉及多数中小投资者，当多数人权益受到侵犯时，如何简化诉讼程序，同时保护多数人的权益，这涉及原告主体合并的问题。

（一）原告主体资格的确定

《规定》第2条规定，有权提起虚假陈述证券民事赔偿纠纷诉讼的主体是被侵权的投资人，即在证券市场上从事证券认购和交易的自然人、法人或者其他组织。因此，《规定》确定虚假陈述民事赔偿请求权主体的范围十分宽泛，凡认为自己在证券市场投资并因虚假陈述而遭受损失的投资人，都可以提起诉讼。但《规定》第3条和第6条分别从证券交易范围和前置程序的角度，对虚假陈述证券民事赔偿纠纷的受理条件作了限制性规定。第3条规定，在国家批准设立的证券市场以外进行的交易以及在国家批准设立的证券市场上通过协议转让方式进行的交易，不适用《规定》。第6条则要求投资人提起虚假陈述证券民事赔偿诉讼，必须提交有关机关的行政处罚决定、公告或者人民法院的刑事裁判文书。

（二）诉讼方式的确定

《规定》第三部分规定了该类诉讼的诉讼方式。第12条规定："本规定所涉证券民事赔偿案件的原告可以选择单独诉讼或者共同诉讼方式提起诉讼。"第13条规定："多个原告因同一虚假陈述事实对相同被告提起的诉讼，既有单独诉讼也有共同诉讼的，人民法院可以通知提起单独诉讼的原告参加共同诉讼。多个原告因同一虚假陈述事实对相同被告同时提起两个以上共同诉讼的，人民法院可以将其合并为一个共同诉讼。"第 14 条规定："共同诉讼的原告人数应当在开庭审理前确定。原告人数众多的可以推选二至五名诉讼代表人，每名诉讼代表人可以委托一至二名诉讼代理人。"第 15 条规定："诉讼代表人应当经过其所代表的原告特别授权，代表原告参加开庭审理，变更或者放弃诉讼请求、与被告进行和解或者达成调解协议。"第 16 条规定："人民法院判决被告对人数众多的原告承担民事赔偿责任时，可以在判决主文中对赔偿总额作出判决，并将每个原告的姓名、应获得赔偿金额等列表附于民事判决书后。"

（三）代表人诉讼

从《民事诉讼法》规定来看，当事人一方人数众多的共同诉讼，一般指 10 人以上的共同诉讼，分为人数确定的代表人诉讼和人数不确定的代表人诉讼。《民事诉讼法》第 53 条规定："当事人一方人数众多的共同诉讼，可以由当事人推选代表人进行诉讼。代表人的诉讼行为对其所代表的当事人发生效力，但代表人变更、放弃诉讼请求或者承认对方当事人的诉讼请求，进行和解，必须经被代表的当事人同意。"第 54 条规定："诉讼标的是同一种类、当事人一方人数众多在起诉时人数尚未确定的，人民法院可以发出公告，说明案件情况和诉讼请求，通知权利人在一定期间向人民法院登记。向人民法院登记的权利人可以推选代表人进行诉讼；推选不出代表人的，人民法院可以与参加登记的权利人商定代表人。代表人的诉讼行为对其所代表的当事人发生效力，但代表人变更、放弃诉讼请求或者承认对方当事人的诉讼请求，进行和解，必须经被代表的当事人同意。人民法院作出的判决、裁定，对参加登记的全体权利人发生效力。未参加登记的权利人在诉讼时效期间提起诉讼的，适用该判决、裁定。"

由上述规定可知，对于人数众多的共同诉讼，例如证券市场欺诈、环境污染、产品质量损害引发的大规模群体诉讼，为保证诉讼有序进行以及一次性解决纠纷，可以由当事人推选代表人进行诉讼。其特点在于：第一，代表人的诉讼行为对其所代表的当事人发生效力，但代表人变更、放弃诉讼请求或者承认对方当事人的诉讼请求，进行和解，必须经被代表的当事人同意。第二，当事人并不是必须推选代表人进行诉讼，因为诉讼中当事人的请求可能不完全一致。如果某个或者某几个原告不愿推选代表而想亲自诉讼的，人民法院应当允许。根据《民事诉讼法解释》第 76 条的规定，当事人一方人数众多在起诉时确定的，可以由全体当事人推选共同的代表人，也可以由部分当事人推选自己的代表人；推选不出代表人的当事人，在必要共同诉讼中可由自己参加诉讼，在普通共同诉讼中可另行起诉。第三，对于人数不确定的共同诉讼，人民法院可以发出公告，说明案件情况及诉讼请求，通知权利人在一定期间内向人民法院登记。法院判决、裁定对参加登记的权利人发生效力。但未参加登记的权利人，不意味着失权，只要其在诉讼时效期间提起诉讼的，仍然适用该判决、裁定。第四，在人数不确定的共同诉讼中，权利人推选不出代表的，人民法院可以与参加登记的权利人商定代表人，协商不成的，也可以由人民法院在起诉的当事人中指定代表人。

由于《规定》要求该类诉讼的受理条件为原告提交有关机关的行政处罚决定或者人民法院的刑事裁判文书，且代表人必须经原告特别授权，因此很难适用《民事诉讼法》第 54 条关于人数不确定的代表人诉讼。但正如学者指出的，我国当前证券市场散户众多，受害投资者的数量非常庞大，由于单个权利人所受的损害不大，诉讼成本过高时，导致单个投资方放弃其诉讼，进而弱化和侵蚀了资本市场法律规范的调节功能。① 法院如何合理运用代表人诉讼为环境污染、证券侵权、消费者权益损害赔偿案件中众多小额受害投资者提供便利的诉讼救济，遏制大规模侵权行为，需要更深入的研究和实践。

【拓展适用】

一、共同诉讼的理论发展

在民事诉讼法的早期发展阶段，程序法规则极其严格和形式化，除了一名原告、一名被告、一个诉讼标的的诉讼外，很难想象其他类型的诉讼形态。因此无论是大陆法还是英美法，原则上都不允许共同诉讼。② 近代诉讼法的发展使程序更加合理，减少共同诉讼的弊端，与此同时，共同诉讼所具备的关联纠纷一并同时解决的优点逐渐为人们所重视，故立法对共同诉讼逐渐持宽容立场。③

由于多数人之间的诉的利益关联形式多样，相互牵连或独立程度不同，各国民事诉讼法对构成共同诉讼的实体要件的规定不尽相同，表现为以德国民事诉讼法为代表的大陆法系规则和以英美民事诉讼法为代表的普通法系规则。

（一）大陆法系国家对共同诉讼的分类

德国、日本和我国台湾地区将共同诉讼区分两类：普通共同诉讼和必要共同诉

---

① 章武生："论群体性纠纷的解决机制——美国集团诉讼的分析和借鉴"，载《中国法学》2007 年第 3 期。

② 章武生、段厚省：《民事诉讼法学原理》，上海人民出版社 2005 年版，第 177 页。

③ ［日］高桥宏志：《重点讲义民事诉讼法》，张卫平、许可译，法律出版社 2007 年版，第 183 页。

讼。普通共同诉讼与我国民事诉讼法定义基本相同，但必要共同诉讼则进一步区分为固有必要共同诉讼和类似必要共同诉讼。固有必要共同诉讼，指当事人之间只有一个诉讼标的，只有数人共同起诉或应诉才能行使当事人的诉讼权利和义务，这与我国民事诉讼法关于必要共同诉讼的定义是相同的。固有必要共同诉讼的诉讼标的对于数人必须合一确定，且由于诉讼标的同一，当事人若未被全部概括，会出现当事人不适格的问题。

固有必要共同诉讼主要包括两种类型：（1）诉讼标的的处分权或管理权必须由数人全体共同行使才合法，个人无权单独为行使。例如财产共有人分割共有物的诉讼。（2）使他人间权利义务关系发生变动的形成诉讼，诉讼标的为形成权，起诉时须由数人全体或对数人全体为行使，始为合法。例如第三人请求判决他人婚姻无效或请求撤销他人婚姻关系的案件。因此，固有必要共同诉讼以有关身份关系的诉讼为最多。

类似之必要共同诉讼，又称非真正必要共同诉讼，指数人就诉讼标的可以共同提出诉讼，也可以单独提出诉讼，或者数人可以单独被诉，也可以共同被诉。但是，一旦选择进行共同起诉或被诉，法律上要求必须对于共同诉讼人全体作出合一确定的判决，防止出现相互矛盾的判决。① 类似必要共同诉讼不存在当事人不适格的问题，只是因为权利主张所依据的基础相同，法院应对合并的数诉作出相同认定。②

近年来，德国学者大多依 Fritz Baur 的提法，将固有必要共同诉讼改称为“因实体法原因的必要共同诉讼”，将类似必要共同诉讼改称为“因诉讼法原因的必要共同诉讼”。两种共同诉讼的主要区别是，前者必须全体共同进行诉讼，而且对诉讼标的的裁判必须合一确定；后者不必全体共同进行诉讼，但诉讼标的的裁判效力必须对于进行诉讼的全体多数人合一确定。③这样一来，固有必要共同诉讼和类似必要共同诉讼的关键区别就在于每个共同诉讼当事人是否必须参加诉讼。而普通共同诉讼和必要共同诉讼的关键区别在于，判决的效力是否及于每个共同诉讼的当事人。从大陆法系一些国家和地区的实践来看，连带责任之诉案件一般是参照类似必要共同诉讼的规则来处理的。

（二）英美法系对共同诉讼的分类

英美法系以整个纠纷的事实本身作为诉讼标的，因此不仅与该事实相关的请求

---

① 姚瑞光等：“类似必要共同诉讼问题之研究”，载《法学丛刊》1983 年第 10 期。

② 谢怀栻译：《德意志联邦共和国民事诉讼法》，法律出版社 1984 年版，第 15 页。

③ 章武生、段厚省：“必要共同诉讼的理论误区与制度重构”，载《法律科学》2007 年第 1 期。

均应在同一诉讼中提出，而且与作为诉讼标的争议事实相关的主体，均应参加诉讼。否则其请求将被裁判的既判力遮盖，不得以同一事实再行起诉。英美民事诉讼法的理念为“通过一个诉讼程序解决尽量多的纠纷”，因此对共同诉讼的实体牵连性要求规定得比较宽松。美国《联邦民事诉讼规则》第 18 条、第 42 条规定，如果当事人将含有共同的法律或事实问题的诉讼诉诸法院，法院可以命令对该诉讼争点的部分或者全部的事实进行合并审理或合并法庭审判。如果分开审理可以便利诉讼，保障诉讼经济，法院也可以命令分开审理。同时，在当事人针对不同的对方当事人存在多个救济主张的情况下，也给予当事人独立请求或合并请求的选择权。此外，美国《联邦民事诉讼规则》第 13 条还规定了交叉之诉，在共同诉讼存在的前提下，共同原告之一或者共同被告之一对同一方的其他共同诉讼人可以提出诉讼请求。法国虽然是大陆法系代表，但在共同诉讼问题上与英美民事诉讼法更为相似。《法国民事诉讼法》第 323 条规定：“诉讼请求系多名有共同利益的人提出，或针对多名有共同利益关系的人提出时，每一当事人均就与之有关的事由，行使当事人的诉讼权利，承担当事人的诉讼义务。”① 英美民事诉讼法的共同诉讼制度虽然没有系统化的理论体系，法官有较大的司法裁量权，但其追求尽可能一次性解决纠纷的立法理念，使得司法资源得到合理利用，较好地实现了诉讼经济和避免矛盾判决的效果。

二、诉的合并理论

大陆法系民事诉讼理论把诉的合并分为两种基本形态：诉的主观合并和诉的客观合并。诉的主观合并，又称诉的主体合并，即诉讼当事人的合并。诉的主观合并的典型形态是必要共同诉讼。诉的客观合并，是指作为审判对象的诉讼标的的合并，即同一诉讼程序中，同一原告对同一被告主张两个以上诉讼标的的合并。大陆法系的著作大多将诉的主观合并放在诉讼主体即当事人部分予以论述，而将诉的客观合并放在诉讼客体部分予以论述。普通共同诉讼是两种基本形态之上的诉的主客观合并情形。

在诉的主观合并理论中，还存在诉的主观预备合并理论。诉的主观预备合并，是指在共同诉讼中，针对同一诉讼请求，如果先位原告的诉讼请求无理由，则以后位原告的诉讼请求为裁判，这是原告方面的诉的预备合并。例如当事人就转让债权是否履行发生争议，债权受让人和让与人共同起诉债务人，如果受让人请求债务人履行无理由（例如债权转让无效），则由让与人请求债务人履行。如果原告针对先

---

① 肖建华：“论共同诉讼分类理论及其实践意义”，载《诉讼法论丛》第 6 卷，法律出版社 2001 年版，第 354 页。

位被告的诉讼请求无理由，则以原告针对后位被告的诉讼请求进行裁判。例如，第三人与代理人订立契约，因对代理权有疑问，以本人和代理人为共同被告提起履行契约之诉，如请求本人履行契约无理由（例如代理权不成立），则请求代理人履行契约。这种情况就是被告方面的诉的预备合并。诉的主观预备合并有无存在的合理性，有肯定说和否定说。肯定说认为，允许诉的主观预备合并可以避免后位的原告或针对后位被告就同一诉讼请求再次提起诉讼，并且可以避免因诉讼时效已过而不能获得诉讼保护的弊端。再者，承认主观预备合并之诉，可以防止裁判冲突，有利于统一解决纠纷，符合诉讼经济原则。

诉的客观合并理论中，也存在单纯合并、预备合并、选择合并和竞合合并等多种分类方式，不同的诉讼标的理论决定了诉的客观合并种类的不同分类及具体含义，在此不再赘述。从当前我国民事诉讼法的立法来看，对民事诉讼法理论发展成果的关注尚不够深入，共同诉讼制度不能完全适应现代诉讼形态及司法实务的需要，有必要在考察、比较和借鉴的基础上，对共同诉讼制度加以完善。

【典型案例】

陈丽华等23名投资人与大庆联谊公司、申银证券公司虚假陈述侵权赔偿纠纷案

上诉人（原审被告）：大庆联谊石化股份有限公司。

法定代表人：李秀军，该公司董事长。

上诉人（原审被告）：申银万国证券股份有限公司。

法定代表人：王明权，该公司董事长。

被上诉人（原审原告）：陈丽华等23名投资人（名单略）。

〔基本案情〕

原告陈丽华等23名投资人因认为被告大庆联谊石化股份有限公司（以下简称大庆联谊公司）、被告申银万国证券股份有限公司（以下简称申银证券公司）的虚假陈述行为给其投资股票造成了损失，侵犯其民事权益，向黑龙江省哈尔滨市中级人民法院提起诉讼。

原告诉称：被告大庆联谊公司和被告申银证券公司在证券市场实施虚假陈述行为，已经受到中国证券监督管理委员会（以下简称中国证监会）的处罚。这不仅有中国证监会的处罚决定证实，大庆联谊公司1999年4月21日发布的董事会公告中也承认。二被告的虚假陈述行为使原告在投资大庆联谊公司股票中遭受了损失，应当对给原告造成的损失承担赔偿责任。请求判令大庆联谊公司给原告赔偿经济损失960063.15元，申银证券公司对此承担连带赔偿责任；由二被告负担本案诉讼费和诉讼成本费。

原告提交以下证据：

1. 身份证明，用以证明23名原告的诉讼主体资格合法；

2. 1997年4月26日《中国证券报》上刊登的大庆联谊公司《招股说明书》、1997年5月20日《证券时报》上刊登的大庆联谊公司《上市公告》、1998年3月23日《中国证券报》上刊登的大庆联谊公司《1997年年报》，用以证明虚假陈述事实；

3. 2000年3月31日中国证监会所作的证监罚字［2000］年第15、16号《处罚决定书》，1999年4月20日、1999年11月26日和2000年4月26日大庆联谊公司发布的三次董事会公告，用以证明行政主管部门已经对二被告的虚假陈述行为进行了处罚，大庆联谊公司对其虚假陈述的事实不予否认；

4. 上海证券登记结算公司黄浦代办处出具的股票交易记录单、关于原告经济损失计算方法的综合说明、经济损失计算表，用以证明原告方的经济损失以及该损失的计算方法；

5. 对邮寄费、查询费、差旅费、通讯费、材料费、诉讼费、人工费以及其他杂费等费用的计算表，用以证明原告方主张的诉讼成本。

被告大庆联谊公司辩称：1. 本案所涉虚假陈述行为，是大庆联谊公司石化总厂（以下简称联谊石化总厂）以大庆联谊公司名义实施的；大庆联谊公司是在1998年5月6日才依法取得法人资格和营业执照，不应对此前联谊石化总厂实施的违法行为承担民事责任；2. 中国证监会的处罚决定是于2000年4月27日公布的，也就是说，2000年4月27日是大庆联谊公司虚假陈述行为的揭露日。1999年4月20日大庆联谊公司的董事会公告，仅是对投资者进行风险提示，原告方将这个日期作为大庆联谊公司虚假陈述行为的揭露日，不符合法律规定；3. 原告方投资大庆联谊公司股票的交易损失，主要是受系统风险及影响股价走势的多种因素所致，与大庆联谊公司被揭露的虚假陈述行为没有显而易见的因果关系；4. 原告既然主张其于1999年4月21日从大庆联谊公司董事会公告中知道了虚假陈述行为的存在，其提起本案侵权之诉时，就超过了法律规定的两年诉讼时效期间，其诉讼请求不应得到支持。应当驳回原告的诉讼请求。

被告大庆联谊公司提交以下证据：

1. 联谊石化总厂出具的《证明》、大庆联谊公司董事任职情况列表、《招股说明书》，用以证明虚假陈述行为是大庆联谊公司的实际控制人联谊石化总厂实施的，应当由联谊石化总厂直接承担虚假陈述的法律责任；

2. 《企业法人营业执照》，用以证明大庆联谊公司是在1998年5月6日合法成立，因此对成立前联谊石化总厂以其名义实施的行为不应承担责任；

3. 中国证监会的证监罚字［2000］年第16号《处罚决定书》，用以证明虚假陈述行为是多个单位与个人实施的，原告方放弃向其他虚假陈述参与人主张权利，会造成本案许多事实不能查清；

4. 另案股民严伟虹的《起诉状》，用以证明股民是在2000年4月27日才得知大庆联谊公司的虚假上市行为，因此应当将2000年4月27日确定为大庆联谊公司的虚假陈述行为揭露日；

5. 上海证券交易所综合指数、大庆联谊公司股票和齐鲁石化等8家上市公司股票的K线图，用以证明原告诉称的经济损失与大庆联谊公司的虚假陈述行为之间没有因果关系。

被告申银证券公司除同意被告大庆联谊公司的答辩理由外，另辩称：原告起诉的虚假陈述事实，包括《招股说明书》、《上市公告》以及其他所谓“侵权事实”，均系大庆联谊公司所为，依法应由实施欺诈者自行承担责任。对大庆联谊公司的虚假陈述，申银证券公司既不明知也未参与。要求股票承销商和上市公司推荐人识别、查验和阻断这些制假造假现象，超出了申银证券公司的审核能力与义务。原告的诉讼请求应当驳回。

法庭主持了质证、认证。经质证，双方当事人均对对方出示证据的真实性无异议，但均不同意对方基于这些证据而主张的证明目的。此外，法庭根据被告申银证券公司的申请，向中国证券登记结算有限责任公司上海分公司调取了23名原告的大庆联谊公司股票交易记录，双方当事人均认可此交易记录。

经质证、认证，哈尔滨市中级人民法院查明：

被告大庆联谊公司正式成立于1998年5月6日。

1997年4月26日，联谊石化总厂以被告大庆联谊公司的名义发布《招股说明书》。该说明书中，载明被告申银证券公司是大庆联谊公司股票的上市推荐人和主承销商。1997年5月23日，代码为600065A的大庆联谊公司股票在上海证券交易所上市。1998年3月23日，联谊石化总厂又以大庆联谊公司的名义发布《1997年年报》。1999年4月21日，根据有关部门要求，大庆联谊公司在《中国证券报》上发布董事会公告，称该公司的《1997年年报》因涉嫌利润虚假、募集资金使用虚假等违法、违规行为，正在接受有关部门调查。2000年3月31日，中国证监会以证监罚字［2000］年第15、16号，作出《关于大庆联谊公司违反证券法规行为的处罚决定》和《关于申银证券公司违反证券法规行为的处罚决定》。处罚决定中，认定大庆联谊公司有欺诈上市、《1997年年报》内容虚假的行为；申银证券公司在为大庆联谊公司编制申报材料时，有将重大虚假信息编入申报材料的违规行为。上述处罚决定均在2000年4月27日的《中国证券报》上公布。

从1997年5月23日起，原告陈丽华等23人陆续购买了大庆联谊公司股票；至2000年4月27日前后，这些股票分别被陈丽华等23人卖出或持有。因购买大庆联谊公司股票，陈丽华等23人遭受的实际损失为425388.30元，其中242349.00元损失发生在欺诈上市虚假陈述行为实施期间。

另查明：从被告大庆联谊公司《1997年年报》虚假行为被披露的1999年4月21日起，大庆联谊公司股票累计成交量达到可流通部分100%的日期是同年6月21日，其间每个交易日收盘价的平均价格为9.65元；从大庆联谊公司上市虚假行为被披露的2000年4月27日起，大庆联谊公司股票累计成交量达到可流通部分100%的日期是同年6月23日，其间每个交易日收盘价的平均价格为13.50元。上海证券交易所股票交易的佣金和印花税，分别为3.5‰、4‰。

〔一审裁判理由与结果〕

哈尔滨市中级人民法院认为：本案争议焦点是：1. 大庆联谊公司应否对联谊石化总厂以其名义实施的虚假陈述行为承担民事责任？2. 原告的股票交易损失与虚假陈述行为之间是否存在因果关系？3. 申银证券公司应否对虚假陈述行为承担连带责任？4. 原告的经济损失如何确定？5. 原告向法院主张权利，是否超过诉讼时效期间？

本案是因《中华人民共和国证券法》（以下简称证券法）施行前实施的证券虚假陈述行为引发的侵权纠纷，审理本案应当适用1993年4月22日以国务院第112号令发布的《股票发行与交易管理暂行条例》（以下简称《股票管理暂行条例》）和最高人民法院《关于审理证券市场因虚假陈述引发的民事赔偿案件的若干规定》（以下简称《证券赔偿案件规定》）。

关于第一点争议。《招股说明书》、《上市公报》和《1997年年报》，都是联谊石化总厂以被告大庆联谊公司名义发布的。这些行为已被中国证监会依照《股票管理暂行条例》的规定认定为虚假陈述行为，并给予相应的处罚，本案各方当事人对此均无异议。《证券赔偿案件规定》第二十一条规定："发起人、发行人或者上市公司对其虚假陈述给投资人造成的损失承担民事赔偿责任。"第二十二条第一款规定："实际控制人操纵发行人或者上市公司违反证券法律规定，以发行人或者上市公司名义虚假陈述并给投资人造成损失的，可以由发行人或者上市公司承担赔偿责任。发行人或者上市公司承担赔偿责任后，可以向实际控制人追偿。"大庆联谊公司是上市公司和大庆联谊公司股票的发行人，大庆联谊公司的实际控制人联谊石化总厂以大庆联谊公司的名义虚假陈述，给原告陈丽华等23名投资人造成损失，陈丽华等人将大庆联谊公司列为本案被告，要求大庆联谊公司承担赔偿责任，并无不当。

关于第二点争议。《证券赔偿案件规定》第十八条规定："投资人具有以下情形的，人民法院应当认定虚假陈述与损害结果之间存在因果关系：（一）投资人所投资的是与虚假陈述直接关联的证券；（二）投资人在虚假陈述实施日及以后，至揭露日或者更正日之前买入该证券；（三）投资人在虚假陈述揭露日或者更正日及以后，因卖出该证券发生亏损，或者因持续持有该证券而产生亏损。"原告陈丽华等23人购买了与虚假陈述直接关联的大庆联谊公司股票并因此而遭受了实际损失，应当认定大庆联谊公司的虚假陈述行为与陈丽华等人遭受的损失之间存在因果关系。大庆联谊公司所举证据不足以否认这种因果关系，关于不存在因果关系的主张不予采纳。

关于第三点争议。《股票管理暂行条例》第二十一条规定："证券经营机构承销股票，应当对招股说明书和其他有关宣传材料的真实性、准确性、完整性进行核查；

发现含有虚假、严重误导性陈述或者重大遗漏的，不得发出要约邀请或者要约；已经发出的，应当立即停止销售活动，并采取相应的补救措施。”《证券赔偿案件规定》第二十七条规定：“证券承销商、证券上市推荐人或者专业中介服务机构，知道或者应当知道发行人或者上市公司虚假陈述，而不予纠正或者不出具保留意见的，构成共同侵权，对投资人的损失承担连带责任。”根据中国证监会《处罚决定书》的认定，本案存在两个虚假陈述行为，即欺诈上市虚假陈述和《1997 年年报》虚假陈述。这两个虚假陈述行为中，欺诈上市虚假陈述与被告申银证券公司相关。作为专业证券经营机构，大庆联谊公司股票的上市推荐人和主承销商，申银证券公司应当知道，投资人依靠上市公司的《招股说明书》、《上市报告》等上市材料对二级市场投资情况进行判断；上市材料如果虚假，必将对股票交易市场产生恶劣影响，因此应当对招股说明书和其他有关宣传材料的真实性、准确性、完整性进行核查。申银证券公司编制被告大庆联谊公司的上市文件时，未经认真审核，致使申报材料含有重大虚假信息，已经构成共同侵权，应当对投资人的损失承担连带责任。

关于第四点争议。《证券赔偿案件规定》第三十条规定：“虚假陈述行为人在证券交易市场承担民事赔偿责任的范围，以投资人因虚假陈述而实际发生的损失为限。投资人实际损失包括：（一）投资差额损失；（二）投资差额损失部分的佣金和印花税。”第三十一条规定：“投资人在基准日及以前卖出证券的，其投资差额损失，以买入证券平均价格与实际卖出证券平均价格之差，乘以投资人所持证券数量计算。”第三十二条规定：“投资人在基准日之后卖出或者仍持有证券的，其投资差额损失，以买入证券平均价格与虚假陈述揭露日或者更正日起至基准日期间，每个交易日收盘价的平均价格之差，乘以投资人所持证券数量计算。”第二十条第一款规定：“本规定所指的虚假陈述实施日，是指作出虚假陈述或者发生虚假陈述之日。”第二十条第二款规定：“虚假陈述揭露日，是指虚假陈述在全国范围发行或者播放的报刊、电台、电视台等媒体上，首次被公开揭露之日。”第三十三条规定：“投资差额损失计算的基准日，是指虚假陈述揭露或者更正后，为将投资人应获赔偿限定在虚假陈述所造成的损失范围内，确定损失计算的合理期间而规定的截止日期。基准日分别按下列情况确定：（一）揭露日或者更正日起，至被虚假陈述影响的证券累计成交量达到其可流通部分 100% 之日。但通过大宗交易协议转让的证券成交量不予计算。（二）按前项规定在开庭审理前尚不能确定的，则以揭露日或者更正日后第 30 个交易日为基准日。（三）已经退出证券交易市场的，以摘牌日前一交易日为基准日。（四）已经停止证券交易的，可以停牌日前一交易日为基准日；恢复交易的，可以本条第（一）项规定确定基准日。”

被告大庆联谊公司实施了欺诈上市虚假陈述和《1997 年年报》虚假陈述，前者表现在 1997 年 4 月 26 日公布的《招股说明书》和《上市公告》中，后者表现在 1998 年 3 月 23 日公布的《1997 年年报》。因此，两个虚假陈述行为的实施日分别为

1997年4月26日、1998年3月23日。1999年4月21日，大庆联谊公司首次在《中国证券报》上对该公司《1997年年报》涉嫌虚假的问题进行了公告，应当确认此日为《1997年年报》虚假陈述行为的揭露日。2000年4月27日，《中国证券报》上公布了中国证监会对大庆联谊公司虚假陈述行为作出处罚的决定，应当确认此日为欺诈上市虚假陈述行为首次被披露日。自上述两个虚假陈述行为被揭露日起，至大庆联谊公司股票累计成交量达到可流通部分100%的日期，分别为1999年6月21日、2000年6月23日，这是确定两个虚假陈述行为损失赔偿的基准日。

现已查明，前一个基准日的大庆联谊公司股票交易平均价格为9.65元，后一个基准日的平均价格为13.50元，而股票交易的佣金和印花税分别按3.5‰、4‰计算。按此方法计算，在虚假陈述实施日以后至揭露日之前，原告陈丽华等23人购买大庆联谊公司股票，因卖出或持续持有该股票遭受的实际损失为425388.30元。这笔损失与被告大庆联谊公司的虚假陈述行为存在因果关系，大庆联谊公司应当承担赔偿责任。其中在欺诈上市虚假陈述行为实施期间发生的242349.00元损失，应当由被告申银证券公司承担连带责任。

关于第五点争议。根据《证券赔偿案件规定》第五条第一款第（一）项的规定，投资人对虚假陈述行为人提起民事赔偿的诉讼时效期间，从中国证监会或其派出机构公布对虚假陈述行为人作出处罚决定之日起算。中国证监会对本案所涉虚假陈述行为人作出的处罚决定于2000年4月27日公布。自此日起算，原告陈丽华等23人提起本案侵权之诉时，并未超过法律规定的两年诉讼时效期间。

另，原告陈丽华等23人请求判令被告给付诉讼成本费用，该主张没有法律依据，不予支持。

据此，哈尔滨市中级人民法院于2004年8月19日判决：

一、被告大庆联谊公司于本判决生效之日起10日内赔偿原告陈丽华等23人实际损失425 38830元（每人具体赔偿金额详见附表，本文略）；

二、被告申银证券公司对上述实际损失中的242 349.00元承担连带赔偿责任。

案件受理费14 61063元，由原告陈丽华等23人负担571981元，被告大庆联谊公司负担889082元。

〔当事人上诉及答辩意见〕

一审宣判后，大庆联谊公司和申银证券公司不服，分别向黑龙江省高级人民法院提出上诉。

大庆联谊公司的上诉理由是：1.《证券赔偿案件规定》是根据《中华人民共和国民法通则》（以下简称民法通则）、证券法、《中华人民共和国公司法》（以下简称公司法）以及《中华人民共和国民事诉讼法》（以下简称民事诉讼法）等法律制定的司法解释，其中的证券法于1999年7月1日起才施行。本案所涉虚假陈述行为，一个在1997年4月26日实施，一个在1998年3月23日实施，均早于证券法施行之日。在证券法施行前用于规范证券市场的《股票管理暂行条例》，是国务院证券委员会发布的行政规章，不具有行政法规效力，这个条例从证券法施行之日起已经作废。中国证监会根据《股票管理暂行条例》的规定，已经对本案所涉虚假陈述的责任人进行了处罚。原判令与虚假陈述行为无关的上诉人承担证券法规定的赔偿责任，上诉人在承担了这个赔偿责任后，必然要再向实际控制人（也就是虚假陈述的责任人）追偿。这对已经接受了处罚的虚假陈述责任人来说，是重复的、追加的民事处罚。故原审既依据已经废止的《股票管理暂行条例》、又引用根据证券法制定的司法解释来判决上诉人承担赔偿责任，是适用法律不当，应当免除上诉人的民事赔偿责任。2. 在原审中，上诉人举出其他法院对类似案件的判决以及 K 线图等大量证据，用以证明揭露日之前的股票市场价格未受虚假陈述行为的影响，投资者在二级市场的获利或损失均与上诉人未披露的信息和募集的资金无关，被上诉人的损失是其在二级市场的投机行为造成的，虚假陈述行为与被上诉人的损失之间不存在因果关系。原判虽然将有无因果关系列为争议焦点之一，但无视上诉人所举的大量证据，以证据不足为由，仍然作出被上诉人损失与虚假陈述行为之间存在因果关系的判断。至于证据充分的标准和依据是什么，他们不做说明，这种做法不符合审理和认定因果关系的诉讼程序规则。3. 原判认定《1997 年年报》虚假陈述的揭露日为 1999 年 4 月 21 日。既然这个日期是揭露日，那么所有投资者自该日起都应当知道虚假陈述行为已经发生。根据《民法通则》的规定，被上诉人在 2001 年 4 月 21 日以后对《1997 年年报》虚假陈述提起诉讼，显然超过了诉讼时效期间。原判不采纳上诉人关于超过诉讼时效的观点，但不说明自己的理由。4. 原判认定联谊石化总厂是本案两个虚假陈述行为的实施者和上诉人的实际控制人。虚假陈述行为实施者和上市公司的实际控制人，是两个不同的概念，其诉讼权利义务及赔偿责任承担应有明显区别。原判没有说明这两者之间的区别。5. 对投资人已卖出的股票，应当按先进先出原则计算买入均价。而本案有些被上诉人的股票买入均价超过最高买入价，甚至超过股票历史最高价，明显与事实不符。此外，股民利息损失不应由上诉人赔偿。原判认定的赔偿数额有误。请求二审撤销原判，改判驳回被上诉人的诉讼请求，由被上诉人负担一、二审诉讼费。

申银证券公司的上诉理由是：1. 上诉人制作的《招股说明书》仅针对一级市场，又被不断披露的信息所覆盖，被上诉人在二级市场不断地以投机为目的进行股票买卖，原审判决对此未涉及，对上诉人显然不公。2. 上诉人不是重大虚假信息的发布主体，信息的真假系法律事实，此事实的出现并不依赖上诉人是否认真审核，原审判决认定上诉人“未经认真核查，致使申报材料含有重大虚假信息”不当。3. 原审判决将本应由会计师事务所承担的责任也一并判由上诉人承担不公。除此以外，同意大庆联谊公司的其他上诉理由。请求二审撤销原判，改判驳回被上诉人的诉讼请求，由被上诉人负担一、二审诉讼费。

被上诉人陈丽华等人辩称：1.《股票管理暂行条例》是国务院发布的行政法规，不是行政规章，至今未被废止。原审判决适用法律并无不当。2. 本案不存在系统风险导致股价随大盘波动的情形，上诉人没有提供存在系统风险的有力证据。根据《证券赔偿案件规定》第十八条的规定，只要投资人符合该条规定的情形，应当认定虚假陈述行为与投资人损失之间具有因果关系。3. 本案诉讼时效期间起算日为中国证监会对大庆联谊公司作出行政处罚公布之日即2000年4月27日，投资人起诉没有超过诉讼时效期间。4.《招股说明书》不仅是一级市场，也是二级市场投资人投资的重要依据。被上诉人投机是证券市场的正常交易行为，应受法律保护。申银证券公司虽然不是《招股说明书》的发布主体，但因《招股说明书》由其制作、审核并签字，其是责任主体。申报材料含有重大虚假信息，申银证券公司应当承担赔偿责任。

〔二审查明的事实〕

二审庭审中，上诉人大庆联谊公司提交以下新的证据：

1. 哈尔滨市中级人民法院（2003）哈民三初字第403号民事调解书，即原告严伟虹与被告联谊石化总厂达成调解协议；

2. 2004年8月4日《上海证券报》刊登的《股民败诉ST渤海案皆因“系统风险”》以及山东省济南市中级人民法院（2002）济民二初字第12号民事判决书，内容为判决驳回原告张鹤诉银座渤海集团股份有限公司虚假陈述民事赔偿诉讼请求案；

3. 大庆联谊公司股票在1999年4月20日至1999年6月21日的K线图。

大庆联谊公司提交上述证据用以证明：证券市场存在系统风险，投资人的损失是系统风险所致，与大庆联谊公司的虚假陈述无关，应当追加联谊石化总厂为本案被告。

被上诉人对上诉人提交证据的真实性无异议，但认为民事调解书的原告选择了调解权利，与本案无关，对上诉人的主张无证明力。

黑龙江省高级人民法院经审理，确认了一审查明的事实。

〔二审裁判理由与结果〕

黑龙江省高级人民法院认为：二审应解决的争议焦点是：1. 关于本案法律适用的问题；2. 关于是否存在系统风险的问题；3. 关于是否让申银证券公司承担了会计师事务所审核责任的问题；4. 关于虚假陈述行为人与上市公司实际控制人的责任问题；5. 关于诉讼时效期间的起算问题；6. 关于损失数额的计算问题。

关于第一点。作为司法解释，《证券赔偿案件规定》制定的依据和解释的对象，既包括证券法，也包括民法通则和公司法等法律。本案所涉虚假陈述行为虽然发生于证券法施行前，不能依照证券法追究行为人的责任，但任何民事行为均须遵循民法通则确立的诚实信用原则，遵守法律、行政法规以及相关行业规则确定的义务，否则就应依据民法通则和相关法律、行政法规的规定承担民事责任。《股票管理暂行条例》是国务院颁布的旨在监管证券市场的行政法规，其中不仅明确规定了证券发行人、上市公司和承销商等证券市场主体在证券市场中的信息披露义务，规定了对虚假陈述行为的行政处罚，而且还规定了虚假陈述行为人应当承担民事赔偿责任。该行政法规及相关行政规章、行业规则，是确定当事人是否违反民法通则诚实信用原则并构成侵权的具体标准。本案所涉虚假陈述行为，发生于《股票管理暂行条例》颁布施行之后，中国证监会依据该条例对虚假陈述行为作出认定和处罚，原判也将该条例作为法律依据，并根据《证券赔偿案件规定》作出裁判，并无不当。上诉人大庆联谊公司称原判以证券法为依据来确定行为人的赔偿责任，经核对原判文本，并无此事，这是大庆联谊公司对原判的误读。大庆联谊公司又称《股票管理暂行条例》不具有行政法规效力、已经废止，该理由没有任何法律依据。如前所述，《股票管理暂行条例》对虚假陈述行为人，不仅规定应予行政处罚，还规定应承担民事赔偿责任，而且民法通则第一百一十条也有“对承担民事责任的公民、法人需要追究行政责任的，应当追究行政责任”的规定。行政责任与民事责任是两种不同的法律责任，不存在重复或追加处罚的问题。大庆联谊公司因虚假陈述行为被中国证监会予以行政处罚，不影响其对因给投资者造成的损失承担民事赔偿责任。大庆联谊公司称原判令其承担民事责任属于重复处罚，对其于证券法生效前实施的虚假陈述行为应免除民事赔偿责任的上诉理由，不能成立。

关于第二点。《证券赔偿案件规定》第十九条第（四）项规定，被告举证证明原告的损失或者部分损失是由证券市场系统风险等其他因素所导致的，人民法院应当认定虚假陈述与损害结果之间不存在因果关系。此条虽将系统风险作为免除民事责任的条件之一，但对系统风险这一概念未作明确定义，双方当事人也对系统风险有不同的理解，故应依据通常理解确定系统风险的含义。证券业通常理解，系统风险是指对证券市场产生普遍影响的风险因素，其特征在于系统风险因共同因素所引发，对证券市场所有的股票价格均产生影响，这种影响为个别企业或行业所不能控制，投资人亦无法通过分散投资加以消除。上诉人大庆联谊公司上诉认为，原判未考虑系统风险对造成被上诉人损失的影响，并为此提交了相关股票价格和上证指数变动等证据支持自己的这一主张。大庆联谊公司既然提出这一主张，首先应当举证证明造成系统风险的事由存在，其次应当证明该事由对股票市场产生了重大影响，引起全部股票价格大幅度涨跌，导致了系统风险发生。但纵观大庆联谊公司向一审和二审法院提交的所有证据，并不能证明1999年4月21日至2000年4月27日期间，证券市场存在着足以影响所有股票价格下跌的合理事由，更不能证明该事由与股市价格波动的逻辑关系。对虚假陈述行为和所谓系统风险如何影响股价变动以及各自影响的程度，大庆联谊公司也没有提出具体的区分判断标准和有说服力的理由。经考查，1999年4月21日至2000年4月27日期间，股票市场的大盘走势图反映股票交易比较平稳，上证综合指数并未发生大幅度下跌。在此期间，大庆联谊公司欺诈上市虚假陈述行为持续影响着股票价格，股民在信息不对称的情况下继续投资购买大庆联谊公司股票，由此形成的投资损失，当然与虚假陈述行为之间存在因果关系。至于大庆联谊公司在二审提交的其他法院关于虚假陈述侵权赔偿案民事判决，不仅因该判决尚未发生法律效力，而且因该案投资人股票交易时间段、虚假陈述行为对投资人影响程度均与本案不同，不能作为处理本案的依据。由于大庆联谊公司提交的证据不能证明系统风险确实存在，原判以证据不足为由，否决大庆联谊公司关于存在系统风险，应当免除赔偿责任的抗辩主张，并无不当。

关于第三点。上诉人申银证券公司上诉认为，对《招股说明书》进行审核是会计师事务所的职责，其无能力承担此项义务；况且《招股说明书》仅针对一级市场并不断被后续披露的信息所覆盖，投资人在二级市场是以投机为目的进行股票买卖，不是根据《招股说明书》介绍的情况进行投资，因此主张不应由其对虚假陈述承担共同侵权的连带责任。根据《证券赔偿案件规定》，对发行人或者上市公司的上市文件，证券承销商、证券上市推荐人或者专业中介服务机构都有责任审核，都可能对发行人或者上市公司的虚假陈述行为承担连带责任。以上述主体为被告的诉讼，属于普通共同诉讼。在一审诉讼中，原告基于其诉讼利益的判断而选择其中某些人当被告，不违反法律规定。法院根据原告的请求确定诉讼参加人，是尊重当事人的诉讼选择权，并无不当。在虚假陈述行为被完全揭露前，即使其他信息披露义务人后续披露了其他虚假信息，也不能排除投资人对在先披露信息的信赖。投资人进行股票交易以期获取收益，是合法行为；投资人的投资动机，并非法定的免除损害赔偿责任的条件。虚假陈述行为给从事合法股票交易的投资人造成损失，不能因投资人交易动机的不同而免除虚假陈述行为人的赔偿责任。上诉人申银证券公司作为证券经营机构，推荐并承销上诉人大庆联谊公司股票发行，是法定的信息披露义务人。申银证券公司未尽到法律所要求的勤勉、审慎注意义务，没有对源于大庆联谊公司的虚假陈述予以纠正或出具保留意见，而且自己还编制和出具了虚假陈述文件。同时，申银证券公司没有向法院证明其存在法定的免责事由。申银证券公司违法行为的内容和性质，已被中国证监会的行政处罚予以确认。申银证券公司就原判认定其“未经认真审核、致使申报材料含有重大虚假信息”提出的异议，与已经生效的行政处罚相矛盾，明显不能成立。原判依据《证券赔偿案件规定》第二十七条的规定，判令申银证券公司承担共同侵权的连带责任，并无不当。申银证券公司关于其不应承担责任的上诉理由，没有法律依据和事实根据，不予支持。

关于第四点。经查，本案所涉虚假陈述行为，确实是在上诉人大庆联谊公司成立之前，由联谊石化总厂以大庆联谊公司名义实施的。大庆联谊公司是联谊石化总厂以其部分下属企业组建成立的公司。因此，联谊石化总厂不仅是虚假陈述行为人，也是上市公司大庆联谊公司的实际控制人。被上诉人在一审中仅起诉了大庆联谊公司和上诉人申银证券公司，未起诉联谊石化总厂，故联谊石化总厂不是必须参加诉讼的主体。作为上市公司，大庆联谊公司可以在先行承担赔偿责任后，再根据《证券赔偿案件规定》第二十二条的规定向实际控制人联谊石化总厂追偿。大庆联谊公司与其实际控制人联谊石化总厂之间的责任分配或转承关系，属另一法律关系，不在本案审理范围。

关于第五点。尽管上诉人大庆联谊公司的《1997年年报》虚假陈述行为于1999年4月21日披露，尽管在原审诉讼中部分被上诉人也称其于该日知道虚假陈述行为发生，但是根据《证券赔偿案件规定》第六条的规定，投资人以自己受到虚假陈述侵害为由，对虚假陈述行为人提起民事赔偿诉讼的，必须以有关机关的行政处罚决定或者人民法院的刑事裁判文书为依据，人民法院才应当受理。在有关机关的行政处罚决定或者人民法院的刑事裁判文书没有作出和公布前，投资人无从提起诉讼。所以，如果按民法通则第一百三十七条的规定，"从知道或者应当知道权利被侵害时起计算"投资人提起的虚假陈述侵权损害赔偿案的诉讼时效期间，对投资人是不公平的。原判根据《证券赔偿案件规定》第五条第一款第（一）项的规定，从中国证监会对虚假陈述行为人作出的处罚决定公布之日计算本案的诉讼时效期间，是正确的。大庆联谊公司此项上诉主张没有依据，不予支持。

关于第六点。经查，原判计算买入证券平均价格的方法是：以实际交易每次买进价格和数量计算出投资人买进股票总成本，再减去投资人此间所有已卖出股票收回资金的余额，除以投资人尚持有的股票数量。按此种方法计算，不排除个别投资人买入证券的平均价格高于股票历史最高价的可能。这只是计算投资人投资差额损失过程中可能出现的一个数据，而且这个数据在很大程度上取决于投资人在揭露日前后的股票持有量。这个数据不等于投资人购买股票时实际成交的价格，其与大庆联谊公司股票历史最高价之间没有可比性。由于证券交易的复杂性，目前用于计算投资人投资差额损失的方法有多种。只要这些方法符合《证券赔偿案件规定》第三十条、第三十一条、第三十二条确定的原则，结果公平合理，使用哪种方法计算，就在法院的自由裁量范围之内。原判采用的计算方法符合《证券赔偿案件规定》，有利于保护多数投资人的利益，故不予变更。上诉人大庆联谊公司关于原判确定的损失赔偿数额不当的上诉理由，不予采纳，同时由于《证券赔偿案件规定》第三十条第二款已明确规定，虚假陈述行为人在证券交易市场承担民事赔偿责任的范围包括利息，即所涉资金利息自买入至卖出证券日或者基准日，按银行同期活期存款利率计算，故对大庆联谊公司不同意给付投资差额损失部分利息的上诉主张，也不予支持。

据此，黑龙江省高级人民法院依照民事诉讼法第一百五十三条[①]第一款第（一）项规定，于2004年12月21日判决：

驳回上诉，维持原判。

---

① 对应2012年《民事诉讼法》第170条。

第五章　诉讼请求

规则6：当事人主张的法律关系性质与人民法院认定不一致的，应当告知当事人可以变更诉讼请求，不得迳行对当事人未予主张的法律关系作出裁判，否则构成对对方当事人抗辩权利的剥夺

——北京新中实经济发展有限责任公司、海南中实（集团）有限公司与华润置地（北京）股份有限公司房地产项目权益纠纷案①

【裁判规则】

根据《证据规定》的规定，一审诉讼中，当事人主张的法律关系的性质或民事行为的效力与法院根据案件事实作出的认定不一致的，法院应当告知当事人可以变更诉讼请求；法院迳行对当事人未予主张的法律关系作出裁判，既代替当事人行使起诉权利，又剥夺了对方当事人的抗辩权利，构成程序违法。

【规则理解】

一、抗辩与抗辩权的辨析

（一）抗辩与抗辩权的概念

抗辩与抗辩权是民事法律领域中极为重要的法律概念。早在罗马法时期，就有了关于抗辩制度的立法规定，但在该时期，诉讼法和实体法还没有像现在这样彼此分离，诉讼规范和实体规范理所当然地被视为一个整体，实体权利与诉讼权利也没有明确的区分，私法上的抗辩权与诉讼法中的抗辩因而也未作清晰的界定。近现代意义的抗辩权制度是在民法法系形成的过程中，在继受罗马法的基础上发展到了一个新的水平，抗辩权的概念以及各种实体法上的抗辩权的类型，主要产生于德国。②按照现代学者的一般观点，抗辩主要适用于诉讼法学，而抗辩权一般系指民事实体

---

① 《中华人民共和国最高人民法院公报》2006年第8期，最高人民法院（2004）民一终字第107号民事裁定书。

② 刘宗胜、曲峰："抗辩权概念的历史发展"，载《云南法学》2004年第4期。

法中的权利类型。

（二）抗辩与抗辩权的不同理解

但是对这两个相关的概念的不同含义及其类型，学界的认识较为模糊。以德国为例，在民事诉讼法学的通说上将抗辩或抗辩事实分为三类：1. 阻却权利的事实，其结果是合同无效并且合同的请求权不存在；2. 消灭权利的事实，涉及从当时起或从现在起消灭原告已存在权利的效力的事实，如偿付、抵销、免除、撤销或解约的抗辩等；3. 阻碍权利的抗辩，以民事实体法的请求权为对立面，又可称为实体法上的抗辩权。① 上述前两类抗辩，学说上称为诉讼上的抗辩。后者称为实体法上的抗辩权。在德国，诉讼上的抗辩被称为不需要主张的抗辩，实体法上的抗辩权被称为需要主张的抗辩。无需主张的抗辩，在民法上主要表现为否定性抗辩，即否认请求权形成或存续合理性的抗辩，具体分为阻止权利效力发生的抗辩和消灭权利效力发生的抗辩。需要主张的抗辩，是一般不排除请求权本体，只暂时或永久性阻碍其行使效力的抗辩。学理上对这些抗辩又分为延迟性抗辩权和排除性抗辩。②

笔者认为，从上述分析看，无论是权利阻却、权利消灭还是权利阻碍（实体法上的抗辩权）的抗辩，其实质均为依实体法上抗辩事实或抗辩权所为的诉讼上抗辩，因此均应称为实体法上的抗辩。前两类抗辩基于一定的实体法上的法律事实，又可称事实抗辩，主要指债务人基于某种特殊事实而主张从来没有出现请求权或者先前出现的请求权已消灭。后一类抗辩权则是基于法定的权利，可称权利抗辩，在实体法上被称为抗辩权，是以请求权为存在的基础，其表现在诉讼上的效果是：原告的请求权虽存在，但其效力被永久或一时地排除。

但是，诉讼法上同样具有其特有的抗辩，它完全与实体法的抗辩无关，主要是指当事人所主张的与实体法上的事项没有关系的事实或事项，用以消灭或者排斥诉讼对方提出的诉或诉请。程序法上特有的抗辩可以分为妨诉抗辩和证据抗辩两类。妨诉抗辩指抗辩方举证证明本诉不合法或诉讼要件欠缺，拒绝对原告的请求进行辩论，通常系被告向法院提出的裁定驳回原告之诉的主张，如不属于法院主管、原告的起诉违反“一事不再理”原则等等。证据抗辩指当事人举证证明相对方提供的证据不合法、不真实或缺乏证明力，要求不予采纳。也有观点认为，证据抗辩仅为当事人陈述证据上的意见的一种法律上的陈述而已，并非真正的抗辩。笔者认为证据抗辩的效果，也是对原告所提出的请求权的一种防御方法，所以将其称之为抗辩也

---

① ［德］奥特马·尧厄尼希：《民事诉讼法》，周翠译，法律出版社2003年版，第232～233页。

② 杨立新、刘宗胜：“论抗辩与抗辩权”，载《河北法学》2004年第10期。

未必不可。

通过以上分析，抗辩分为实体法上的抗辩和程序法上的抗辩。实体法上的抗辩又分为权利阻却的抗辩、权利毁灭的抗辩和抗辩权。程序法上的抗辩则分为妨诉抗辩与证据抗辩。抗辩的概念范畴要大于抗辩权的范畴。抗辩权在实体法与程序法上具有不同的存在基础和法律效果。

二、释明权制度解读

（一）释明权的含义

1877 年的德国民事诉讼法最早规定了释明权。以后，日本、法国的民事诉讼法及我国台湾地区的“民事诉讼法”也陆续作出了类似规定，赋予了法官在诉讼进行过程中发现存在有瑕疵的声明、事实主张及证据材料时提请当事人注意的职权。释明权在其制度演进过程中逐渐扩展为双重含义。第一层含义是法官向当事人有针对性地发问的职权，旨在提示当事人作出充分完整的陈述及主张，提醒当事人提供足以支持其主张的证据。从本质上看，这种释明是法官以自己的观点单向提示和影响某一方当事人。第二层含义是，法官向当事人开示法官在庭审中形成的临时心证及相关法律见解，旨在切实保障当事人的程序参与权，避免突袭裁判。这种释明是法官与双方当事人在平衡的诉讼结构中实现双向交流，当事人可以根据法官公开的心证及法律见解实施有针对性的防御措施，也可以就有关事实及法律问题与法官展开讨论，从而最终影响裁判结果。①

（二）释明权的性质与功能

从 1877 年德国民事诉讼法制定之初，对释明权应是法官的权利还是法官的义务就存在争议。释明权从《德国民事诉讼法草稿》中最初是作为法官的一种义务而不是权利来加以规定的，其后的立法规定以及民事诉讼法学又经历了权利论阶段，最终将释明权定性为既是法官的一项权利又是法官的一项义务。笔者认为，将释明权定性为权利义务论更为符合释明权的实质性特征。从释明权产生的历史背景及其制度功能看，释明权制度是辩论主义发展的产物，在辩论主义的制度背景下，判决所依据的主张、诉讼资料均来自于当事人，如果当事人的声明、陈述和证据方法不明了、不完善，法院就会以此作出不利于该当事人的判决。完全的辩论主义在发现真实、保障当事人合法权益方面存有缺陷，而释明权制度恰恰能够弥补辩论主义在这方面的缺陷与不足。特别是在现代释明权理论下面，强调法官与当事人良性互动的功能，更是彰显了释明权制度权利义务一体性的特征。

---

① 肖建华、陈琳：“法官释明权之理论阐释与立法完善”，载《北方法学》2007 年第 2 期。

释明权制度经历了不同的历史发展阶段，在不同的历史阶段里面具有不同的制度功能。

1. 传统意义上释明权的功能。（1）弥补处分权主义之不足。严格的处分权主义要求法官不得对当事人在诉讼中未明确提出的声明作出判决，否则被视为诉外判决。而释明权的行使在一定程度上保证了当事人声明的充分、明确、妥当。（2）对辩论主义的修正。纯粹的辩论主义要求法官不得对当事人在诉讼中未主张的事实予以认定，不得对当事人未提供的证据予以调查，释明权在一定程度上修正了这种做法。（3）防止法官突袭裁判。防止法官突袭裁判则是在释明权发展中被新近赋予的功能，有助于当事人预知应提出对裁判具决定性意义的事实、证据，防止法院对当事人造成突袭裁判。

2. 现代意义上释明权的功能。现代释明权已由法官单向引导当事人，弥补辩论主义中当事人诉讼能力不足为目的，走向了法官与当事人共同讨论交流，强调真诚交往和言谈，以沟通代替对抗，以达成共识为宗旨。释明权制度更为强调当事人与当事人之间、法官与当事人之间的交往，通过三方面充分的沟通与互动，促使法官与当事人各方就案件争点的形成、事实的认定等方面在交流基础上达致最大可能的共识。

（三）我国释明权制度的立法与司法实践

一般认为，在我国民事诉讼法律规范领域，《证据规定》首次比较详细规定了释明权制度。《证据规定》中包含释明权规则的条款主要是：1. 第3条、第33条规定的法院告知当事人举证责任分配、举证时限等内容的举证指导；2. 第8条第2款规定的针对适用拟制自认规则时法官的充分说明与询问；3. 第35条第1款规定的法院告知当事人可以变更诉讼请求的职责等①。该《证据规定》虽然比较详细地规定了我国释明权制度，但仍存在很多欠缺：其一，未规定释明权的约束机制，法官释明权是权利还是义务不明确。其二，对于释明权的适用范围没有明确的认识，

---

① 《证据规定》主要有以下条款包含释明权规则，第3条："人民法院应当向当事人说明举证的要求及法律后果，促使当事人在合理期限内积极、全面、正确、诚实地完成举证。当事人因客观原因不能自行收集的证据，可申请人民法院调查收集。"第8条第2款："对一方当事人陈述的事实，另一方当事人既未表示承认也未否认，经审判人员充分说明并询问后，其仍不明确表示肯定或者否定的，视为对该项事实的承认。"第33条第1款："人民法院应当在送达案件受理通知书和应诉通知书的同时向当事人送达举证通知书。举证通知书应当载明举证责任的分配原则与要求、可以向人民法院申请调查取证的情形、人民法院根据案件情况指定的举证期限以及逾期提供证据的法律后果。"第35条第1款："诉讼过程中，当事人主张的法律关系的性质或者民事行为的效力与人民法院根据案件事实作出的认定不一致的，不受本规定第三十四条规定的限制，人民法院应当告知当事人可以变更诉讼请求。"

缺乏统一的指导原则，法律观点等方面的释明尚未纳入释明权适用范围。其三，实践运用中存在一定的问题，法官消极对待或者过度不当行使释明权的现象时有发生。

笔者认为，从释明权制度的历史发展看，释明权的行使旨在保障双方当事人在诉讼过程中的实质性平等，保护双方的程序参与权，避免法官的突袭裁判。而释明权过度的行使势必重新打破双方的平衡关系，造成新的不公正。因此，我国法律在规定释明权适用范围作为事前控制的同时，也有必要规定事后补救措施作为制约法官过度行使释明权的途径。另外，不可否认的是，法官释明权的完善不仅仅是完善规范就能解决的，其运行还与法律文化、法官职业素质乃至当事人对法官的信任等息息相关。同时，也需要通过司法实践经验的不断积累来不断丰富它的内涵。

【拓展适用】

对《证据规定》第35条第1款的理解与适用

（一）问题的提出

《证据规定》第35条第1款规定："诉讼过程中，当事人主张的法律关系的性质或者民事行为的效力与人民法院根据案件事实作出的认定不一致的，不受本规定第三十四条规定的限制，人民法院应当告知当事人可以变更诉讼请求。"该条款从条旨上理解，应当定义为有关释明权的规定。从文意上理解，该条款规定了针对当事人所主张的法律关系的性质或者民事行为的效力，在人民法院根据案件事实作出的认定不一致的情况下，人民法院应当告知当事人可以变更诉讼请求。对于该条款的理解，存在两个方面需要探讨的问题：一是人民法院告知当事人变更诉讼请求应否属于释明权的范围；二是如果当事人坚持不变更，人民法院该如何处理。

（二）告知当事人变更诉讼请求应否属于释明权的范围

关于告知当事人变更诉讼请求应否属于释明权的范围的问题，有观点认为，其当然属于法官释明范畴，亦有观点对此明确表示反对。反对的观点认为，一是该规定忽略了当事人处分权的行使，"法官告知当事人变更诉讼请求实际上就等于法院既决定审判对象又进行裁判，而当事人在诉讼中就处于无权影响和左右诉讼的地位了"；二是被告知方实际成了法官观点的代言人，辩论的实质就成了当事人与法官的辩论，破坏双方平等对抗。① 笔者认为，该条款所规定的"告知变更诉讼请求"，是建立在法官"根据案件事实作出的认定"与当事人所主张的"法律关系的性质或者民事行为的效力"不一致的基础上，在此基础上所为的变更，实质上等同于诉

---

① 肖建华、陈琳："法官释明权之理论阐释与立法完善"，载《北方法学》2007年第2期。

的变更，而不可能是所谓的“可能是在同一诉讼标的范围内增加赔偿的数额或者对原因事实作出补正，也可能是已经表明原因事实而错误地以他项权利作为诉讼标的，发生法律观点认识上的错误”。① 法官在这种情况下所进行的释明，显然对于诉讼结果产生了实质性影响，违背了释明权制度保障双方当事人在诉讼过程中的实质性平等，保护双方的程序参与权的制度宗旨。从另一个角度看，诉讼请求的变更与放弃，是当事人处分权的重要内容，而当事人处分权原则是民事诉讼的重要原则之一，如果通过释明权来加以规范，存在制度规范不对等的问题。因此，《证据规定》的上述条款在立法体例以及条文规范内容方面存在一定问题，需要加以修改或完善。

（三）人民法院对当事人坚持不变更诉讼请求的处理

如果当事人坚持不变更诉讼请求，人民法院该如何处理的问题。有观点认为，根据《证据规定》的规定，一审诉讼中，当事人主张的法律关系的性质或民事行为的效力与法院根据案件事实作出的认定不一致的，法院应当告知当事人可以变更诉讼请求；当事人坚持不变更诉讼请求的，法院应当驳回其起诉，而不应作出实体判决。② 笔者认为，如果当事人坚持不变更诉讼请求的，法院是以裁定驳回其起诉，还是作出实体判决驳回其诉讼请求，二者有着本质的不同。一般来说，法院以裁定驳回当事人起诉，主要是因为当事人所提起的诉讼缺乏诉的实质性构成要件，或者违反了法院主管范围规定以及“一事不再理”原则等等。而判决驳回诉讼请求则是在实体审理方面由于当事人的诉讼请求缺乏相关的证据证明，因此无法获得支持。裁定驳回起诉是解决当事人诉权问题，判决驳回诉讼请求是解决请求权能否获得司法确认问题。就同一法律事实引起的纠纷，如果被裁定驳回起诉，除非当事人有新的证据符合起诉要件，否则不得重新起诉；如果当事人以某一法律关系为理由起诉被判决驳回诉讼请求以后，其可以再次以不同的法律关系再行提起新的诉讼，因为在此情况下，前后两诉由于当事人所主张的法律关系不同，并不属于“同一诉讼”，并不违背“一事不再理”原则。因此，如果当事人坚持不变更诉讼请求的，法院还是应当就当事人所主张的法律关系进行审理并根据实际情况作出实体判决驳回其诉讼请求。至于当事人主张的民事行为的效力与法院根据案件事实作出的认定不一致的，能否以此驳回当事人的诉讼请求，值得研究，还是应当慎重处理为妥。

---

① 肖建华、陈琳：“法官释明权之理论阐释与立法完善”，载《北方法学》2007 年第 2 期。

② 详见《最高人民法院公报》2006 年第 8 期“北京新中实经济发展有限责任公司、海南中实（集团）有限公司与华润置地（北京）股份有限公司房地产项目权益纠纷案”。

【典型案例】

北京新中实经济发展有限责任公司、海南中实（集团）有限公司与华润置地（北京）股份有限公司房地产项目权益纠纷案

上诉人（原审被告）：北京新中实经济发展有限责任公司。

法定代表人：王天怡，该公司董事长。

委托代理人：张玮，该公司法律顾问。

委托代理人：党继军，北京市大都律师事务所律师。

上诉人（原审被告）：海南中实（集团）有限公司。

法定代表人：王天怡，该公司董事长。

委托代理人：张玮，该公司法律顾问。

委托代理人：党继军，北京市大都律师事务所律师。

被上诉人（原审原告）：华润置地（北京）股份有限公司。

法定代表人：王印，该公司董事长。

委托代理人：付朝晖，北京市颐合律师事务所律师。

委托代理人：呼爱军，北京市颐合律师事务所律师。

〔**基本案情**〕

上诉人北京新中实经济发展有限责任公司（以下简称新中实公司）和上诉人海南中实（集团）有限公司（以下简称海南中实公司）与被上诉人华润置地（北京）股份有限公司（以下简称华润公司）房地产项目权益纠纷一案，北京市高级人民法院于2004年8月6日作出（2003）高民初字第715号民事判决。新中实公司和海南中实公司对该判决不服，向本院提起上诉。本院依法组成合议庭开庭审理了本案，新中实公司和海南中实公司的委托代理人张玮、党继军，华润公司的委托代理人付朝晖、呼爱军到庭参加诉讼。本案现已审理终结。

经审查，2003年8月7日，华润公司向一审法院起诉称，1992年6月25日，海南中实企业有限公司（海南中实公司前身）与北京市西城区华远建设开发公司（华润公司前身，以下简称华远公司）签订合作开发北京市西城区阜外大街危改区房地产项目协议约定，华远公司负责项目三通一平及工程建设的各种手续，分得房屋售后利润的20%，海南中实公司负责资金安排，分得利润的80%。同年9月19日，双方签订补充协议，进一步明确分工，约定华润公司利润扩大到25%。1993年2月8日，双方签订危改公建工程补充合同，约定将补充协议中的利润分成改为一次性包死，由海南中实公司支付5000万元并交付5000平方米的房产。华远公司出具委托书，全权委托海南中实公司开发项目。1994年10月20日，新中实公司承诺代为履行上述协议项下应由海南中实公司履行的全部义务。1995年12月26日，华远公司与新中实公司签订了双方分配股利和利润的补充协议，将原约定交付5000平方米房屋改为支付现金方式。新中实公司于1996年8月9日及1997年1月27日分别支付了1000万元利润和200万元逾期付款的利息后，未再付款。故要求新中实公司支付项目转让费9000万元、违约金4579万元（截止到2003年7月9日止）并承担诉讼费用。

新中实公司和海南中实公司辩称，华润公司提出支付项目转让费9000万元及违约金的要求，缺乏事实及法律依据，不应得到保护和支持，请求依法驳回华润公司的诉讼请求。

一审法院经审理查明：1992年5月，北京市西城区计划经济委员会、北京市西城区城市建设管理委员会对华远公司关于阜外大街危旧房改造可行性研究报告批复，同意华远公司对阜外大街破旧危房进行改造；总占地约8.3公顷、代征地6公顷、规划用地2.3公顷；小区危房改造按照北京市建设总体规划要求，以商业办公及相应配套设施建设为主，拆除危旧房面积52042平方米，新建房屋面积15万平方米；总投资7.0838亿元，其中拆迁费3.3560亿元、建设费3.7278亿元，建设资金通过房改和房地产开发筹措，做到资金平衡并有节余；要求据此同有关部门进行拨地、拆迁、规划设计等前期准备工作。同年5月，华远公司取得了北京市城市规划管理局同意对北京市西城区阜外大街进行危房改造（建筑面积待定）的规划设计条件通知书。

1992年6月25日，华远公司与海南中实公司签订合作开发北京市西城区阜外大街危改项目协议书约定，合作开发危改区地上面积4.79万平方米，地下面积1万平方米，占地约2万平方米（含市政分摊部分）；总投资3.0309亿元，单方造价5229元/平方米，其中三通一平以前的总投资1.7558亿元，预计工程建设投资1.1591亿元，四源费、电贴等1160万元；预计全部外售后回收资金4.64亿元（单方售价8000元/平方米），总利润为1.6091亿元；华远公司负责办理项目三通一平前的所有手续及拆迁安置工作，如立项、拨地、拆迁等；负责工程建设期内的各种手续；协助海南中实公司组织设计、施工监理、组织竣工验收；提供前期的工作计划、拆迁进度、使用资金计划等，海南中实公司根据计划安排资金，及时支付各类款项，按房屋售后利润的20%（扣除前期费用）一次性付给华远公司；海南中实公司得80%，其中包括协助海南中实公司组织资金和销售的香港大通有限公司应获的20%的利润；双方组成联合办公室，对外以华远公司名义开发组织资金，对内为华远公司的一个业务部等。同年9月，华远公司取得了北京市城市规划管理局颁发的项目建设用地规划许可证，确认阜外大街危改项目用地面积约7.3公顷。

1992年9月19日，华远公司与海南中实公司签订补充协议约定，海南中实公司组织全部资金，双方按华远公司25%和海南中实公司75%利润分成；组成指挥部，华远公司负责立项、规划批文、报建、办理土地使用批文、开工证等手续和组织拆迁；海南中实公司负责资金、设计、施工、装修等；双方成立合资公司；本协议签订后，华远公司提供给海南中实公司红线图批文、土地证等全部正式、合法、有效批准文件复印件，待海南中实公司支付第一笔拆迁费4000万元，华远公司用该款所购房屋合同或土地证进行抵押，待合资公司成立后，由海南中实公司转给合资公司，同时华远公司将全部批文正本提供给海南中实公司，以后转给合资公司；在搬迁费中扣除前期工作中的海南中实公司支付的1180万元前期费用；工程分：一期6万平方米定名为富豪公寓，二期为该公寓东侧，三期为该公寓西侧；本协议与1992年6月25日协议有抵触以补充协议为准；海南中实公司支付定金50万元等。同年12月，北京市城市规划管理局下发审定设计方案通知书，确定危改小区占地面积7.3公顷，其中规划用地4.17公顷，规划建筑性质为商业办公、写字楼。

1993年2月8日，华远公司与海南中实公司签订危改区公建工程补充合同，就合作开发事宜双方约定：合作开发项目总用地约8.3公顷，其中代征地约6公顷，规划用地2.3公顷左右，规划审定总面积为20万平方米左右（含地下）；该项目要求建成现代化地区级综合业务用房、大型公建配套、商住、公寓及市区干道，并配置7条大市政管线；合作方式：（一）资金投入，项目全部投资由海南中实公司负责筹措；（二）利润分成，双方将1992年9月19日签订的合作协议25%和75%分成修改为，华远公司分成利润一次性包死，在保证华远公司提供规划批准图上面积情况下，海南中实公司向华远公司支付5000万元及交付该项目中5000平方米商业及办公用房，其余利润统归海南中实公司所有；华远公司除提供项目已获批准规划方案及各种批件，办理手续外，委托海南中实公司全权开发项目及对外销售；海南中实公司负责项目规划审定方案批准后的全部工程前期工作、项目红线内拆迁安置和平地及项目的建设、商品房销售经营；华远公司在上述合作条件下，同意海南中实公司对该项目进行具体操作和实施；在一期工程开工后，销售部分的60%～80%海南中实公司向华远公司支付2500万元，二期工程竣工后再支付2500万元；一期工程竣工后交付5000平方米面积用房作为利润；土地使用权出让和土地使用费缴纳，在华远公司协助下由海南中实公司承担。双方1992年9月19日合作合同与本协议冲突部分，以本协议为准等。

1993年2月，北京市经济体制改革办公室批准成立北京华远房地产股份有限公司（以下简称华远股份公司），该公司总资本为25000万元，其中法人股为22500万元，华远公司在其中占国有法人股8703万元。1993年6月，华远公司注销工商登记。2001年12月，华远股份公司变更名称为华润公司。

1993年9月23日，北京市城市规划管理局复函新中实公司，同意新中实公司提前施工，按设计方案先行土方工程。同年10月20日，华远股份公司与新中实公司共同向北京市西城区计划经济委员会提出立项更名申请称，双方共同承接的危改项目已经开始动迁，土地有偿出让手续正在办理，外销工作正全面展开。为便于新中实公司外销内销和回迁手续的办理，申请在不改变新中实公司与华远股份公司原有合作条件和利润分成的前提下，准许以新中实公司名义办理计委立项更名手续。同年

11 月 6 日，北京市西城区计划经济委员会、北京市西城区建设管理委员会批复华远股份公司和新中实公司，同意项目立项单位变更为新中实公司，危改任务仍按原定规划计划和改造要求由上述两单位合作承担。同年 11 月 11 日，北京市城市规划管理局批文通知，同意以（92）市建地字 136 号（即建设用地规划许可证）批准华远公司开发的 7.3 公顷用地，变更为新中实公司使用。同年 11 月 27 日，新中实公司取得了北京市西城区阜成门大街现状路北侧的国有土地使用权证。

1994 年 10 月 20 日，新中实公司致函华远股份公司称：新中实公司是海南中实公司的全资子公司，海南中实公司与华远公司签署的合作开发协议，由新中实公司代海南中实公司履行。

1994 年 11 月 7 日，华远股份公司与海南中实公司签订 137 号补充协议约定，双方原 1993 年 2 月 8 日合同书约定的海南中实公司应于 1994 年底支付华远公司 5000 万元，双方同意该 5000 万元作为海南中实公司向华远股份公司的股东贷款，借款自 1994 年 12 月 31 日起，月息 12‰。当日，华远股份公司与海南中实公司签订关于 137 号补充协议的内部协议约定，双方签订的 137 号补充协议，只是海南中实公司配合华远股份公司对外融资需要，对海南中实公司没有任何法律约束力。对该内部补充协议，华润公司在庭审质证中表示不予认可。

1995 年 12 月 26 日，华远股份公司与新中实公司签订 184 号关于应分配股利房和利润的补充协议约定，阜外大街首期建筑已进行 60% 以上面积的销售工作，应向华远股份公司交付 2500 万元利润，该 2500 万元于 1995 年 12 月 31 日前实际支付给华远股份公司，同时华远股份公司将 2500 万元借给新中实公司作为周转金，期限半年，于 1996 年 6 月 30 日归还，贷款协议双方另签；原约定交付 5000 平方米用房，改为以现金方式于 1995 年 12 月 31 日前向华远股份公司支付，每平方米 1 万元，合计支付 5000 万元。该 5000 万元作为新中实公司贷款，期限 11 个月，于 1996 年 11 月 30 日前归还，贷款协议另行签订；二期工程竣工后应支付的 2500 万元，仍按原协议执行。同时，新中实公司与华远股份公司就上述协议内容签订了两份借款合同约定，新中实公司 2500 万元借款，于 1996 年 7 月 31 日（7 个月借期）一次还本付息；5000 万元，于 1996 年 12 月 30 日（12 个月借期）一次还本付息，月息 12.06‰，逾期计复利，本金按月加收 10% 罚息。

1996 年 12 月 20 日，华远股份公司与新中实公司签订危改工程利润分配第二补充协议约定，新中实公司同意提前支付华远股份公司利润，在新中实公司支付华远股份公司利润后，华远股份公司同意放弃全部项目权益。双方经协商对 6 月 25 日协议、2 月 8 日协议、12 月 26 日协议内容进行修改：将原合同中二期工程竣工后应支付给华远公司的 2500 万元利润仍按原协议执行，改为 2500 万元利润提前到 1996 年 12 月 31 日前支付华远股份公司；除本协议修改内容外，原协议其他内容不变。在新中实公司全部支付利润后，华远股份公司放弃原协议中项目所有权益（提供的贷款除外），但仍承担协助完成项目的未尽事宜。同年12月20日和12月28日，华远股份公司与新中实公司分别签订借款合同约定，新中实公司向华远股份公司分别借款2500万元和6500万元，并分别于1997年12月28日和1997年6月30日偿还本息。

1997年3月13日，新中实公司向华远股份公司出具确认书，主要内容为：根据1995年12月签署的合同，新中实公司应在1997年1月向华远股份公司支付777万元利息，由于资金紧张，不能按期如数支付，于1997年1月支付了200万元，尚欠577万元，新中实公司承诺上述欠款于1997年6月30日前支付。

2001年3月20日，华远股份公司与新中实公司对阜外项目应付款及利息签订协议约定，新中实公司2001年3月30日前支付50万元；在新中实公司与中行北京分行、建行西四支行诉讼完成前，华远股份公司不向新中实公司提出还款要求；项目二期竣工时，支付全部尾款；新中实公司同意将国宾饭店1万平方米办公楼抵押给华远股份公司。

根据双方签订的上述合作协议、补充协议约定和双方的共同申请，新中实公司陆续取得了项目的土地使用权证和建设手续，并变更了房地产项目立项人为新中实公司，对危改项目进行了开发建设。一期工程包括道路改造及公寓、酒店，项目建设在1994年开工，现该部分项目已基本完成，新中实公司称由于项目投入资金较大，且全部工程还没有完成，向银行还贷尚在进行，没有对项目进行结算，还未取得利润收益，至今二期工程没有开工建设。在此期间，在华远股份公司的催促下，新中实公司在1996年和1997年支付给华远股份公司共1000万元，双方约定的其他应付款（借款）新中实公司未向华远股份公司支付。

一审庭审中，华润公司承认，其在1993年取得立项和规划用地许可证后，未对项目进行投资和办理建设用地的征地手续，也没有取得土地使用证。关于双方约定的组建项目公司和抵押财产等事项，双方没有落实办理。

一审期间，一审法院通知海南中实公司参加诉讼。海南中实公司表示，海南中实公司最初与华远公司就北京市西城区阜外大街危改项目所签的一系列协议，海南中实公司均未实际履行，合同的全部权利义务均转由其所属的全资子公司新中实公司履行。海南中实公司认可并同意新中实公司替代协议中海南中实公司的合同主体地位并承担相应的权利义务。华润公司和新中实公司对此均表示认同。

一审法院另查明，华润公司的前身为华远公司。新中实公司是海南中实公司的全资子公司，负责北京项目的开发建设。海南中实企业有限公司于1997年12月变更名称为海南中实公司。

〔一审裁判理由与结果〕

一审法院经审理认为，房地产的开发经营和转让应当依法进行。华润公司与海南中实公司为合作开发危改项目于1992年6月和9月签订了合作开发协议及补充协议，两份协议均是以华润公司负责立项并提供相应的建设用地手续，海南中实公司负责建设资金及建设施工，双方按照约定的比例分配利润等为主要内容，协议体现了双方真实意思，不违背法律。由此，可确认上述两份协议具有合作开发房地产项目的性质，属有效合同。在此基础上，双方于1993年2月8日签订补充协议，对1992年9月签订协议中华润公司利润分成部分进行修改，变为华润公司的利润分成一次性包死，但双方合作开发的性质并无改变。双方签订的该份协议仍是以合作开发为基础，具有合作的性质，双方在向政府申报立项的文件中明确，不改变原有合作条件和利润分成，准许以新中实公司的名义办理立项更名手续。政府在批准变更立项单位为新中实公司的同时，要求危改任务仍由华润公司和新中实公司合作承担。故应确认为在不改变合作关系的前提下，双方同意将项目交新中实公司开发建设，新中实公司因此取得了项目的开发建设手续，成为项目所有人也实际进行了建设。根据上述查明的事实和证据，新中实公司取得危改项目开发建设权完全是基于双方的合作关系，并非华润公司的项目权的转让。华润公司主张项目转让缺乏依据，不予确认。

1993年2月8日，双方签订补充协议，约定华润公司将在合作项目中享有的利润分成一次性包死，由海南中实公司给付华润公司，应视为华润公司对双方合作项目中自己应获权益的转让，新中实公司和海南中实公司多次通过不同形式对华润公司应取得收益，向华润公司付款予以确认并承诺给付，但至今未向华润公司全部兑现，违背了诚信原则。故对华润公司要求新中实公司给付转让款9000万元的诉讼请求，予以支持。因海南中实公司是双方合作协议及补充协议的签约主体，其将合同权利义务转由其所属的新中实公司享有和履行，属企业内部行为，华润公司并无异议，现项目虽由新中实公司取得但不能免除海南中实公司的合同责任。因此，海南中实公司应与新中实公司共同对华润公司承担给付责任。

考虑到双方对房地产项目进行合作开发，运作得不够规范，鉴于双方对华润公司所获利益的形式和条件多次进行变化，对造成现在的纠纷均有一定责任，根据本案实际情况，对新中实公司和海南中实公司未付款的行为不宜按违约处理。对华润公司要求支付违约金的请求，不予支持。综上，依照《中华人民共和国民法通则》第八十八条第一款、第一百零六条第一款的规定，判决：（一）新中实公司和海南中实公司于判决生效后三十日内给付华润公司9000万元；（二）驳回华润公司的其他诉讼请求。案件受理费688960元，由华润公司负担238960元，由新中实公司和海南中实公司负担45万元。

〔当事人上诉及答辩意见〕

新中实公司和海南中实公司不服一审判决，向本院提起上诉，请求撤销一审判决，驳回华润公司的全部诉讼请求，由华润公司承担诉讼费用。主要理由：1. 华润公司主张双方为项目转让关系，一审法院根据已查明的事实，认为双方之间没有项目转让关系而是合作开发关系，在华润公司经释明坚持不变更诉讼请求的情况下，应驳回其诉讼请求。一审法院在对合作开发未予审理的情形下，擅自将项目转让纠纷变更为合作开发并迳行判决由新中实公司承担付款责任，属未诉而判，违反了民事诉讼法中不告不理的基本原则，剥夺了新中实公司和海南中实公司的抗辩权利。2. 海南中实公司没有实际履行合同，华润公司亦没有向海南中实公司提出任何权利主张，新中实公司替代海南中实公司属合同主体变更，因此，海南中实公司不应列为原审被告，亦不应承担共同付款责任。3. 华润公司提供的其前身为华远公司的证明材料不能证明其合法的原审原告主体身份。4. 本案已超过诉讼时效。5. 华润公司的行为属倒卖批文，双方1993年2月28日的补充协议违反了国务院关于房地产公司不得转手倒卖、不得转让商品房建设计划的行政法规的强制性规定，应认定无效。所谓项目转让款亦属非法利润，不应支持。

华润公司答辩称，一审判决认定事实清楚，适用法律正确，应予维持。主要理由：1. 华润公司提起诉讼的依据是双方之间自愿签署若干份协议书的法律事实，非项目转让的法律关系。一审法院围绕华润公司的起诉依据进行审理，双方进行了充分的举证、质证及法庭辩论，不存在剥夺新中实公司抗辩权利的情形。2. 华润公司起诉时确定的案由为房地产项目转让纠纷，一审法院通过对证据的审查，将本案案由进一步确定为房地产项目权益（转让）纠纷，并无不当。法院在结案时有权也应当依据法庭查明的当事人之间实际存在的法律关系确定案由。3. 一审法院依职权追加海南中实公司为原审被告并进行了告知，新中实公司对此当庭表示认可。4. 华润公司不仅提交了关于主体资格的相应证据，且双方签署的若干有延续性的协议亦表明新中实公司及海南中实公司对华润公司的名称变更及主体身份是认可的。5. 双方就转让款的数额及支付事宜一直在进行磋商，本案债权未超过诉讼时效。6. 本案协议性质为合作开发房地产项目，是双方在平等自愿基础上的真实意思表示，且不违反当时的法律规定，属有效协议。华润公司已依约履行了义务，对项目进行投资和缴纳土地出让金属新中实公司的合同义务。7. 新中实公司引用的“倒卖批文”的两个规定，因不能用来调整民事法律行为及不属于法律和行政法规而不能适用于本案。

〔最高人民法院查明的事实〕

最高人民法院二审查明：一审庭审结束后，一审法院经审理认为华润公司诉请主张的“房地产项目转让关系”不成立，遂向华润公司行使释明权，告知其变更诉讼请求。华润公司坚持不予变更。

最高人民法院二审查明的其他事实与一审法院查明的事实基本相同。

〔最高人民法院裁判理由与结果〕

最高人民法院认为，一审期间，华润公司在起诉状、庭审陈述及所附证据材料中，均明确表示其主张项目转让款的依据为双方之间存在房地产项目转让的法律关系。一审法院基于审理查明的事实认为，华润公司诉请主张的“项目转让关系”不能成立，遂于庭审结束后至一审判决前，多次向华润公司行使释明权，告知其变更诉讼请求，否则自行承担诉讼风险，但华润公司拒绝对诉讼请求予以变更。

根据最高人民法院《关于民事诉讼证据的若干规定》的规定，一审诉讼过程中，当事人主张的法律关系的性质或民事行为的效力与一审法院根据案件事实作出的认定不一致，一审法院应当告知当事人可以变更诉讼请求。本案中，经一审法院告知后，华润公司仍未变更诉讼请求，由于华润公司主张的法律关系性质与一审法院根据案件事实认定的不一致，一审法院不应作出实体判决，而应驳回华润公司的起诉。一审法院在华润公司经释明仍未变更诉讼请求的情形下，迳行对华润公司未予主张的法律关系予以裁判，既替行了华润公司的起诉权利，又剥夺了新中实公司和海南中实公司的抗辩权利，违反了人民法院审理民事案件的法定程序。

综上，一审判决违反法定程序，应予纠正。根据《中华人民共和国民事诉讼法》第一百零八条①第（一）项、第（三）项，最高人民法院《关于适用〈中华人民共和国民事诉讼法〉若干问题的意见》第186条②及最高人民法院《关于民事诉讼证据的若干规定》第三十五条之规定，裁定如下：

一、撤销北京市高级人民法院（2003）高民初字第715号民事判决；

二、驳回华润置地（北京）股份有限公司的起诉。

一审、二审案件受理费各50元，均由华润置地（北京）股份有限公司负担。

本裁定为终审裁定。

规则7：原告提出两项诉求分属不同性质的法律关系，有权请求法院对两个不同性质的法律关系分别作出认定

——南京雪中彩影婚纱摄影有限公司与上海雪中彩影婚纱摄影有限公司江宁分公司、上海雪中彩影婚纱摄影有限公司商标侵权及不正当竞争纠纷案③

【裁判规则】

原告提起诉求后，开庭审理前又增加另一诉求，两项诉讼请求虽然基于相同的事实，但确实分属不同性质的法律关系。原告有权增加诉讼请求，有权请求法院对两个不同性质的法律关系分别作出认定，与“一事不再理”原则不冲突。若两项诉

① 对应2012年《民事诉讼法》第119条。

② 对应《民事诉讼法解释》第330条。

③ 《中华人民共和国最高人民法院公报》2006年第5期。

求因相同的法律事实引起，两者之间有关联性，合并审理有利于诉讼经济；况且原告增加诉讼请求后，法庭已给予被告补充答辩和重新举证的机会，合并审理不损害被告的诉讼权利，则可以合并审理。

【规则理解】

一、请求权基础理论

民事纠纷发生时，人们首先想到的便是应以何种法律规范向对方主张何种权利。法律人可以有多种选择，其可以选择历史的或者自己所习惯的思考方法，也可以选择请求权基础的思考方法。可供一方当事人向对方当事人有所主张的法律规范，即为请求权规范基础，简称请求权基础。请求权基础的寻找，是处理实例题的核心工作。在某种意义上，甚至可以说，实例解答，就在于寻找请求权基础。请求权基础是每一个学习法律的人必须彻底了解、确实掌握的基本概念及思考方法①。应该说，请求权基础的方法是法学研究与应用的一个重要方法，该方法系我国台湾地区学者王泽鉴教授早年留学德国，师从著名法学家拉伦茨教授学习得来。依王泽鉴教授观点，请求权基础的方法相比于其他历史的方法，更为合目的性，有三点理由：第一，适合实务需要；第二，符合经济原则，有助于针对问题作答，集中检讨各种可能成立请求权基础的要件；第三，保障解题内容的妥当性，可以从法律的立场去思考问题，避免个人主观价值判断以及未受节制的衡平思想。根据请求权基础的内容，可以归纳为六类：契约上给付请求权；返还请求权；损害赔偿请求权；补偿及求偿请求权；支出费用偿还请求权；不作为请求权。②

笔者认为，请求权基础理论是民法思维的一个重要方法，其能够追根溯源地快速查找待判事实所需要适用的相关法律规范，也有助于法律人法律体系观念的形成。但是，随着社会生活的发展以及社会交往的频繁，社会关系变得日益复杂，法律关系同样开始多样化。这种趋势势必造成调整社会关系的法律日益发达和抽象，法律条文中的事实要素日益为立法技术所摒除，以致最后与法条构造彻底分离之后，恰如有的学者指出的那样，一个具体的生活事实有可能符合几个法律规范的要件特征，一个案件可能会因几个同时适用的法律规范产生几个请求权。如果两种规范之间并不排斥，也并没有适用上的先后之别，则需要通过一个概念道具去解决这个问题③。对

---

① 王泽鉴：《民法思维·请求权基础理论体系》，北京大学出版社2009年版，第41页。

② 王泽鉴：《民法思维·请求权基础理论体系》，北京大学出版社2009年版，第36～129页。

③ 王泽鉴：《侵权行为法》，中国政法大学出版社2001年版，第77页。

于如何解决上述难题，我国《合同法》第122条[①]的规定采取了“非此即彼”的从立法上加以取舍的方法，造成司法实务中的弊端丛生。

二、请求权竞合理论

（一）请求权竞合的概念

所谓请求权竞合，指以同一给付为目的的数个请求权并存，当事人选择行使之。其中一个请求权因目的达到而消灭时，其他请求权亦因目的达到而消灭；反之，就一个请求权因目的达到以外之原因而消灭时，比方罹于时效时，则仍得行使其他请求权。随着法律关系的复杂化以及立法的抽象化，一个生活事实在实体法上受不同的法律规范所规制时，根据请求权基础理论，当事人可以发生数个请求权，除了请求权竞合的现象之外，还会发生其他三类情形：1. 法条竞合。所谓法条竞合，指某项请求权因具有特别性，而排除其他请求权规范的适用。2. 选择性竞合，又称作择一竞合，指就两个以上的请求权，如一者为请求权，另一者为形成权，当事人可以选择其一行使，如果已经行使其中之一，便不得再主张其他的请求权。3. 请求权的聚合，指当事人对于数种不同的给付为内容的请求权，可以同时并为主张。如身体受到不法侵害的时候，可以提起财产上的损害赔偿与精神抚慰金。在这种情形下，请求权人对数个请求权，得同时或先后，就全部或个别主张。[②]

（二）解决请求权竞合的路径

司法理论以及司法实践中解决请求权竞合问题可以分为两种思路，一种思路承认请求权竞合是个不能抹杀的客观现象，同时试图在侵权法与合同法之间分出特殊与一般的关系以确定二者的适用先后顺序解决这个问题。另外一种思路则是修改请求权概念本身，根本不承认请求权竞合这个概念，自然也就谈不上如何解决问题了。笔者认为，解决请求权竞合问题，不能头痛医头脚痛医脚，需要考量整个民事法律体系的逻辑性，尤其是民事诉讼理论的逻辑性。从一般的诉讼法理论上讲，诉是当事人向法院提出的请求，请求的内容即是当事人要求法院裁判的事项。社会生活的复杂性决定了诉的请求类型的多样性。简单的矛盾纠纷可能由一部实体法律涵盖了所有的法律关系类型，但不能否认的是，在某些相对复杂的矛盾纠纷当中，某一部法律或者某一类法律部门无法涵盖所有的法律关系，比如《刑法》所规定的刑

---

① 我国《合同法》第122条规定：“因当事人一方的违约行为，侵害对方人身、财产权益的，受损害方有权选择依照本法要求其承担违约责任或者依照其他法律要求其承担侵权责任。”

② 王泽鉴：《法律思维与民法实例：请求权的基础理论体系》，中国政法大学出版社2001年版，第50页。

事附带民事诉讼制度。同理而言，就同一民事诉讼的范畴之内，也同样存在某一矛盾纠纷为多部民事法律所规范的情况，如“南京雪中彩影公司诉上海雪中彩影公司及其分公司商标侵权、不正当竞争纠纷案”，就上海雪中彩影公司的行为，南京雪中彩影公司可得同时基于《商标法》主张其商标侵权以及基于《反不正当竞争法》主张其行为构成了不正当竞争行为。因此，笔者赞同该案裁判论述的观点：“若两项诉求因相同的法律事实引起，两者之间有关联性，合并审理有利于诉讼经济；况且原告增加诉讼请求后，法庭已给予被告补充答辩和重新举证的机会，合并审理不损害被告的诉讼权利，则可以合并审理。”

需要注意的是，应当考虑两个或者两个以上诉讼请求之间的关联性。何谓诉求之间的关联性，似无法下一准确的定义，但是下列因素可以纳入到考量的范围：1. 基于同一（种类）的法律事实；2. 据以裁判的法律依据之间的关联性；3. 法院管辖的同一性；4. 合并审理的经济性或必要性。上述要素虽然并非要求全部具备，但在考量是否进行合并审理时应当逐一考量。对于解决请求权竞合这个问题而言，不仅需要考虑实体法规范之间的适用问题，更需要将其置身于诉讼中加以考量。从实体法上强行作出择一性选择固然能够彻底解决这个问题，但这种方法却是以牺牲当事人权利保护为代价的，同时也与诉讼中的诸多审判的基本原则相悖。面对请求权竞合问题，可能并不存在有百利而无一害的解决方案，但是我们可以从中选择一个契合更多价值的方法。①

【拓展适用】

我国请求权竞合制度的实践探讨

实体法中最常见的请求权竞合问题之一便是合同与合同之外的损害赔偿责任之间的法律关系。我国《合同法》第122条对请求权竞合制度作如下规定：“因当事人一方的违约行为，侵害对方人身、财产权益的，受损害方有权选择依据本法要求其承担违约责任或者依据其他法律要求其承担侵权责任。”从对该法条的法理解读以及司法实践中掌握的适用尺度看，对该条是做了二者非此即彼、择一而定的处理路径。也就是说，在存在请求权竞合（法条竞合）的情况下，当事人有权选择其一作为请求法院裁判的法律依据，一旦当事人确定以何种法律规范作为裁判依据，则在以后的诉讼过程中不得更改，法院也不得以当事人请求以外的法律依据作为裁判的依据。

但是，该条规定存在以下的问题需要研究探讨：其一，原则上讲，这两类规范

① 段文波：“请求权竞合论：以诉之选择性合并为归宿”，载《现代法学》2010年第5期。

总体上可以并行适用，立法层面不宜强行要求当事人作出选择。因为同一行为既构成违约行为，也构成侵权行为，然则相互竞合的不仅仅是两项具体的法律规范，而是两项规范的总体。原则上这两个规范总体应当是可以并行适用的。《合同法》第122条规定暗含了一个前提，那就是以实体法上请求的内容作为识别诉讼中裁判对象的基准。其优点在于通过当事人选择的方式解决了归责原则、责任范围、举证责任、义务内容乃至时效问题等实体法方面的问题。但是，基于合同所产生的违约责任与以侵权为基础所产生的侵权责任二者相去甚远，如果原告在起诉时不作出选择，将会增加对方当事人的防御负担，徒增讼累。其二，不利于当事人权利的保护。当事人如果按照本条之规定，在请求权竞合的情形下做出选择，获得法院支持其请求的判决姑且不论，倘若法院驳回其请求时，当事人便无从根据另一法律提起诉讼而获得救济。显然，这并不利于保护当事人，尤其是原告（被害人）的权利。这种立法态度可以称之为"选择消灭模式"，亦即在合同责任与侵权责任竞合的情形下，不论当事人选择哪种救济方式，另外一条救济的途径将大门紧掩。[①] 其三，违背诉讼规律，不利于诉讼活动的进行。从程序法上考量，这种做法最为严重的问题在于，违反了"你给我事实，我给你法律"的原则，即法官知法原则。《合同法》第122条规定当事人选择法律事实，不仅违反了这条原则，而且也过高估计了当事人的诉讼能力。我国《民事诉讼法》并没有实行律师强制代理制度，当事人本人诉讼的情形普遍存在。当事人并非法律专家，如果法律苛求当事人在起诉的时候，针对具体的生活事实选择合同法抑或侵权法主张违约损害赔偿请求权抑或侵权损害赔偿请求权，显然已经超乎其能力，实属强人所难。一旦当事人的选择确定，则整个诉讼模式就此确定，在以后的诉讼活动中出现的任何变化，当事人均要基于其最初的选择来承受对其不利的诉讼后果，这显然不利于诉讼活动的顺利开展，从根本上违背了诉讼规律。

笔者认为，《合同法》第122条的规定，反映了我国诉讼法律理论中诉的合并以及请求权竞合制度的缺失与不足，在理论和实务中均造成了极大的困惑与不便，亟待加以修改。在目前情况下，似可考虑不必经过修改法律加以解决，建议采取最高人民法院制定相关的司法解释，对该条作扩大解释的办法进行处理。同时，司法理论以及司法实务界应当加强对于民事诉讼中有关诉的合并以及请求权竞合问题的研究，以期在未来的《民事诉讼法》修改中完善该项制度。当然在法律未作出修改或司法解释作出具体的规定之前，仍然按法律规定来处理此类案件。

---

① 段文波："请求权竞合论：以诉之选择性合并为归宿"，载《现代法学》2010年第5期。

【典型案例】

南京雪中彩影婚纱摄影有限公司与上海雪中彩影婚纱摄影有限公司江宁分公司、上海雪中彩影婚纱摄影有限公司商标侵权及不正当竞争纠纷案

原告：南京雪中彩影婚纱摄影有限公司。

法定代表人：姚子美，该公司董事长。

被告：上海雪中彩影婚纱摄影有限公司江宁分公司。

负责人：王敏，该分公司经理。

被告：上海雪中彩影婚纱摄影有限公司。

法定代表人：王成，该公司总经理。

〔基本案情〕

原告南京雪中彩影婚纱摄影有限公司（以下简称南京雪中彩影公司）因与被告上海雪中彩影婚纱摄影有限公司江宁分公司（以下简称江宁雪中彩影分公司）、上海雪中彩影婚纱摄影有限公司（以下简称上海雪中彩影公司）发生商标侵权及不正当竞争纠纷，向江苏省南京市中级人民法院提起诉讼。

原告南京雪中彩影公司诉称：原告是1993年9月在南京市登记成立的婚纱摄影公司，同时也是“雪中彩影”注册商标的合法所有人。2004年8月，原告发现有人持被告江宁雪中彩影分公司的订单来咨询并要求拍照，才知本市江宁区出现了一家同样叫“雪中彩影”的婚纱摄影公司。为澄清事实，原告于2004年8月26日在《金陵晚报》上作了公告声明，同时书面请求南京市工商行政管理局进行查处，注销被告的字号，但至今未得到对二被告的处理决定。二被告的行为严重侵害原告的合法权益和经济利益，也给原告的社会信誉带来负面影响。请求判令二被告：1. 立即停止对“雪中彩影”注册商标的侵权行为；2. 向原告赔礼道歉，登报消除使用“雪中彩影”名称给原告带来的恶劣影响；3. 赔偿经济损失50万元；4. 承担本案诉讼费用。

开庭审理前，原告南京雪中彩影公司以二被告的行为同时构成不正当竞争为由，申请增加诉讼请求为：判令二被告立即停止不正当竞争行为，停止对“雪中彩影”名称的使用，变更名称字号。法庭准予南京雪中彩影公司关于增加诉讼请求的申请，并根据二被告的要求，重新指定了举证和答辩期限。

原告南京雪中彩影公司提交以下证据：

1. 商标注册证，用以证明南京雪中彩影公司系“雪中彩影”注册商标的所有人；

2. 工商登记信息表，用以证明江宁雪中彩影分公司、上海雪中彩影公司登记了以“雪中彩影”为字号的企业名称；

3. 房屋租赁合同，用以证明上海雪中彩影公司租赁的经营场所面积不足以开展婚纱摄影服务；

4. 投诉信，用以证明南京雪中彩影公司向工商管理部门进行过举报；

5. 摄影订单及门市收银单，用以证明江宁雪中彩影分公司、上海雪中彩影公司使用“雪中彩影”为企业名称，已经使消费者产生混淆，给南京雪中彩影公司的权益造成了损害；

6. 广告宣传单，用以证明江宁雪中彩影分公司、上海雪中彩影公司以“雪中彩影”企业名称进行商业宣传的侵权事实；

7.《金陵晚报》，用以证明媒体对江宁雪中彩影分公司、上海雪中彩影公司侵权行为的报道；

8. 获奖证书，用以证明南京雪中彩影公司的知名度。

被告江宁雪中彩影分公司、上海雪中彩影公司辩称：原告在法院指定的举证期限届满后增加诉讼请求，不符合《最高人民法院关于民事诉讼证据的若干规定》和“一事不再理”原则，法院不应当准许，原告应另案起诉。原告的“雪中彩影”商标和企业字号不具有显著性。二被告的企业名称经合法登记产生，且被告在合法经营中按规范使用企业名称，不侵犯原告的商标专用权。顾客接受被告的服务，是因为被告提供的服务良好，不是受“雪中彩影”这一名称的影响。以“雪中彩影”命名的婚纱摄影公司，在全国有多家，原告对其他婚纱摄影公司均不加以制止，只起诉二被告，有失公平。原告的诉讼请求应当驳回。

被告江宁雪中彩影分公司、上海雪中彩影公司提交以下证据：

1. 照片及订单，用以证明南京雪中彩影公司在店外名称以及订单中使用“雪中彩影”字样时，都没有注册商标标记；

2. 照片及订单，用以证明江宁雪中彩影分公司在店内外以及订单上使用企业名称时，均符合规范，并未突出其中的“雪中彩影”字样；

3. 名录及宣传材料，用以证明全国以“雪中彩影”命名的婚纱摄影机构很多，“雪中彩影”不具有显著性；

4. 证人杨林、李志芳的证言，主要内容是：以前不了解南京雪中彩影公司。本着就近消费和价格优惠的原则，到江宁雪中彩影分公司接受了婚纱摄影服务，并对该分公司的服务质量表示满意。

法庭组织了质证、认证。经质证，被告上海雪中彩影公司、江宁雪中彩影分公司对原告南京雪中彩影公司提交证据的真实性不持异议，但认为这些证据不能证明江宁雪中彩影分公司、上海雪中彩影公司侵权，或者损害了南京雪中彩影公司的利益。南京雪中彩影公司对上海雪中彩影公司、江宁雪中彩影分公司提交书证的真实性不持异议，但认为证人证言的内容与本案争议标的无关。

南京市中级人民法院经审理查明：

1993 年 9 月 22 日，台商独资经营的原告南京雪中彩影公司在南京市工商行政管理局登记设立，经营范围是摄影、冲印、礼服、礼车出租以及美容、美发和相关配套服务。1996年11月，南京雪中彩影公司向国家商标局申请注册了“雪中彩影”文字商标，核定服务项目为第42类摄影，注册有效期限自1996年11月14日至2006年11月13日止。经过10多年经营，南京雪中彩影公司在南京市婚纱摄影行业具有较高知名度。2004年，亚太华人专业人像摄影交流机构向南京雪中彩影公司颁发“世界华人专业婚纱摄影金像奖”，获奖证书记载：“南京雪中彩影婚纱影楼于2004年荣获世界华人婚纱摄影专业十大品牌奖，其杰出成就卓越非凡，经本会国际评委团一致通过，特颁此证。”

2004年7月7日，被告上海雪中彩影公司的开办人王成与上海宝谊经济发展公司签订房屋租赁合同，租用上海市宝山区宝山十村使用面积8平方米的一间房屋为办公用房，年租金1460元。有了场所后，王成于7月20日在上海市工商行政管理局登记设立上海雪中彩影公司，经营范围为婚纱摄影、礼服租赁、销售。7月30日，江宁雪中彩影分公司在南京市江宁区登记设立，经营范围亦为婚纱摄影、礼服租赁、销售，营业场所设在江宁区东山东新南路温州商业街G栋101。该分公司的门头招牌和店堂招牌上，均标明“上海雪中彩影婚纱摄影有限公司（江宁分公司）”，其中“上海雪中彩影婚纱摄影有限公司”字体明显突出，“江宁分公司”字体较小。在该分公司的摄影订单和门市收银单上，均有“上海雪中彩影婚纱摄影有限公司（江宁分公司）”字样。该分公司在经营中，还对外散发了突出印有“上海雪中彩影婚纱摄影有限公司”文字，以及“精品婚纱摄影连锁”、“拍精品婚纱照，选择上海雪中彩影”、“上海雪中彩影极品礼服动态大展”等内容的彩色宣传单。

2004年8月，原告南京雪中彩影公司发现被告上海雪中彩影公司、江宁雪中彩影分公司的经营活动后，曾请求南京市工商行政管理局进行查处。同年12月，提起本案诉讼。

〔一审裁判理由与结果〕

南京市中级人民法院认为，本案争议焦点是：1. 应否允许原告在举证期限届满后增加诉讼请求？2. 上海雪中彩影公司、江宁雪中彩影分公司将“雪中彩影”作为企业名称中的字号登记并使用，是否侵犯南京雪中彩影公司的注册商标专用权？3. 上海雪中彩影公司、江宁雪中彩影分公司将“雪中彩影”作为企业名称中的字号登记并使用，是否构成不正当竞争？4. 在有众多婚纱摄影企业使用“雪中彩影”字号的情形下，南京雪中彩影公司能否只起诉上海雪中彩影公司、江宁雪中彩影分公司？5. 上海雪中彩影公司、江宁雪中彩影分公司应承担何种民事责任？

关于争议焦点一。《中华人民共和国民事诉讼法》第一百二十六条规定：“原告增加诉讼请求，被告提出反诉，第三人提出与本案有关的诉讼请求，可以合并审理。”原告南京雪中彩影公司最初提起商标侵权诉求，开庭审理前又增加了不正当竞争诉求。两项诉讼请求虽然基于相同的事实，但确实分属不同性质的法律关系。南京雪中彩影公司有权增加诉讼请求，有权请求法院对两个不同性质的法律关系分别作出认定，这与“一事不再理”原则不冲突。鉴于在本案中，商标侵权与不正当竞争因相同的法律事实引起，两者之间有关联性，合并审理有利于诉讼经济；况且南京雪中彩影公司增加诉讼请求后，法庭已给予被告上海雪中彩影公司、江宁雪中彩影分公司补充答辩和重新举证的机会，合并审理不损害上海雪中彩影公司、江宁雪中彩影分公司的诉讼权利。所以，上海雪中彩影公司、江宁雪中彩影分公司关于法院不应当准许南京雪中彩影公司增加诉讼请求的理由不当，不予采纳。

关于争议焦点二。原告南京雪中彩影公司的商标专用权和被告上海雪中彩影公司、江宁雪中彩影分公司的企业名称权，均是经法定程序确认的权利，分别受《中华人民共和国商标法》（以下简称商标法）和《企业名称登记管理规定》、《企业名称登记管理实施办法》等法律、法规的保护。商标法第五十二条①第（一）项规定，未经商标注册人的许可，在同一种商品或者类似商品上使用与其注册商标相同或者近似的商标，属于侵犯注册商标专用权。据此，南京雪中彩影公司有权禁止他人在摄影或类似服务上使用“雪中彩影”文字或与“雪中彩影”近似的文字标示服务来源和进行商业活动。最高人民法院在《关于审理商标民事纠纷案件适用法律若干问题的解释》第一条第（一）项规定：将与他人注册商标相同或者相近似的文字作为企业的字号在相同或者类似商品上突出使用，容易使相关公众产生误认的，属于商标法第五十二条第（五）项规定的给他人注册商标专用权造成其他损害的行为。是否构成该种侵权行为，必须注意下列要件：1. 文字是否相同或者近似；2. 是否在相同或者类似商品上使用；3. 是否突出使用；4. 使用的结果是否容易造成相关公众误认。其中的“突出使用”，是指企业名称中，与注册商标文字相同或相近似的字号在字体、大小、颜色等方面突出醒目，使人在视觉上产生深刻印象的使用行为。被告上海雪中彩影公司、江宁雪中彩影分公司与南京雪中彩影公司行业相同，企业名称中的字号也与南京雪中彩影公司注册商标的文字相同，但江宁雪中彩影分公司在企业门头牌匾、摄影订单、门市收银单和广告宣传单等处使用其企业名称时，“雪中彩影”四个字的字体、大小、颜色均与企业名称中其他文字相同，且与“雪中彩影”注册商标的字体相区别，符合企业名称使用规范，不是突出使用，不构成商标侵权。因此，南京雪中彩影公司指控上海雪中彩影公司、江宁雪中彩影分公司侵犯“雪中彩影”商标专用权，法律依据不足，该诉讼请求不予支持。

关于争议焦点三。《中华人民共和国民法通则》（以下简称民法通则）第四条规定：“民事活动应当遵循自愿、公平、等价有偿、诚实信用的原则。”《中华人民共和国反不正当竞争法》（以下简称反不正当竞争法）第二条第一、二款规定：“经营者在市场交易中，应当遵循自愿、平等、公平、诚实信用的原则，遵守公认的商业道德。”“本法所称的不正当竞争，是指经营者违反本法规定，损害其他经营者的合法

① 对应2013年《商标法》第57条。

权益，扰乱社会经济秩序的行为。”经营者应当诚实信用，遵守公认的商业道德，不得利用他人的商业信誉为自己的商品或服务争取消费者。《国家工商行政管理局关于解决商标与企业名称中若干问题的意见》第四条①也规定：“商标中的文字和企业名称中的字号相同或近似，使他人对市场主体及其商品或者服务的来源产生混淆（包括混淆的可能性），从而构成不正当竞争的，应当依法予以制止。”要判断被告上海雪中彩影公司、江宁雪中彩影分公司将“雪中彩影”作为字号登记在企业名称中的行为是否构成对原告南京雪中彩影公司的不正当竞争，既要看其实施该行为主观上是否存在侵权故意，更要看其后果是否使他人对市场主体及其服务的来源产生混淆或可能混淆。

原告南京雪中彩影公司于1993年登记设立，1996年注册了“雪中彩影”商标。经过长达10余年的经营，南京雪中彩影公司及其“雪中彩影”商标在南京市婚纱摄影行业和普通消费者中具有了一定的知名度，树立了一定的商业信誉。被告上海雪中彩影公司于2004年7月20日在上海一间8平方米的房屋中设立，虽然登记的经营范围为婚纱摄影、礼服租赁、销售，但从其狭小的经营场所可以看出，上海雪中彩影公司根本无法从事此项服务。10天后，上海雪中彩影公司即到南京市场上登记设立江宁雪中彩影分公司，开展与南京雪中彩影公司相同的经营活动。作为同业，上海雪中彩影公司、江宁雪中彩影分公司应当知道南京雪中彩影公司及其“雪中彩影”注册商标的存在，应当了解南京雪中彩影公司在南京市场上的知名度。在此情况下，上海雪中彩影公司在上海设立无法经营的总公司，而把主要力量投入到分公司，在南京的婚纱摄影市场上打出“上海雪中彩影婚纱摄影有限公司（江宁分公司）”的招牌，并在其宣传单上将企业名称简化为“上海雪中彩影”，明显地具有以后来的“雪中彩影”来攀附先前“雪中彩影”品牌知名度的故意。上海雪中彩影公司、江宁雪中彩影分公司的行为，客观上会造成消费者误认注册商标权利人与企业名称所有人，或者使消费者误解双方当事人之间存在某种特定联系或关联关系，进而混淆两者提供的婚纱摄影服务。上海雪中彩影公司、江宁雪中彩影分公司从中获取不正当利益，无偿占有了南京雪中彩影公司的商业信誉，已经违反了诚实信用原则和公认的商业道德，侵犯了南京雪中彩影公司的竞争利益，构成不正当竞争。消费者选择服务，虽然要看重服务质量、服务价格等因素，但也不可否认商标标识、企业名称、服务品牌等对消费者具有的巨大吸引力，这正是立法者将商标、企业名称等纳入法律规范、给予法律保护的初始原因。上海雪中彩影公司、江宁雪中彩影分公司关于其良好服务引来消费者，与使用“雪中彩影”字号无关，字号没有混淆市场主体和服务来源的辩解理由，不能成立。

关于争议焦点四。在全国各地有多家婚纱摄影企业以“雪中彩影”命名的情况

① 已被2014年《国家工商行政管理总局关于公布规范性文件清理结果的公告》废止。

下，作为“雪中彩影”商标和字号的所有人，原告南京雪中彩影公司有选择侵权对象提起诉讼的权利。南京雪中彩影公司只对被告上海雪中彩影公司、江宁雪中彩影分公司提起诉讼，是其行使诉权的结果，与公平原则无关。

关于争议焦点五。根据民法通则第一百三十四条规定，实施不正当竞争行为的侵权人，应当承担停止侵害、排除妨碍、消除影响、返还财产、赔偿损失等民事责任。反不正当竞争法第二十条第一款规定：“经营者违反本法规定，给被侵害的经营者造成损害的，应当承担损害赔偿责任，被侵害的经营者的损失难以计算的，赔偿额为侵权人在侵权期间因侵权所获得的利润；并应当承担被侵害的经营者因调查该经营者侵害其合法权益的不正当竞争行为所支付的合理费用。”因被告上海雪中彩影公司、江宁雪中彩影分公司实施了不正当竞争行为，原告南京雪中彩影公司请求判令上海雪中彩影公司、江宁雪中彩影分公司立即停止不正当竞争、登报消除影响、赔偿损失，应当支持。由于南京雪中彩影公司不能提供所受损害和上海雪中彩影公司、江宁雪中彩影分公司因侵权获利的证据，故对赔偿经济损失50万元的诉讼请求不能全额支持，应由法院根据上海雪中彩影公司、江宁雪中彩影分公司的侵权时间、经营规模以及南京雪中彩影公司的知名度、为制止侵权支出的合理费用等因素酌定。南京雪中彩影公司没有证据证明其商业信誉已受到损害，故对其提出的赔礼道歉要求，不予支持。

据此，南京市中级人民法院于2005年5月30日判决：

一、被告上海雪中彩影公司、江宁雪中彩影分公司自本判决生效之日起，立即停止使用含有“雪中彩影”字号的企业名称；

二、被告上海雪中彩影公司、江宁雪中彩影分公司自本判决生效之日起10日内，赔偿原告南京雪中彩影公司经济损失2万元；

三、被告上海雪中彩影公司、江宁雪中彩影分公司自本判决生效之日起15日内，在《南京日报》除中缝以外的版面发布“启示”，消除对南京雪中彩影公司造成的不良影响；

四、驳回原告南京雪中彩影公司的其他诉讼请求。

〔二审裁判理由与结果〕

上海雪中彩影公司不服一审判决，提出上诉。因其在规定期限内未预交二审案件受理费，江苏省高级人民法院依照《中华人民共和国民事诉讼法》第一百零七条①第一款和《人民法院诉讼收费办法》② 第十三条第二款的规定，于2005年8月26日裁定：

本案按自动撤回上诉处理，原审判决即发生法律效力。

---

① 对应2012年《民事诉讼法》第118条。

② 已被2007年《诉讼费用交纳办法》代替。

第六章　案由

规则 8：案由应当表述与诉讼请求在法律上、事实上有直接关联的法律关系

——浙江省德清县上武汽车修理厂与董艳峰损害赔偿纠纷案①

【裁判规则】

案由是当事人诉讼请求所指向的法律关系。在案件中存在多个法律关系时，只有与诉讼请求在法律上、事实上有直接关联的法律关系才是案由所指向的对象。

【规则理解】

一、案由的概念及对审判的影响

（一）案由的概念

案由是案件名称的重要组成部分，反映了案件的主要的民事法律关系性质和当事人所争议的权利义务的主要内容。与案由概念有关的概念包括案件名称、诉讼请求、诉讼请求与理由、诉讼标的等，但是案由的概念与上述概念既有联系，又有区别。民事案由不是对案件所涉及的所有民事实体法律关系的反映，而是对双方争议的主要民事实体法律关系的反映，它往往用一个简练的词以提纲挈领、高度概括的方式，抽象出双方争议的主要民事实体法律关系。

（二）案由对审判的影响

民事案由制度是关于民事案由的一系列制度的总称，其中关于案由的确定制度是民事案由制度最重要的内容。所谓民事案由的确定，是指特定主体在特定时间，依据有关规定，按照特定原则、标准、方法，将某一特定案件的民事法律关系抽象后，确定出适合本案的特定案由。② 准确地确定民事诉讼案由，对于审判活动的顺利开展，具有极大促进意义：其一，便于各方当事人准确把握案件的法律关系性质以及各方所争议的权利义务内容。由于民事纠纷的复杂多样性和民事诉讼程序的特

① 《中华人民共和国最高人民法院公报》2011 年第 6 期。

② 宋旺兴："论民事案由确定制度的完善"，载《法律适用》2012 年第 2 期。

殊性，如何能够让当事人在众多的民事法律关系当中确定诉争案件的性质以及法律关系，关系到当事人诉讼权利的有效行使以及诉讼活动的顺利开展。通过案由的准确确定能够使得当事人简单明了地抓住案件的性质以及法律关系的类型，起到事半功倍的效果。其二，便于法官与当事人以及其他诉讼参与人在案件的定性以及诉讼的焦点问题上尽快达成共识，有利于当事人以及其他诉讼参与人围绕焦点问题开展诉讼活动，保障了当事人实质性的诉讼参与权。其三，能够有效约束法官的诉讼活动，防止突袭裁判。一般来说，法官应当根据已经确定的案由来指导监督审判活动和裁判案件，特别是在诉讼各方对案件的性质以及法律关系已经达成共识的情况下。如果裁判法官认为先前确定的案由不准确，亦应召集诉讼各方共同研究，重新确定案由以及案件的主要法律关系，而不能迳行做出突袭裁判。否则当事人针对此点提出上诉或者申请再审，上级法院得以审判程序违法予以纠正。

二、案由与案件所涉法律关系之间的关系

2011 年修改的《案由规定》规定："同一诉讼中涉及两个以上的法律关系的，应当依当事人诉争的法律关系的性质确定案由，均为诉争法律关系的，则按诉争的两个以上法律关系确定并列的两个案由。"从该条规定引发出，在案件中存在多个法律关系时，是否只有与诉讼请求在法律上、事实上直接关联的法律关系才是案由的问题。① 笔者认为，并不能将该条理解为与诉讼有关的所有法律关系都能据以确定案由，案由的确定还是应当依据当事人诉争的法律关系的性质来确定。以《最高人民法院公报》2011 年第 6 期刊登的"浙江省德清县上武汽车修理厂诉董艳峰损害赔偿纠纷案"为例，该案基本事实是，被告董艳峰的汽车在高速公路上出现故障，原告汽修厂接到交警队指令遂派其雇员梅建武、沈英浩前去修理，在修理过程中汽车轮胎发生爆炸，导致原告雇员梅建武死亡。原告在与死者梅建武的家属达成赔偿协议以后，诉求被告董艳峰承担侵权赔偿责任。诉讼过程中双方当事人为案由的确定发生争议，被告董艳峰认为其与原告汽修厂之间应属承揽合同关系，其应按

---

① 与之有关的案例请参考《最高人民法院公报》2011 年第 6 期"浙江省德清县上武汽车修理厂诉董艳峰损害赔偿纠纷案"。该公报案例在论述有关该案案由的确定时认为，"承揽合同纠纷作为合同纠纷的一种，主要追究当事人的违约责任，而雇员受害赔偿追偿纠纷属人身损害赔偿纠纷，主要追究当事人的侵权责任，两者各自隶属不同的责任性质。原告上武汽修厂员工为被告董艳峰车辆更换轮胎系修理合同法律关系，属于承揽合同法律关系。原告员工在修理过程中意外死亡，原告向其家属赔偿，属雇员受害赔偿性质，现向被告追偿，系雇员受害损害赔偿纠纷，隶属人身损害赔偿纠纷，不能以提起诉讼的前提是承揽合同，便认定该案为承揽合同纠纷。故本案案由为雇员受害赔偿追偿纠纷，被告认定本案案由应为承揽合同的意见不予采纳。"

合同关系承担违约责任，而不是按照侵权关系承担赔偿责任。

不可否认的是，双方当事人之间确实具有承揽合同关系，但是双方当事人所生纠纷并不是基于承揽合同的权利义务关系，而是基于汽修厂员工在修理过程中被告的汽车轮胎爆炸导致其死亡这一侵权责任关系。也就是说，双方当事人在承揽合同关系上并没有发生纠纷，发生纠纷的是因被告的汽车轮胎爆炸导致其雇员死亡这一侵权责任关系，侵权纠纷才是本案诉争的法律关系。

如何判断当事人诉争的法律关系呢？应当综合原告的诉求、理由以及案件的基本事实，一般来说，只有与诉讼请求在法律上、事实上有直接关联的法律关系才是据以确定案由的“诉争法律关系”。上例案例中，原告之所以提起该案诉讼，并非基于承揽合同关系的被告拖欠承揽费用或者其他有关的违约责任，而是由于被告的汽车轮胎爆炸导致其员工死亡、原告为此向死者家属进行赔偿这一侵权的法律关系，侵权法律关系才是与案件在法律上、事实上有直接关联的法律关系。而承揽合同并不是在法律上、事实上有直接关联的法律关系，因此不能据以确定案件的案由。

【拓展适用】

最高人民法院有关案由的司法解释规定解读

2001 年 1 月 1 日生效的《民事案件案由规定（试行）》［以下简称《案由规定（试行）》］，是最高人民法院第一次系统规定民事诉讼的案由。该《案由规定（试行）》不仅将民事案由种类规定为 4 部分、300 个具体种类，还第一次对确定案由做出了规定。按照该《案由规定（试行）》适用普通程序案件的案由，一般应当包括两部分：当事人诉争的法律关系及争议，如买卖合同质量纠纷，买卖合同为诉争的法律关系，争议则为质量纠纷。《案由规定（试行）》只列出当事人诉争的法律关系部分，当事人的争议部分则由受理法院根据当事人的具体争议确定。适用特别程序案件案由的确定，可以根据当事人的诉讼请求，直接表述。另外，《案由规定（试行）》规定，第一审法院立案时可根据当事人的起诉确定案由，起诉的法律关系与实际诉争的法律关系不符时，结案是以法庭查明的当事人之间实际存在的法律关系作为确定案由的依据，例如名为联营实为借贷的，定为借款纠纷。当事人在同一起诉中涉及不同法律关系的，如某一案件涉及主从合同关系的，根据主合同所涉及的法律关系确定案由。如果当事人仅因为从合同发生争议，按照从合同涉及的法律关系及当事人的争议确定案由，如担保合同纠纷。

在《案由规定（试行）》施行数年以后，最高人民法院于 2008 年制定出台了《案由规定》，2011 年再次进行了修改，使得案由制度的内涵得到进一步丰富和完善。《案由规定》进一步明确了以下方面的内容：

（一）案由的确定标准

鉴于具体案件中当事人的诉讼请求、争议的焦点可能有多个，争议的标的也可能是多个，为保证案由的高度概括和简洁明了，对民事案件案由的表述方式原则上确定为“法律关系性质”加“纠纷”，一般不再包含争议焦点、标的物、侵权方式等要素。但是，考虑到当事人诉争的民事法律关系的性质具有复杂性，为了更准确地体现诉争的民事法律关系和便于司法统计，在坚持以法律关系性质作为案由的确定标准的同时，对少部分案由也依据请求权、形成权或者确认之诉、形成之诉的标准进行确定，对少部分案由也包含争议焦点、标的物、侵权方式等要素。对适用民事特别程序等的特殊民事案件案由，则直接依据当事人的诉讼请求确定。

同时，法院不得将《案由规定》等同于《民事诉讼法》第 119 条规定的受理条件，不得以当事人的诉请在修改后的《案由规定》中没有相应案由可以适用为由，裁定不予受理或者驳回起诉，影响当事人行使诉权。

（二）编排体系

《案由规定》以民法理论对民事法律关系的分类为基础，以法律关系的内容即民事权利类型来编排体系，结合现行立法及审判实践，将侵权责任纠纷案由提升为第一级案由。将案由的编排体系重新划分为人格权纠纷，婚姻家庭继承纠纷，物权纠纷，合同、无因管理、不当得利纠纷，劳动争议与人事争议，知识产权与竞争纠纷，海事海商纠纷，与公司、证券、保险、票据等有关的民事纠纷，侵权责任纠纷，适用特殊程序案件案由，共十大部分，作为第一级案由。在第一级案由项下，细分为 43 类案由，作为第二级案由（以大写数字表示）；在第二级案由项下列出了 424 种案由，作为第三级案由（以阿拉伯数字表示），第三级案由是司法实践中最常见和广泛使用的案由。基于审判工作指导、调研和司法统计的需要，在部分第三级案由项下又列出了一些第四级案由（以阿拉伯数字加括号表示）。

总体说来，我国民事案由包括十大部分、四个层级，具体共 900 个案由。

（三）立案案由和结案案由

立案案由是立案法官在立案时，依据当事人在立案阶段所提供的材料所确定的案由。结案案由是经过实体审理后，法官根据法庭查明的事实所确定的案由。立案案由与结案案由一般是相符的，两者不一致时，以结案案由为准。第一审法院立案时应当根据当事人诉争法律关系的性质，结合《案由规定》来确定案由。如果当事人起诉的法律关系与实际诉争的法律关系不一致的，或者当事人在诉讼过程中增加或者变更诉讼请求导致当事人诉争的法律关系发生变更的，人民法院结案时应当根据法庭查明的当事人之间实际存在的法律关系的性质，相应变更案件案由。

（四）两个以上法律关系的案由确定

同一诉讼中涉及两个以上的法律关系的，应当依当事人诉争的法律关系的性质确定案由，均为诉争法律关系的，则按诉争的两个以上法律关系确定并列的两个案由。在此问题上，2011年《案由规定》修改时与2008年《案由规定》制定时的规定有了变化。2008年《案由规定》规定："同一诉讼中涉及两个以上的法律关系，属于主从关系的，人民法院应当以主法律关系确定案由，但当事人仅以从法律关系起诉的，则以从法律关系确定案由；不属于主从关系的，则以当事人诉争的法律关系确定案由，均为诉争法律关系的，则按诉争的两个以上法律关系确定并列的两个案由"。而在2011年修改时，删掉了"属于主从关系的，人民法院应当以主法律关系确定案由，但当事人仅以从法律关系起诉的，则以从法律关系确定案由"部分，也就是说，不再以具有主从性质的不同法律关系来确定案由。

【典型案例】

浙江省德清县上武汽车修理厂与董艳峰损害赔偿纠纷案

上诉人（原审原告）：浙江省德清县上武汽车修理厂。

被上诉人（原审被告）：董艳峰。

〔基本案情〕

原告浙江省德清县上武汽车修理厂（以下简称上武汽修厂）因与被告董艳峰发生损害赔偿纠纷，向浙江省湖州市吴兴区人民法院提起诉讼。

原告上武汽修厂诉称：2009年3月13日，被告董艳峰的雇员魏玉峰驾驶被告所有的欧曼重型半挂牵引车及牵引红旗重型普通半挂车，行驶至杭宁高速公路58KM + 600M处时，因严重超载导致该车轮胎发生故障，为此魏玉峰向浙江省公安厅高速公路交通警察中队湖州支队第二大队求助，原告接到该大队的指令，派原告雇员梅建武、沈英浩前往事故地抢修，在拆卸汽车外挡轮胎时，内挡轮胎内胎发生爆破，造成梅建武死亡的重大事故。后经有关部门鉴定，系被告汽车由于长时间超载，轮胎轮辋不合格，不能承受轮胎内的气压而爆炸，事故发生后，原告已对死者梅建武家属给予足额补偿。为维护自身的合法权益，请求法院判令：1. 被告立即赔偿原告359567元；2. 本案诉讼费用由被告承担。

原告上武汽修厂为支持其主张，提交了如下证据：

1. 驾驶员简要信息，证明被告董艳峰雇佣驾驶员身份情况。

2. 机动车行驶证，证明被告董艳峰所有车辆信息。

3. 尸体检验报告及死亡医学证明书，证明梅建武死亡原因及梅建武死亡的事实。

4. 赔偿协议，证明原告上武汽修厂对其雇员梅建武进行了赔偿，赔偿金额为39万元。

5. 身份信息情况，证明梅建武父母的情况以计算被抚养人生活费的依据。

6. 调查结论，证明事故发生的经过及被告董艳峰车辆超载的事实。

7. 鉴定报告，被告董艳峰车辆自身存在多项不符合国家强制标准，被告车辆轮胎气压过高导致爆炸，鉴定结论也予以证明，被告对梅建武的死亡承担主要责任。

8. 鉴定费发票，证明为鉴定事故轮胎所支付的鉴定费用。

被告董艳峰答辩称：1. 本案应为承揽合同纠纷，原告上武汽修厂提起诉讼的事实基础是承揽合同关系，原告雇员的死亡是承揽合同关系下一个不幸的结果。2. 原告存在过错。梅建武在没有经专业培训的情况下从事汽车维修业务，系无证上岗，原告亦没有提供与梅建武签订劳动合同并缴纳保险费用的证明，也未为其投保意外伤害保险，不能证明梅建武系原告雇员，因此原告无诉讼主体资格；被告的驾驶员曾告知梅建武轮胎卡槽处有裂痕，梅建武在没有放气减压的情况下对该车辆进行操作，严重违反操作规则，存在过错。3. 被告不应承担赔偿责任。根据《最高人民法院关于审理人身损害赔偿案件适用法律若干问题的解释》第十条的规定，承揽人在完成工作过程中对第三人造成损害或自身损害的，定作人不承担赔偿责任，但定作人对定作、指示或选任有过失的，应承担相应赔偿责任。就本案而言，被告不存在定作、指示、选任方面的过失；梅建武在没有具备专业知识的情况下，将未减压放气的事故轮胎拆卸下来，是造成本次事故的根本原因，非被告原因引起，故被告不应承担责任。4. 车辆超载与事故发生无因果关系。从交警队的询问笔录上看，轮胎是在梅建武用千斤顶将轮胎顶起后发生爆炸的，已顶离地面的轮胎不再承受车载重量，故与该车的超载没有任何关系。5. 原告没有相应证据证明已将赔偿款支付给梅建武家属，原告仅提供了赔偿协议，但未提供梅建武家属受到该赔偿款的证据，不能证明其已经履行了赔偿义务。6. 原告的赔偿计算依据混乱。综上，请求法院驳回原告的诉讼请求。

被告董艳峰为支持其答辩意见，提交了如下证据：

1. 原告上武汽修厂另一名雇员沈英浩的询问笔录，证明实施救助是因接到求救电话，说明双方是修理合同关系；证明被告董艳峰的驾驶员已告知原告方的维修人员钢圈裂了需要更换轮胎，被告方已经尽了故障告知义务；当时原告的修理人员已经用千斤顶将车顶起来，证明是否超载与事故的发生已经没有关系；原告方的施救人员在未放气减压的情况下卸下轮胎的螺丝，导致事故发生，原告方人员存在明显过错。

2. 德清县社会保险部门证明书，证明梅建武无社会保险记录，不确定梅建武确为原告公司员工。

3. 收款收据，证明发生事故后车辆停靠在原告上武汽修厂的停车场。

湖州市吴兴区人民法院一审查明：

2009 年 3 月 13 日被告董艳峰的欧曼重型半挂牵引车在高速公路上出现故障，原告上武汽修厂接到交警队指令遂派其雇员梅建武、沈英浩前去修理，在修理过程中轮胎发生爆炸，导致原告雇员梅建武死亡。事后，原告与死者梅建武的家属达成了赔偿协议。根据交警部门出具的询问笔录认定，梅建武未对故障轮胎进行放气减压，致使轮胎爆炸，直接导致梅建武死亡。后经浙江出入境检验检疫鉴定所鉴定，鉴定意见为车辆使用维护不当、严重超载、轮胎气压过高以及维修操作不当是造成轮胎爆炸的主要原因。

〔一审裁判理由与结果〕

本案一审的争议焦点是：一、本案的案由是承揽合同纠纷还是雇员损害赔偿纠纷，二、如何认定原被告双方在本案事故中的过错责任。

湖州市吴兴区人民法院一审认为：

承揽合同纠纷作为合同纠纷的一种，主要追究当事人的违约责任，而雇员受害赔偿追偿纠纷属人身损害赔偿纠纷，主要追究当事人的侵权责任，两者各自隶属不同的责任性质。原告上武汽修厂员工为被告董艳峰车辆更换轮胎系修理合同法律关系，属于承揽合同法律关系。原告员工在修理过程中意外死亡，原告向其家属赔偿，属雇员受害赔偿性质，现向被告追偿，系雇员受害损害赔偿纠纷，隶属人身损害赔偿纠纷，不能以提起诉讼的前提是承揽合同，便认定该案为承揽合同纠纷。故本案案由为雇员受害赔偿追偿纠纷，被告认定本案案由应为承揽合同的意见不予采纳。

关于原被告在事故中过错责任的认定，法院认为，首先，本案中轮胎爆炸与车辆超载无因果关系，车辆装载的货物重量经车辆的轮胎传至地面，当千斤顶在地上将轮胎顶离地面时，该轮胎所承受的重量已经由千斤顶负载传至地面，已顶离地面的轮胎不再承受车载重量，因此，原告上武汽修厂员工在为已顶离地面的轮胎拧松固定螺母时发生的轮胎爆炸致死，与被告董艳峰车辆装载的重量无因果关系。其次，更换受损车辆轮胎，只有先行对受损轮胎放气减压，才能拆卸轮胎并进行更换，上武汽修厂员工在明知轮胎损伤的情况下，未先行对轮胎放气减压，即拧松轮胎固定螺母进行拆卸，当最后一颗轮胎固定螺母被拧松时，受内侧轮胎内高气压的挤压，易破碎的轮胎钢圈不能承受其压力，遂发生轮胎爆炸。原告方员工未先行对受损轮胎放气减压即拆卸，是发生轮胎爆炸的原因，其行为显属违反操作程序，具有过错。董艳峰雇佣的驾驶员，对内侧轮胎钢圈破碎发生轮胎爆炸没有过错。根据《最高人民法院关于审理人身损害赔偿案件适用法律若干问题的解释》第十条的规定“承揽人在完成工作过程中对第三人造成损害或自身损害的，定作人不承担赔偿责任，但定作人对定作、指示或者选任有过失的，应当承担相应的赔偿责任。”本案中董艳峰无定作、指示或选任的过失，车辆是否超载与本案的轮胎爆炸不具有关联性，上武汽修厂以车辆超载、董艳峰所雇驾驶员有过错为由，要求董艳峰赔偿的请求法院不予支持。

据此，湖州市吴兴区人民法院根据《最高人民法院关于审理人身损害赔偿案件适用法律若干问题的解释》第十条、第十一条第一款、《中华人民共和国民事诉讼法》第六十四条之规定，于2009年12月25日判决：

驳回原告上武汽修厂的诉讼请求。

〔当事人上诉及答辩意见〕

上武汽修厂不服一审判决，向浙江省湖州市中级人民法院提起上诉，主要理由是：一审认定事实错误，因而无法作出正确的判决。一审法院在认定涉案事故发生原因时是根据浙江省出入境检验检疫鉴定所的鉴定报告，该鉴定报告对事故因果的分析相当明确，涉案车辆使用不当是前因亦是主要原因，同时该车辆有多项性能不符合国家强制标准，这些都是涉案事故发生的原因。该鉴定报告的结论是轮胎爆破原因是因为标的物车辆使用维护不当。而一审法院却将事故发生的主要原因套在上诉人身上，错误的判决上诉人承担本案的主要责任；即使退一步讲，如果错误的认定上诉人为主要责任，那么被上诉人董艳峰仍需要承担本案的次要责任并赔偿损失。一审判决适用法律错误，依照法律和司法解释的规定，雇员在从事雇佣活动遭受人身损害，雇主应当承担赔偿责任。雇佣关系以外的第三人造成雇员人身损害的，赔偿权利人可以请求第三人承担赔偿责任，也可以请求雇主承担赔偿责任。雇主承担赔偿责任后，可以向第三人追偿。本案中因被上诉人车辆本身存在轮胎爆炸的隐患，且该爆炸风险经鉴定其主要原因在被上诉人一方，是上诉人雇员作业以外的原因发生的事故，造成上诉人雇员的死亡，被上诉人应承担赔偿责任。综上，上武汽修厂认为一审判决认定主要事实错误，适用法律不当，请求撤销一审判决，改判支持上诉人的诉讼请求。

被上诉人董艳峰答辩称：上诉人上武汽修厂认为一审判决认定事实错误是没有依据的，涉案事故发生原因的认定是严格按照鉴定报告作出的，双方对于鉴定报告的真实性及合法性都没有异议，根据该鉴定报告分析可知本次事故是维修工操作不当造成，鉴定报告已经明确如果处置得当就可以避免人身伤亡事故，而本案恰恰是因为受害人没有上岗证，在操作时间没有按照操作规范操作才导致事故的发生。被上诉人的驾驶员已经将危险的情况告知受害人，并且在换轮胎之前用千斤顶把车辆顶离地面，此时气压的影响、车辆是否超载与事故的发生不具有关联性。综上，被上诉人认为其在本次事故中不存在过错。一审判决认定主要事实清楚，适用法律正确，上武汽修厂的上诉理由不成立，请求驳回上诉，维持原判。

〔二审查明的事实〕

二审中，上诉人上武汽修厂、被上诉人董艳峰均未提交新的证据。

湖州市中级人民法院经二审，确认了一审查明的事实。

〔二审裁判理由与结果〕

湖州市中级人民法院二审认为：

根据《最高人民法院关于审理人身损害赔偿案件适用法律若干问题的解释》第

十一条的规定“雇员在从事雇佣活动中遭受人身损害，雇主应当承担赔偿责任。雇佣关系以外的第三人造成雇员人身损害的，赔偿权利人可以请求第三人承担赔偿责任，也可以请求雇主承担赔偿责任。雇主承担赔偿责任后，可以向第三人追偿。”本案中上诉人上武汽修厂指派雇员梅建武、沈英浩前往高速公路对被上诉人董艳峰的车辆进行维修，在修理过程中因轮胎爆炸致梅建武死亡。现上武汽修厂向董艳峰追偿，应以确定雇员所受的人身损害是否因雇佣关系以外的第三人造成为基础，因此需对涉案事故的原因进行认定。对于涉案事故发生的主要原因，根据浙江出入境检验检疫鉴定所出具的鉴定报告，“维修操作不当造成人身伤亡是后果亦是关键因素”。同时，在本案中，董艳峰所雇佣的驾驶员魏玉峰在发现车辆故障后向浙江省公安厅高速公路交通警察部门求助，上武汽修厂雇员梅建武、沈英浩在修理时已明确轮胎损伤，根据《最高人民法院关于审理人身损害赔偿案件适用法律若干问题的解释》第十条的规定“承揽人在完成工作过程中对第三人造成损害或自身损害的，定作人不承担赔偿责任，但定作人对定作、指示或者选任有过失的，应当承担相应的赔偿责任。”董艳峰所雇佣的驾驶员魏玉峰已经尽到了妥善处理事故车辆、及时联系公安交警大队维修以及告知轮胎损伤的义务，不存在定作、指示或者选任上的过失。上武汽修厂主张轮胎爆炸系因涉案车辆使用不当且存在多处不符合国家相关强制标准导致，对此，法院认为，涉案车辆发生故障后，董艳峰雇佣的驾驶员魏玉峰停车寻求帮助，并采取适当措施予以预防，而上武汽修厂派员前往修理也是为了解决车辆故障，在其修理过程中，应查清原因，查勘故障状况，并采取有效措施避免修理过程中发生意外。现事故的发生与处置不当直接关联，与车辆受损原因无关。一审法院据此认定车辆是否超载与本案轮胎的爆炸不具有直接关联性，并无不当。对上武汽修厂的上诉主张，不予采信。

据此，湖州市中级人民法院依据《中华人民共和国民事诉讼法》第一百五十三条[①]第一款第（一）项之规定，于2010年3月25日判决：

驳回上诉，维持原判。

本判决为终审判决。

---

① 对应2012年《民事诉讼法》第170条。

第七章 级别管辖

规则9：在共同诉讼中，原告之一或者被告之一住所地不在本辖区内，属于当事人一方住所地不在本辖区

——赵子文与潘日阳财产侵权纠纷案①

【裁判规则】

原《最高人民法院关于调整高级人民法院和中级人民法院管辖第一审民商事案件标准的通知》（法发［2008］10号）中所称的“当事人一方住所地不在本辖区”，是指原告、被告中有一方当事人住所地不在本辖区。因第三人是参加他人之间的诉讼，故无论是有独立请求权的第三人还是无独立请求权的第三人，其住所地是否在本辖区不影响案件的管辖。2015年5月实施的《最高人民法院关于调整高级人民法院和中级人民法院管辖第一审民商事案件标准的通知》（法发［2015］7号）进一步明确以“当事人一方住所地不在受理法院所处省级行政辖区”作为判断级别管辖的主要标准。

【规则理解】

一、当事人一方住所地不在受理法院所处辖区作为级别管辖的依据

管辖制度是指确定法院之间受理民事案件分工和权限的制度。我国《民事诉讼法》规定的管辖主要包括：级别管辖、地域管辖、移送管辖和指定管辖。其中级别管辖是在纵向上对法院系统内部各级法院受理第一审民事案件的权限进行划分。《民事诉讼法》第17条至第20条的规定确立了我国民事诉讼级别管辖的基本制度，最高人民法院通过适时颁布的司法解释不断补充完善相关规定，初步形成了我国民事诉讼级别管辖的制度体系。其中，于2008年发布的《最高人民法院关于调整高级人民法院和中级人民法院管辖第一审民商事案件标准的通知》（以下简称《通

① 《中华人民共和国最高人民法院公报》2010年第7期，最高人民法院（2010）民一终字第17号民事裁定书。

知》）中，在以争议标的数额作为划分级别管辖的基本标准之外，还增加了“当事人一方住所地不在本辖区”的认定标准。该《通知》第1条规定，高级人民法院管辖下列第一审民商事案件：北京、上海、广东、江苏、浙江高级人民法院，可管辖诉讼标的额在2亿元以上的第一审民商事案件，以及诉讼标的额在1亿元以上且当事人一方住所地不在本辖区或者涉外、涉港澳台的第一审民商事案件。天津、重庆、山东、福建、湖北、湖南、河南、辽宁、吉林、黑龙江、广西、安徽、江西、四川、陕西、河北、山西、海南高级人民法院，可管辖诉讼标的额在1亿元以上的第一审民商事案件，以及诉讼标的额在5000万元以上且当事人一方住所地不在本辖区或者涉外、涉港澳台的第一审民商事案件。甘肃、贵州、新疆、内蒙古、云南高级人民法院和新疆生产建设兵团分院，可管辖诉讼标的额在5000万元以上的第一审民商事案件，以及诉讼标的额在2000万元以上且当事人一方住所地不在本辖区或者涉外、涉港澳台的第一审民商事案件。青海、宁夏、西藏高级人民法院可管辖诉讼标的额在2000万元以上的第一审民商事案件，以及诉讼标的额在1000万元以上且当事人一方住所地不在本辖区或者涉外、涉港澳台的第一审民商事案件。

2015年5月，《最高人民法院关于调整高级人民法院和中级人民法院管辖第一审民商事案件标准的通知》（法发［2015］7号，以下简称新《通知》）实施，取代了《通知》。新《通知》第1条规定，当事人住所地均在受理法院所处省级行政辖区的第一审民商事案件：北京、上海、江苏、浙江、广东高级人民法院，管辖诉讼标的额5亿元以上一审民商事案件，所辖中级人民法院管辖诉讼标的额1亿元以上一审民商事案件。天津、河北、山西、内蒙古、辽宁、安徽、福建、山东、河南、湖北、湖南、广西、海南、四川、重庆高级人民法院，管辖诉讼标的额3亿元以上一审民商事案件，所辖中级人民法院管辖诉讼标的额3000万元以上一审民商事案件。吉林、黑龙江、江西、云南、陕西、新疆高级人民法院和新疆生产建设兵团分院，管辖诉讼标的额2亿元以上一审民商事案件，所辖中级人民法院管辖诉讼标的额1000万元以上一审民商事案件。贵州、西藏、甘肃、青海、宁夏高级人民法院，管辖诉讼标的额1亿元以上一审民商事案件，所辖中级人民法院管辖诉讼标的额500万元以上一审民商事案件。新《通知》第2条规定，当事人一方住所地不在受理法院所处省级行政辖区的第一审民商事案件：北京、上海、江苏、浙江、广东高级人民法院，管辖诉讼标的额3亿元以上一审民商事案件，所辖中级人民法院管辖诉讼标的额5000万元以上一审民商事案件。天津、河北、山西、内蒙古、辽宁、安徽、福建、山东、河南、湖北、湖南、广西、海南、四川、重庆高级人民法院，管辖诉讼标的额1亿元以上一审民商事案件，所辖中级人民法院管辖诉讼标的额2000万元以上一审民商事案件。吉林、黑龙江、江西、云南、陕西、新疆高级人民法院和新疆生产建设兵团分院，管辖诉讼标的额5000万元以上一审民商事案件，所辖中级人民法院管辖诉讼标的额1000万元以上一审民商事案件。贵州、西藏、甘肃、青海、宁夏高级人民法院，管辖诉讼标的额2000万元以上一审民商事案件，所辖中级人民法院管辖诉讼标的额500万元以上一审民商事案件。

与《通知》相比，新《通知》有三项特点：一是采用当事人住所地是否在受理法院所处省级行政辖区作为确定级别管辖的主要标准，避免了对“辖区”的理解歧义，判断标准更加清晰，更具可操作性。二是技术上予以分层处理，对当事人一方住所地不在受理法院所处省级行政辖区的第一审民商事案件设置相对较低的诉讼标的额管辖标准；对当事人住所地均在受理法院所处省级行政辖区的第一审民商事案件设置相对较高的诉讼标的额管辖标准，从而实现部分跨辖区民事案件由高级人民法院提级审理的目的。三是根据经济发展及案件数量增长情况，提高了级别管辖标准，均衡各级人民法院的职能和工作负担，并使大部分民事案件纠纷化解在基层。

综上，当事人一方住所地或者各方住所地是否在受理法院所处省级辖区是确定级别管辖的主要标准，这有利于合理界定四级人民法院的职能分工，确保案件审理的公正性和高效性，同时也有助于从制度上防范因管辖问题产生的地方保护主义，因为该问题在审判实践中时有发生，社会各界对此反映强烈。此外，高级人民法院审理一定数量的跨辖区第一审民事案件，能够加强高级人民法院和最高人民法院在案件方面的指导和监督职能，保护当事人的合法民事权益，体现司法公正。

二、理解新《通知》“当事人住所地均在受理法院所处省级行政辖区”以及“当事人一方住所地不在受理法院所处省级行政辖区”应注意的问题

在理解新《通知》关于“当事人住所地均在受理法院所处省级行政辖区”以及“当事人一方住所地不在受理法院所处省级行政辖区”的概念时，应当注意以下几点：

第一，《民事诉讼法解释》第3条对“当事人住所地”的定义做了修改。该条规定，公民的住所地是指公民的户籍所在地，法人或者其他组织的住所地是指法人或者其他组织的主要办事机构所在地。法人或者其他组织的主要办事机构所在地不能确定的，法人或者其他组织的注册地或者登记地为住所地。该条根据《民事诉讼法》第21条的规定，并结合《民法通则》第39条、《公司法》第10条的规定，对《民事诉讼法意见》第4条做了修订，具体表现为三个方面：一是增加了对“其他组织”住所地的规定，充分考虑了依法成立的不具有法人资格的“其他组织”作出民事诉讼主体的情形。二是与《民法通则》第39条和《公司法》第10条保持一致，规定以主要办事机构所在地为住所地，直接摒弃了《民事诉讼法意见》“主要营业地”的规定；三是增加规定了不能确定主要办事机构所在地时，以法人或者其他组织的注册地或者登记地为住所地。审判实践中应当注意，一般情况下，法人或者其他组织的主要办事机构所在地与注册地、登记地应是重合的。以公司为例，《公司登记管理条例》第 12 条规定，公司的住所是公司主要办事机构所在地。经公司登记机关登记的公司的住所只能有一个。公司的住所应当在其公司登记机关辖区内。

第二，严格适用文义解释。“当事人住所地”以及“当事人一方住所地”中的“当事人”应做严格的文义解释，仅指原告或被告，不包括第三人，无论是有独立请求权的第三人还是无独立请求权的第三人。根据我国《民事诉讼法》第 56 条的规定，第三人是指对当事人争议的诉讼标的有独立的请求权，或者虽然没有独立请求权，但案件处理结果同他有法律上的利害关系，因而参加到当事人已经开始的民事诉讼中来进行诉讼的人。前者为有独立请求权的第三人；后者为无独立请求权的第三人。设置第三人制度的目的在于当一个具体的诉讼案件涉及第三方的权利或与其有利害关系，为了维护第三方的正当利益，允许其基于一定的法律理由参与诉讼。因此第三人诉讼又称诉讼参加，是第三人以保护自己的民事权益为目的，参加到他人已经开始的诉讼中去的一种诉讼行为。

《民事诉讼法解释》第 37 条规定：“案件受理后，受诉人民法院的管辖权不受当事人住所地、经常居住地变更的影响”，表明我国民事诉讼法实行管辖恒定原则。管辖恒定原则是指第一审法院对案件有无管辖权，以诉讼受理时为准，如受理诉讼时受案法院有管辖权，案件就自始至终由其管辖，其后情况变化，均不影响受诉法院的管辖权。否则，程序将无法保持安定。① 由于第三人是在诉讼开始后，参加他人之间的诉讼，根据管辖恒定原则，不应当将第三人住所地不在本辖区作为确定级别管辖的标准。因此，不论是有独立请求权的第三人还是无独立请求权的第三人不在受案法院辖区，均不影响受案法院的管辖权。

第三，部分特定类型案件不适用当事人住所地是否在受理法院辖区的判断标准。新《通知》规定了三类情形：一是于第 3 条规定，解放军军事法院管辖诉讼标的额 1 亿元以上一审民商事案件，大单位军事法院管辖诉讼标的额 2000 万元以上一审民商事案件。二是于第 4 条规定，婚姻、继承、家庭、物业服务、人身损害赔偿、名誉权、交通事故、劳动争议等案件，以及群体性纠纷案件，一般由基层人民法院管辖。三是新《通知》调整的级别管辖标准不涉及知识产权案件、海事海商案

① 陈桂明、李仕春：“程序安定论——以民事诉讼为对象的分析”，载《政法论坛》（中国政法大学学报）1999 年第 5 期。

件和涉外涉港澳台民商事案件。因此对于上述几类案件级别管辖的确定，不适用当事人住所地是否在受理法院辖区的判断标准。应予注意适用的相关司法解释及司法文件包括：《最高人民法院关于军事法院管辖民事案件若干问题的规定》（法释［2012］11号）、《最高人民法院关于调整地方各级人民法院管辖第一审知识产权民事案件标准的通知》（法发［2010］5号）、《最高人民法院关于北京、上海、广州知识产权法院案件管辖的规定》（法释［2014］12号）、最高人民法院《关于涉外民商事案件诉讼管辖若干问题的规定》（法释［2002］5号）《民事诉讼法解释》第2条“专利纠纷案件由知识产权法院、最高人民法院确定的中级人民法院和基层人民法院管辖。海事、海商案件由海事法院管辖”的规定等。

值得注意的是《最高人民法院关于调整地方各级人民法院管辖第一审知识产权民事案件标准的通知》第1条规定：“高级人民法院管辖诉讼标的额在2亿元以上的第一审知识产权民事案件，以及诉讼标的额在1亿元以上且当事人一方住所地不在其辖区或者涉外、涉港澳台的第一审知识产权民事案件”，也采用了“当事人一方住所地不在本辖区”作为辅助划分级别管辖的标准。

三、共同诉讼当事人住所地与级别管辖的关系

我国《民事诉讼法》第52条第1款规定：“当事人一方或者双方为二人以上，其诉讼标的是共同的，或者诉讼标的是同一种类、人民法院认为可以合并审理并经当事人同意的，为共同诉讼。”根据该条规定，共同诉讼分为必要共同诉讼和普通共同诉讼。必要共同诉讼的特点在于共同诉讼的一方当事人对诉讼标的有不可分的共同的权利义务。如其中一人不参加诉讼，争议的权利义务关系以及当事人之间的权利义务关系就难以确定，因此，人民法院发现必须共同诉讼的当事人没有参加诉讼的，应当追加其作为当事人参加诉讼。普通共同诉讼的特点在于当事人对诉讼标的没有共同的权利义务，因而是一种可分之诉，可以将它们作为各自独立的诉讼分别审理，也可以为了方便审理，对属于同一种类的诉讼标的，进行合并审理。

普通共同诉讼的合并审理必须符合四个条件：第一，共同的被告必须在一个人民法院的辖区内。如果某一被告不在该法院辖区内，该法院不能将其列为共同被告。第二，几个诉讼必须属于同一诉讼程序。属于不同诉讼程序审理的案件，例如有的属于普通程序审理的案件，有的属于简易程序或者特别程序审理的案件，不能合并审理。第三，当事人同意作为共同诉讼合并审理。第四，必须符合合并审理的目的，即合并审理后，可以简化程序，节省时间和费用。由上可见，普通共同诉讼本质上是单独之诉的结合，每个当事人都拥有完整的诉权权能和独立的诉讼地位，未经其同意，其诉权权能和诉讼地位不会因为其他共同诉讼当事人的诉讼行为而发生改变。据此，对于原告起诉多名位于不同辖区的被告，且属于普通共同诉讼的，不能因为其中一名被告的住所地不在本辖区，而对所有诉讼统一适用较高的级别管辖标准。人民法院应当告知原告分案起诉，并依据各诉讼的情况确定相应的管辖法院，防止产生原告利用普通共同诉讼的形式规避级别管辖规定从而损害被告程序权利的现象。①

【拓展适用】

一、我国民事诉讼级别管辖制度的立法情况及问题

（一）级别管辖的划分

《民事诉讼法》第二章第一节“级别管辖”针对四级法院的管辖案件范围分别作了如下规定：

1. 基层人民法院管辖的案件。《民事诉讼法》第 17 条规定：“基层人民法院管辖第一审民事案件，但本法另有规定的除外。”即除法律规定由中级人民法院、高级人民法院和最高人民法院管辖的第一审民事案件外，其余的第一审民事案件都由基层人民法院管辖。另外，适用特别程序、督促程序、公示催告程序等审理的非讼案件，一律由基层人民法院管辖。

2. 中级人民法院管辖的案件。《民事诉讼法》第 18 条规定：“中级人民法院管辖下列第一审民事案件：（一）重大涉外案件；（二）在本辖区有重大影响的案件；（三）最高人民法院确定由中级人民法院管辖的案件。”

3. 高级人民法院管辖的案件。《民事诉讼法》第 19 条规定：“高级人民法院管辖在本辖区有重大影响的第一审民事案件。”

4. 最高人民法院管辖的案件。《民事诉讼法》第 20 条规定：“最高人民法院管辖下列第一审民事案件：（一）在全国有重大影响的案件；（二）认为应当由本院审理的案件。”

（二）级别管辖存在的问题

级别管辖方面存在的主要问题有：一是我国民事诉讼法划分级别管辖的标准所

---

① 该问题比较复杂，例如其他被告和原告均属于同一辖区，应该由辖区法院审理，但原告多选择了一名不在本辖区的被告则符合提级审理的条件，被告对合并共同诉讼没有异议，但仅提出管辖权异议，认为不应提级审理，此时如何处理？再如被告均不表示异议的情况下，法院要不要主动审查？按照级别管辖司法解释，法院必须主动审查。又如原告选择一名与案件无争议的被告进行起诉，依照现在的惯常做法，法院在管辖权异议阶段不审查被告的适格性，这些问题都留待实体审理阶段解决，所以造成了原告制度性规避管辖标准的很多问题，这些问题需要未来进一步加以完善。

采用的“三结合”方法，即结合案件性质、繁简程度、影响范围确定级别管辖，理论上讲是周密的，但可操作性还有待加强，尤其是一般案件与特殊类型案件的界定标准不够清晰，相关司法解释及司法文件相对分散，容易造成实践中掌握尺度不一的情形。二是诉讼标的额较大的案件和当事人跨地区案件产生问题较多。例如中、基层人民法院违反级别管辖标准，越级受理本应由上级法院管辖的案件。[①] 三是长期以来，级别管辖视为法院内部分工问题，对当事人级别管辖异议不作书面裁定，对当事人程序权利的保障力度不够。

二、我国民事诉讼级别管辖制度的完善

为进一步明晰级别管辖标准，考虑到诉讼标的数额大小基本能反映出案件的影响大小及难易程度，也可以避免各级法院在确定级别管辖时带有过浓的主观因素，司法实践中逐步确立了以争议标的数额作为划分级别管辖主要标准的原则。[②] 2015年，最高人民法院结合不同区域的最新经济发展状况和司法审判实践经验，发布了《最高人民法院关于调整高级人民法院和中级人民法院管辖第一审民商事案件标准的通知》，对中、高级法院的受案范围做了明确划分。新《通知》第5条规定，对重大疑难、新类型和在适用法律上有普遍意义的案件，可以依照《民事诉讼法》第38条的规定，由上级人民法院自行决定由其审理，或者根据下级人民法院报请决定由其审理，为特定案件的管辖权“上调性转移”提供了依据。

司法实践中，还逐步形成了一类特殊的级别管辖，即以案件的性质和类型确定管辖。例如《最高人民法院关于涉外民商事案件诉讼管辖若干问题的规定》对建立涉外民商事案件集中管辖制度作出了明确的规定，即第一审涉外民商事案件由国务院批准设立的经济技术开发区人民法院；省会、自治区首府、直辖市所在地的中级人民法院；经济特区、计划单列市中级人民法院；最高人民法院指定的其他中级人民法院和高级人民法院管辖。上述中级人民法院的区域管辖范围由所在地的高级人民法院确定。《最高人民法院关于审理证券市场因虚假陈述引发的民事赔偿案件的若干规定》规定，虚假陈述证券民事赔偿案件，由省、直辖市、自治区人民政府所在的市、计划单列市和经济特区中级人民法院管辖。投资人对多个被告提起证券民事赔偿诉讼的，按下列原则确定管辖：（一）由发行人或者上市公司所在地有管辖

① 刘学文等：“《最高人民法院关于审理民事级别管辖异议案件若干问题的规定》解读”，载《法律适用》2010年第1期。

② 最早统一制定级别管辖标准的司法文件是《最高人民法院关于各高级人民法院受理第一审民事、经济纠纷案件问题的通知》，该文件已为2013年4月8日《最高人民法院关于废止1997年7月1日至2011年12月31日期间发布的部分司法解释和司法解释性质文件（第十批）的决定》废止。

权的中级人民法院管辖。但有该规定第10条第2款规定的情形除外。（二）对发行人或者上市公司以外的虚假陈述行为人提起的诉讼，由被告所在地有管辖权的中级人民法院管辖。（三）仅以自然人为被告提起的诉讼，由被告所在地有管辖权的中级人民法院管辖。此外，知识产权案件、仲裁司法审查案件、破产案件等也均有其相应的管辖规定。

2009年11月，最高人民法院发布《关于审理民事级别管辖异议案件若干问题的规定》[①]，从保障级别管辖异议权的程序权利，规范上下级法院之间管辖权的转移入手，将民事案件级别管辖异议的行政化处理模式改革为诉讼化模式，进一步完善了我国民事诉讼级别管辖的制度体系。该司法解释规定，人民法院对被告在法定期间提出的管辖权异议以裁定方式进行处理；对人民法院就级别管辖异议作出的裁定，当事人享有上诉权；受诉法院发现其没有级别管辖权应当依职权移送等，对于保障当事人诉讼权利、合理分配司法资源、促进司法公正起到了极大的保证和促进作用。

2015年2月施行《民事诉讼法解释》，其中对《民事诉讼法意见》的级别管辖规定作出如下三项修订：

一是修改了"重大涉外案件"的定义。《民事诉讼法解释》第1条规定："民事诉讼法第十八条第一项规定的重大涉外案件，包括争议标的额大的案件、案情复杂的案件、或者一方当事人人数众多等具有重大影响的案件。"只要求当事人一方人数众多，不再实行《民事诉讼法意见》第1条"居住在国外的当事人人数众多"的要求。

二是《民事诉讼法解释》第2条规定，"专利纠纷案件由知识产权法院、最高人民法院确定的中级人民法院和基层人民法院管辖。海事、海商案件由海事法院管辖。"即增加了基层人民法院可以管辖专利纠纷案件和知识产权法院的相关职能规定。修改依据为于2015年修改的《最高人民法院关于审理专利纠纷案件适用法律问题的若干规定》（法释［2015］4号）规定的"最高人民法院根据实际情况，可以指定基层人民法院管辖第一审专利案件"、全国人大常委会2014年8月31日通过的《关于在北京、上海、广州设立知识产权法院的决定》以及《最高人民法院关于北京、上海、广州知识产权法院案件管辖的规定》（法释［2014］12号）。

三是《民事诉讼法解释》删除了《民事诉讼法意见》第3条"各省、自治区、直辖市高级人民法院可以依照民事诉讼法第18条第2项、第19条的规定，从本地实际情况出发，根据案情繁简、诉讼标的金额大小、在当地的影响等情况，对本辖

---

① 最高人民法院法释［2009］17号。

区内一审案件的级别管辖提出意见，报最高人民法院批准”的规定，从而增强了级别管辖标准在全国范围适用的普遍性、统一性和稳定性。

三、级别管辖异议案件审查中应注意的问题

（一）在管辖权异议裁定作出之前，原告申请撤回起诉的处理

根据《最高人民法院关于审理民事级别管辖异议案件若干问题的规定》第2条规定，“在管辖权异议裁定作出前，原告申请撤回起诉，受诉人民法院作出准予撤回起诉裁定的，对管辖权异议不再审查，并在裁定书中一并写明。”从上述规定，可以看出，受诉法院无管辖权的，原则上应裁定将案件移送有管辖权的法院审理。由于目前人民法院在移送案件问题上存在诸多问题，特别是拖延的情况比较严重，在实际操作中，法院在作出移送管辖裁定前，可以主动询问当事人是否申请撤诉，原告申请撤诉的，法院准许后，对管辖异议就不必再作进一步审理。

（二）答辩期间届满后，原告增加诉讼请求金额，被告提出管辖权异议的处理

《民事诉讼法》第127条规定：“人民法院受理案件后，当事人对管辖权有异议的，应当在提交答辩状期间提出。人民法院对当事人提出的异议，应当审查。异议成立的，裁定将案件移送有管辖权的人民法院；异议不成立的，裁定驳回。当事人未提出管辖异议，并应诉答辩的，视为受诉人民法院有管辖权，但违反级别管辖和专属管辖规定的除外。”同时，该法第51条规定：“原告可以放弃或者变更诉讼请求。被告可以承认或者反驳诉讼请求，有权提起反诉。”这就有可能出现被告在答辩期间届满后，原告增加诉讼请求标的额的情形。对此情形，可以依据《最高人民法院关于执行级别管辖规定几个问题的批复》[①] 第2条的规定：“当事人在诉讼中增加诉讼请求从而加大诉讼标的额，致使诉讼标的额超过受诉法院级别管辖权限的，一般不再予以变动。但是当事人故意规避有关级别管辖等规定的除外。”此处应当注意的是当事人“故意规避”有关级别管辖等规定的理解。为平衡好当事人之间的利益，防止原告利用被告在答辩期间没有提出管辖异议，来规避管辖异议制度，《最高人民法院关于审理民事级别管辖异议案件若干问题的规定》第3条规定：“提交答辩状期间届满后，原告增加诉讼请求金额致使案件标的额超过受诉人民法院级别管辖标准，被告提出管辖权异议，请求由上级人民法院管辖的，人民法院应当按照本规定第一条审查并作出裁定。”而该规定第1条明确规定，“被告在提交答辩状期间提出管辖权异议，认为受诉人民法院违反级别管辖规定，案件应当由上级人民法院或者下级人民法院管辖的，受诉人民法院应当审查，并在受理异议之日起

---

① 最高人民法院法复［1996］5号。

十五日内作出裁定：（一）异议不成立的，裁定驳回；（二）异议成立的，裁定移送有管辖权的人民法院。”这说明允许被告在特定情形下，即使在答辩期间届满后仍然可以提出管辖权异议。在司法实践中应当注意两点：一是无需考虑原告增加诉讼请求数额是否存在“故意规避”的问题，只要原告增加诉讼请求金额致使案件标的额超过受诉人民法院级别管辖标准，被告即可有权提出管辖权异议。二是被告提出级别管辖权异议的时间应当与原告增加诉讼请求金额的时间相对应。法律规定原告在庭审结束前有权增加诉讼请求，只要原告增加诉讼请求金额致使案件标的额超过受诉人民法院级别管辖标准，被告即可根据上述规定及时提出管辖权异议。

（三）解除合同之诉中诉讼标的额的认定

司法实践中，时常出现当事人之间就所订立的合同都没有实际履行，当事人提出诉讼后，仅起诉解除合同，并未提出具体的诉讼请求金额，这种情况下，如何确定标的额，有观点认为可依据合同标的额来确定；有观点认为，应以其具体的诉讼请求金额来确定；还有的观点认为，这类案件没有标的额，可以按非财产案件来确定。我们认为，根据《最高人民法院关于执行级别管辖规定几个问题的批复》第1条规定：“在当事人双方或一方全部没有履行合同义务的情况下，发生纠纷起诉至法院的，如当事人在诉讼请求中明确要求全部履行合同的，应以合同总金额加上其他请求金额作为诉讼标的金额，并据以确定级别管辖；如当事人在诉讼请求中要求解除合同的，应以其具体的诉讼请求数额来确定诉讼标的额，并据以确定级别管辖。”因此，人民法院审理此类案件时，应根据合同标的额，确定级别管辖。

【典型案例】

赵子文与潘日阳财产侵权纠纷案

上诉人（一审被告）：潘日阳，住所地：内蒙古自治区呼和浩特市。

被上诉人（一审原告）：赵子文，住所地：山西省大同市。

〔基本案情〕

上诉人潘日阳为与被上诉人赵子文财产侵权纠纷一案，不服陕西省高级人民法院（2009）陕民一初字第2号民事裁定，向最高人民法院提起上诉。最高人民法院依法组成合议庭对本案进行了审理。本案现已审理终结。

〔一审裁判理由与结果〕

一审法院认为，本案诉讼标的额在5000万元，双方当事人住所地均不在陕西地区，本案是否属于本院管辖的第一审民商事案件是双方当事人争议的焦点问题。根据《最高人民法院关于调整高级人民法院和中级人民法院管辖第一审民商事案件标准的通知》（法发［2008］10号）第一条第二款规定，该院可管辖诉讼标的额在1亿元以上的第一审民商事案件，以及诉讼标的额在5000万元以上且当事人一方住所地不在本辖区或者涉外、涉港澳台的第一审民商事案件。该条款的第二个案件管辖标准，既排除了可能存在的地方保护的因素，在一定程度上亦减少了当事人的诉讼成本，体现了司法的公正性。但对该条款中“且当事人一方住所地不在本辖区”，不能单纯地理解为只有一方当事人不在本辖区的情形，因为该条并未排除当事人双方均不在本辖区的情形。当事人双方住所地均不在本辖区的诉讼标的额在5000万元以上的民商事案件由该院审理，更有利于摆脱地方保护主义的影响。另，赵子文曾以法人名义就同一法律事实将潘日阳诉至该院，该院曾对此案进行过审理，结合本案实际情况，由该院审理此案更有利于查明案件事实，提高司法效率，依法保护当事人双方的合法权益，实现司法公正。综上，潘日阳要求将本案移送到榆林市中级人民法院审理的管辖权异议不能成立。依照《中华人民共和国民事诉讼法》第三十八条①的规定，裁定驳回潘日阳对本案管辖权提出的异议。

〔当事人上诉及答辩意见〕

潘日阳不服一审裁定，向本院上诉称：一审裁定对《最高人民法院关于调整高级人民法院和中级人民法院管辖第一审民商事案件标准的通知》（法发［2008］10号）的解释不符合立法的本意。“诉讼标的额在5000万元以上且当事人一方住所地不在本辖区”的含义应当是当事人一方住所地不在本辖区而另一方住所地在本辖区，不包括当事人双方均不在本辖区的情形。故请求本院依法撤销一审裁定，裁定本案由陕西省榆林市中级人民法院审理。

赵子文未提交书面答辩意见。

〔最高人民法院裁判理由与结果〕

本院认为，本案是当事人不服高级人民法院就级别管辖异议裁定而提起的上诉，根据《最高人民法院关于审理民事级别管辖异议案件若干问题的规定》第八条的规定，本院应当依法审理并作出裁定。《最高人民法院关于调整高级人民法院和中级人民法院管辖第一审民商事案件标准的通知》（法发［2008］10号）中所称的“当事人一方住所地不在本辖区”，是指原告或者被告一方当事人住所地不在本辖区，不包括原告、被告双方住所地均不在本辖区的情形。原告、被告双方住所地均不在本辖区的，应当仅按照诉讼标的额标准来确定级别管辖法院。在共同诉讼场合，原告之一或者被告之一住所地不在本辖区的，应当属于“当事人一方住所地不在本辖区”的情形。对于第三人住所地不在本辖区的，无论是有独立请求权的第三人还是无独立请求权的第三人，由于是参加他人之间的诉讼，故基于原被告管辖利益的衡量，不应列为“当事人一方住所地不在本辖区”的情形。本案诉讼标的额在5000万元以上，但当事人双方住所地均不在本辖区，根据《最高人民法院关于审理民事级别管

① 对应2012年《民事诉讼法》第127条。

辖异议案件若干问题的规定》第一条的规定，陕西省高级人民法院对本案无管辖权，应移送有管辖权的人民法院审理。因诉称的侵权行为地在陕西省神木县，陕西省高级人民法院应将本案移送陕西省榆林市中级人民法院审理。

综上，原审裁定认为陕西省高级人民法院对本案具有管辖权错误，应予纠正。上诉人提出的撤销原审裁定、将本案移送陕西省榆林市中级人民法院审理的上诉请求成立，应予支持。根据《中华人民共和国民事诉讼法》第三十八条、第一百五十三条①第一款第（二）项、第一百五十四条②的规定，裁定如下：

一、撤销陕西省高级人民法院（2009）陕民一初字第2号民事裁定；

二、陕西省高级人民法院将本案移送陕西省榆林市中级人民法院审理。

本裁定为终审裁定。

① 对应2012年《民事诉讼法》第170条。

② 对应2012年《民事诉讼法》第171条。

第八章 协议管辖

规则 10：双方当事人协议可向各自住所地人民法院起诉的约定，实质是选择原告住所地法院管辖

——宁夏秦毅实业集团有限公司与阿拉山口欣克有限责任公司买卖合同纠纷案①

【裁判规则】

根据《民事诉讼法》和《民事诉讼法解释》的规定，双方当事人协议约定可向各自住所地人民法院起诉的案件，任何一方提起诉讼且为其住所地法院立案受理后，另一方要求其住所地人民法院重复立案或将案件移送其住所地人民法院的，应予驳回。

【规则理解】

一、协议管辖条件的把握

协议管辖又称合意管辖或者约定管辖，是指双方当事人在纠纷发生之前或发生之后，以协议的方式选择解决他们之间纠纷的管辖法院。协议管辖制度是当事人合同自由和意思自治原则由私法领域向诉讼领域渗透的结果。在法院管辖权确定上，是否承认协议管辖以及在多大范围认可协议管辖的效力，往往是一国民事诉讼法是否开明、便利的体现。2007 年《民事诉讼法》第 25 条规定："合同的双方当事人可以在书面合同中协议选择被告住所地、合同履行地、合同签订地、原告住所地、标的物所在地人民法院管辖，但不得违反本法对级别管辖和专属管辖的规定。"2012 年《民事诉讼法》将该条进行修改，即第 34 条："合同或者其他财产权益纠纷的当事人可以书面协议选择被告住所地、合同履行地、合同签订地、原告住所地、标的物所在地等与争议有实际联系的地点的人民法院管辖，但不得违反本法对级别管辖和专属管辖的规定。"根据该条规定，明示的协议管辖必须符合以下条件：

① 《中华人民共和国最高人民法院公报》2005 年第 8 期，最高人民法院（2005）民二终字第 94 号民事裁定书。

（一）适用于合同纠纷或其他财产权益纠纷案件

协议管辖仅适用于一审合同纠纷或者其他财产权益纠纷案件。上诉和再审案件管辖根据审级制度确定，当事人无权协议变更。2012年《民事诉讼法》修改增加的“其他财产权益纠纷”是一个不确定的法律概念，其涵盖范围非常广泛，应理解为包括物权、知识产权等财产权纠纷以及因侵害人格权而产生的财产赔偿纠纷，但不包括婚姻解除、宣告失踪、宣告死亡等纯身份纠纷和人事纠纷。

（二）当事人协议选择管辖法院必须符合法律规定的连接点

2012年《民事诉讼法》修改不仅保留了旧法原有的被告住所地、合同履行地、合同签订地、原告住所地、标的物所在地五个可供选择的法院，还增加了“与争议有实际联系的地点的人民法院”这样的弹性选择标准，因此，当事人协议选择管辖法院的范围大大拓宽。由于“与争议有实际联系”也不是一个确定的法律概念，其强调的是以上五个连接点之外与争议有某种客观外在的实际联系的地点。例如，当事人争议的是合同附随义务的履行，而该义务的履行地既不是合同的主要履行地，也不是其他四个法律明确列举的可供选择的地点，但当事人协议选择由该地法院管辖，此时可以适用“与争议有实际联系”的弹性连接点，确认协议管辖的效力。具体如何认定协议管辖法院与争议具有“实际联系”，还需要法院在司法实践中摸索归纳。

（三）必须以书面形式明确选择管辖

《民事诉讼法解释》第29条规定：“民事诉讼法第三十四条规定的书面协议，包括书面合同中的协议管辖条款或者诉讼前以书面形式达成的选择管辖的协议”。书面协议可以采取合同书的形式，包括书面合同中的协议管辖条款，也可以采取信件和数据电文（包括电报、电传、传真、电子数据交换和电子邮件）等可以有形地表现当事人双方协议选择管辖法院意思表示的形式。口头协议无效。并且，书面协议应当是在诉讼受理前达成的，如果一方起诉后法院已经受理，双方并没有选择管辖法院的书面协议的，此时受诉人民法院的管辖权应当依照法律的规定来确定，不受当事人事后达成的管辖协议的影响，这是维护程序安定的需要。

（四）根据管辖协议能够确定具体管辖法院

《民事诉讼法意见》第24条规定，合同的双方当事人选择管辖的协议不明确或者选择《民事诉讼法》第25条（即2012年《民事诉讼法》第34条）规定的人民法院中的两个以上人民法院管辖的，选择管辖的协议无效，依照《民事诉讼法》第24条（即2012年《民事诉讼法》第23条）一般地域管辖的规定）确定管辖法院。《民事诉讼法解释》第30条对《民事诉讼法意见》第24条进行了修改，不再要求选择管辖的法院必须是确定、单一的，体现了充分尊重当事人意思自治的原则，避免轻易因约定不明确而认定管辖协议无效的情形发生。该条规定：“根据管辖协议，起诉时能够确定管辖法院的，从其约定；不能确定的，依照民事诉讼法的相关规定确定管辖。管辖协议约定两个以上与争议有实际联系的地点的人民法院管辖，原告可以向其中一个人民法院起诉。”因此，即使当事人约定管辖法院不够明确，但只要根据管辖协议约定的地域能够确定具体管辖法院的，管辖协议仍应按有效处理。例如当事人仅约定某一地域的法院，表明当事人愿意在该法院所在地诉讼，此时可以结合级别管辖确定具体的管辖法院，如果有多个法院符合级别管辖标准又均与争议具有实际联系的，则按照先受理原则处理。

（五）协议管辖不得违反级别管辖和专属管辖的规定

《最高人民法院关于审理民事级别管辖异议案件若干问题的规定》第 10 条规定：“经最高人民法院批准的第一审民事案件级别管辖标准的规定，应当作为审理民事级别管辖异议案件的依据。”因此，对于当事人协议在某地法院管辖，该地法院受案后发现违反级别管辖标准的，应当依照《民事诉讼法》第 36 条的规定，移送该地符合级别管辖标准的有管辖权的人民法院。

我国民事诉讼法的专属管辖主要包括因不动产、港口作业、继承遗产发生纠纷而提起的诉讼。协议管辖违反专属管辖的，该协议无效，应当按照民事诉讼法关于专属管辖的规定确定管辖法院。根据《民事诉讼法》第 33 条规定，因不动产纠纷提起的诉讼，由不动产所在地人民法院管辖；因港口作业中发生纠纷提起的诉讼，由港口所在地人民法院管辖；因继承遗产纠纷提起的诉讼，由被继承人死亡时住所地或者主要遗产所在地人民法院管辖。需要注意的是，不动产纠纷应理解为不动产物权纠纷及相邻关系纠纷，例如，因不动产的所有权、使用权、占有等发生纠纷而引起的诉讼，以及相邻不动产之间因通行、通风、采光等相邻关系发生争议引起的诉讼。法律规定由不动产所在地法人民法院专属管辖，便于勘验现场、调查收集证据以及裁判的执行。对于合作开发房地产合同、建设工程施工合同、房屋租赁合同、房屋买卖合同、物业管理合同等合同纠纷，不属于专属管辖的范围。此外，由于《民事诉讼法》第 34 条仅要求协议管辖不违反有关级别管辖和专属管辖的规定，因此，民事诉讼法关于一般地域管辖和特殊地域管辖的规定不构成对协议管辖的限制。

二、管辖协议中约定管辖法院的确定

对于协议管辖所选择法院的确定性问题，根据《民事诉讼法意见》第 24 条规定，约定管辖法院的意思表示本身及其语言表达不仅必须是明确的，同时当事人只能在被告住所地、合同履行地、合同签订地、原告住所地、标的物所在地人民法院中选择一个人民法院管辖。如果选择两个以上法院，当事人又不能协商一致由哪个法院管辖的，则管辖协议无效。也即是说，当事人选择管辖法院必须是特定唯一的。

然而，不得选择两个以上法院的要求在实践中过于严苛，既不利于贯彻当事人意思自治原则，没有体现协议管辖制度立法价值，也不利于司法实践中管辖协议争议的解决。在《最高人民法院关于合同双方当事人协议约定发生纠纷各自可向所在地人民法院起诉如何确定管辖的复函》[①] 中，针对四川省高级人民法院的请示问题答复认为，合同双方当事人约定发生纠纷各自可向所在地人民法院起诉，该约定可认为是选择由原告住所地人民法院管辖，如不违反有关级别管辖和专属管辖的规定，则该约定应为有效。若当事人已分别向所在地人民法院提起诉讼，则应由先立案的人民法院管辖；若立案时间难以分清先后，则应由两地人民法院协商解决；协商解决不了的，由它们的共同上级人民法院指定管辖。在《最高人民法院关于吴江市益佰纺织有限公司与龙口市玲楠服装有限责任公司买卖合同纠纷管辖争议案指定管辖的通知》[②] 中，针对江苏高院和山东高院请示的管辖争议问题，答复认为：买卖合同约定纠纷在起诉方法院起诉解决，根据《最高人民法院关于合同双方当事人协议约定发生纠纷各自可向所在地人民法院起诉如何确定管辖的复函》的规定，该约定有效。由于两地法院受理的案件属于基于同一法律事实和法律关系引起纠纷的案件，且受理时间相同，双方当事人起诉时间的先后顺序无法确定，因此，本案可依据双方当事人约定的合同履行地点确定管辖。故该案指定由山东省龙口市人民法院管辖。从司法实践的做法看，当事人选择两个以上法院可能造成的平行管辖或称共同管辖的困境，可以通过《民事诉讼法》第 35 条规定的先受诉法院管辖原则予以解决，不应机械认定协议管辖法院的明确性要求。

本案对所涉管辖协议的处理，充分尊重当事人意思自治原则，在说理部分指出，根据《民事诉讼法意见》第 33 条的规定，任何一方提起诉讼且为其住所地法院立案受理后，另一方住所地的人民法院便不得再重复立案，从而排斥了另一方住所地人民法院的管辖，因此，当事人协议选择各自所在地人民法院管辖的实质就是选择原告住所地人民法院管辖。本案的裁判要旨强调约定的管辖法院必须是确定的，但并不要求当事人必须事先约定唯一的、具体的管辖法院，具体管辖法院可以结合起诉行为确定。从当事人意愿看，管辖协议约定“可向各自住所地人民法院起诉”，意味着当事人愿意将纠纷提交其中任一法院管辖，且以“起诉行为优先”作为最终确定管辖法院的条件。从法院行使管辖权的法律依据看，《民事诉讼法》第

---

① 最高人民法院法经［1994］307 号。

② 最高人民法院［2005］民立他字第 26 号。

35 条规定："两个以上人民法院都有管辖权的诉讼，原告可以向其中一个人民法院起诉；原告向两个以上有管辖权的人民法院起诉的，由最先立案的人民法院管辖"，由此确立了先受诉法院管辖的原则。因此，当事人约定可向各自住所地人民法院起诉，并不会造成不同法院就同一案件产生管辖权冲突。本案的延伸意义在于，不仅是当事人约定可向各自住所地法院起诉的管辖协议，而且对于当事人约定多个可供选择法院管辖的协议，由于我国民事诉讼法已经确立了先受诉法院管辖原则，协议的该项约定实际赋予了原告选择权，原告可以选择其中一个法院起诉，该法院受理后据此享有管辖权，同时排除了后受理法院再根据管辖协议受理的可能性，此时约定的管辖法院仍然是明确的。综上，不能简单以当事人约定两个以上人民法院管辖，就认定管辖协议无效。本案对管辖协议的处理原则为《民事诉讼法解释》第 30 条所吸收，即明确管辖协议可以约定两个以上与争议有实际联系地点的人民法院管辖，原告可以向其中一个人民法院起诉。如果双方当事人依据管辖协议分别向不同的法院起诉，则根据先受诉法院管辖原则由先受理的法院取得管辖权。

三、对原告住所地的理解

《民事诉讼法》第 48 条规定，公民、法人和其他组织可以作为民事诉讼的当事人。公民通常是指具有一个国家国籍，并根据该国的宪法和法律规定享有权利并承担义务的人。法人是指具有民事权利能力和民事行为能力，依法独立享有民事权利和承担民事义务的组织。其他组织是指合法成立，有一定的组织机构和财产，但又不具备法人资格的组织。

《民事诉讼法解释》第 3 条规定："公民的住所地是指公民的户籍所在地，法人或者其他组织的住所地是指法人或者其他组织的主要办事机构所在地。法人或者其他组织的主要办事机构所在地不能确定的，法人或者其他组织的注册地或登记地为住所地。"

司法实践中，经常就法人登记注册地、主要营业地和主要办事机构所在地的理解发生争议。我国《民法通则》规定的法人有企业法人、机关法人、事业单位法人和社会团体法人，其中企业法人由《中华人民共和国企业法人登记管理条例》和《中华人民共和国公司登记管理条例》规范。《民法通则》第 50 条规定："有独立经费的机关从成立之日起，具有法人资格。具备法人条件的事业单位、社会团体，依法不需要办理法人登记的，从成立之日起，具有法人资格；依法需要办理法人登记的，经核准登记，取得法人资格。"根据《中华人民共和国企业法人登记管理条例》第 9 条的规定，企业法人登记注册的主要事项包括企业法人名称、住所、经营场所、法定代表人、经济性质、经营范围、经营方式、注册资金、从业人数、经营期限、分支机构。根据《中华人民共和国公司登记管理条例》第 9 条和第 12 条的规定，公司住所是公司的必要登记事项，公司的住所是公司主要办事机构所在地，经公司登记机关登记的公司的住所只能有一个，公司的住所应当在其公司登记机关辖区内。第 29 条第 1 款规定："公司变更住所的，应当在迁入新住所前申请变更登记，并提交新住所使用证明。"根据上述规定，公司法人的住所地是唯一的，系经登记注册的主要办事机构所在地，并登记在公司法人营业执照上。如其登记注册后，在营业过程中实际变更了住所地，但未办理变更登记的，仍应当按登记注册的住所地确定。《民事诉讼法意见》第 4 条规定主要营业地为法人住所地，容易产生法人如同自然人一样具有迁徙自由且不受公司管理机关住所地登记限制的错误理解，故《民事诉讼法解释》第 3 条直接摒弃了《民事诉讼法意见》"主要营业地"的规定。

《民事诉讼法解释》第 52 条规定，《民事诉讼法》第 48 条规定的其他组织是指合法成立、有一定的组织机构和财产，但又不具备法人资格的组织，包括：（1）依法登记领取营业执照的个人独资企业；（2）依法登记领取营业执照的合伙企业；（3）依法登记领取我国营业执照的中外合作经营企业、外资企业；（4）依法成立的社会团体的分支机构、代表机构；（5）依法设立并领取营业执照的法人的分支机构；（6）依法设立并领取营业执照的商业银行、政策性银行和非银行金融机构的分支机构；（7）经依法登记领取营业执照的乡镇企业、街道企业；（8）其他符合本条规定条件的组织。《中华人民共和国企业法人登记管理条例》和《中华人民共和国公司登记管理条例》均要求分支机构和分公司办理营业场所的登记。因此，对于上述符合民事诉讼法其他组织条件的当事人，其住所地应为登记注册的营业场所。

《民事诉讼法解释》新增了管辖协议约定的当事人住所地发生变更的规定，第 32 条规定："管辖协议约定由一方当事人住所地人民法院管辖，协议签订后当事人住所地变更的，由签订管辖协议时的住所地人民法院管辖，但当事人另有约定的除外"，目的在于保护当事人的合同预期，杜绝当事人通过改变住所地规避管辖协议情形的发生。

【拓展适用】

一、新旧民事诉讼法有关协议管辖规定的变化

2012 年《民事诉讼法》对协议管辖制度有较大修改，改变了以往受到理论界诟病的国内涉外分别立法的格局，删除了 2007 年《民事诉讼法》第 242 条、第 243 条有关涉外民事诉讼协议管辖的规定，建立了统一适用于国内民事诉讼和涉外民事诉讼的协议管辖制度，标志着我国协议管辖制度的进步和完善。① 与旧《民事诉讼法》相比，协议管辖制度主要有以下变化：第一，当事人可以适用协议管辖案件的范围扩大，从原来仅限于合同纠纷，扩大到合同以外的其他财产权益纠纷；第二，可以选择的法院的范围有所增加，增加了“等与争议有实际联系的地点的人民法院”的弹性选择条款，意味着除了法律明确列举的五个地点的法院外，当事人在不违反级别管辖和专属管辖的前提下，还可以选择其他法院，只要该法院与本案的争议有实际联系；第三，协议管辖的类别拓宽。完整的协议管辖制度既包括明示的协议管辖又包括默示的协议管辖。原先国内民事诉讼中只有明示协议管辖，而涉外民事诉讼中既有明示协议管辖又有默示协议管辖，现在的协议管辖制度统一包含了两种协议管辖的类别。但是从立法技术上看，默示协议管辖规定于现行《民事诉讼法》第十二章“第一审普通程序”第二节“审理前的准备”的第127条，不适当地将默示协议管辖作为管辖权异议的组成部分，立法体例的编排上不尽合理，使得协议管辖制度的形式整体性受到一定影响。

二、默示协议管辖的把握

《民事诉讼法》第127条第2款规定：“当事人未提出管辖异议，并应诉答辩的，视为受诉人民法院有管辖权，但违反级别管辖和专属管辖规定的除外。”该条间接确认了国内民事诉讼适用默示协议管辖又称应诉管辖的做法。应诉管辖体现了“程序保障下的自我归责”的正当程序原则，立法在保障被告积极提出管辖权异议权利的同时，也赋予其以不应诉答辩方式消极地不同意法院管辖的权利。但是，如果被告不提出管辖异议，且积极应诉答辩，则被告在该诉讼程序中的特定行为构成对法院管辖权的同意，其事后不得再推翻之前的诉讼行为，以法院没有管辖权否定程序的正当性。绝大部分国家民事诉讼都规定了应诉管辖制度，除了要求不违反专属管辖的规定外，并无特殊限制。例如，德国民事诉讼法第39条规定，一审程序中，被告不主张管辖错误而进行本案的言辞辩论时，也可以发生管辖权。日本民事诉讼法第12条规定，被告在一审不提出违反管辖的抗辩而对本案进行辩论或者在辩论准备程序中不提出违反管辖而进行陈述时，该法院拥有管辖权。可见，立法承认应诉管辖，一方面充分尊重了当事人对管辖法院的选择合意，另一方面也能够节约司法资源，维护程序安定和社会关系的稳定。

对于《民事诉讼法》第127条第2款应诉管辖在司法实践中的理解和适用，主要需要把握两点：一是应诉管辖必须符合消极放弃管辖权异议和积极应诉答辩两项

---

① 李浩：“民事诉讼管辖制度的新发展——对管辖修订的评析与研究”，载《法学家》2012年第4期。

要件，缺一不可。如被告在答辩期内提出管辖权异议同时又对实体内容进行答辩和陈述的，表明其未放弃管辖权异议的权利，此时应认定已经提出有效的管辖权异议，不构成应诉管辖。二是应诉答辩必须是诉讼过程中的积极行为，包括被告出庭、就实体内容进行答辩和陈述、提出反诉等诉讼行为，不包括被告既未书面答辩又缺席出庭的消极行为。对于法院是否负有将自己无管辖权的情况告知被告的释明义务，有学者认为，法院有告知的义务，很多被告由于法律知识的欠缺或者其他原因而没有提出管辖异议，这样实际上原被告之间并没有默示的管辖协议甚至根本不存在任何合意，法院也就没有管辖权。但若法院告知被告自己并没有管辖权的情况后，被告仍然同意由该法院审理，那么就可以认为法院因当事人的协议获得了管辖权。这也是对当事人诉讼程序权利的保障。①《民事诉讼法》第124条第4项规定，“对不属于本院管辖的案件，告知原告向有管辖权的人民法院起诉”，并未规定法院对被告有该释明义务。被告作为管辖权异议权利人，是自身利益的最佳判断者。无论其是否提出管辖权异议，均推定为其是在知悉法律相应规定的情况下做出的。否则，管辖权异议制度和应诉答辩制度都将成为职权主义而非当事人主义的产物，不仅会浪费司法资源，而且将导致不诚信的当事人拖延诉讼，损害诉讼效率。

【典型案例】

宁夏秦毅实业集团有限公司与阿拉山口欣克有限责任公司买卖合同纠纷案

上诉人（原审被告）：宁夏秦毅实业集团有限公司。住所地：宁夏回族自治区中宁县城北街。

法定代表人：秦军，该公司总经理。

被上诉人（原审原告）：阿拉山口欣克有限责任公司。住所地：新疆维吾尔自治区阿拉山口准噶尔路。

法定代表人：宋导成，该公司董事长。

〔基本案情〕

上诉人宁夏秦毅实业集团有限公司（以下简称宁夏秦毅公司）为与被上诉人阿拉山口欣克有限责任公司（以下简称阿拉山口公司）买卖合同纠纷一案，不服新疆维吾尔自治区高级人民法院（2005）新民二初字第8－2号民事裁定，向本院提起上诉。本院依法组成由审判员周帆担任审判长，代理审判员贾纬、沙玲参加的合议庭进行了审理，书记员袁红霞担任记录。本案现已审理终结。

查明：阿拉山口公司据以提起本案诉讼的两份协议书分别载明：合同执行中如发生纠纷，双方应友好协商解决，若协商不成，双方可向各自住所地人民法院起诉。

---

① 王福华：“协议管辖制度的进步与局限”，载《法律科学》2012年第6期。

原审期间，宁夏秦毅公司提出管辖权异议，认为上述有关协议管辖的约定违反了《最高人民法院关于适用〈中华人民共和国民事诉讼法〉若干问题的意见》第24条①的规定，应当认定无效，请求将本案移送到作为合同履行地和被告所在地的宁夏回族自治区高级人民法院处理。新疆维吾尔自治区高级人民法院经审查认为，根据最高人民法院《关于合同双方当事人协议约定发生纠纷各自可向所在地人民法院起诉如何确定管辖权的复函》的规定，双方合同中有关协议管辖的约定有效，应以此确定本案管辖，该院遂依照《中华人民共和国民事诉讼法》第三十八条②的规定，裁定驳回宁夏秦毅公司的管辖权异议。

〔当事人上诉及答辩意见〕

宁夏秦毅公司不服新疆维吾尔自治区高级人民法院的上述民事裁定，向本院提起上诉称：原审将最高人民法院的复函作为确定本案管辖权的依据属适用法律不当；根据《最高人民法院关于适用〈中华人民共和国民事诉讼法〉若干问题的意见》第24条的规定，应当认定本案合同中关于“双方可向各自所在地人民法院起诉”的约定无效。请求将本案移送宁夏回族自治区高级人民法院管辖。

〔最高人民法院裁判理由与结果〕

本院经审查认为，按照本案合同中有关“合同在执行中如发生纠纷，双方可向各自住所地人民法院起诉”的约定，虽然双方均有权提起诉讼，其住所地的人民法院亦分别享有管辖权，但根据《最高人民法院关于适用〈中华人民共和国民事诉讼法〉若干问题的意见》第33条③的规定，任何一方提起诉讼且为其住所地法院立案受理后，另一方住所地的人民法院便不得再重复立案，从而排斥了另一方住所地人民法院的管辖。故该项约定的实质是选择原告住所地人民法院管辖。该项约定不但不属于“选择民事诉讼法第二十五条规定的人民法院中的两个以上人民法院管辖”的情况，而且完全符合民事诉讼法有关协议管辖的规定，应当认定有效并据以确定本案的管辖。原审裁定驳回宁夏秦毅公司的管辖权异议根据充分，适用法律正确，应予维持；宁夏秦毅公司的上诉理由均不成立，对其关于将本案移送宁夏回族自治区高级人民法院管辖的请求应予驳回。本院依照《中华人民共和国民事诉讼法》第二十五条、第一百五十四条④的规定，裁定如下：

驳回上诉，维持原裁定。

二审案件受理费50元，由宁夏秦毅实业集团有限公司负担。

本裁定为终审裁定。

---

① 对应《民事诉讼法解释》第30条

② 对应2012年《民事诉讼法》第127条。

③ 对应《民事诉讼法解释》第36条。

④ 对应2012年《民事诉讼法》第34、171条。

规则11：涉外合同和财产权益纠纷的当事人对于协议选择管辖法院条款的效力，应当依据法院地法的规定进行判断，与争议民事关系的准据法所属国的法律规定无关

——山东聚丰网络有限公司与韩国MGAME公司、天津风云网络技术有限公司网络游戏代理及许可合同纠纷管辖权异议案①

【裁判规则】

涉外民事关系的当事人协议选择适用法律与协议选择管辖法院是两个截然不同的法律行为，应当根据相关法律规定分别判断其效力。对于协议选择管辖法院条款的效力，应当依据我国民事诉讼法的规定进行判断，与准据法所属国的法律规定无关。民事诉讼法关于“可以书面协议选择被告住所地、合同履行地、合同签订地、原告住所地、标的物所在地等与争议有实际联系的地点的人民法院管辖”的规定属于授权性规范，而非指示性规范，即按照我国现行法律规定，对于涉外合同或者涉外财产权益纠纷案件当事人协议选择管辖法院的问题，仍应当坚持书面形式和实际联系原则。

【规则理解】

一、涉外民事关系中“涉外性”的认定

随着我国改革开放的深入发展和开放型经济水平的不断提高，社会生活在各方面与世界各国的联系和交往越来越密切，由此产生的涉外民事争议并提交至我国法院诉讼的数量相应呈上升趋势。在我国领域内进行的含有涉外因素的民事诉讼，称为涉外民事诉讼，《民事诉讼法》第四编“涉外民事诉讼程序的特别规定”，对涉外民事诉讼做了专编规定。《民事诉讼法解释》第522条规定：“有下列情形之一，人民法院可以认定为涉外民事案件：（一）当事人一方或者双方是外国人、无国籍人、外国企业或者组织的；（二）当事人一方或者双方的经常居所地在中华人民共和国领域外的；（三）标的物在中华人民共和国领域外的；（四）产生、变更或者消灭民事关系的法律事实发生在中华人民共和国领域外的；（五）可以认定为涉外民事案件的其他情形。”按照上述规定，判断某一案件是否为涉外民事案件，主要

---

① 《中华人民共和国最高人民法院公报》2010年第3期，最高人民法院（2009）民三终字第4号民事裁定书。

从主体、客体、法律事实三个方面进行综合考察，确定争议民事关系是否具有涉外因素。具体而言：

（一）主体标准

涉外民事法律关系的主体，包括自然人、法人，还包括能独立承担民事责任的其他组织。就自然人而言，如该自然人具有外国国籍，或者无国籍，则具有涉外因素。就法人或其他组织而言，我国对法人及其他组织国籍的确定，采登记地主义。《公司法》第191条规定："本法所称外国公司是指依照外国法律在中国境外设立的公司。"《民法通则》第41条第2款规定："在中华人民共和国领域内设立的中外合资经营企业、中外合作经营企业和外商独资企业，具备法人条件的，依法经工商行政管理机关核准登记，取得中国法人资格。"因此，如该法人或其他组织在外国登记成立，则属于外国法人，具有涉外因素。

值得注意的是，《涉外民事关系法律适用法》在多个条款中均将"经常居所地"规定为民事法律关系主体的重要连结点，不再仅仅强调"国籍"这一连结点。例如该法第11条规定："自然人的民事权利能力，适用经常居所地法律。"第14条规定："法人及其分支机构的民事权利能力、民事行为能力、组织机构、股东权利义务等事项，适用登记地法律。法人的主营业地与登记地不一致的，可以适用主营业地法律。法人的经常居所地，为其主营业地。"在《最高人民法院关于适用〈中华人民共和国涉外民事关系法律适用法〉若干问题的解释（一）》[①] 关于第1条涉外民事关系的界定中增加了"经常居所地"的连结点，规定当事人一方或双方的经常居所地在中华人民共和国领域外，人民法院可以认定为涉外民事关系。该司法解释第15条规定："自然人在涉外民事关系产生或者变更、终止时已经连续居住一年以上且作为其生活中心的地方，人民法院可以认定为涉外民事关系法律适用法规定的自然人的经常居所地，但就医、劳务派遣、公务等情形除外。"为此，在理解主体标准时，不仅要考察当事人的国籍，还需考察当事人的经常居所地，只要两项中有一项涉外因素，就可以认定为涉外民事案件。[②]

（二）客体标准

民事案件涉及的标的物在国外的，为涉外民事案件。例如法定继承人提起的遗产争议案件的当事人均为我国公民，但是所争议的被继承人的遗产在国外，则该民

---

① 最高人民法院法释［2012］24号。

② 高晓力："《关于适用〈中华人民共和国涉外民事关系法律适用法〉若干问题的解释（一）》的理解和适用"，载万鄂湘主编：《涉外商事海事审判指导》，人民法院出版社2013年版，第64页。

事案件具有涉外因素。再如，某股权转让合同的双方当事人均为我国公民，但是争议标的物系外国公司的股权，该民事案件也因标的物位于我国领域外而具有了涉外因素。

（三）法律事实标准

当民事案件所涉当事人、争议标的物都在国内，但与争议法律关系有关的法律事实的发生、变更、消灭都发生在我国领域外，也构成涉外民事案件。较为典型的是国际航线运营过程中发生的侵权损害赔偿纠纷。乘客和航空公司均为我国当事人，但侵权行为发生在我国领域外，该民事案件因产生争议法律关系的法律事实发生地具有涉外因素，应认定为涉外民事案件。

需要注意的是，《民事诉讼法解释》第 522 条根据《最高人民法院关于适用〈中华人民共和国涉外民事关系法律适用法〉若干问题的解释（一）》第 1 条的规定，增加了涉外性认定的兜底条款，即“可以认定为涉外民事案件的其他情形”。主要是考虑到“涉外”是一个发展中的、具有弹性的概念，有必要赋予法官一定的裁量权，结合个案具体情况，在实践中予以探索和发展。如涉案争议在“涉外民事关系构成三要素”之外，包含了与争议有足够强度联系的涉外因素，法官可以酌情裁量认定构成涉外民事关系的其他情形。

综上所述，在“涉外民事关系构成三要素”和兜底情形中，只要有一个方面具有涉外性，该民事案件即为涉外民事案件。在实践中，主体、客体和法律事实三要素并不是完全孤立和截然分开的，有时可能几个要素同时涉外，有时则是部分涉外。审判实践中，应注意避免仅依据主体是否具有涉外因素来判断某一案件是否为涉外民事案件的简单思路。

二、把握涉外民事案件的程序法与准据法关系应注意的问题

诉讼程序问题适用法院地法，是古老的国际私法规则。早在国际私法产生之时，意大利的一些法学家就主张将法律区分为程序法和实体法，并认定诉讼程序问题的法律适用一概受“场所支配行为”原则的支配，只能适用法院地法的程序规则。这一理论沿袭至今，民事诉讼程序适用法院地国家的法律已经成为国际上公认的一条准则。此外，支持诉讼程序适用法院地法的理论根据还包括效力预先排除说和方便说。前者认为程序法属于公法，公法不具有域外效力，因此，民事诉讼领域不适用或基本不适用外国的诉讼规范；后者认为外国程序法的适用将给诉讼带来不便，称为方便说。①

---

① 李双元主编：《国际民商事诉讼程序导论》，人民法院出版社 2004 年版，第 12 页。

《民事诉讼法》第259条规定："在中华人民共和国领域内进行涉外民事诉讼，适用本编规定。本编没有规定的，适用本法其他有关规定。"这一规定表明我国坚持诉讼程序适用法院地法的立场，即在我国领域内进行的涉外民事诉讼程序，适用我国民事诉讼法的规定。

涉外民事诉讼程序问题主要包括外国人的民事诉讼地位、涉外民事案件的管辖、涉外民事案件的审理语言、涉外送达、涉外民事诉讼中的期间、涉外民事诉讼中的证据、外国法院判决的承认与执行、涉外仲裁的司法监督、外国仲裁裁决的承认与执行等。审判实践中应注意以下几点：

（一）正确理解涉外民事诉讼程序的特别规定和民事诉讼法一般规定之间的关系

根据《民事诉讼法》第259条的规定，对于涉外民事诉讼程序所涉的问题，首先应当适用第四编涉外民事诉讼程序的特别规定。在第四编中未作规定的，则应当适用民事诉讼法其他各编的相关规定。以涉案协议管辖问题为例，2012年修改前的《民事诉讼法》第242条规定："涉外合同或者涉外财产权益纠纷的当事人，可以用书面协议选择与争议有实际联系的地点的法院管辖。选择中华人民共和国人民法院法院管辖的，不得违反本法关于级别管辖和专属管辖的规定。"但在2012年《民事诉讼法》修改过程中，删除了该条规定，这并不意味着在涉外民事诉讼协议管辖的问题上放弃了书面形式和实际联系原则。恰恰相反，因为涉外民事诉讼协议管辖的主体较无涉外因素民事诉讼协议管辖的主体更广一些，除涉外合同纠纷的当事人外，涉外财产权益纠纷的当事人也可以协议选择管辖法院。因此，在《民事诉讼法》修改过程中统一了国内和涉外民事诉讼中协议管辖的范围，通过该法第34条做了一般原则的规定。《民事诉讼法》第34条规定："合同或者其他财产权益纠纷的当事人可以书面协议选择被告住所地、合同履行地、合同签订地、原告住所地、标的物所在地等与争议有实际联系的地点的人民法院管辖，但不得违反本法对级别管辖和专属管辖的规定。"① 因此，对于涉外合同或者涉外财产权益纠纷案件当事人协议选择管辖法院的问题，应当适用《民事诉讼法》第34条的一般规定，仍应坚持书面形式和实际联系的管辖条款效力认定标准，不能因为在第四编中没有特别规定就简单认定我国法律对于涉外民事纠纷的协议管辖问题没有强制性要求。

（二）涉外民事诉讼的程序法和涉外民事关系准据法是两个完全不同的范畴，不可以相互混淆

法院受理涉外民事案件后，即依据法院地法律启动涉外民事诉讼程序。只有当

① 该条中使用"人民法院"一词属于立法技术上的瑕疵，应当修改为"法院"，即包括涉外合同或其他财产权益纠纷协议选择的境外法院。

法院依据法院地法律确定对涉外民事案件具有管辖权并对案件进行实体审理时，才涉及确定准据法的问题。准据法是指某一涉外民事关系应当适用的某一特定国家的规范当事人之间权利义务关系的实体法。与涉外民事诉讼程序适用法院地法的单一化规则不同的是，确定涉外民事关系所适用的准据法有一整套系统而复杂的规则，这套规则称为法律选择规范、冲突规范，或涉外民事关系法律适用法。《涉外民事关系法律适用法》规定了一系列的法律选择规范，既有总则性质的一般规定，又有对如何确定民事主体、婚姻家庭、继承、物权、债权、知识产权等涉外民事关系准据法做的具体规定。值得注意的是，《涉外民事关系法律适用法》本身并不直接规定实体法的内容，它只规定选择准据法的原则。例如该法第 41 条对于合同准据法的一般规定是："当事人可以协议选择合同适用的法律。当事人没有选择的，适用履行义务最能体现该合同特征的一方当事人经常居所地法律或者其他与该合同有最密切联系的法律。"该条确定准据法的原则是当事人意思自治和最密切联系原则。该法第 49 条规定："当事人可以协议选择知识产权转让和许可使用适用的法律。当事人没有选择的，适用本法对合同的有关规定"，同样也是依照当事人意思自治原则确定准据法。再如该法第 42 条规定："消费者合同，适用消费者经常居所地法律；消费者选择适用商品、服务提供地法律或者经营者在消费者经常居所地没有从事相关经营活动的，适用商品、服务提供地法律"，该条对消费者合同规定了特殊的法律选择规则，仅赋予消费者有限的单方选择法律的权利，突出对消费者利益的倾斜保护。综上，由于涉外民事关系会因不同国家的法律调整同一权利义务关系而产生相互之间的法律冲突，因而需要通过法律选择规范即冲突规范确定涉外民事关系应当适用哪一国家的法律，从而调整这种法律冲突。而在涉外民事诉讼程序问题上没有法律冲突可言，应直接适用法院地法。

（三）涉外民事关系的当事人协议选择适用法律与协议选择管辖法院是两个截然不同的法律行为，应当根据相关法律规定分别判断其效力

对于协议选择管辖法院条款的效力，应当依据我国《民事诉讼法》的规定进行判断，与准据法所属国的法律规定无关。本案中，当事人在许可协议第 21 条中约定："本协议应当受中国法律管辖并根据中国法律解释。由本协议产生或与本协议相关的所有争议应当在新加坡最终解决，且所有由本协议产生的争议应当接受新加坡的司法管辖。"该条包括了两部分的约定，一是协议选择适用法律条款；二是协议选择管辖法院条款。对前者而言，由于我国法律允许当事人协议选择知识产权许可合同的准据法，当事人在协议中约定适用中国法律的条款是有效的，因此讼争协议的准据法为我国法律。对后者而言，根据诉讼程序适用法院地法的原则，应当直接适用我国民事诉讼法判断管辖协议的效力。本案中，一审法院认为双方协议选择

中国法律为合同准据法，因此协议管辖条款也必须符合选择的准据法即中国法律的有关规定，对诉讼程序法律适用的理解是错误的，二审法院予以了纠正。涉案应当直接根据我国《民事诉讼法》第 34 条的规定①确定协议选择法院管辖条款是否有效。即使当事人在协议中约定受新加坡法律管辖并根据新加坡法律解释，争议接受新加坡的司法管辖，对于协议选择管辖法院条款的效力，仍应当依据我国民事诉讼法的规定进行判断，与当事人约定的合同准据法所属国新加坡的法律无关。

三、理解协议管辖应当注意的问题

协议管辖，又称约定管辖，是指双方当事人在纠纷发生之前或发生之后，以合意方式约定解决纠纷的管辖法院。协议管辖是当事人意思自治原则在民事诉讼领域的延伸和体现，有助于实现当事人双方诉讼机会的均等。《民事诉讼法》第 34 条规定："合同或者其他财产权益纠纷的当事人可以书面协议选择被告住所地、合同履行地、合同签订地、原告住所地、标的物所在地等与争议有实际联系的地点的人民法院管辖，但不得违反本法对级别管辖和专属管辖的规定。"该条款确立了协议管辖须符合书面形式和实际联系要件的原则。对该条款的理解应当把握如下几点：

（一）协议管辖只适用于合同纠纷和其他财产权益纠纷，不包括纯身份关系的纠纷

对于身份关系不适用协议管辖，如离婚纠纷。《民事诉讼法解释》第 12 条至第 17 条专门规定了离婚纠纷的管辖问题，不适用协议管辖原则。第 12 条规定，夫妻一方离开住所地超过一年，另一方起诉离婚的案件，可以由原告住所地人民法院管辖。夫妻双方离开住所地超过一年，一方起诉离婚的案件，由被告经常居住地人民法院管辖；没有经常居住地的，由原告起诉时被告居住地人民法院管辖。第 15 条规定，中国公民一方居住在国外，一方居住在国内，不论哪一方向人民法院提起离婚诉讼，国内一方住所地人民法院都有权管辖。国外一方在居住国法院起诉，国内一方向人民法院起诉的，受诉人民法院有权管辖。需要注意的是，《民事诉讼法解释》第 34 条规定了身份关系解除后有关的财产争议，适用协议管辖的规定。该条规定："当事人因同居或者在解除婚姻、收养关系后发生财产争议，约定管辖的，可以适用民事诉讼法第三十四条规定确定管辖。"例如婚姻关系解除后单独就财产分割问题发生的争议，以及同居财产纠纷，允许当事人约定协议管辖，符合《民事诉讼法》第 34 条的规定，也有利于减少管辖冲突。

---

① 与 2007 年《民事诉讼法》第 242 条内容基本相同。

（二）协议管辖不仅包括了授权性规范，同时也包括了义务性规范

按照法律规范所设定的行为模式的不同，法律规范可以分为授权性规范和义务性规范两种。授权性规范指规定主体可为或可不为一定行为，以及要求其他主体为一定行为或不得为一定行为的规范。授权性规范是主体享有法定权利的依据，其代表的是一种有选择的指引，由主体自行选择是否行使授权性规范所赋予的权利。义务性规范指规定主体应当为一定行为或不为一定行为的规范。义务性规范具有强制性，不具有可选择性，主体对自己的法定义务只能履行而不能拒绝，其代表的是一种确定的指引。从立法的意图来说，授权性规范和义务性规范分别代表的两种指引中所包含的两种法律后果都是促使人们行为时所考虑的因素。不同的是，就确定的指引来说，法律的目的在于防止人们作出违反法律指引的行为，而就有选择的指引来说，法律的目的一般是鼓励人们，至少是容许人们从事法律所指示的行为。

《民事诉讼法》第 34 条规定合同或者其他财产权益纠纷的当事人可以协议选择管辖法院的部分，代表的是一种有选择的指引，其目的是允许当事人对特定纠纷享有选择管辖法院的权利，故属于授权性规范。该条同时又规定当事人协议选择管辖法院的行为必须符合一定的方式，即满足书面形式和实际联系两项要件，并且不得违反民事诉讼法对级别管辖和专属管辖的强制性规定，其代表的是一种确定性指引，该部分内容属于义务性规范。因此，对于当事人协议选择法院管辖条款的，人民法院应当审查是否符合法律规定的条件，对于满足法定条件的协议管辖法院条款，承认该条款的效力，并产生排除其他法院管辖的肯定性法律后果。对于不符合法定条件的协议管辖法院条款，则应当否定该条款的效力。

（三）协议管辖必须采用书面形式

协议管辖的形式要件就是书面形式。当事人必须以书面合同的形式选择管辖法院，以口头协议约定管辖法院的条款无效。书面合同可以是就协议选择管辖法院达成的单独书面协议，也可以是书面合同中的协议选择管辖法院条款。《合同法》第 11 条规定，书面形式是指合同书、信件和数据电文（包括电报、电传、传真、电子数据交换和电子邮件）等可以有形地表现所载内容的形式。由于人民法院确定管辖以当事人起诉时的条件为准，故选择管辖的协议必须在诉讼前达成才有效，因此《民事诉讼法解释》第 29 条规定："民事诉讼法第三十四条规定的书面协议，包括书面合同中的协议管辖条款或者诉讼前以书面形式达成的选择管辖的协议。"

（四）协议管辖法院的范围仅限于与争议有实际联系的地点的法院

在确定协议管辖法院的范围时，应当注意两点：第一，《民事诉讼法》第 34 条统一了国内和涉外民事诉讼协议管辖的适用范围，即对于国内民事诉讼协议管辖可选择的法院放宽了要求，增加规定当事人可以协议选择"等与争议有实际联系的地

点”的人民法院管辖，扩大了可以协议选择管辖法院的范围。因此，如果当事人协议选择在被告住所地、合同履行地、合同签订地、原告住所地、标的物所在地之外的与争议具有实际联系的地点的人民法院管辖，例如原告经常居住地、被告经常居住地、侵权行为地等地法院的，可以认定该约定有效。《最高人民法院关于当事人在合同中协议选择管辖法院问题的复函》[①] 规定，如果当事人约定选择《民事诉讼法》第25条[②]列举以外的人民法院管辖的，因其超出法律规定的范围，应认定该约定无效，该复函所依据的民事诉讼法条文已经做了修改，故复函不应再予以适用。第二，“实际联系”原则仍然是对可以选择管辖法院的范围做的一种必要限制。当事人协议选择了与争议没有实际联系的地点的法院管辖的，因其超出法律授权的范围，仍然应当认定该约定无效。例如，在没有涉外因素的民事纠纷中，当事人选择境外法院管辖，该条款就会因选择法院与争议无实际联系而被认定无效。再如在本案中，当事人协议选择由新加坡法院管辖，但新加坡既非当事人住所地，又非合同履行地、合同签订地、标的物所在地，当事人亦不能证明新加坡与本案争议有其他实际联系，故当认定新加坡与本案争议没有实际联系，涉案管辖条款属无效约定，不能作为确定本案管辖的依据。尽管涉案的法条依据是《民事诉讼法》修改前的原第242条的规定，但是其对实际联系原则的把握以及对协议选择管辖法院条款效力的处理原则与《民事诉讼法》修改后的第34条的规定是一致的。

（五）协议管辖不得违反我国民事诉讼法关于级别管辖和专属管辖的规定

对于依据法律规定并无管辖权的法院来说，当事人有效的协议选择管辖法院条款将使该法院获得管辖权。但是，协议管辖的效力范围是有限的，其不具有变更级别管辖和专属管辖这两类强制性法定管辖的效力。级别管辖方面，我国司法体系中共有最高人民法院、高级人民法院、中级人民法院和基层人民法院四级法院，四级法院都可以依法受理第一审民事案件，而四级法院各自有不同的级别管辖标准。《最高人民法院关于审理民事级别管辖异议案件若干问题的规定》第10条明确规定：“经最高人民法院批准的第一审民事案件级别管辖标准的规定，应当作为审理民事级别管辖异议案件的依据。”因此，对于当事人协议在某地法院管辖，该地法院受案后发现违反级别管辖标准的，应当依照《民事诉讼法》第36条的规定，移送该地符合级别管辖标准的有管辖权的人民法院。需要特别引起注意的是，涉外民事诉讼当事人协议选择境外法院管辖的，此时不适用我国民事诉讼法旨在调整我国四级法院的级别管辖规定，因此不能以违反我国民事诉讼法级别管辖的规定为由认

① 最高人民法院法函［1995］157号。

② 此处指2007年修改前的《民事诉讼法》。

定协议选择境外法院管辖条款无效。

专属管辖方面，根据《民事诉讼法》第 33 条的规定，因不动产纠纷港口作业纠纷、继承遗产纠纷提起的诉讼，适用专属管辖。鉴于对“不动产纠纷”范围的理解不统一，《民事诉讼法解释》第 28 条第 1 款规定：“民事诉讼法第三十三条第一项规定的不动产纠纷是指因不动产的权利确认、分割、相邻关系等引起的物权纠纷”实践中，有些涉及不动产的合同纠纷具有一定的特殊性，例如土地承包经营合同、政策性房屋买卖合同等，与当地的土地承包经营政策和房地产宏观调控政策关系密切，适用专属管辖，有利于案件的审理与执行。因此，《民事诉讼法解释》第 28 条第 2 款规定：“农村土地承包经营合同纠纷、房屋租赁合同纠纷、建设工程施工合同纠纷、政策性房屋买卖合同纠纷，按照不动产纠纷确定管辖。”此外，《民事诉讼法》第 266 条规定，因在中华人民共和国履行中外合资经营企业合同、中外合作经营企业合同、中外合作勘探开发自然资源合同发生纠纷提起的诉讼，由中华人民共和国人民法院管辖。对于上述纠纷提起的诉讼，由我国人民法院专属管辖，如当事人协议由外国法院管辖的，该约定无效。

（六）有关协议管辖的其他问题

一是其他诉讼程序法有特别规定的，应当按特别规定处理。例如《中华人民共和国海事诉讼特别程序法》第 8 条规定：“海事纠纷的当事人都是外国人、无国籍人、外国企业或者组织，当事人书面协议选择中华人民共和国海事法院管辖的，即使与纠纷有实际联系的地点不在中华人民共和国领域内，中华人民共和国海事法院对该纠纷也具有管辖权。”即在海事诉讼协议管辖制度上采取内外有别的做法，当事人协议选择外国法院管辖必须符合实际联系原则，但选择中国海事法院管辖则没有实际联系的要求，此有利于我国积极行使海事司法管辖权。

二是关于“实际联系”标准是否包括法律选择标准的问题。《涉外民事关系法律适用法》第 41 条规定，当事人可以协议选择合同适用的法律，那么如果当事人协议选择合同适用某国法律，是否就可以在管辖权审查时认定该国与争议有实际联系？该问题在学理和司法实践中均有一定的争议。早期司法实践曾采纳过法律选择标准，例如在中化江苏连云港进出口公司与中东海星综合贸易公司买卖合同管辖权异议案中，当事人约定适用瑞士法律且由瑞士法院管辖，但合同签订地、履行地、标的物所在地等均不在瑞士，最高人民法院认为当事人对法律适用的选择建立了某种实际联系，应认可协议选择管辖法院条款的效力。但近年来司法实践已转为采纳客观标准，强调选择的外国法院必须与讼争的涉外民事法律关系有某种客观外在的实际联系，仅当事人约定适用特定外国法并不能构成该外国法院与争议有实际联系，如无其他实际联系的连接点的，应当认定协议选择管辖法院条款无效。[①] 从《民事诉讼法》第 34 条的措辞看，其列举的实际联系连接点为被告住所地、合同履行地、合同签订地、原告住所地、标的物所在地，均强调客观连接点。因此，我们认为实际联系标准应为客观标准，不包括法律选择标准。涉案裁判文书认为当事人协议选择适用的法律也并非新加坡法律，故新加坡与本案争议没有实际联系，其采用的是法律选择标准，即当事人选择适用的准据法所属国也属于与争议具有实际联系的地点，该认识欠妥，应予注意。

三是消费协议格式管辖条款效力问题。《民事诉讼法解释》第 31 条规定："经营者使用格式条款与消费者订立管辖协议，未采取合理方式提请消费者注意，消费者主张管辖协议无效的，人民法院应予支持。"实践中，格式合同包含"在经营者住所地解决消费争议"的条款十分普遍，给消费者提起诉讼带来极大的不便。根据《合同法》第 39 条"采用格式条款订立合同的，提供格式条款的一方应当遵循公平原则确定当事人之间的权利和义务，并采取合理的方式提请对方注意免除或者限制其责任的条款，按照对方的要求，对该条款予以说明"的规定，《民事诉讼法解释》要求经营者采取合理方式提请消费者注意格式协议管辖条款，否则消费者主张管辖协议无效的诉请将得到支持。至于何谓合理方式，根据《合同法司法解释二》第 6 条的规定，提供格式条款的一方对格式条款中免除或者限制其责任的内容，在合同订立时采用足以引起对方注意的文字、符号、字体等特别标识，并按照对方的要求对该格式条款予以说明的，人民法院应当认定符合《合同法》第三十九条所称"采取合理的方式"。

四是合同转让情形下管辖协议对受让人的效力问题。根据合同相对性原则，合同中关于管辖法院的约定，只能约束合同双方，而不能约束第三人。但在合同转让中，对受让人而言，其受让合同权利或承担合同义务时，推定其对合同约定的协议管辖条款是知晓的，因此受让人受让合同当然也受让了合同中的协议管辖条款。《民事诉讼法解释》第 33 条规定："合同转让的，合同的管辖协议对合同受让人有效，但转让时受让人不知道管辖协议，或者转让协议另有约定且原合同相对人同意的除外。"

【拓展适用】

一、协议管辖与《协议选择法院公约》

2005 年海牙国际私法协会制定并通过了《协议选择法院公约》，该公约对于减

---

① 最高人民法院（2011）民提字第 312 号德力西能源私人有限公司与东明中油燃料石化有限公司国际货物买卖合同管辖权纠纷再审案民事裁定书。

少各国协议管辖制度的差异和冲突，促进协议管辖国际发展趋势的统一化具有典型的示范作用，我国未加入该公约。该公约规定了以下三项主要规则：一是被选择法院的审理义务。根据公约规定，如果协议选择法院条款是有效的，那么被选择法院必须审理，不允许被选择法院根据不方便管辖原则或自由裁量权将案件移送到另一国家的法院。二是先受诉法院的拒绝审理义务。除了被选择法院以外，其他受诉法院均应当拒绝受理并审理，但根据公约规定协议选择法院条款无效的除外。三是对缔约国法院作出的判决应当承认与执行的义务。只要根据公约规定协议选择法院条款是有效的，那么被选择法院做出的判决，在其他缔约国应当被承认和执行。值得注意的是，公约适用于书面形式的排他性选择法院的协议，但同时又规定除非当事人明确表示协议不具有排他性，当事人选择法院的协议约定的某国法院或者一个或几个专门法院具有排除其他法院管辖的效力。此外，从公约内容看，对于被选择的法院是否必须与案件争议具有实际联系没有做出规定，只要求协议必须以书面形式订立，或者以将来能够援引、使用的其他方式订立，协议约定法院管辖的目的是为了解决已经产生或者将来可能产生的，具有一定法律关系的纠纷。这代表了减少协议管辖不必要的限制、让当事人直接承受选择管辖法院所带来的法律后果的国际发展趋势。

二、应诉管辖

2012年《民事诉讼法》修改删除了在涉外民事诉讼编的原第243条有关“涉外民事诉讼的被告对人民法院管辖不提出异议，并应诉答辩的，视为承认该人民法院为有管辖权的法院”的规定，在第127条第2款中对涉外和非涉外诉讼的应诉管辖做了统一规定。该款规定：“当事人未提出管辖异议，并应诉答辩的，视为受诉人民法院有管辖权，但违反级别管辖和专属管辖规定的除外。”根据该款规定，当事人双方即使事先并没有书面协议选择法院的约定，但是被告对原告确定起诉的人民法院的管辖不提出异议，并应诉答辩的，此时可以推定被告接受了原告选择的法院管辖，因此应诉管辖又称为默示协议管辖。

应诉管辖要求同时具备的三项要件为：一是被告未在管辖权异议期间行使异议权利；二是被告以提交答辩状或反诉的形式明示接受法院管辖；三是不违反我国民事诉讼法关于级别管辖和专属管辖的规定。如果被告在提交的答辩状中对受诉人民法院的管辖权表示异议的，则不符合第二项要件的要求。值得注意的是，通过应诉管辖确定的法院并不要求必须与争议具有实际联系，因此应诉管辖实际扩大了当事人合意对确定法院管辖的作用，尊重当事人对诉讼权利的选择自由，符合民事诉讼模式改革和协议管辖的发展方向。

三、既提起管辖权异议又应诉答辩的处理

对于管辖权异议提出的主体，司法实践一般认为只限于被告，因为，向有管辖权的法院提起诉讼是由原告主动提起的，被告不能决定受诉法院，所以，如果被告认为受诉法院无管辖权，只能提出管辖权异议。但学界对于原告是否可以提起管辖权异议有不同认识，有学者认为，在三种情况下原告可以提出：1. 原告误向无管辖权的法院起诉，待法院受理后，始知受诉法院对案件无管辖权。2. 诉讼开始后被追加的共同原告对受诉法院提出管辖权异议。3. 受诉人民法院受理案件后，发现自己无管辖权，依职权将案件移送到有管辖权的人民法院，原告对法院的移送裁定有异议。①

关于第三人是否可以提出管辖权异议。根据民事诉讼法理论，第三人包括有独立请求权第三人和无独立请求权第三人。对于有独立请求权第三人，司法解释明确规定其不得提起管辖权异议。《最高人民法院关于第三人能否对管辖权提出异议问题的批复》中答复："有独立请求权的第三人主动参加他人已经开始的诉讼，应视为承认和接受了受诉法院的管辖，因而不发生对管辖权提出异议的问题；如果是受诉法院依职权通知他参加诉讼，则他有权选择是以有独立请求权的第三人的身份参加诉讼，还是以原告身份向其他有管辖权的法院另行起诉。"② 因为原被告间争议的法律关系与有独立请求权第三人和原被告间争议的法律关系并不同一，第三人可以提出自己独立的主张，这两个诉是可以合并的，人民法院可进行合并审理，也可以分开审理。如果第三人愿意接受受诉法院管辖，可以参与到已经开始的诉讼中，无需提出管辖权异议；如果第三人认为受诉法院对其没有管辖权，也可以选择分别审理，向有管辖权的法院另行起诉主张权利。对于无独立请求权第三人，因在诉讼中并无独立的主张，只是为协助被告一方进行答辩，与案件处理结果具有法律上的利害关系，才参与到他人已经开始的诉讼中来，无权提出管辖权异议。因此，无论是有独立请求权或无独立请求权第三人，均无权提起管辖权异议。

因此，可以明确，通常情况下应诉管辖主要适用于原被告间。在司法实践中被告收到起诉状后，虽然对管辖法院有异议，但又担心一旦管辖权异议申请被裁定驳回，又丧失对案件实体问题的答辩，因此，出现一方面提起管辖权异议，一方面又对案件实体问题进行答辩的情形。此种情形是否属于应诉答辩？根据《民事诉讼法》第127条规定，应诉管辖应同时具备三个条件，第一，被告没有提出管辖权异议；第二，被告对案件的实体进行了应诉答辩；第三，不违反法律规定的级别管辖

---

① 参见章武生主编：《民事诉讼法新论》，法律出版社2002年版，第145页。

② 参见最高人民法院法（经）复［1990］9号。

和专属管辖。故上述情形不符合应诉管辖的条件，不能视为被告已接受受诉法院管辖。《民事诉讼法解释》第223条第1款新增规定："当事人在提交答辩状期间提出管辖异议，又针对起诉状的内容进行答辩的，人民法院应当依照民事诉讼法第一百二十七条第一款的规定，对管辖异议进行审查。"如受诉法院将该情形错误认定为应诉管辖，案件进入实体审理程序，被告仍可就管辖权问题申请再审及申诉，在申请再审和申诉过程中，其应诉答辩的行为亦不能视为原被告间就管辖法院达成了默示协议管辖。

【典型案例】

山东聚丰网络有限公司与韩国MGAME公司、天津风云网络技术有限公司网络游戏代理及许可合同纠纷管辖权异议案

上诉人（原审被告）：韩国MGAME公司（MGAMECORPORATION），住所地：大韩民国首尔市衿川区加山洞459-11JEIPlatz8楼（JEIPlatz8，459-11，Gasan-dong，Geumcheon-gu，Seoul，153-803，the Republic of Korea）。

法定代表人：权彝衡（KweonYiHyung），首席执行官。

委托代理人：王亚西，北京市金杜律师事务所律师。

委托代理人：何薇，北京市金杜律师事务所律师。

被上诉人（原审原告）：山东聚丰网络有限公司，住所地：中华人民共和国山东省济南市高新区新宇路359号三庆世纪财富中心。

法定代表人：刘观进，董事长。

委托代理人：田厥慈，该公司副总经理。

委托代理人：陆广洲，该公司副总经理。

原审第三人：天津风云网络技术有限公司，住所地：中华人民共和国天津市南开区物华道2号海泰火炬园。

法定代表人：鲍建东，董事长。

委托代理人：任燕莉，该公司行政总监。

〔基本案情〕

原审原告山东聚丰网络有限公司（以下简称聚丰网络公司）与原审被告韩国MGAME公司（MGAMECORPORATION，以下简称MGAME公司）、原审第三人天津风云网络技术有限公司（以下简称风云网络公司）网络游戏代理及许可合同纠纷管辖权异议一案，MGAME公司不服中华人民共和国山东省高级人民法院于2009年1月12日作出的（2008）鲁民三初字第1号民事裁定，向本院提起上诉。本院依法组成合议庭，于2009年3月25日公开开庭审理了本案，上诉人MGAME公司委托代理人王亚西、何薇，被上诉人聚丰网络公司委托代理人田厥慈、陆广洲，原审第三人风云网络公司委托代理人任燕莉到庭参加诉讼。审理中，当事人均未提出回避申请。

本案现已审理终结。

聚丰网络公司以 MGAME 公司为被告、以风云网络公司为第三人，于 2008 年 7 月 30 日向山东省高级人民法院提起诉讼，请求判令：1. 被告继续履行双方于 2005 年 3 月 10 日签订的《独家游戏代理及许可协议》；2. 被告赔偿原告 33498272.41 元的经济损失；3. 被告承担本案全部诉讼费用。

山东省高级人民法院受理本案后，被告 MGAME 公司在提交答辩状期间对管辖权提出异议。其主要理由是：原被告双方 2005 年 3 月 25 日签订的《游戏许可协议》第 21 条约定："本协议应当受中国法律管辖并根据中国法律解释。由本协议产生或与本协议相关的所有的争议应当在新加坡最终解决，且所有本协议产生的争议应当接受新加坡的司法管辖。"因此，将由本协议引起的争议提交新加坡司法机构管辖是双方当事人的明确约定，是双方真实意思表示，本案应由新加坡有管辖权的法院审理，山东省高级人民法院对本案没有管辖权。故，请求驳回聚丰网络公司的起诉。

〔一审裁判理由与结果〕

山东省高级人民法院经审查认为：本案为涉外知识产权纠纷，虽然原告聚丰网络公司与被告 MGAME 公司于 2005 年 3 月 25 日签订的《游戏许可协议》第 21 条约定产生的争议应当接受新加坡的司法管辖，但是双方同时约定"本协议应当受中国法律管辖并根据中国法律解释"，双方在协议适用法律上选择中国法律为准据法。因此，双方协议管辖条款也必须符合选择的准据法即中国法律的有关规定。《中华人民共和国民事诉讼法》第二百四十二条①规定："涉外合同或者涉外财产权益纠纷的当事人，可以用书面协议选择与争议有实际联系的地点的法院管辖。"据此，当事人选择的管辖法院应限定在与争议案件有实际联系的范围内。而本案聚丰网络公司与 MGAME 公司协议约定的管辖地新加坡，既不是双方当事人的住所地，也不是本案游戏许可协议的签订地、履行地、争议发生地，所以与本案争议无任何联系，其约定超出了与争议有实际联系的限定范围，该约定管辖应属无效。山东省高级人民法院为原告聚丰网络公司住所地法院，与本案有实际联系，在双方协议约定管辖无效的情况下，对本案行使管辖权，并无不当，符合我国法律规定。依照《中华人民共和国民事诉讼法》第三十八条和第二百四十二条之规定，山东省高级人民法院裁定：驳回韩国 MGAME 公司（MGAMECORPORATION）对本案管辖权提出的异议。案件受理费五十元，由韩国 MGAME 公司（MGAMECORPORATION）负担。

〔当事人上诉及答辩意见〕

MGAME 公司不服原审裁定，向本院提起上诉，请求撤销原审裁定，驳回聚丰网络公司的起诉，本案一、二审案件受理费均由聚丰网络公司承担。其主要理由是：

① 2012 年《民事诉讼法》已删除本条。

1. 原审裁定违反法定程序。2008 年 11 月 14 日，原审法院向 MGAME 公司送达的案卷材料仅包括聚丰网络公司关于诉讼请求及事实与理由的陈述，没有任何证据材料。MGAME 公司为保护自己的程序权利，只能以自己已掌握的证据为基础提出管辖权异议。原审法院未向 MGAME 公司送达聚丰网络公司完整的起诉状材料，违反了《中华人民共和国民事诉讼法》第一百一十条和第二百四十六条[①]的规定，剥夺了 MGAME 公司在管辖权异议程序中就聚丰网络公司的主张和证据进行辩论的权利，其裁定严重违反法定程序，依法应当予以撤销。2. 原审裁定事实认定不清。聚丰网络公司在其起诉状的"事实与理由"中声称，"原被告于 2005 年 3 月 10 日就互联网游戏《英雄》签订《独家游戏代理及许可协议》"，"合同有效期自 2005 年 3 月 10 日至 2008 年 3 月 1 日"。MGAME 公司在向原审法院提交《管辖权异议书》时所附的证据是 MGAME 公司与聚丰网络公司于 2005 年 3 月 25 日签订的《独家游戏发行和许可协议》，该协议的期限是两年。上述两份协议并非同一协议。对于聚丰网络公司提供的协议，MGAME 公司未签订过，因未收到该协议，MGAME 公司也无法判断是否签订过该协议以及其中的协议管辖条款是如何约定的。原审法院没有对聚丰网络公司起诉时提交的协议进行审查，而是依据 MGAME 公司提交的 2008 年 3 月 25 日的协议的有关条款认定聚丰网络公司与 MGAME 公司协议约定管辖应属无效，从而驳回了 MGAME 公司对本案管辖权的异议，属于认定事实不清。3. 根据 MGAME 公司与聚丰网络公司于 2005 年 3 月 25 日签订的《独家游戏发行和许可协议》的约定，由该协议引起的所有争议应由新加坡的法院管辖。MGAME 公司与聚丰网络公司在订立协议过程中，多次就有关协议管辖的事项进行磋商。聚丰网络公司主张应由其住所地中国法院管辖，MGAME 公司主张应由 MGAME 公司住所地韩国法院管辖，最后双方达成妥协，决定由第三国司法机构管辖，即协议第 21 条的内容。该约定的本意是避免任何可能由于国家或者地方保护主义而导致的对与协议有关的争议的不公平处理。由原审法院管辖因本协议引起的争议，显然违反了双方当事人的真实意思表示，对 MGAME 公司来说亦有失公平，原审法院对本案没有管辖权。

聚丰网络公司答辩称，原审认定事实清楚，适用法律正确，依法应予维持。其主要理由是：1. 原审裁定符合法律程序。双方于 2005 年 3 月 25 日订立的许可协议明确约定："本协议由中国法律管辖并根据中国法律解释"，尽管约定争议应当由新加坡的司法机关管辖，但因不符合中国法律有关"与争议有实际联系"的规定，属无效约定。2. 原审裁定认定事实清楚，适用法律正确。双方于 2005 年 3 月 25 日订立《独家游戏代理及许可协议》合同的有效期是自 2005 年 3 月至 2008 年 3 月，这是合同的有效期限，并非是诉讼时效，这并不影响双方发生争议的管辖地。3. 当时订立协议时有中文和英文两个文本，英文本写的时间是 3 月 25 日，中文本写的时间是 3

① 对应 2012 年《民事诉讼法》第 121、268 条。

月 10 日，二者均是合同组成部分，内容一致。

原审第三人风云网络公司未陈述意见。

〔最高人民法院查明的事实〕

本院经审理查明：聚丰网络公司起诉时提交的《民事起诉书》在事实与理由部分陈述："原被告于 2005 年 3 月 10 日就互联网游戏《英雄》签定（订）《独家游戏代理及许可协议》"。聚丰网络公司在起诉后法院立案之前还向法院提交了相应的证据材料，其《证据清单》第一项表述为"原被告 2005 年 3 月 10 日签订的《网络游戏许可协议》中英文件"，但实际所附证据的中文本合同复印件首页落款日期为"2005 年 3 月 25 日"、首页合同名称为《网络游戏许可协议》及"游戏名称：《英雄 online》"、第 2 页合同名称为《独家游戏代理及许可协议》，该中文本合同并无任何签字和盖章；所附证据的英文本合同复印件首页落款日期为"March25. 2005"、首页合同名称为"GAME LICENSE AGREEMENT"及"Hero Online Game 英雄 online"、第 2 页合同名称为"Exclusive Game Distribution and License Agreement"，该英文本合同每一页均有上诉人和被上诉人的代表人签字，且首页有山东省版权局著作权合同登记章。聚丰网络公司在二审庭审时向本院提交了首页落款日期为"2005 年 3 月 10 日"、首页合同名称为《网络游戏许可协议》及"游戏名称：《英雄 online》"、第 2 页合同名称为《独家游戏代理及许可协议》的中文本，该协议第 13 页合同落款处有上诉人和被上诉人的公章及代表人的签字。MGAME 公司在二审庭审时向本院提交了与聚丰网络公司在一审起诉时提交的合同英文本复印件内容一致的合同英文本原件及由中国对外翻译出版公司翻译的中文本，该英文本合同每一页均有上诉人和被上诉人的代表人签字，各自文本中的签字代表人一致，但签名方式略有不同。上诉人和被上诉人在二审庭审中均明确认可落款日期为 2005 年 3 月 25 日的游戏许可协议英文本的真实性，一致确认双方之间并不存在其他交易合同；对于聚丰网络公司二审提交的首页落款日期为 2005 年 3 月 10 日的中文本协议，MGAME 公司认为，其从未与被上诉人签署过此份协议，且与双方认可的落款日期为 2005 年 3 月 25 日的游戏许可协议存在诸多内容差异，故对该证据的真实性不予认可。

根据 MGAME 公司提供的由中国对外翻译出版公司翻译的 2005 年 3 月 25 日协议的中文本，其序言中指出："协议内容是聚丰网络有限公司成为许可人（指 MGAME 公司）的独家游戏发行商，并按照以下条款和条件在指定区域内推广产品（每个术语均在下文中进行定义）……'指定区域'专指中国内地（不包括香港）"；其第 6.1 条中约定："许可人将在协议期间在被许可人（指聚丰网络公司）的场所内提供与产品的安装和维护相关的技术服务……"；其第 21 条为："本协议应当受中国法律管辖并根据中国法律解释。由本协议产生或与本协议相关的所有争议应当在新加坡最终解决，且所有由本协议产生的争议应当接受新加坡的司法管辖。"经本院核实，双方提交的落款日期为 2005 年 3 月 25 日游戏许可协议英文本，至少在序言、第 6.1

条和第21条的英文表述完全一致。

另查明，山东省高级人民法院于2008年7月30日收到聚丰网络公司的《民事起诉书》，于2008年8月17日收到聚丰网络公司提供的证据材料两册，于2008年8月21日决定立案受理，此后该院向MGAME公司送达了应诉通知书、起诉状副本、举证通知书和开庭传票，对聚丰网络公司提供的证据材料未予同时送达。

〔最高人民法院裁判理由与结果〕

本院认为，本案在二审中当事人争议的主要问题是：聚丰网络公司起诉所依据的协议的真实性；一审法院在送达起诉状副本时未同时送达原告提交的证据材料是否违反法定程序；涉案合同的协议选择管辖法院条款是否有效以及原审法院对本案是否享有管辖权。

（一）关于聚丰网络公司起诉所依据的协议的真实性

虽然聚丰网络公司在起诉状中陈述其与MGAME公司签订的协议是2005年3月10日的《独家游戏代理及许可协议》，甚至在其《证据清单》中亦表述为“原被告2005年3月10日签订的《网络游戏许可协议》中英文件”，但其在起诉时所附证据材料中实际提交的是双方签字的落款日期为2005年3月25日的协议英文本和没有签字的落款日期为同日的中文本，该英文本与MGAME公司据以提出管辖权异议的协议英文本实为同一协议，聚丰网络公司与MGAME公司在二审庭审中均已明确认可该英文本的真实性，且一致确认双方之间并不存在其他交易合同。由此可见，聚丰网络公司的本意是请求法院裁判双方因同一协议所产生的争议。在此情况下，无论聚丰网络公司二审提交的首页落款日期为2005年3月10日、合同落款处有上诉人和被上诉人的公章及代表人签字的《网络游戏许可协议》中文本的真实性如何，均不影响当事人依据落款日期为2005年3月25日的协议英文本进行本案诉讼。聚丰网络公司因自身原因在起诉状中未能准确、清楚地表述双方协议的签订日期，虽然给MGAME公司应诉答辩带来一定的疑惑，但鉴于双方实际所依据的协议均指2005年3月25日协议，原审法院亦据此协议对MGAME公司的管辖权异议作出裁定，有关协议日期的表述问题并未对MGAME公司行使诉讼权利产生实质性的妨碍。因此，上诉人关于原审裁定对此认定事实不清的理由，实际并不成立。

（二）关于一审法院在送达起诉状副本时未同时送达原告提交的证据材料是否违反法定程序

《中华人民共和国民事诉讼法》第一百一十三条①第一款规定：“人民法院应当在立案之日起五日内将起诉状副本发送被告，被告在收到之日起十五日内提出答辩状。”《最高人民法院关于民事诉讼证据的若干规定》（以下简称证据规定）第三十三条规定：“人民法院应当在送达案件受理通知书和应诉通知书的同时向当事人送达

---

① 对应2012年《民事诉讼法》第125条。

举证通知书。举证通知书应当载明举证责任的分配原则与要求、可以向人民法院申请调查取证的情形、人民法院根据案件情况指定的举证期限以及逾期提供证据的法律后果。举证期限可以由当事人协商一致，并经人民法院认可。由人民法院指定举证期限的，指定的期限不得少于三十日，自当事人收到案件受理通知书和应诉通知书的次日起计算。”证据规定第三十四条第一款规定：“当事人应当在举证期限内向人民法院提交证据材料，当事人在举证期限内不提交的，视为放弃举证权利。”证据规定第三十七条规定：“经当事人申请，人民法院可以组织当事人在开庭审理前交换证据。人民法院对于证据较多或者复杂疑难的案件，应当组织当事人在答辩期届满后、开庭审理前交换证据。”

根据上述法律规定，首先，人民法院应当在立案之日起五日内至少应将起诉状副本、应诉通知书、举证通知书发送被告，并无必须同时将原告证据一并发送被告的强制性规定。其次，前述司法解释明确了在人民法院立案受理后的举证期限制度，即，除非当事人协商一致并经人民法院认可，该举证期限自当事人收到案件受理通知书和应诉通知书的次日起计算不得少于三十日。对于国内案件而言，这一举证期限显然要长于被告十五日的答辩期；即使对于涉外案件中在中华人民共和国领域内没有住所的被告而言，其答辩期为三十日，举证期限也仅仅是有可能与该答辩期相同，但不会短于该答辩期，而且实际上一般也会长于该答辩期。尽管实践中人民法院决定立案受理案件时一般会要求原告提供初步证据，但这并不意味着要求原告必须在起诉时或者被告的答辩期届满前提交全部证据。再次，前述司法解释还明确了证据交换制度，这意味着当事人可以在人民法院组织交换证据时各自向对方提供证据，而并不要求必须将原告证据提前送达被告。另外，如何保证被告尽早获得原告证据以便其及时进行有针对性的抗辩，是需要在将来进一步完善有关的法律规则和实践操作的问题。总而言之，上诉人有关原审法院未在送达起诉状副本时同时送达原告证据而违反法定程序的上诉理由，并不能成立。

（三）关于涉案合同的协议选择管辖法院条款的效力

《中华人民共和国民法通则》第一百四十五条规定：“涉外合同的当事人可以选择处理合同争议所适用的法律，法律另有规定的除外。涉外合同的当事人没有选择的，适用与合同有最密切联系的国家的法律。”《中华人民共和国民事诉讼法》第二百四十二条规定：“涉外合同或者涉外财产权益纠纷的当事人，可以用书面协议选择与争议有实际联系的地点的法院管辖。选择中华人民共和国人民法院管辖的，不得违反本法关于级别管辖和专属管辖的规定。”《最高人民法院关于审理涉外民事或商事合同纠纷案件法律适用若干问题的规定》①第一条规定：“涉外民事或商事合同应

---

① 已被《最高人民法院关于废止1997年7月1日至2011年12月31日期间发布的部分司法解释和司法解释性质文件（第十批）的决定》废止。

适用的法律，是指有关国家或地区的实体法，不包括冲突法和程序法。”根据上述法律规定，协议选择适用法律与协议选择管辖法院是两个截然不同的法律行为，也应当根据相关法律规定分别判断其效力。对协议选择管辖法院条款的效力，应当依据法院地法进行判断；原审法院有关协议管辖条款必须符合选择的准据法所属国有关法律规定的裁定理由有误。

对于涉外案件当事人协议选择管辖法院的问题，1982 年 10 月 1 日起试行的《中华人民共和国民事诉讼法（试行）》并未作出特别规定，现行的 1991 年 4 月 9 日公布并施行的《中华人民共和国民事诉讼法》第二百四十二条对此作出了上述特别规定。根据当时的立法背景和有关立法精神，对于该条中关于“可以用书面协议选择与争议有实际联系的地点的法院管辖”的规定，应当理解为属于授权性规范，而非指示性规范，即涉外合同或者涉外财产权益纠纷案件当事人协议选择管辖法院时，应当选择与争议有实际联系的地点的法院，否则，该法院选择协议即属无效；同时，对于这种选择管辖法院的协议，既可以是事先约定，也可以是事后约定，但必须以某种书面形式予以固定和确认。据此，按照我国现行法律规定，对于涉外合同或者涉外财产权益纠纷案件当事人协议选择管辖法院的问题，仍应当坚持书面形式和实际联系原则。

本案根据上诉人与被上诉人一致认可的合同英文本，其第 21 条约定了两个方面的基本内容。即，首先约定了因协议产生纠纷所适用的实体法，即中国法律；进而约定了因协议产生纠纷的解决机构，即接受新加坡司法管辖。上诉人与被上诉人在本案中仅对协议选择外国司法机构管辖的效力问题有争议。根据上述法律规定特别是《中华人民共和国民事诉讼法》第二百四十二条的规定，涉外合同当事人协议选择管辖法院应当选择与争议有实际联系的地点的法院，而本案当事人协议指向的新加坡，既非当事人住所地，又非合同履行地、合同签订地、标的物所在地，同时本案当事人协议选择适用的法律也并非新加坡法律，上诉人也未能证明新加坡与本案争议有其他实际联系。因此，应当认为新加坡与本案争议没有实际联系。相应地，涉案合同第 21 条关于争议管辖的约定应属无效约定，不能作为确定本案管辖的依据。上诉人据此约定提出的有关争议管辖问题的主张，不能得到支持。原审裁定将争议发生地也作为判断是否属于《中华人民共和国民事诉讼法》第二百四十二条规定的与争议有实际联系的地点的连结点之一，虽有不当，但并不影响对涉案合同第 21 条有关争议管辖约定的效力的认定。

（四）关于原审法院对本案行使管辖权的依据

在当事人选择管辖法院的约定无效的情况下，应当根据受诉地国家有关涉外案件管辖的其他法律规则确定案件的管辖。《中华人民共和国民事诉讼法》第二百四十一条①规

① 对应 2012 年《民事诉讼法》第 265 条。

定："因合同纠纷或者其他财产权益纠纷，对在中华人民共和国领域内没有住所的被告提起的诉讼，如果合同在中华人民共和国领域内签订或者履行，或者诉讼标的物在中华人民共和国领域内，或者被告在中华人民共和国领域内有可供扣押的财产，或者被告在中华人民共和国领域内设有代表机构，可以由合同签订地、合同履行地、诉讼标的物所在地、可供扣押财产所在地、侵权行为地或者代表机构住所地人民法院管辖。"

本案根据上诉人与被上诉人一致认可的合同英文本，合同项下的权利许可的地域范围即"指定区域"专指"中国内地"，可见，争议合同系在中华人民共和国领域内履行。虽然该合同对在中华人民共和国领域内履行大部分合同义务的具体地点并未作出明确约定，但部分合同义务的履行地是明确的，如第6.1条中有关MGAME公司履行技术服务义务的地点就明确约定为聚丰网络公司的场所。在此情况下，应当认为聚丰网络公司的所在地山东省也是合同履行地。据此，山东省高级人民法院作为本案合同履行地法院，对本案具有管辖权。原审裁定以山东省高级人民法院为原告聚丰网络公司住所地法院，与本案有实际联系为由，认定该院对本案有管辖权，理由虽有不当，但结果并无错误。

综上所述，上诉人MGAME公司关于原审法院违反法定程序、认定事实不清、本案应由新加坡法院管辖的上诉理由均不能成立，原审裁定理由虽有部分表述不妥，但其裁定结果并无错误，适用法律基本正确。依照《中华人民共和国民事诉讼法》第一百五十三条①第一款第（一）项和第一百五十四条②之规定，裁定如下：驳回上诉，维持原裁定。

---

① 对应2012年《民事诉讼法》第170条。

② 对应2012年《民事诉讼法》第171条。

第九章　移送管辖

规则12：法院受理案件有多个被告，案件进入实体审理阶段后，即使辖区内被告不是案件的适格被告，人民法院裁定驳回对该被告起诉的，并不影响案件实体审理，无需再移送管辖

——北京智扬伟博科技发展有限公司与创思生物技术工程（东莞）有限公司、河南省开封市城市管理局居间合同纠纷案①

【裁判规则】

民事诉讼原告起诉时列明多个被告，因其中一个被告的住所地在受理案件的人民法院辖区内，故受理案件的人民法院可以依据被告住所地确定管辖权。其他被告如果认为受理案件的人民法院没有管辖权，应当在一审答辩期内提出管辖权异议；未在此期间提出异议的，案件已经进入实体审理阶段，管辖权已经确定，即使受理案件的人民法院辖区内的被告不是案件的适格被告，人民法院亦可裁定驳回原告对该被告的起诉，并不影响案件实体审理，无需再移送管辖。

【规则理解】

一、管辖的分类

根据我国《民事诉讼法》的相关规定，对管辖可依下述三种标准来分类：②

（一）法定管辖和裁定管辖

以法律规定和法院裁定为标准，可分为法定管辖和裁定管辖。法定管辖，是指由法律明文规定第一审民事案件的管辖法院。我国《民事诉讼法》规定的级别管辖和地域管辖即属于法定管辖。裁定管辖，是法定管辖的补充制度，指人民法院用裁定、决定等方式来确定第一审民事案件的管辖法院，具体包括移送管辖、指定管辖

① 《中华人民共和国最高人民法院公报》2009年第7期，最高人民法院（2008）民申字第1364号民事裁定书。

② 参见章武生主编：《民事诉讼法新论》，法律出版社2002年版，第117～118页。

和管辖权的转移。

移送管辖是指法院将已经受理的不属于自己管辖的案件移送给有管辖权的法院审理。移送管辖是案件从无管辖权的法院移送至有管辖权的法院，性质是案件的移送，而不是管辖权的变更。指定管辖，是指上级法院以裁定方式，将某一案件指定其下级法院管辖。指定管辖是为方便诉讼或审判，对地域管辖的变通。管辖权移转，是指上级法院同意审判下级法院管辖的案件，或者上级法院决定将其管辖的案件交由下级法院管辖。管辖权移转是对级别管辖的个别调整和变通，目的也是为了方便诉讼和审判。《最高人民法院关于审理民事级别管辖异议案件若干问题的规定》①。对管辖权移转进行了规范，该规定第 4 条规定："上级人民法院根据民事诉讼法第三十九条第一款②的规定，将其管辖的第一审民事案件交由下级人民法院审理的，应当作出裁定。当事人对裁定不服提起上诉的，第二审人民法院应当依法审理并作出裁定"，保障了当事人对管辖权移转提出异议的程序权利。

（二）专属管辖和协议管辖

以法律强制规定和任意规定为标准，可以分为专属管辖和协议管辖。专属管辖，是指依照法律规定某类案件只能由某一个或几个人民法院管辖，不允许当事人协议变更。例如，《民事诉讼法》第 33 条规定了三类纠纷实行专属管辖，分别为不动产纠纷、港口作业纠纷和继承遗产纠纷。协议管辖，是指依照法律规定，允许当事人以协议的方式约定管辖法院。《民事诉讼法》第 34 条规定合同或者其他财产权益纠纷可以适用协议管辖。

（三）共同管辖和合并管辖

以诉讼关系为标准，可以分为共同管辖和合并管辖。共同管辖，是指两个以上人民法院对于同一案件都具有管辖权。合并管辖，是指对某一案件有管辖权的法院，可以一并管辖虽无管辖权但与此案有牵连的其他案件。

二、管辖恒定原则

所谓管辖恒定，是指确定案件的管辖权，以起诉时为标准，起诉时对案件享有管辖权的人民法院，不因确定管辖的事实在诉讼过程中发生变化而影响其管辖权。③ 确定管辖恒定原则的目的在于保证民事案件及时审理，避免法院之间推诿或争夺管辖权而造成司法资源浪费，减少当事人讼累，实现诉讼经济要求。

管辖恒定包括级别管辖恒定和地域管辖恒定。民事诉讼过程中，确定管辖的因

---

① 最高人民法院法释［2009］17 号。

② 即 2012 年《民事诉讼法》第 38 条第 1 款。

③ 黄川：《民事诉讼管辖研究》，中国法制出版社 2001 年版，第 374～380 页。

素可能会发生变化，例如原告合法增加诉讼请求而导致诉讼标的额提高，使案件超出受诉法院级别管辖权限；再如受诉法院辖区变更，使案件不属于其地域管辖的范围；又如被告住所地迁移或诉讼标的物转移到受诉法院辖区之外的地区的等等。基于诉讼经济和程序安定的需要，受诉法院不能将已正当受理的案件移送给由于确定管辖权的因素发生变化而在理论上拥有管辖权的法院，而应继续审理此案直至对案件作出判决。需要注意的是，管辖恒定以受诉法院依照民事诉讼法的规定具有管辖权为前提，如当事人起诉时，受诉法院并无管辖权，则不发生管辖恒定的适用。

在德国和日本《民事诉讼法》以及我国台湾地区的“民事诉讼法”中，虽然没有见到有关“管辖恒定”的明确字样，但有关于“诉讼系属”的规定。德国《民事诉讼法》第261条第1款规定：“诉讼案件于起诉后即发生诉讼系属。”该条第3款同时规定：“诉讼系属有下列效力：1. 在诉讼系属期间，当事人双方都不能使该诉讼案件另行发生系属关系；2. 案件所采取的诉讼方式和受诉法院的管辖，都不因决定方式和决定管辖的事件有所变动而受影响。”日本《民事诉讼法》第29条和我国台湾地区“民事诉讼法”第27条均规定，确定法院之管辖，以起诉时为准，就是指依起诉之情事，受诉法院有管辖权者，其后定管辖之情事纵有变更，亦不因而失其管辖权。

我国民事诉讼法虽然没有明确规定管辖恒定原则，但在相关司法解释中体现了管辖恒定原则。《民事诉讼法解释》第37条规定：“案件受理后，受诉人民法院的管辖权不受当事人住所地、经常居住地变更的影响。”第38条规定：“有管辖权的人民法院受理案件后，不得以行政区域变更为由，将案件移送给变更后有管辖权的人民法院。判决后的上诉案件和依审判监督程序提审的案件，由原审人民法院的上级人民法院进行审判；上级人民法院指令再审、发回重审的案件，由原审人民法院再审或者重审。”该两条侧重于地域管辖恒定。一是地域管辖确定后，不因诉讼过程中确定管辖的因素的变动而变动；二是地域管辖恒定的效力，及于案件整个诉讼程序，包括一审程序以及其后可能进行的二审程序和审判监督程序。最高人民法院1996年5月在《关于执行级别管辖规定几个问题的批复》［法复（1996）5号］规定：“当事人在诉讼中增加诉讼请求从而加大诉讼标的金额，致使诉讼标的金额超过受诉人民法院级别管辖权限的，一般不再变动。但是当事人故意规避有关级别管辖等规定的除外”，体现了级别管辖恒定原则。即级别管辖恒定后，一般不因诉讼过程中诉讼标的额的增加或减少而变动。

三、共同诉讼管辖的确定

（一）共同诉讼中当事人的管辖选择权

共同诉讼是指当事人一方或者双方为两人以上的诉讼①，亦称为主观的诉之合并。民事诉讼中，原告起诉多名被告时，即构成共同诉讼。我国《民事诉讼法》第21条规定："对公民提起的民事诉讼，由被告住所地人民法院管辖；被告住所地与经常居住地不一致的，由经常居住地人民法院管辖。对法人或者其他组织提起的民事诉讼，由被告住所地人民法院管辖。同一诉讼的几个被告住所地、经常居住地在两个以上人民法院辖区的，各该人民法院都有管辖权。"根据该条规定，如果多名被告的住所地、经常居住地不在同一法院的管辖区域内，各被告住所地、经常居住地的人民法院均有管辖权，这就产生了管辖权选择的问题。

《民事诉讼法》第35条规定："两个以上人民法院都有管辖权的诉讼，原告可以向其中一个人民法院起诉；原告向两个以上有管辖权的人民法院起诉，由最先立案的人民法院管辖。"也就是说，在涉及共同被告的诉讼中，原告享有根据被告的不同住所地、经常居住地选择不同法院起诉的权利。一旦原告作出了选择，向其中一个被告住所地或经常居住地人民法院起诉，原告起诉后，其享有的选择权相应归于消灭，受诉法院可以依据被告住所地确定管辖权。《民事诉讼法解释》第36条将《民事诉讼法》第35条规定的先立案和后立案法院的关系问题进一步细化规定为："两个以上人民法院都有管辖权的诉讼，先立案的人民法院不得将案件移送给另一个有管辖权的人民法院。人民法院在立案前发现其他有管辖权的人民法院已先立案的，不得重复立案；立案后发现其他有管辖权的人民法院已先立案的，裁定将案件移送给先立案的人民法院。"

（二）同一诉讼的理解

审判实践中，长期被忽视的问题是如何理解《民事诉讼法》第21条第3款的"同一诉讼"。该款规定："同一诉讼的几个被告住所地、经常居住地在两个以上人民法院辖区的，各该人民法院都有管辖权。"其中的"同一诉讼"是否既包括必要共同诉讼也包括普通共同诉讼？例如，对于原告的某项注册商标，住所地位于不同辖区的多名被告均以未经许可的方式使用，原告可否向其中一名被告住所地辖区法院对多名被告提起诉讼，并请求受诉法院对全案行使管辖权？我们认为，《民事诉讼法》第21条第3款的"同一诉讼"，应做狭义解释，仅指必要共同诉讼，不包括普通共同诉讼。原因在于法律对两类共同诉讼规定了不同的诉之合并机制。我国

---

① 章武生、段厚省：《民事诉讼法学原理》，上海人民出版社2005年版，第177页。

《民事诉讼法》第52条第1款规定："当事人一方或者双方为二人以上，其诉讼标的是共同的，或者诉讼标的是同一种类、人民法院认为可以合并审理并经当事人同意的，为共同诉讼。"必要共同诉讼的特点在于共同诉讼的当事人对诉讼标的有不可分的共同的权利义务，人民法院必须合并审理，不得分案审理。普通共同诉讼则是指共同诉讼的当事人对诉讼标的没有共同的权利义务关系，但是其争议的权利义务关系属于同一类型，人民法院认为可以合并审理并经当事人同意的诉讼。普通共同诉讼既可以作为共同诉讼合并审理，也可以作为单独诉讼分别审理。是否合并，由人民法院根据当事人是否同意、能否达到简化程序、节省时间和费用的目的来确定。可见，普通共同诉讼是为了方便同时辩论及裁判而确立的形式上的数诉之合并，其作为共同诉讼合并审理必须符合四个条件：一是法院对数诉均具有管辖权；二是数诉必须属于同一诉讼程序；三是当事人同意作为共同诉讼合并审理；四是必须符合合并审理的目的，即符合诉讼经济原则。当原告起诉列明的多名被告不在同一人民法院辖区，受诉法院仅对其中一名被告有管辖权，对其他被告没有管辖权时，就不符合作为共同诉讼处理的条件，也不产生构成"同一诉讼"而适用《民事诉讼法》第21条第3款规定的问题。原告应当分别单独起诉，除非被告未提出管辖权异议，应诉答辩并同意合并审理。

（三）虚列被告的管辖确定

实践中还存在以虚列被告的方式制造"连接点"取得管辖权的现象，即原告明知住所地在某地法院辖区内的被告与案件并无关联，但为使该地法院对全案享有管辖权，对辖区内的被告与辖区外的其他被告一并起诉。这一问题在审判实务中尚未得到很好的处理，原因在于《民事诉讼法》在起诉条件中对被告的适格性未做出规定，只要求有"明确的被告"即可。原告虚列的被告住所地一般在受诉法院辖区内，而被告适格性问题又系实体争议，不属于管辖权异议的范围，因此，受诉法院似乎按照《民事诉讼法》第21条第3款的规定就自然对全案享有管辖权。

我们认为，虚列被告是恶意规避管辖权的一种行为，不仅浪费司法资源，同时给其他被告带来严重不便，法院有必要予以审查。如前所述，有多名被告的诉讼属于共同诉讼，人民法院受理案件后，应当也能够通过依职权审查以及管辖权异议程序，合理地确认诉的合并能否成立。仅在必要共同诉讼情形下，受诉法院才能适用《民事诉讼法》第21条第3款的规定对全案取得管辖权。经审查，如发现被虚列被告与其他被告之间完全没有利害关系，且被告亦以管辖权异议的方式不同意作为共同诉讼处理的，人民法院应当告知原告分别起诉，如原告坚持一并起诉的，作分诉处理。当然，虚列被告的情形必须十分明确而明显。如原告陈述对各被告的诉讼请求是基于同一连带债权债务，或基于同一事实和法律上的原因，人民法院应做必要共同诉讼的初步认定。至于被告实际适格与否的争议，应留待实体审理解决。即使其后在案件审理过程中，受诉法院辖区内的被告被认定为不适格，此时管辖权已经确定，根据管辖恒定原则，受诉法院不再移送管辖。

综上，《民事诉讼法》第21条第3款的“同一诉讼”仅指必要共同诉讼，而不包括普通共同诉讼的情形。原告对多名被告之诉为必要共同诉讼时，如各被告不在同一人民法院辖区的，受诉法院可以根据《民事诉讼法》第21条第3款的规定，依据对其中一名被告所享有的地域管辖权，取得对其他被告的管辖权。原告对多名被告之诉为普通共同诉讼时，则以住所地或经常居住地在受诉法院辖区以外的其他被告同意接受管辖及同意合并审理为前提，否则应当分案审理。

【拓展适用】

一、适用管辖恒定原则应当注意的问题

管辖恒定是诉讼经济和诉讼安定的必然要求，可以有效避免因管辖变动引发的司法资源浪费，减少当事人的讼累，提高诉讼效率。在法制和司法统一的大背景下，同一民事纠纷案件由任何法院作出判决，其结果从理论上讲并不会不同，因为法院所作出的判决均是建立在适用统一的实体法和程序法的基础上的。综上，管辖恒定原则的确立不仅具有内在法理依据，而且具有必要性。

（一）管辖恒定的时间起点

关于管辖恒定的起点是以当事人起诉时为准还是以法院受理案件为准，理论上存在争议。从《民事诉讼法解释》第36和第37条的规定看，是以法院受理时为准。有学者认为，根据《民事诉讼法》第123条的规定，符合起诉条件的，人民法院应当在7日内立案，即立案受理与当事人起诉存在一定的时间间隔。原告提起诉讼时，诉讼已开始系属于受诉法院；而受诉法院受理起诉则标志着案件进入审理程序，以原告起诉为管辖恒定的起点能更为完整地体现管辖恒定原则①。大陆法系一些国家和地区的立法例采用了该观点，今后完善管辖恒定原则时可资借鉴。例如日本《民事诉讼法》第15条规定：“决定法院管辖，应以提起诉讼为标准。”我国台湾地区“民事诉讼法”第27条规定：“法院之管辖，以起诉时为准。”

（二）管辖恒定的例外

随着民事法律关系以及诉讼程序的推进，管辖权的正当性与管辖的恒定性有时会发生动态的牵制，实践中还存在管辖恒定的例外。例如，针对实践中产生的当事人起诉时故意降低诉讼标的额而在起诉后再提高诉讼标的额，旨在规避级别管辖规

---

① 占善刚：“略论民事诉讼中的管辖恒定原则”，载《法学评论》2001年第6期。

定的情形，《最高人民法院关于审理民事级别管辖异议案件若干问题的规定》[①] 规定了级别管辖恒定的例外情形。该司法解释第3条规定："提交答辩状期间届满后，原告增加诉讼请求金额致使案件标的额超过受诉人民法院级别管辖标准，被告提出管辖权异议，请求由上级人民法院管辖的，人民法院应当按照本规定第一条审查并作出裁定。"根据该条规定，原告在被告答辩期届满后提高诉讼请求金额，导致超过受诉法院级别管辖标准的，被告仍有权提出管辖权异议。我们认为，该规定并未改变《最高人民法院关于执行级别管辖几个问题的批复》确定的级别管辖恒定原则，仅是对原告故意规避级别管辖的例外情形之细化规定。由于目前并无法律和司法解释规定原告增加诉讼请求后要重新给予被告答辩期间，容易产生原告利用这一法律漏洞故意规避级别管辖规定的现象。为保持原被告之间在管辖争点上攻击防御的动态平衡，司法解释赋予了被告提出级别管辖异议的权利。

二、共同被告地域管辖的探索

法国《民事诉讼法》与我国《民事诉讼法》类似，规定被告为二人以上时，原告可选择其中一个被告居住地法院提起诉讼。一旦原告选择其中一个被告居住地法院起诉后，该法院有权对其他辖区所在的被告发出召唤状。[②] 即共同被告的管辖属于一般地域管辖。然而，日本《民事诉讼法》则将对几个被告的共同诉讼的地域管辖列入特别地域管辖（又称特别审判籍），[③] 我国台湾地区借鉴了日本的规定，将共同诉讼的管辖划归为特别管辖。我国台湾地区"民事诉讼法"第20条规定："共同诉讼之被告数人，其住所不在一法院管辖区域内者，各该住所地之法院具有管辖权；但依第4条至前条规定有共同管辖法院者，由该法院管辖。"该条规定不适用于我国台湾地区"民事诉讼法"第53条第3条规定的普通共同诉讼。

从法律保护的利益看，一般地域管辖侧重于防止原告滥诉，保护被告利益，故以被告住所地或经常居住地确定管辖；特殊地域管辖更侧重于考虑原告利益以及便于法院进行诉讼程序。共同诉讼的多名被告住所地在两个以上法院辖区，对于住所地不在受诉法院辖区内的其他被告而言，受诉法院的管辖实际属于特殊地域管辖。而在必要共同诉讼中，不仅共同被告与原告之间存在利益冲突，而且共同被告之间的利益也是不一致的，有时甚至是冲突的。如由其中一个被告住所地法院管辖，可能会损害住所地不在受诉法院辖区的其他共同被告的利益，故难以保障程序公正。

---

① 最高人民法院法释［2009］17号。

② 张卫平、陈刚：《法国民事诉讼法导论》，中国政法大学出版社1997年版，第44页。

③ ［日］兼子一、竹下守夫：《民事诉讼法（新版）》，白绿铉译，法律出版社1995年版，第21页。

因此，在共同被告的管辖问题上，对原告选择权加以一定的限制能够较为公平地对待各方当事人的程序利益。目前来看，我国台湾地区的立法模式较具合理性。故有学者认为，我国《民事诉讼法》第21条第3款用“同一诉讼的几个被告”一语不够确切，建议修改为“必要共同诉讼中被告为二人以上”。[①]

【典型案例】

北京智扬伟博科技发展有限公司与创思生物技术工程（东莞）有限公司、河南省开封市城市管理局居间合同纠纷案

再审申请人（一审被告、二审被上诉人）：创思生物技术工程（东莞）有限公司，住所地：广东省东莞市常平镇三塘管理区高宝绿色科技城。

法定代表人：黄剑军，董事长。

委托代理人：宋敏，北京市中济律师事务所律师。

再审被申请人（一审原告、二审上诉人）：北京智扬伟博科技发展有限公司，住所地：北京市通州区永乐经济开发区六街26号。

法定代表人：郭益群，董事长。

再审被申请人（一审被告）：开封市城市管理局，住所地：河南省开封市迎宾路2号。

法定代表人：陈传智，局长。

委托代理人：张克俊，河南正言律师事务所律师。

〔基本案情〕

创思生物技术工程（东莞）有限公司（以下简称创思公司）与北京智扬伟博科技发展有限公司（以下简称智扬公司）、开封市城市管理局（以下简称开封城管局）居间合同纠纷一案，河南省高级人民法院于2008年6月12日作出（2007）豫法民二终字第166号民事判决，已经发生法律效力。2008年12月4日，创思公司向本院申请再审。本院依法组成合议庭对本案进行了审查，现已审查终结。

创思公司申请再审称：1. 本案一、二审判决存在被告开封城管局主体不适格的问题。本案的案由为合同纠纷，法院判决的事实依据也是2006年2月27日申请再审人创思公司和被申请人智扬公司签订的《协议书》，而该份《协议书》的签约方只有两方，即申请再审人和被申请人。虽然在该份《协议书》中出现过“招商人（开封市城市管理局）”字样，但被申请人开封城管局不是该份《协议书》的签约方，所以被申请人开封城管局与被申请人智扬公司不存在民事法律关系，被申请人开封城管

① 杨建华：《民事诉讼法论文选辑》（上），第207页；陈计男：《民事诉讼法论》（上），第47、48页；转引自王国征：“浅议完善我国共同被告地域管辖制度——兼析我国《民事诉讼法》第22条第3款”，载《青岛海洋大学学报（社会科学版）》2002年第1期。

局与本案合同纠纷无关。本案被申请人（即一审原告）智扬公司为了在河南省开封市中级人民法院取得管辖权，错误地将被申请人开封城管局列为本案合同纠纷的一审被告，本案一审、二审法院在没有事实和法律依据的情况下仍将开封城管局列为被告。尽管开封城管局在答辩状中屡次强调其与本案无关，但一、二审法院置之不理，依然将其列为本案被告。因此，本案只有一个被告，即申请再审人创思公司，本案一、二审判决存在被告开封城管局主体不适格的问题。2. 本案违反法律规定，管辖错误。本案的案由是合同纠纷，被告只有一个，即申请再审人创思公司。根据民事诉讼法第二十四条①的规定，因合同纠纷提起的诉讼，由被告住所地或者合同履行地人民法院管辖，所以，本案的管辖法院应是被告所在地人民法院——申请再审人（即一审被告）创思公司所在地人民法院和合同履行地人民法院——被申请人智扬公司所在地人民法院，而上述管辖法院均不是河南省开封市中级人民法院和河南省高级人民法院。3. 本案判决缺乏事实依据。对智扬公司起诉开封城管局的诉讼请求，本案一、二审法院处理不当。本案二审法院判决缺乏事实依据。4. 本案二审判决适用法律错误。

被申请人智扬公司、被申请人开封城管局未提交书面意见。

〔最高人民法院裁判理由与结果〕

本院认为，根据民事诉讼法第一百零八条②的规定，人民法院受理民事案件时，对于被告的要求是"有明确的被告"。本案一审原告智扬公司起诉时，将创思公司和开封城管局均列为被告，符合民事诉讼法规定的被告明确性要求。因开封城管局住所地在开封市中级人民法院辖区内，开封市中级人民法院受理本案时依据被告住所地确定管辖权并无不妥。创思公司如认为开封市中级人民法院对本案没有管辖权，有权在一审答辩期内提出管辖权异议，不服一审裁定的，还可提出上诉通过二审程序主张。但经本院审阅一审卷宗，申请再审人创思公司在一审答辩期间未提出管辖权异议。在案件进入实体审理阶段后，因管辖权已经确定，开封城管局是否为适格被告并不影响一审法院对于本案的审理。即使人民法院查明开封城管局不是本案适格被告，裁定驳回了智扬公司对开封城管局的起诉，亦不影响已经开始的实体审理程序，不需再移送案件。另，合同履行地是指合同主要义务的履行地，本案居间合同的主要义务履行地应为居间行为地。据原审认定的创思公司项目参与人赖志文给智扬公司董事长郭益群出具的感谢信中关于智扬公司在开封市接待创思公司高层，以及协助创思公司竞投开封项目等内容，开封市作为居间合同所指向项目的所在地，可以认定为本案居间合同履行地，开封市中级人民法院亦可据此行使管辖权。根据《最高人民法院关于适用〈中华人民共和国民事诉讼法〉审判监督程序的解释》第十

---

① 对应2012年《民事诉讼法》第23条。

② 对应2012年《民事诉讼法》第119条。

四条的规定，违反专属管辖、专门管辖规定以及其他严重违法行使管辖权的，人民法院应当认定为民事诉讼法第一百七十九条[①]第一款第（七）项规定的“管辖错误”，本案一审法院系起诉状所列被告住所地法院，亦为合同履行地法院，不构成严重违法行使管辖权的情形。因此，申请再审人关于原判违反法律规定，管辖错误的事由不能成立，本院不予支持。关于被申请人开封城管局是否为适格被告的问题，正如上文所述，在管辖权确定后，开封城管局是否为适格被告并不影响本案的实体审理，且一、二审判决均未判决开封城管局承担实体义务，未对案件正确判决产生影响，不符合依据民事诉讼法第一百七十九条第二款规定的“违反法定程序可能影响案件正确判决、裁定的情形”启动再审的条件。关于申请再审人主张的本案判决缺乏事实依据，适用法律错误两项事由，因申请再审人仅列举两项法定事由，未阐明所依据的事实和理由，亦未提供充分证据予以支持，本院不予认定。综上，依据《中华人民共和国民事诉讼法》第一百八十一条[②]第一款的规定，裁定如下：

驳回创思生物技术工程（东莞）有限公司的再审申请。

---

① 对应2012年《民事诉讼法》第200条。

② 对应2012年《民事诉讼法》第204条。

第十章　管辖权异议

规则13：当事人不能以其不是适格被告为由提出管辖权异议

——鸿润锦源（厦门）房地产开发有限公司与彭雄浑、鸿润集团房地产投资有限公司商品房预售合同纠纷案[①]

【裁判规则】

管辖权异议是指当事人对案件是否属于人民法院受理范围或者是否由受诉人民法院管辖提出的异议。当事人有权提出管辖权异议，但当事人以其不是适格被告为由提出管辖权异议，不属于管辖权异议。当事人是否属于适格被告，应当经人民法院实体审理确定。

【规则理解】

一、管辖权异议

《民事诉讼法》第119条第4项规定，人民法院受理的民事案件应当属于人民法院受理民事诉讼的范围和受诉人民法院管辖。管辖作为民事诉讼制度的肇始环节，是诉讼程序启动的首要问题，是审判权行使的前提条件。作为审判权的前提，管辖制度通过确定在司法体制中该由哪一法院具体审理的问题，明确法院与法院之间的权限分配。

（一）管辖权异议的界定

管辖权异议是指法院受理案件后，当事人认为该法院对该案并无管辖权，提出不服该法院管辖的主张和意见。[②]《民事诉讼法》第127条规定：“人民法院受理案件后，当事人对管辖权有异议的，应当在提交答辩状期间提出。人民法院对当事人提出的异议，应当审查。异议成立的，裁定将案件移送有管辖权的人民法院；异议

---

① 《中华人民共和国最高人民法院公报》2006年第12期，最高人民法院（2006）民一终字第34号民事裁定书。

② 江伟：《民事诉讼法学》，复旦大学出版社2002年版，第165页。

不成立的，裁定驳回。当事人未提出管辖异议，并应诉答辩的，视为受诉人民法院有管辖权，但违反级别管辖和专属管辖规定的除外。”根据上述规定，管辖权异议必须由当事人在法定期间以书面形式提出。

（二）管辖权异议的情形

管辖权异议的具体内容一般包括以下三类情形：一是当事人对级别管辖提出的异议；二是当事人对地域管辖提出的异议；三是当事人根据书面合同中的协议选择法院管辖条款提出的异议。受诉人民法院收到当事人管辖权异议申请后，应当认真进行审查，必要时应召集双方当事人进行询问。人民法院确定管辖的次序为：首先确定级别管辖，之后确定地域管辖；在确定地域管辖时，首先看是否属于专属管辖，不属于专属管辖的适用协议管辖，如无协议管辖或管辖协议无效的适用特殊地域管辖，非特殊地域管辖的则适用一般地域管辖。

二、管辖权异议与法院主管异议的区别

当事人在提出管辖权异议时，有时可能主张案件不属于人民法院受理范围。例如，被告向受诉人民法院提交的管辖权异议申请书中，认为其与原告之间的纠纷有仲裁协议，受诉人民法院不具有管辖权。严格来说，该种异议不属于管辖权异议，而属于民事诉讼主管范围的异议。民事诉讼的主管范围是法院依法受理民事案件的具体范围，功能在于解决法院与其他国家机关、社会团体之间处理民事纠纷的分工与权限。而管辖是在确定民事案件属于法院主管范围的前提下，解决法院系统内（各级法院之间和同级法院之间）审判民事案件的分工和权限问题。但是，由于《民事诉讼法》并没有针对关于法院主管范围的异议设置单独的程序，因此，当事人通常会作为管辖权异议提出，而人民法院也会参照管辖权异议的程序处理。此处需要注意以下两点：

第一，两者异议期间不同，有关民事诉讼主管范围异议的提出不受管辖权异议的法定期间的限制。例如，《仲裁法》第 26 条规定：“当事人达成仲裁协议，一方向人民法院起诉未声明有仲裁协议，人民法院受理后，另一方在首次开庭前提交仲裁协议的，人民法院应当驳回起诉，但仲裁协议无效的除外；另一方在首次开庭前未对人民法院受理该案提出异议的，视为放弃仲裁协议，人民法院应当继续审理。”也就是说，当事人以有效仲裁协议排除法院管辖权为由提出异议的最后期限是首次开庭前，而不是答辩期届满前。《仲裁法司法解释》第 14 条将《仲裁法》第 26 条规定的“首次开庭”进一步明确为“答辩期满后人民法院组织的第一次开庭审理，不包括审前程序中的各项活动。”

第二，异议成立时，两者的处理方式不同。当事人关于法院主管范围异议成立的，人民法院应当驳回起诉，法院无权将案件移送有关机关或组织，而只能告知其向有关机关或组织申请解决；而当事人管辖权异议成立的，人民法院应当裁定将案件移送有管辖权的人民法院。但在异议不成立时，两者处理方式是相同的，均为裁定驳回当事人的管辖权异议。

三、管辖权异议和被告适格性异议的把握

管辖权异议和被告适格性异议是两个完全不同的问题，两者之间存在以下几个方面的差异：

（一）两者性质不同

管辖权异议是程序问题，被告适格性异议是实体问题。管辖权异议制度的设立，意在纠正法院的错误管辖。受诉法院对案件有管辖权，是原告起诉必须符合的条件之一，也是受诉法院对案件行使审判权的前提条件。故有关管辖权问题的争议，应当在实体审理之前解决。被告适格性异议，是主张被告与案件争讼的实体权利不存在关系，其不是争讼法律关系的主体，不应当成为案件的适格被告。被告适格性异议，属于实体问题的争议。对于被告是否适格，其是否与争议的诉讼标的是否有事实上或者法律上的关系，需要法院通过对案件进行实体审理后才能确定。

（二）两者是否属于起诉条件不同

管辖权问题属于起诉条件的范围，而被告适格性问题不属于起诉条件的范围。《民事诉讼法》第119条规定起诉必须符合的条件是：原告是与本案有直接利害关系的公民、法人和其他组织；有明确的被告；有具体的诉讼请求和事实、理由；属于人民法院受理民事诉讼的范围和受诉人民法院管辖。根据该条规定，属于人民法院受理民事诉讼的范围和受诉人民法院管辖，为起诉的必要条件之一。《民事诉讼法解释》第35条新增规定："当事人在答辩期间届满后未应诉答辩，人民法院在一审开庭前，发现案件不属于本院管辖的，应当裁定移送有管辖权的人民法院。"而在当事人问题上，《民事诉讼法》对原告和被告成为诉讼当事人的条件采取了不同的判断识别标准。对原告而言，要求其必须与案件有直接利害关系，即采用正当当事人的识别标准，对于公益诉讼除外。对被告而言，则采用程序当事人的观念，只要被告是明确的，系合法存续的自然人、法人或其他组织，就符合起诉条件，不需要判断被告同诉讼标的有无事实上或法律上的关联。因此，被告适格性问题，不属于起诉条件，而属于实体问题争议。

（三）两者提出异议的法定期间以及处理后果不同

根据《民事诉讼法》第127条的规定，当事人对管辖权有异议的，应当在提交答辩状期间提出。逾期提出的管辖权异议，人民法院不予审查。管辖权异议是程序问题，故应以裁定的方式作出决定。人民法院经审查，管辖权异议成立的，裁定将案件移送有管辖权的人民法院审理，管辖权异议不成立的，裁定驳回。被告适格性的异议，则不适用《民事诉讼法》第127条的规定，不受答辩状期间届满的限制。被告可以在庭审终结前的任何阶段，就其不是适格被告的异议作为实体答辩理由提出。对于被告适格性的异议，人民法院应作实体裁判，以判决的方式处理。如异议成立的，人民法应当判决驳回原告的诉讼请求。此处需注意，原告适格性异议与被告适格性异议的处理方式是不相同的，原因在于原告适格性被列为起诉条件。根据《民事诉讼法解释》第208条的规定："人民法院接到当事人提交的民事起诉状时，对符合民事诉讼法第一百一十九条的规定，且不属于第一百二十四条规定情形的，应当登记立案……立案后发现不符合起诉条件或者属于民事诉讼法第一百二十四条规定情形的，裁定驳回起诉。"因此，立案受理后，如被告提出原告适格性的异议，经审查成立的，人民法院应当裁定驳回原告起诉，不进入或不继续案件的实体审理。

综上，法院管辖权与被告适格性分属于诉权和审判权两个范畴，两者审查的视角与方法完全不同。管辖权的确定是法院处理案件其他程序问题和所有实体问题的前提，只有在管辖权异议问题解决之后，审理法院才需要审查决定是否存在被告适格性等诸问题。当事人是否属于适格被告，不属于管辖权异议的审查范围，必须经人民法院实体审理确定。两者是性质完全不同的两个问题，不可相互混淆。

【拓展适用】

一、程序当事人与正当当事人的关系

民事诉讼理论将当事人区分为程序当事人（形式当事人）和正当当事人。程序当事人是指在民事诉讼中，一切以自己的名义起诉和应诉，请求法院保护其民事权利和法律关系的人及其相对方，不论他是否与所主张的利益有关，也不论他所主张的利益是否得到法律的承认。确立程序当事人概念的意义在于将诉讼当事人与实体上系争权利关系的主体分离开，不以实体法为标准来判断谁是案件中的当事人。任何民事法律关系的主体都应享有诉权保障，所以，任何民事主体都可以成为民事诉讼当事人，并且在民事主体起诉、应诉之时，程序法即认定其当事人地位，以避免起诉时法院对案件进行实体审查。①

正当当事人，是指当事人对于作为诉讼标的之特定权利或法律关系，有资格以

---

① 齐树洁："诉权保障与当事人适格之扩张"，载《西南民族大学学报（人文社科版）》2006年第12期。

自己的名义成为原告或被告，并受案件判决拘束的当事人。[①] 当事人的这种资格或者权能被称为诉讼实施权或者诉讼追行权、诉讼遂行权。只有具备这种权能，当事人才能够实施诉讼。[②] 其中，具有诉讼实施权的原告，称为正当原告；具有诉讼实施权的被告，称为正当被告。可见，程序当事人与正当当事人的外延存在包含与被包含的关系，正当当事人的外延比程序当事人的外延要窄。

在历史上，基于实体正义观念，对于当事人，主要从实体意义上来理解。进入近代以后，由于实体权利义务关系与程序权利义务关系的分离，司法和立法开始倾向于从程序意义上理解当事人的概念。随着社会经济的发展和各国民事诉讼立法发展，我国较多学者认为有必要将诉讼形式上的当事人概念与实体法完全分离观察，当事人主体地位不是依客观权利状态为准，而仅以原告的主观主张为准。简言之，只要向法院起诉请求权利保护的人，即具有原告当事人地位，至于其是否确为权利人，不影响其具有原告当事人的地位，法院可以对其做驳回诉讼判决的处理。为此，应将民事诉讼的当事人定义为，以自己的名义，就特定的民事争议要求法院行使民事裁判权以保护其民事权利的人及其相对人。需要注意的是，我国《民事诉讼法》目前没有区分形式当事人和正当当事人的概念，其中原告地位是按照正当当事人的标准来确定的。因此，除法律有特别规定外，作为争议诉讼标的的实体法律关系之主体，就是正当的当事人，这是判断正当当事人的一般原则。例如，买卖合同的买方和卖方、侵权法律关系的侵权人和受害人等等。在某些情况下，根据法律的特别规定，具有争议诉讼标的法律关系主体资格的人，在诉讼中未必是正当当事人。例如，破产管理人就破产企业的债权债务诉讼，有权直接作为当事人参加诉讼。

二、我国民事诉讼确立当事人的规则

我国《民事诉讼法》没有区分程序当事人和正当当事人，也没有确立正当当事人的概念。我国《民事诉讼法》第119条规定的起诉所必须具备的条件中，有两个是确立当事人的条件。即“（一）原告是与本案有直接利害关系的公民、法人和其他组织；（二）有明确的被告”。根据该条规定，对原告的要求是以正当当事人为标准的，而对被告是以程序当事人为标准的。原告具备正当当事人的资格是起诉的必要条件。民事诉讼程序的开始不是因当事人起诉而开始，而是由法院经过一定的审查并认可原告的资格之后立案受理才开始。同时，基于诉讼技术的需要，受理阶段仅对原告的适格性作初步审查，随着民事诉讼程序的推进，原告适格性问题成为被告的抗辩手段，由法院审查甚至通过一定程度的实体审理予以确定。因此，不具

---

① 江伟主编：《民事诉讼法专论》，中国人民大学出版社2005年版，第194页。

② 张卫平：《民事诉讼法教程》，法律出版社1998年版，第132页。

备正当当事人资格的原告可能在立案阶段即被裁定不予受理，无法进入实体审理程序；也可能在立案后的任何阶段因被确定其不具备正当当事人资格而被裁定驳回起诉。另一方面，原告即使具有正当当事人资格，即适格原告，也不一定能够获得胜诉判决。其可能因为被告欠缺适格性而败诉，也可能因举证不能或不足、超过诉讼时效等其他原因而败诉。①

有学者认为，《民事诉讼法》第 119 条的规定主要存在如下三个缺陷：第一，原告、被告同样都是当事人，但法律对其要求标准不一，不符合法理；第二，启动诉讼程序的门槛过高，当事人与案件是否具有利害关系，往往要通过实质审理才能作出裁判，受理阶段对原告主体资格进行实质审查，不利于民事主体合法权益的保护；第三，目前的标准对原告主体资格适用管理权说，甚至较管理权说更为严格，导致许多纠纷无法通过民事诉讼程序加以解决，不利于贯彻“司法最终解决”原则。②

我们认为，从民事诉讼成本耗费巨大的特点来看，为保证原告不致滥用司法资源，要求原告与争议的民事实体权利义务关系具有某种程度的实质联系，即对原告资格设置一定的限制，有其必要性，但目前法律规定的“直接利害关系”规则对原告起诉条件要求过于严苛。2012 年修订后的《民事诉讼法》对公益诉讼作出明文规定，该法第 55 条规定：“对污染环境、侵害众多消费者合法权益等损害社会公共利益的行为，法律规定的机关和有关组织可以向人民法院提起诉讼”，该规定已经突破了“直接利害关系”要求，即对公益诉讼特别地采取了诉的利益说，经法律授权的当事人可以成为公益诉讼的原告，不以原告与争议有直接利害关系为限。在未来民事诉讼法的修订过程中，如能一般性地采用诉的利益说作为正当当事人的理论基础，取代“直接利害关系规则”，对于扩大当事人主体资格范围，强化司法保护，提高司法解决纠纷的能力，是十分有利的。

【典型案例】

鸿润锦源（厦门）房地产开发有限公司与彭雄浑、鸿润集团房地产投资有限公司商品房预售合同纠纷案

上诉人（原审被告）：鸿润锦源（厦门）房地产开发有限公司，住所地：福建省厦门市禾祥西路 325 号华鸿花园 4 座 1 楼 A、B、C 单元。

法定代表人：许礼评，该公司董事长。

委托代理人：林涛，福建知圆律师事务所律师。

---

① 肖建华：“正当当事人理论的现代阐释”，载《比较法研究》2000 年第 4 期。

② 毕玉谦、谭秋桂、杨路：《民事诉讼研究及立法论证》，人民法院出版社 2006 年版，第 163 ~ 164 页。

被上诉人（原审原告）：彭雄浑（PENG STEPHEN），香港居民。

委托代理人：王萍，北京市天亚律师事务所律师。

委托代理人：王英，北京市天亚律师事务所律师。

〔基本案情〕

上诉人鸿润锦源（厦门）房地产开发有限公司与被上诉人彭雄浑（PENG STEPHEN）及原审被告鸿润集团房地产投资有限公司（HUNG YUN GROUP LIMITED）商品房预售合同纠纷一案，福建省高级人民法院作出（2005）闽民初字第38号民事裁定，驳回鸿润锦源（厦门）房地产开发有限公司对本案提出的管辖权异议。鸿润锦源（厦门）房地产开发有限公司对该裁定不服，向本院提起上诉。本院依法组成合议庭对本案进行了审查。现已审查终结。

〔一审查明的事实〕

经审查，鸿润锦源（厦门）房地产开发有限公司在一审提交答辩状期间以其不是该案适格被告为由提出管辖权异议，请求驳回原告的起诉。

〔一审裁判理由与结果〕

一审法院经审查认为，《中华人民共和国民事诉讼法》第一百零八条①第（一）、（二）、（三）项规定起诉必须符合的条件是：原告是与本案有直接利害关系的公民、法人和其他组织；有明确的被告；有具体的诉讼请求和事实、理由。可见，就被告而言，只要明确，该项条件就具备。本案原告彭雄浑起诉的两个被告均是明确的，且具备诉讼主体资格。因此，依照《中华人民共和国民事诉讼法》第二十四条②“因合同纠纷提起的诉讼，由被告所在地或者合同履行地人民法院管辖”、第二十二条第三款“同一诉讼的几个被告住所地、经常居住地在两个以上人民法院辖区的，各该人民法院都有管辖权”的规定，一审法院对本案有管辖权。由于鸿润锦源（厦门）房地产开发有限公司关于“其及鸿润集团房地产投资有限公司（HUNG YUN GROUP LIMITED）均不是适格被告”的主张，与本案管辖权的确定无关，其以此为由对一审法院受理本案提出管辖权异议，一审法院不予采纳。依照《中华人民共和国民事诉讼法》第三十八条、第一百四十条③第一款第（二）项、第二款之规定，裁定驳回鸿润锦源（厦门）房地产开发有限公司对本案提出的管辖权异议。

〔当事人上诉意见〕

鸿润锦源（厦门）房地产开发有限公司对一审裁定不服，仍以其不是适格被告、一审法院适用法律错误为由，向本院提起上诉。

---

① 对应2012年《民事诉讼法》第119条。

② 对应2012年《民事诉讼法》第23条。

③ 对应2012年《民事诉讼法》第127、154条。

〔最高人民法院裁判理由与结果〕

本院认为，当事人有权提出管辖权异议。但根据《中华人民共和国民事诉讼法》第一百零八条第（四）项和第三十八条的规定，管辖权异议是指是否属于人民法院主管或管辖的案件。本案鸿润锦源（厦门）房地产开发有限公司以其不是本案适格被告为由提出管辖权异议，不属于民事诉讼法规定的管辖权异议的情形。鸿润锦源（厦门）房地产开发有限公司是否是本案的适格被告，应经人民法院的实体审理确定。一审法院以管辖权异议作出裁定，适用法律错误，应予撤销。

由于一审裁定仅针对鸿润锦源（厦门）房地产开发有限公司提出的管辖权异议作出的，不涉及鸿润集团房地产投资有限公司（HUNG YUN GROUP LIMITED）的诉讼权利，故本裁定无需列明鸿润集团房地产投资有限公司（HUNG YUN GROUP LIMITED）在本上诉案中的诉讼地位。

根据《中华人民共和国民事诉讼法》第一百五十四条①、最高人民法院《关于适用〈中华人民共和国民事诉讼法〉若干问题的意见》第188条②第（2）、（3）项的规定，裁定如下：

撤销福建省高级人民法院（2005）闽民初字第38号民事裁定。

规则14：案件受理后被告依法提出管辖权异议的，受理案件的法院应当就确定案件管辖权的事实依据和法律依据进行全面审查，高级人民法院可依法行使一审专利纠纷案件管辖权

——河北新凯汽车制造有限公司、高碑店新凯汽车制造有限公司与（日本）本田技研工业株式会社、东风本田汽车（武汉）有限公司、北京鑫升百利汽车贸易有限公司侵犯外观设计专利权纠纷案③

【裁判规则】

对于案件管辖的确定，人民法院在受理立案中仅进行初步审查，只要相关证据在形式上符合法律规定，即可依法决定受理。但在受理案件后，被告方依法提出管辖权异议的，受理案件的法院应当就确定案件管辖权的事实依据和法律依据进行全

① 对应2012年《民事诉讼法》第171条。

② 对应《民事诉讼法解释》第333条。

③ 《中华人民共和国最高人民法院公报》2006年第9期，最高人民法院（2005）民三终字第2号民事裁定书。

面审查，包括对有关证据的审查认定。

《最高人民法院关于审理专利纠纷案件适用法律问题的若干规定》第 2 条关于“专利纠纷第一审案件，由各省、自治区、直辖市人民政府所在地的中级人民法院和最高人民法院指定的中级人民法院管辖”的规定，旨在将专利纠纷第一审案件的最低审级确定为中级人民法院，并未排除高级人民法院依法对专利纠纷第一审案件行使管辖权。

【规则理解】

一、立案审查和管辖权异议审查的区分

管辖权异议的审查标准不同于民事一审案件的立案受理标准。对于民事一审案件，人民法院确定受理与否时仅进行初步审查，只要相关证据在形式上符合法律规定，即可依法决定受理。根据《民事诉讼法》第 119 条的规定，起诉必须同时具备四个条件：1. 原告是与本案有直接利害关系的公民、法人和其他组织；2. 有明确的被告；3. 有具体的诉讼请求和事实、理由；4. 属于人民法院受理民事诉讼的范围和受诉人民法院管辖。《民事诉讼法》第 55 条对公益诉讼做了特别规定，“对污染环境、侵害众多消费者合法权益等损害社会公共利益的行为，法律规定的机关和有关组织可以向人民法院提起诉讼”，在公益诉讼领域以法定主体代替“与本案直接利害关系”的原告提起诉讼的主体资格。

2015 年 4 月 1 日，中央全面深化改革领导小组第十一次会议审议通过了《关于人民法院推行立案登记制改革的意见》，为充分保障当事人诉权，切实解决人民群众反映的“立案难”问题，改革法院案件受理制度，变立案审查制为立案登记制。登记立案程序为：1. 实行当场登记立案。对符合法律规定的起诉、自诉和申请，一律接收诉状，当场登记立案。对当场不能判定是否符合法律规定的，应当在法律规定的期限内决定是否立案。2. 实行一次性全面告知和补正。起诉、自诉和申请材料不符合形式要件的，应当及时释明，以书面形式一次性全面告知应当补正的材料和期限。在指定期限内经补正符合法律规定条件的，人民法院应当登记立案。3. 不符合法律规定的起诉、自诉和申请的处理。对不符合法律规定的起诉、自诉和申请，应当依法裁决不予受理或者不予立案，并载明理由。当事人不服的，可以提起上诉或者申请复议。禁止不收材料、不予答复、不出具法律文书。4. 严格执行立案标准。禁止在法律规定之外设定受理条件，全面清理和废止不符合法律规定的立案“土政策”。《民事诉讼法解释》第 208 条规定：“人民法院接到当事人提交的民事起诉状时，对符合民事诉讼法第一百一十九条的规定，且不属于第一百二十四条规定情形的，应当登记立案；对当场不能判定是否符合起诉条件的，应当接收起诉

材料，并出具注明收到日期的书面凭证。需要补充必要相关材料的，人民法院应当及时告知当事人。在补齐相关材料后，应当在七日内决定是否立案。立案后发现不符合起诉条件或者属于民事诉讼法第一百二十四条规定情形的，裁定驳回起诉。”

根据上述规定，在起诉立案阶段，基于保障当事人诉权的考虑，当原告起诉时，对于原告是否与本案有直接利害关系、是否属于人民法院受理民事诉讼范围、是否属于受诉人民法院管辖，法院仅根据起诉状以及原告列明的证据和证据来源，进行初步的形式审查。只要当事人具备程序意义上的起诉要件时，法院就应当受理，以防止形成对当事人诉权的不当限制。与立案受理程序不同的是，管辖权异议的审查程序是受理后对管辖权这一诉讼要件具备与否作出有约束力的判断程序。由于立案审查仅基于原告单方提供的起诉材料进行“入口”式的审查，该种审查必然会带有片面性、形式性和初步性，因此，我国民事诉讼法赋予了被告提出管辖权异议的权利。管辖权异议制度是法律赋予对立案受理程序形式审查的一种“事后救济”，通过一定程序对被告提出的异议进行审查，由法院最终确定其是否具有管辖权。

二、对管辖权异议实行全面审查

（一）对管辖权异议审查的不同认识

《民事诉讼法》第127条第1款规定：“人民法院受理案件后，当事人对管辖权有异议的，应当在提交答辩状期间提出。人民法院对当事人提出的异议，应当审查。异议成立的，裁定将案件移送有管辖权的人民法院；异议不成立的，裁定驳回。”关于管辖权异议的审查标准，有三种不同的观点。① 第一种观点认为，管辖权异议的审查应当是形式审查，理由为管辖权异议是一个纯粹的程序问题，程序审理阶段不应涉及任何实体问题的处理。当事人提供的材料是否真实、合理、合法，只有在案件进入实体审理后才能认定。因此，对管辖权异议的审查只应是表面化的形式审查。第二种观点认为，对管辖权异议案件应作实体审查，审判权的具体行使有赖于管辖权的确定。如法院对案件没有管辖权，则排除了法院对该案的审判。因此，对管辖权的审查应当是实质性的，这样做有利于审判的稳定和公正。第三种观点认为，应以形式审查为主，实质审查为辅。理由为管辖权异议属于程序性问题，因此对该问题的审查当然以形式为主。但是管辖权异议的审查目的在于确定案件的管辖权，为了保证法院正确地行使对案件的管辖权和审判权，辅以一定的实体审查是极为必要的。

---

① 毕玉谦、谭秋贵、杨路：《民事诉讼研究及立法论证》，人民法院出版社2006年版，第117页。

（二）对管辖权异议审查的把握

管辖权异议虽然是程序性问题，但程序性审查不能完全等同于表面审查和形式审查。特定情况下程序问题和实体问题不能截然分开。人民法院对管辖权异议的审查，虽然解决的是程序争议，但经常会涉及案件的实体问题。例如，对于合同具体履行地点及履行与否等与确定管辖权的直接相关的实体问题，法院必须通过审查当事人签订的合同的性质、合同条款以及履行情况等方面的证据，予以正确判定。《民事诉讼法》第23条规定："因合同纠纷提起的诉讼，由被告住所地或者合同履行地人民法院管辖。"第34条规定："合同或者其他财产权益纠纷的当事人可以书面协议选择被告住所地、合同履行地、合同签订地、原告住所地、标的物所在地等与争议有实际联系的地点的人民法院管辖，但不得违反本法对级别管辖和专属管辖的规定。"双方当事人往往对合同履行地有不同的理解。《民事诉讼法意见》第18条至第22条规定了几种合同履行地的确定方法，对合同纠纷案件的地域管辖基本上还是坚持传统的"特征履行说"，即依据交易性质确定债务特征，并由主义务履行地法院管辖。但是由于合同履行地具有多样性和不确定性，且主要根据合同的实体性质判断，法院需要先审实体后定管辖，导致审判实践中不同种类的合同纠纷的管辖权规则错综复杂，管辖权异议泛滥。为简化合同履行地的判断规则，《民事诉讼法解释》对上述意见的内容进行了调整，即司法解释第18条规定："合同约定履行地点的，以约定的履行地点为合同履行地。合同对履行地点没有约定或约定不明确，争议标的为给付货币的，接收货币一方所在地为合同履行地；交付不动产的，不动产所在地为合同履行地；其他标的，履行义务一方所在地为合同履行地。即时结清的合同，交易行为地为合同履行地。合同没有实际履行，当事人双方住所地都不在合同约定的履行地的，由被告住所地人民法院管辖。"因此，当事人如提出管辖权异议的，受理案件的法院应当就确定案件管辖权的事实依据和法律依据进行全面审查，包括对有关证据的审查认定。根据举证责任规则，当事人对自己提出的诉讼请求所依据的事实或者反驳对方诉讼请求所依据的事实有责任提供证据加以证明。没有证据或者证据不足以证明当事人主张的事实，由负有举证责任的当事人承担不利后果。在对管辖权这一程序性问题的判断过程中，当事人应当围绕管辖权构成的各项事实要件和法律要件进行举证、质证，由人民法院予以查明认定。《最高人民法院关于审理专利纠纷案件适用法律问题的若干规定》第6条规定，以制造者与销售者为共同被告起诉的，销售地人民法院有管辖权。在专利纠纷诉讼的管辖依据的争议处理过程中，当事人应当就"销售地"的有关既有事实提供证据加以证明，法院在对相关事实和法律依据进行全面审查后，确定其是否享有管辖权。

三、专利纠纷案件的审级

（一）确立管辖制度的原则

我国民事诉讼法确立管辖制度主要依据以下几个原则：一是便利当事人诉讼原则。二是便利人民法院审判原则。只有便利人民法院进行审判和执行裁判，才能保证诉讼程序的高效率运行。三是保证各级人民法院工作负担的均衡原则。四是涉外民事诉讼中的维护国家主权原则。五是原则性与灵活性相结合原则。在该五项原则的统领下，民事诉讼法规定了级别管辖制度，解决各级人民法院受理第一审民事案件的分工与权限，确定人民法院管辖权的纵向格局分类；规定了地域管辖制度解决同级人民法院之间受理第一审民事案件的分工与权限，确定人民法院管辖权的横向格局分类。

（二）集中管辖制度的功能

由于集中管辖制度的功能在于将专业性强、法律问题复杂的案件集中至部分指定中级法院管辖，有效排除地方保护主义的干扰，充分发挥专业化审判力量的作用，有利于统一裁判标准、保障审判质量以及审判效率的提高，因此，最高人民法院根据《民事诉讼法》的管辖原则，通过司法解释的形式对某些特殊类别的案件采取集中管辖的制度，指定部分法院予以受理。如对知识产权案件、涉外涉港澳台民商事案件等分别实行集中管辖制度。《最高人民法院关于审理专利纠纷案件适用法律问题的若干规定》第2条第1款规定："专利纠纷第一审案件，由各省、自治区、直辖市人民政府所在地的中级人民法院和最高人民法院指定的中级人民法院管辖。"《最高人民法院关于涉外民商事案件诉讼管辖若干问题的规定》第1条第1款规定："第一审涉外民商事案件由下列人民法院管辖：（一）国务院批准设立的经济技术开发区人民法院；（二）省会、自治区首府、直辖市所在地的中级人民法院；（三）经济特区、计划单列市中级人民法院；（四）最高人民法院指定的其他中级人民法院；（五）高级人民法院。上述中级人民法院的区域管辖范围由所在地的高级人民法院确定。"同时规定，发生在与外国接壤的边境省份的边境贸易纠纷案件、涉外房地产案件和涉外知识产权案件，不适用该规定。上述对涉外民商事案件的管辖规定也属于集中管辖的模式。

（三）专利民事纠纷实行集中管辖

专利民事纠纷实行集中管辖，第一审案件的最低审级确定为中级人民法院，且必须是获得最高人民法院授权管辖的中级人民法院，但这并不意味着就排除了高级人民法院对专利纠纷依法享有的第一审案件管辖权。2010年1月，《最高人民法院关于调整地方各级人民法院管辖第一审知识产权民事案件标准的通知》[①] 规定：

---

① 最高人民法院法发［2010］5号。

1. 高级人民法院管辖诉讼标的额在2亿元以上的第一审知识产权民事案件，以及诉讼标的额在1亿元以上且当事人一方住所地不在其辖区或者涉外、涉港澳台的第一审知识产权民事案件；2. 对于本通知第一项标准以下的第一审知识产权民事案件，除应当由经最高人民法院指定具有一般知识产权民事案件管辖权的基层人民法院管辖的以外，均由中级人民法院管辖。该通知第5条规定："对专利、植物新品种、集成电路布图设计纠纷案件和涉及驰名商标认定的纠纷案件以及垄断纠纷案件等特殊类型的第一审知识产权民事案件，确定管辖时还应当符合最高人民法院有关上述案件管辖的特别规定。"根据上述规定，高级人民法院本身就是享有知识产权纠纷集中管辖权的法院。如专利纠纷争议的标的数额超过中级人民法院受案标准，属于该区域相应的高级人民法院受案标准的，应当依照规定由高级人民法院行使管辖权。例如，本案原告起诉请求的赔偿额为1亿元人民币，依据当时有效的《北京市高级人民法院关于北京市各级人民法院受理第一审知识产权民事纠纷案件级别管辖的规定》的规定，争议金额在1亿元以上的知识产权民事纠纷案件（含涉外纠纷案件）由该高级人民法院管辖。该规定内容符合民事诉讼法及最高人民法院司法解释的有关规定，可以作为确定本案级别管辖的依据，北京市高级人民法院对本案具有级别管辖权。

（四）知识产权法院

党的十八届三中全会提出要"加强知识产权运用和保护，健全技术创新激励机制，探索建立知识产权法院。"2014年8月31日，全国人民代表大会常务委员会第十次会议通过《全国人民代表大会常务委员会关于在北京、上海、广州设立知识产权法院的决定》。2014年10月27日，最高人民法院公布《最高人民法院关于北京、上海、广州知识产权法院案件管辖的规定》，对知识产权法院的案件管辖及审级关系，包括一审管辖、跨区域管辖、专属管辖、二审管辖、上诉管辖及未结案件处理等问题做出了明确规定。2014年11月至12月期间，北京、广州、上海三家知识产权法院相继成立。

在北京、上海和广州设立的知识产权法院，其突出特点是集中审理技术类知识产权案件，根据全国人大常委会决定和最高人民法院 ，知识产权法院管辖有关专利、植物新品种、集成电路布图设计、技术秘密等专业技术性较强的第一审知识产权民事和行政案件。不服国务院行政部门裁定或者决定而提起的第一审知识产权授权确权行政案件，由北京知识产权法院管辖。知识产权法院实行跨区域管辖，在知识产权法院设立的三年内，先管辖本省和直辖市的技术类知识产权案件。根据规定，全国人大常委会决定实行满三年，最高人民法院应当报告决定的实施情况。今后在总结经验的基础上，可能会设立更多的审理技术类案件的知识产权案件，已经成立的北京、上海和广州知识产权法院也有可能在三年以后跨区域管辖其他省、市、自治区的技术类知识产权案件。

【拓展适用】

一、管辖权异议审查的处理

管辖权异议，是指当事人向受诉人民法院提出的该院对案件无管辖权的主张。管辖权的确定是法院处理案件其他程序问题和所有实体问题的前提。只有在管辖权异议问题解决之后，审理法院才能够决定其他程序和实体问题。由于确定诉讼管辖的因素比较复杂，法院在起诉立案阶段是依据原告起诉时单方面提供的材料初步确定的管辖权，因此法院受理依法并不属于该院管辖的案件在所难免。我国民事诉讼法设置管辖权异议制度有利于实现原、被告诉讼权利的平等，使被告能够对抗原告向不具有管辖权法院起诉的滥权行为。管辖权异议制度不仅体现了对当事人诉讼权利的尊重，同时也是对立案受理阶段表面审查程序所存在缺陷的一种救济，确保人民法院审慎地对待管辖问题。受诉人民法院收到当事人提出的管辖权异议后，应当认真进行全面审查，必要时应召集双方当事人进行询问。对当事人所提出的管辖权异议，区别情况作出不同的处理：

（一）对当事人就地域管辖提出异议的处理

对当事人就地域管辖提出的异议，经审查，异议成立的，裁定将案件移送有管辖权的人民法院；异议不成立，裁定驳回。当事人对此裁定不服，可以在裁定书送达之日起十日内向上一级人民法院提出上诉，第二审人民法院应当依法作出书面裁定。当事人对管辖权问题申请再审的，不影响受诉法院对该案件的审理。

（二）对当事人就级别管辖提出异议的处理

根据《最高人民法院关于审理民事级别管辖异议案件若干问题的规定》，当事人就级别管辖提出的异议，经审查，异议成立的，裁定移送有管辖权的人民法院；异议不成立的，裁定驳回。同时，人民法院对于级别管辖问题也有依职权审查的义务。当事人未依法提出管辖权异议，但受诉人民法院发现其没有级别管辖权的，应当将案件移送有管辖权的人民法院审理。对于将案件移送上级人民法院管辖的裁定，当事人未提出上诉，但受移送的上级人民法院认为确有错误的，可以依职权裁定撤销。被告以受诉人民法院同时违反级别管辖和地域管辖规定为由提出管辖权异议的，受诉人民法院应当一并作出裁定。

（三）对当事人以有仲裁协议提出异议的处理

对当事人以存在书面仲裁协议应由仲裁庭管辖而提出的异议，严格意义上讲，该种异议不属于管辖权异议的范畴，而是对人民法院主管权限的异议。人民法院应当根据《民事诉讼法》第124条第2项“依照法律规定，双方当事人达成书面仲裁协议申请仲裁、不得向人民法院起诉的，告知原告向仲裁机构申请仲裁”以及《民事诉讼法解释》第215条和第216条[①]的规定进行审查。如异议成立，存在有效仲裁协议的，则排除法院管辖权，人民法院应裁定驳回原告起诉。如异议不成立，即仲裁协议不成立、无效、失效或内容不明确无法执行的，人民法院有权依法受理当事人一方的起诉，则应当裁定驳回当事人的异议。

二、当事人提起管辖权异议的条件

根据《民事诉讼法》第127条，管辖权异议的提起必须符合三个条件：一是必须由当事人提出，通常是由被告提出。二是必须在法定期间内提出，且只能对第一审民事案件提出。我国《民事诉讼法》第127条第1款规定，当事人对管辖权有异议的，应当在提交答辩状期间提出。当事人逾期提交的管辖权异议，人民法院不予接受。三是管辖权异议必须以书面形式提出。

由于《民事诉讼法》第127条在规定管辖权异议的主体时，用了“当事人”的概念，因此，对于是否所有诉讼当事人都有权提出管辖权异议，实践中存在一定争议。《最高人民法院关于第三人能否对管辖权提出异议问题的批复》[②] 规定：“一、有独立请求权的第三人主动参加他人已开始的诉讼，应视为承认和接受了受诉法院的管辖，因而不发生对管辖权提出异议的问题；如果是受诉法院依职权通知他参加诉讼，则他有权选择是以有独立请求权的第三人的身份参加诉讼，还是以原告身份向其他有管辖权的法院另行起诉。二、无独立请求的第三人参加他人已开始的诉讼，是通过支持一方当事人的主张，维护自己的利益。由于他在诉讼中始终辅助一方当事人，并以一方当事人的主张为转移。所以，他无权对受诉法院的管辖权提出异议。”可见，该司法解释对此问题有一定明确，司法实务应按最高人民法院的司法解释进行处理。

---

① 《最高人民法院关于适用〈中华人民共和国民事诉讼法〉的解释》第215条规定：“依照民事诉讼法第一百二十四条第二项的规定，当事人在书面合同中订有仲裁条款，或者在发生纠纷后达成书面仲裁协议，一方向人民法院起诉的，人民法院应当告知原告向仲裁机构申请仲裁，其坚持起诉的，裁定不予受理，但仲裁条款或者仲裁协议不成立、无效、失效、内容不明确无法执行的除外。”第216条规定：“在人民法院首次开庭前，被告以有书面仲裁协议为由对受理民事案件提出异议的，人民法院应当进行审查。经审查符合下列情形之一的，人民法院应当裁定驳回起诉：（一）仲裁机构或者人民法院已经确认仲裁协议有效的；（二）当事人没有在仲裁庭首次开庭前对仲裁协议的效力提出异议的；（三）仲裁协议符合仲裁法第十六条规定且不具有仲裁法第十七条规定情形的。”

② 最高人民法院法（经）复［1990］9号。

三、级别管辖异议的上诉程序

级别管辖是上下级法院之间就一审案件审理方面的分工。人民法院对当事人关于级别管辖的异议如何处理，司法实践中曾有不同的认识。有观点①认为当事人就级别管辖权提出管辖异议的，受诉法院应认真审查，确无管辖权的，应将案件移送有管辖权的法院，并告知当事人，但不作裁定。根据该通知，对人民法院就级别管辖异议作出的决定，当事人不享有上诉权。这是考虑到级别管辖属职权性规范，有明确的判定标准，人民法院审查后，发现不符合级别管辖规定的，移送有管辖权的法院；符合级别管辖规定的，案件继续审理。级别管辖以通知方式告知当事人，不作裁定，避免当事人滥用级别管辖异议权利拖延诉讼进程。

2009 年 7 月，《最高人民法院关于审理民事级别管辖异议案件若干问题的规定》第 1 条规定，对级别管辖异议，受诉人民法院应当审查，并在受理异议之日起十五日内作出裁定，异议不成立的，裁定驳回；异议成立的，裁定移送有管辖权的人民法院。该司法解释的价值取向由诉讼效率转变为更重视对诉讼权利的保障。从立法逻辑上说，我国民事诉讼法规定的管辖权异议制度，既然没有排除对级别管辖的适用，则自然适用于当事人对级别管辖的异议，包括对人民法院就级别管辖异议作出的裁定的上诉权利。级别管辖对当事人诉讼利益的影响巨大，赋予管辖权异议程序中的上诉权，有其必要性。同时，该司法解释第 4 条规定：“上级人民法院根据民事诉讼法第三十九第一款②的规定，将其管辖的第一审民事案件交由下级人民法院审理的，应当作出裁定。当事人对裁定不服提起上诉的，第二审人民法院应当依法审理并作出裁定。”第 5 条第 1 款规定：“对于应由上级人民法院管辖的第一审民事案件，下级人民法院不得报请上级人民法院交其审理。”可见，该司法解释还针对司法实践中出现的管辖权下放转移做出了限制性规定。

【典型案例】

河北新凯汽车制造有限公司、高碑店新凯汽车制造有限公司与（日本）本田技研工业株式会社、东风本田汽车（武汉）有限公司、北京鑫升百利汽车贸易有限公司侵犯外观设计专利权纠纷案

上诉人（原审被告）：河北新凯汽车制造有限公司，住所地：河北省高碑店市南大街。

法定代表人：张振堂，该公司董事长。

---

① 《最高人民法院关于当事人就级别管辖提出异议应如何处理问题的函》（最高人民法院法函［1995］95 号）；已失效。

② 2012 年《民事诉讼法》第 38 条第 1 款。

委托代理人：王金才，河北高碑店金杯律师事务所律师。

委托代理人：魏建华，该公司副总经理。

上诉人（原审被告）：高碑店新凯汽车制造有限公司，住所地：河北省高碑店市南大街79号。

法定代表人：张秀英，该公司董事长。

委托代理人：王金才，河北高碑店金杯律师事务所律师。

委托代理人：魏建华，该公司副总经理。

被上诉人（原审原告）：（日本）本田技研工业株式会社，住所地：日本国东京都港区南青山2－1－1。

法定代表人：荻野道义，该社董事长。

委托代理人：韩登营，北京市金杜律师事务所律师。

委托代理人：张守志，北京市金杜律师事务所律师。

被上诉人（原审原告）：东风本田汽车（武汉）有限公司，住所地：湖北省武汉市武汉经济技术开发区车城东道。

法定代表人：周文杰，该公司董事长。

委托代理人：韩登营，北京市金杜律师事务所律师。

委托代理人：张守志，北京市金杜律师事务所律师。

原审被告：北京鑫升百利汽车贸易有限公司，住所地：北京市朝阳区安定门外大屯232号。

法定代表人：喻刚，该公司总经理。

〔基本案情〕

上诉人河北新凯汽车制造有限公司、高碑店新凯汽车制造有限公司为与被上诉人（日本）本田技研工业株式会社、东风本田汽车（武汉）有限公司、原审被告北京鑫升百利汽车贸易有限公司侵犯外观设计专利权纠纷管辖权异议一案，不服中华人民共和国北京市高级人民法院（2004）高民初字第1472号民事裁定，向本院提起共同上诉称：1. 对原审裁定关于北京鑫升百利汽车贸易有限公司销售被控侵权产品的说法，被上诉人未举证，也未经质证。2. 原审裁定对上诉人在管辖异议中提出的专利纠纷第一审案件由中级人民法院管辖而不能由高级人民法院管辖的理由未予答复；且北京市高级人民法院关于一审知识产权民事案件级别管辖的有关规定违法，与《最高人民法院关于审理专利纠纷案件适用法律问题的若干规定》第二条的规定相悖。3. 上诉人已就涉案四个专利向国家知识产权局专利复审委员会提出无效宣告请求并被受理，上诉人也已向原审法院提出中止审理的申请，请求二审法院在本案审理中一并予以考虑。

两被上诉人共同答辩称：1. 原审被告北京鑫升百利汽车贸易有限公司销售了被控侵权产品，北京市法院对本案有管辖权，被上诉人对此在一审举证期限内已经提交了经过公证的有关证据；因管辖权异议依法应在答辩期内提出，而答辩期在举证期限内质证程序之前，对管辖权异议的裁定不可能依据已经质证的证据材料作出。2. 北京市高级人民法院有关一审知识产权民事案件级别管辖的规定系依据民事诉讼法及其司法解释的规定而制定，其中规定，争议金额1亿元以上的知识产权案件由高级人民法院管辖。据此，北京市高级人民法院对本案有管辖权。3. 上诉人无权要求在本案二审中审查其向原审法院提出的中止审理的请求。4. 上诉人无正当理由而提出管辖权异议并且曲解法律又就管辖权异议裁定提起上诉，意在拖延本案审理程序。

原审被告北京鑫升百利汽车贸易有限公司未就本案提出意见。

〔最高人民法院查明的事实〕

本院经审理查明：原审法院于2004年11月30日在向两上诉人送达原告起诉状的同时，已将两被上诉人起诉时提交的十六份证据一并送达，其中证据七（北京市公证处［2004］京证经字第05752号《公证书》）和证据八（北京市公证处［2004］京证经字第05753号《公证书》）用于证明北京鑫升百利汽车贸易有限公司销售了被控侵权产品，即厂牌型号为HXK6491E的汽车。二审中，两上诉人认可其已收到上述证据，但以公证人员未出庭为由，拒绝发表进一步的质证意见。

另查明，两上诉人在一审提交答辩状期间对本案管辖权提出共同异议，理由如下：1. 被控侵权产品即型号为HXK6491E的汽车系由河北新凯汽车制造有限公司制造，该公司住所地在河北省，依据有关司法解释，本案应由河北省石家庄市中级人民法院管辖。2. 依据司法解释的有关规定，专利纠纷第一审案件由中级人民法院管辖，北京市高级人民法院受理本案不妥。上诉人在管辖权异议中未涉及北京鑫升百利汽车贸易有限公司是否系本案被控侵权产品销售者的问题。

〔最高人民法院裁判理由与结果〕

本院认为：（一）关于确定本案地域管辖权的依据，即北京鑫升百利汽车贸易有限公司是否系本案被控侵权产品的销售者。对案件管辖的确定，在受理立案中法院仅进行初步审查，有关证据只要在形式上符合法律规定，即可依法决定受理。但在案件受理后被告依法提出管辖权异议时，受理该案的法院应当就确定案件管辖权的事实依据和法律依据进行全面审查，包括对有关证据的审查认定。

本案北京鑫升百利汽车贸易有限公司是否系被控侵权产品的销售者，涉及确定原审法院对本案有无地域管辖权的事实依据问题。原审法院未对有关证据召集当事人进行审查核对，有所不妥。但是，在被告并未将此作为其管辖权异议所依据的事实和理由的情况下，原审法院仅针对其异议所依据的事实和理由作出裁定，尚不属实质错误。

在二审期间，本院曾召集双方当事人就此事实进行调查，两上诉人一方面以公证人员未出庭为由，拒绝对两被上诉人提交的证明北京鑫升百利汽车贸易有限公司系本案被控侵权产品销售者的公证文书发表进一步质证意见；另一方面又明确表示对此没有任何证据可以提交。两上诉人对有关公证文书不予认可的理由并不充分，也缺乏法律依据，应当视为其放弃对该证据进行进一步质证的权利。依据民事诉讼法第六十七条①、《最高人民法院关于民事诉讼证据的若干规定》第九条第一款第（六）项和第二款之规定，在当事人没有相反证据足以推翻公证证明的情况下，人民法院即将经过法定程序公证证明的事实作为认定案件事实的证据。

因此，本院认定被上诉人所举公证文书可以证明北京鑫升百利汽车贸易有限公司系本案被控侵权产品的销售者。依据《最高人民法院关于审理专利纠纷案件适用法律问题的若干规定》第六条关于"以制造者和销售者为共同被告起诉的，销售地人民法院有管辖权"的规定，作为被控侵权产品销售者所在地，北京市有关法院对本案具有地域管辖权。两上诉人的前述上诉理由虽然部分成立，但尚不足以改变对本案的地域管辖。两被上诉人关于对管辖权异议的裁定不可能依据已经质证的证据材料而作出的答辩意见，亦不成立，也不影响本院对本案管辖的确定。

（二）关于北京市高级人民法院对本案行使级别管辖权是否违法。《最高人民法院关于审理专利纠纷案件适用法律问题的若干规定》第二条规定："专利纠纷第一审案件，由各省、自治区、直辖市人民政府所在地的中级人民法院和最高人民法院指定的中级人民法院管辖。"本条规定的本意在于专利纠纷案件的最低审级应当是这些指定的中级人民法院，并未排除高级人民法院依法行使一审专利纠纷案件管辖权。北京市高级人民法院于2002年12月17日制定的《关于北京市各级人民法院受理第一审知识产权民事纠纷案件级别管辖的规定》② 中规定，争议金额1亿元以上的知识产权民事纠纷案件（含涉外纠纷案件）由高级人民法院管辖。该规定内容符合民事诉讼法及本院司法解释的有关规定，可以作为确定本案级别管辖的依据。本案原告起诉请求的赔偿额为1亿元人民币，北京市高级人民法院对本案具有级别管辖权。两上诉人关于高级人民法院不能管辖第一审专利纠纷案件和北京市高级人民法院制定的关于一审知识产权民事案件级别管辖的有关规定违法的上诉理由均不能成立。但原审法院对两上诉人的此管辖权异议理由未作评判，亦有所缺憾。

（三）关于是否应当考虑两上诉人所提中止诉讼的请求。管辖权的确定是法院处理案件其他程序问题和所有实体问题的前提，只有在管辖权异议问题解决之后，审理法院才需要审查决定是否应当中止诉讼等诸问题。作为处理管辖权异议的上诉案件，中止诉讼问题不属于本案的审理范围，本院对此不予审查。

另外，对两被上诉人所提两上诉人以无理的管辖权异议拖延本案审理程序的意

---

① 对应2012年《民事诉讼法》第69条。

② 已被北京市高级人民法院印发的《关于北京市各级人民法院受理第一审知识产权民事纠纷案件级别管辖的规定》（京高法发［2008］173号）废止。

见，由于两上诉人系依法行使诉讼权利，也与本案的审理无关，本院亦不予支持。

综上，上诉人的主要上诉理由不成立。本院依照《中华人民共和国民事诉讼法》第一百五十三条①第一款第（一）项和第一百五十四条②之规定，裁定如下：

驳回上诉，维持原裁定。

本裁定为终审裁定。

---

① 对应2012年《民事诉讼法》第170条。

② 对应2012年《民事诉讼法》第171条。

第十一章　涉外民事诉讼管辖

规则 15：涉外民事诉讼中，被告有权以“不方便管辖”为由抗辩原告的起诉，但受案法院有权酌情裁量是否采纳

——郭叶律师行与厦门华洋彩印公司代理合同纠纷管辖权异议案①

【裁判规则】

1. 不方便管辖是指依照本国法律或缔结的国际条约，受案法院对某一国际民事诉讼享有管辖权，但该管辖权的实际行使，将给当事人和法院的工作带来种种不便，无法保障司法公正，也不能使争议得到迅速有效的解决，当别国法院对这一诉讼同样享有管辖权时，根据被告的请求，受案法院可以自身不方便管辖为由，裁定拒绝行使管辖权。

2. 对于我国人民法院和其他国家或者地区的法院都有管辖权的案件，一方当事人向其他国家或者地区的法院起诉后，又就同一争议向我国人民法院起诉，或者对方当事人就同一争议向人民法院提起诉讼的，外国法院是否已经受理案件或者作出判决，不影响人民法院行使管辖权，人民法院可予受理。外国法院判决已经被我国法院承认和执行的，人民法院不应受理。我国缔结或者参加的国际条约另有规定的，按规定办理。

【规则理解】

一、不方便管辖原则概述

（一）不方便管辖原则在我国适用的不同认识

不方便管辖，在国际私法理论中通常称为“不方便法院”，不方便管辖原则并没有一个统一的定义，一般认为，该原则是指一国法院依据国内法或有关国际条约，对某一涉外案件享有管辖权，但因其审理该案将给当事人及司法带来种种不便

① 《中华人民共和国最高人民法院公报》2004 年第 7 期。

而拒绝行使管辖权，使当事人在另一个更为方便的法院进行诉讼的制度。① 不方便管辖原则起源于苏格兰，成熟及发展于英格兰、美国和澳大利亚，并由此扩展到其他普通法国家，但很少国家通过立法予以规定。② 我国《民事诉讼法》没有规定不方便管辖原则，因此，对于不方便管辖原则能否在我国适用，一直是学术界争议较大的问题。持反对意见的学者的主要理由为：1. 普通法系国家以“有效控制原则”为基础实行较为灵活的民商事管辖权制度，不方便管辖作为一项基本原则是普通法系国家管辖权制度的固有特征。我国的管辖权制度类似德国法的规定，一般以被告在内国设有住所或惯常居所、标的物处于内国等确定管辖权，已经注重了国际管辖权的协调，不方便管辖原则在我国缺乏必要的运作环境；2. 不方便管辖原则赋予法官广泛的自由裁量权，我国司法人员整体素质还不够高，加上法律监督机制不完善，容易导致不方便管辖原则适用的不一致性和不确定性；3. 我国管辖权制度较为合理，原告挑选我国法院可能性不大，因此不方便管辖原则的作用在我国并不明显；4. 不方便管辖原则本身具有较多难以克服的不足，例如缺乏确定性、可能为被告利用成为拖延诉讼的策略等。③

建议我国采纳不方便管辖原则的学者则认为：1. 我国立法上存在潜在的涉外民商事管辖权的积极冲突，不方便管辖原则是解决国际民商事管辖权冲突的有效工具；2. 不方便管辖原则体现国际礼让的理念；3. 不方便管辖原则能够确保案件审理的公正性、维护当事人的正当权益。将那些与内国缺乏必要联系，而且调查取证、当事人及证人出庭困难，诉讼成本高昂的案件交由其他可替代的更合适便利的法院管辖，更有利于实现诉讼的公正和效率。④

（二）不方便管辖原则在我国适用的理由

我们认为，不方便管辖原则是伴随着国际民商事管辖权的扩张而发展起来的内国法院反向自我限制管辖权的一项制度，可以在我国司法实践中借鉴吸收。第一，我国《民事诉讼法》除第二章规定普通地域管辖外，还于第265条规定了特殊地域管辖，由此赋予我国法院对涉外及涉港澳台民商事纠纷案件享有较为宽泛的管辖权基础，且我国民事诉讼法没有规定类似德国法的先受诉法院管辖制度，因此不方便管辖原则作为协调国际民商事管辖权冲突的一项工具有其存在的必要性。第二，尽

① 赵相林主编：《国际私法》，中国政法大学出版社2000年版，第366页；李双元主编：《国际私法学》，北京大学出版社2000年版，第536页。

② Fawcett J. J. , Declining Jurisdictionin Private International Law, OUP1995, pp. 14 ~ 16.

③ 徐伟功：“我国不宜采用不方便法院原则——以不方便法院原则的运作环境与功能为视角”，载《法学评论》2006年第1期。

④ 陈育华：“‘不方便法院’原则在中国”，载《法制与社会》2007年第4期。

管我国《民事诉讼法》没有规定不方便管辖原则，但是《民事诉讼法》第2条规定其任务是保护当事人行使诉讼权利，保证人民法院查明事实、分清是非，正确适用法律，及时审理民事案件，确认民事权利义务关系，制裁民事违法行为，保护当事人的合法权益，其蕴含的价值取向是为当事人合法权益提供及时救济以及维护司法正义的实现。而不方便管辖原则的基本功能是出于保护当事人合法权益、有效实现司法公正和效益的特殊需要，根据司法礼让原则，使当事人通过明显更为方便和合适的法院得到救济。其中，该原则的一项重要功能就是从客观上限制原告任意挑选法院造成被告不便及司法资源浪费的滥用诉权行为，从而有效地协调国际民商事管辖权冲突。因此，不方便管辖原则的基本理念与《民事诉讼法》所规定的便于人民法院行使审判权和方便当事人诉讼的精神是相一致的，对该制度予以借鉴吸收，具有法理基础。第三，即使适用不方便管辖原则拒绝行使管辖权，也不存在与司法主权原则相冲突的问题。不方便管辖原则的适用本身就是人民法院对我国司法主权的一种合法处分，其仍然是司法主权的体现。不方便管辖原则的适用表明该国具有国际司法礼让精神，有利于减少重复诉讼和对抗诉讼，维护国际管辖权秩序的一致性和稳定性，所以不方便管辖原则亦是国际司法协助原则的具体体现。第四，不方便管辖原则不仅便利当事人诉讼，有利于实现司法公正和正义，而且能够有效避免平行诉讼产生的挑选法院、判决冲突等问题，并在一定程度上减轻法院负担，提高诉讼效益。从近年来我国涉外及涉港澳台民商事案件运用不方便管辖原则的司法实践看,[①] 法官在运用自由裁量权时十分慎重，适用该原则的法律效果总体较为良好。在总结司法实践经验的基础上，《民事诉讼法解释》第532条对不方便管辖原则作出了明确规定。该条规定："涉外民事案件同时符合下列情形的，人民法院可以裁定驳回原告的起诉，告知其向更方便的外国法院提起诉讼：（一）被告提出案件应由更方便外国法院管辖的请求，或者提出管辖异议；（二）当事人之间不存在选择中华人民共和国法院管辖的协议；（三）案件不属于中华人民共和国法院专属管辖；（四）案件不涉及中华人民共和国国家、公民、法人或者其他组织的利益；（五）案件争议的主要事实不是发生在中华人民共和国境内，且案件不适用中华人民共和国法律，人民法院审理案件在认定事实和适用法律方面存在重大困难；（六）外国

① 东鹏贸易公司与东亚银行信用证纠纷案，参见最高人民法院中国应用法学研究所编：《人民法院案例选》（第3辑），人民法院出版社1996年版，第143页；佳华有限公司、永侨企业有限公司与锐亨公司股东权纠纷管辖权异议上诉案，参见最高人民法院（1995）经终字第138号民事裁定书；住友银行有限公司与新华房地产有限公司贷款合同纠纷管辖权异议上诉案，参见最高人民法院（1999）经终字第194号民事裁定书。

法院对案件享有管辖权，且审理该案件更加方便。”

二、不方便管辖原则在我国适用的把握标准

《民事诉讼法解释》的上述规定为不方便管辖原则在我国司法实践中的适用提供了具体指引。我们认为，不方便管辖原则的适用条件总体应把握如下要点：

（一）我国法院对涉外民事案件具有管辖权是适用不方便管辖原则的基本前提

不方便管辖是涉外民事诉讼程序的一项特殊制度，仅限于在涉外民事诉讼中适用。由于管辖权有无以及是否行使是两个不同阶段的问题，所以只有确定我国法院对某涉外民事案件具有管辖权后，才有讨论是否适用不方便管辖原则不予行使的可能性。因此，我国法院对案件本身享有管辖权是适用不方便管辖原则的基本前提。如果认定我国法院对涉外民事案件没有管辖权，则应直接裁定驳回原告起诉，而没有适用不方便管辖原则的余地。

（二）不方便管辖原则的适用必须满足全部的法定要件

由于司法管辖权是国家司法主权的重要组成部分，一般而言，一国法院不能拒绝行使或轻易放弃行使管辖权。司法实践中，部分法院以查明和适用外国法困难为由就希望不予行使管辖权，这种思想是错误的，应予指出。人民法院必须在满足《民事诉讼法解释》第 532 条规定的全部条件的情况下，才可以考虑拒绝行使管辖权。

（三）法院不应依职权适用不方便管辖原则

《民事诉讼法解释》第 532 条第 1 项规定的条件为“被告提出案件应由更方便外国法院管辖的请求，或者提出管辖异议”。不方便管辖原则包含的一项重大利益因素是我国法院相对于当事人程序及实体利益的保护是否便利。由于当事人才是自身利益的最佳判断者，因此，不方便管辖原则仅在被告以该项理由提出抗辩时法院才应予以考虑，法院不能依职权主动适用不方便管辖原则。即使被告提出了管辖权异议，如其未以不方便管辖原则作为特定抗辩事由，法院仍不应在处理管辖权异议过程中主动适用不方便管辖原则。此外，还应注意避免在案件实体审理阶段适用不方便管辖原则进行审查，即被告提出不方便管辖的抗辩事由应当明示提出且时间应限定在管辖权异议期间内。

（四）协议管辖的情形不适用不方便管辖原则

如当事人协议选择纠纷由我国法院管辖（包括排他性和非排他性协议管辖）或者以出庭应诉并进行实体答辩的方式自愿接受我国法院管辖的，意味着当事人认为由我国法院行使管辖对其并无不便因素，此时不应适用不方便管辖原则。故《民事诉讼法解释》第 532 条第 2 项规定，当事人之间不存在选择中华人民共和国法院

管辖的协议。

（五）专属管辖的情形不适用不方便管辖原则

专属管辖，是指对某些特定类型的案件，我国法律强制规定只能由特定的人民法院行使管辖权。专属管辖是排斥其他管辖类型的法定管辖，其不仅排除了一般地域管辖和特殊地域管辖的适用，也排除了协议管辖的适用，因此外国法院根本没有行使管辖权的可能性，更加没有我国法院根据不方便管辖原则拒绝行使管辖权的可能。《民事诉讼法解释》第532条第3项规定了案件不属于中华人民共和国法院专属管辖的适用条件。

（六）不方便管辖原则不仅应当由被告提出该项特定抗辩事由，而且必须由被告完成举证责任

根据《民事诉讼法解释》第532条的规定，被告提出适用不方便管辖原则，须在案件诉讼的便利性证明要件方面证明两项内容：一是被告须证明我国法院审理案件存在明显的不方便因素，案件争议的主要事实不是发生在我国境内，且案件不适用我国法律，人民法院审理案件在认定事实和适用法律方面存在重大困难；二是被告还应证明另一具有管辖权的外国法院更适合解决纠纷，且审理该案件更加方便。具体来说，应考虑以下因素：1. 案件不涉及中华人民共和国国家、公民、法人或者其他组织的利益。2. 案件争议的主要事实不是发生在我国境内。3. 在查明事实方面，应考虑证据的取得是否便利，证人是否位于境外，是否方便出庭作证，是否存在查明事实重大不便的情形。随着现代科技以及公证认证行业的发展，证人出庭以及证据取得的方便程度作为不方便因素的权重正在降低。但如果涉及多名证人位于境外、绝大部分书面证据位于境外，必须通过司法协助途径取得的，或者现场勘查地位于境外的，而案件的判决更依赖于出庭证人的证言及法院调取证据，则证据所在地的法院具有更方便审理的条件，此时证据仍可以作为认定不方便审理的重要因素。4. 外国法的查明和适用是否存在重大困难。法院地的法官精通本国法，但对外国法未必熟悉，依据不熟悉的法律去判案，也难以保证判决的正确，故一般认为，由适用其本国法的法院审理案件比适用外国法审理案件的法院更为便利。5. 该外国法院是否具有管辖权及更方便当事人进行诉讼，包括当事人对该外国法院使用的法庭语言是否熟悉、送达的可能性和及时性、是否会造成诉讼延宕等，均会作为考虑因素。此外，外国发生的平行诉讼也是确定法院是否便利的一项重要因素。对于存在平行诉讼，尤其是外国法院就相同诉因相同当事人的未决诉讼受理在先并且已达到一个更具优势的阶段，以至于会对当事人之间的争议产生某种影响时，该未决诉讼可以作为外国法院是否更方便审理的考虑因素。

（七）不方便管辖原则具有自由裁量性

根据《民事诉讼法解释》第532条的规定，涉外民事案件同时符合第1项至第6项情形，人民法院可以裁定驳回原告的起诉，告知其向更方便的外国法院提起诉讼。也即是说，不方便管辖原则是具有自由裁量性质的原则，即使满足全部法定要件，人民法院仍然具有酌情裁量是否拒绝行使管辖权的权利。这需要法官综合考量平衡发各种利益，将最符合公平正义的实现、最便利当事人合法权益的救济、体现和兼顾国际礼让原则作为裁量的主要价值取向。其中是否方便当事人申请执行是一项重要的裁量因素。尽管适用不方便管辖原则的涉外民事案件是境外当事人之间的纠纷，不涉及我国国家、公民、法人及其他组织的利益，但被告方在我国境内有可供扣押的财产。此时有必要考虑被告主要财产所在地在哪个国家、我国与另一有管辖权的外国法院是否有司法协助关系、由我国法院审理是否更方便合法债权的实现，注意不能因为拒绝行使管辖权而明显损害原告的合法权益。例如被告仅在我国境内有可供扣押的财产，而由于另一具有管辖权的外国法院与我国并无条约或互惠关系，该外国法院判决将无法得到我国承认和执行，此时如适用不方便管辖原则显然会损害原告合法权益。郭叶律师行诉厦门华洋彩印公司代理合同纠纷管辖权异议案是一宗较具代表性的案例。该案中，法院列举了适用不方便管辖原则应予考量的因素，但最后给予最多权重的是有管辖权的香港法院判决在内地能否得到执行。该案的重要价值在于首次提出法院对当事人利益保护的合宜性判断问题，而不是仅仅将法院审理案件的方便性作为判断指标。该案认为避免当事人重复诉讼、保障当事人合法权益是不方便管辖原则所追求的价值目标之一，其中境外法院判决能否在内地得到执行是一项重要判断指标。如果有管辖权的香港法院的判决在我国不能得到执行，当事人合法权益就不能得到救济，内地法院就不能以不方便管辖原则为由拒绝行使管辖权。该案对不方便管辖原则的理解和认定结果是恰当的。

（八）区际民商事纠纷的特殊考量

因区际民商事纠纷产生的管辖权冲突是在同一个国家主权下的内部法律冲突，与主权国家之间的民商事管辖权冲突有着本质的区别①，因此在区际民商事纠纷中可以更为灵活地通过运用不方便管辖原则协调管辖权问题。我国《民事诉讼法》第35条规定：“两个以上人民法院都有管辖权的诉讼，原告可以向其中一个法院起诉；原告向两个以上有管辖权的人民法院起诉的，由最先立案的人民法院管辖。”我国法律仅对内地法院之间的平行诉讼适用“先受理法院管辖原则”，但对以平行

① 陈力：“内地与香港民商事管辖权的冲突与协调”，载《中国国际私法与比较法年刊》2001年第4卷。

诉讼形式存在的区际管辖权冲突问题则未作规定。1989 年《全国沿海地区涉外、涉港澳经济审判工作座谈会纪要》① 在第 1 条管辖问题第 4 款中提出，“凡是中国法院享有管辖权的涉外、涉港澳经济纠纷案件，外国法院或者港澳地区法院对该案的受理，并不影响当事人就同一案件在我国人民法院起诉，但是否受理，应当根据案件的具体情况决定”，包含了通过不方便管辖原则防止平行诉讼的思路。最高人民法院已先后公布实施了《最高人民法院关于内地与澳门特别行政区相互认可和执行民商事判决的安排》②、《最高人民法院关于内地与香港特别行政区法院相互认可和执行当事人协议管辖的民商事案件判决的安排》③、《最高人民法院关于人民法院认可台湾地区有关法院民事判决的补充规定》④《最高人民法院关于认可和执行台湾地区法院民事判决的规定》（法释［2015］13 号），区际判决的认可和执行制度渐趋成熟。因此，在区际民商事纠纷领域，可以根据区际判决认可和执行的可能性，更多地通过不方便管辖原则调整区际民商事管辖权冲突，避免平行诉讼的产生。

最后，如确定我国法院不方便管辖的，形式上应裁定驳回原告起诉，但应注意避免管辖权的消极冲突。如我国法院适用不方便管辖原则裁定驳回原告起诉后，但外国法院却拒绝行使管辖权的，则构成管辖权的消极冲突，遭受损害的一方投诉无门，将给当事人造成极大的不便和不公正。如原告重新向我国法院起诉，则应认定不构成重复诉讼，不适用一事不再理原则，我国法院仍应予以受理。

【拓展适用】

一、国际民商事案件的管辖权冲突与协调

（一）国际民商事案件管辖权冲突的内涵

国际民商事案件管辖权冲突，是指两个或两个以上国家的法院对同一国际民商事案件都主张管辖权或都拒绝行使管辖权的情况。前者称为积极冲突，表现为平行诉讼；后者称为消极冲突，表现为当事人无法获得司法救济。国际民商事案件管辖权冲突产生的直接原因是各国管辖权立法的差异，⑤ 其背后隐藏的是国家主权利益的冲突与当事人利益的冲突。一方面，国际民商事诉讼管辖权是国家主权在司法领域的重要体现，各国无不从自己的主权利益出发在立法和司法实践中极力扩大本国

---

① 最高人民法院法（经）发［1989］12 号。

② 最高人民法院法释［2006］2 号。

③ 最高人民法院法释［2008］9 号。

④ 最高人民法院法释［2009］4 号；已失效。

⑤ 韩德培主编：《国际私法新论》，武汉大学出版社 1997 年版，第 630 页。

法院的管辖权，保护本国的政治经济利益；另一方面，当事人为谋求自身利益最大化，在不同的国家法院重复提起诉讼，使潜在冲突转化为现实冲突。随着 20 世纪 90 年代以来的经济全球化浪潮的发展，各国相互之间的经济依存度加深，国际民商事交往越来越频繁，国际民商事争议呈快速增长趋势，当事人挑选法院的倾向也日趋明显，这些因素的共同作用使得各国法院面临着较过往任何一个时期更为频繁的国际司法管辖权冲突问题。

（二）国际民商事诉讼管辖权冲突解决的途径

国际民商事诉讼管辖权冲突的解决途径有两种：一是国内法律机制；二是国际条约。由于国际民商事案件管辖权的确定和行使直接涉及国家主权利益以及当事人利益的保护，所以迄今为止，国际社会尚未形成统一的、为世界各国普遍接受和适用的国际民商事案件管辖权公约。其中较为成功的区域性国际条约有欧盟理事会第 44/2001 号《关于民商事管辖权和判决承认与执行的条例》，又称《布鲁塞尔条例》。海牙国际私法协会于 2005 年 6 月 30 日通过了《选择法院协议公约》，是国际民商事协议管辖权和判决承认与执行领域谈判取得的突破性成果，目前公约已经生效，并已经有 29 个缔约国。但包括我国在内的较多国家尚未加入该公约，因此当前国际社会普遍实践仍然是由各国根据其内国法来确定内国法院对特定国际民商事案件是否具有管辖权。

二、平行诉讼

当前国际民商事管辖权司法实践中，平行诉讼是各国法院面临的共性问题，其表现为重复诉讼和对抗诉讼两种形式。重复诉讼，即相同当事人的一事两诉，同一原告对同一被告就同一诉讼标的在不同国家同时或者先后提起诉讼。对抗诉讼，即相反当事人的一事两诉，双方当事人就同一诉讼分别在不同国家同时或者先后提起诉讼。平行诉讼带来的问题集中在两方面：一是诉讼成本高、司法资源浪费现象突出。当事人不得不参加重复的诉讼，支付增加的诉讼费用。由于被告的应诉及法院的受理取决于原告的选择，而原告通常会在具有管辖权的各国法院中挑选对自身利益最有利的法院提起诉讼，由此产生当事人“挑选法院”的现象。这不仅对当事人造成负担，也加重了法院的案件压力，导致司法资源的不当消耗。二是平行诉讼会带来判决冲突。实践中，由于两个平行诉讼的法院适用不同的法律，导致相互冲突的判决，不仅使争议不能得到有效解决，而且不利于判决的承认和执行。

平行诉讼是国际民商事管辖权领域不可消除并将长期存在的现象。但值得注意的是，当今国际社会，合作和礼让逐渐成为主流，为防止平行诉讼带来的管辖权及判决冲突，普通法系国家较多采用不方便管辖原则，调整国际民商事诉讼管辖权的冲突。不方便管辖原则的基本理念是通过寻找更合适的法院达到公正司法的目的，运用自由裁量权决定是否中止审理或拒绝管辖。代表性的国家有英国、美国、加拿大、澳大利亚等。而大陆法系国家强调法律的可预见性，更倾向于通过先受诉法院管辖理论，赋予法官在有限的自由裁量权下决定是否中止诉讼。代表性的国家有法国、德国等。有些大陆法系的国家和地区实行类似“不方便管辖”的制度。例如日本最高法院在 Gotoetal v Malaysian Airline System 案①中建立了“正义和合理”的标准，认为国际案件符合《日本民事诉讼法典》规定的管辖权基础，日本法院即具有管辖权，除非管辖权的行使构成违背正义和正当程序的特殊情况才予以放弃行使。再如我国台湾地区的“民事诉讼法”第 182－2 条规定：“当事人就已系属于外国法院之事件更行起诉，如有相当理由足认该事件之外国法院判决在台湾地区有承认其效力之可能，并于被告在外国应诉无重大不便者，法院得在外国法院判决确定前，以裁定停止诉讼程序。但两造合意愿由台湾地区法院裁判者，不在此限。”

我国《民事诉讼法》没有对国际民商事诉讼的管辖权冲突问题作出具体规定，《民事诉讼法》第 281 条规定：“外国法院作出的发生法律效力的判决、裁定，需要中华人民共和国人民法院承认和执行的，可以由当事人直接向中华人民共和国有管辖权的中级人民法院申请承认和执行，也可以由外国法院依照该国与中华人民共和国缔结或者参加的国际条约的规定，或者按照互惠原则，请求人民法院承认和执行。”《民事诉讼法解释》第 533 条规定“中华人民共和国法院和外国法院都有管辖权的案件，一方当事人向外国法院起诉，而另一方当事人向中华人民共和国法院起诉的，人民法院可予受理。判决后，外国法院申请或者当事人请求人民法院承认和执行外国法院对本案作出的判决、裁定的，不予准许；但双方共同缔结或者参加的国际条约另有规定的除外。外国法院判决、裁定已经被人民法院承认，当事人就同一争议向人民法院起诉的，人民法院不予受理。”第 544 条规定：“当事人向中华人民共和国有管辖权的中级人民法院申请承认和执行外国法院作出的发生法律效力的判决、裁定的，如果该法院所在国与中华人民共和国没有缔结或者共同参加国际条约，也没有互惠关系的，裁定驳回申请，但当事人向人民法院申请承认外国法院作出的发生法律效力的离婚判决的除外。承认和执行申请被裁定驳回的，当事人可以向人民法院起诉。”由上述规定可知，我国司法实践对国际民商事的平行诉讼持承认态度，对于同一争议的重复诉讼或对抗诉讼，外国法院是否已经受理案件，不影响人民法院行使管辖权，人民法院可予受理，除非我国缔结或参加的国际条约有特别规定。即使外国法院就同一争议已经作出判决，如该判决未经我国法院的承认

① 徐伟功：《不方便法院原则研究》，吉林人民出版社 2002 年版，第 286～294 页。

和执行，则未在我国境内发生法律效力，因此人民法院仍然可以依据我国民事诉讼法的规定行使管辖权。

【典型案例】

郭叶律师行与厦门华洋彩印公司代理合同纠纷管辖权异议案

原告：郭叶律师行，住所地：香港特别行政区中环。

诉讼代表人：郭林广，该律师行合伙人。

被告：福建省厦门华洋彩色印刷有限公司，住所地：厦门市海沧新阳工业区。

法定代表人：周建福，该公司董事长。

〔基本案情〕

原告郭叶律师行因与被告福建省厦门华洋彩色印刷有限公司（以下简称华洋彩印公司）发生代理合同纠纷，于2003年7月7日向福建省厦门市中级人民法院提起诉讼。

原告诉称：2000年11月29日，原告与被告华洋彩印公司签订了《聘任书》，约定由原告担任被告公司在香港上市的保荐人和承销商的律师，向保荐人和承销商提供法律服务，由被告给原告支付法律专业服务费用。《聘任书》签订后，原告完成了提供法律服务的义务，而被告却不支付费用，理由是其上市失败。上市失败是被告自己的原因造成的。请求判令被告支付拖欠的法律专业服务费用港币1444882元。

被告华洋彩印公司接到诉状后，于2003年7月22日提出管辖权异议。理由是：原告郭叶律师行提供的证据，自身已显示出内容多为虚假，这些假证全部在香港制造；郭叶律师行极有可能涉嫌触犯香港刑律；且该案在香港有重大影响，香港媒体此前均有报道。故本案应由香港法院适用香港法律审理为妥，申请将本案移交香港司法管辖。

在厦门市中级人民法院审查管辖权异议过程中，被告华洋彩印公司又解释：其提出管辖权异议的本意，不是不承认厦门市中级人民法院对本案的管辖权，而是认为厦门市中级人民法院审理本案存在着诸多不便。例如，本案在香港有较大影响，涉及虚假上市问题、香港中介机构问题，可能还涉嫌刑事犯罪，法院调查事实困难；涉案合同约定了适用香港法律，法院查明并适用香港法律特别是判例法困难；涉案的杰威国际控股有限公司注册地点在百慕大，在我国没有住所地，法院追加其为本案当事人困难。况且原告郭叶律师行已经就本案在香港法院提起诉讼，如果内地法院再受理，就成为“一事二诉”。将本案移交香港处理，有利于维护香港的司法独立。

对被告华洋彩印公司提出的管辖权异议，原告郭叶律师行认为：本案是律师完成代理业务后追讨律师费用，根本不存在涉嫌犯罪的问题。华洋彩印公司的注册地点在厦门，厦门市中级人民法院依法享有管辖权。这一点，就是华洋彩印公司在管辖权异议中也不能否认。至于虚假上市和涉嫌犯罪等事实方面的调查与法律适用，必须在进入实体审理后才能确定。华洋彩印公司在香港既没有住所地也没有财产，由香港法院审理，判决将无法执行。华洋彩印公司提出的种种不方便理由，均不能成立。由华洋彩印公司的住所地法院审理本案，就是最大的方便。

厦门市中级人民法院经审理，就管辖权问题查明以下事实：

1. 被告华洋彩印公司的注册地点在厦门市；2. 华洋彩印公司在香港没有办公场所、没有财产；3. 原告郭叶律师行在向厦门市中级人民法院起诉前，为追讨代理上市的律师费用，已经于2003年6月29日在香港法院起诉了杰威国际控股有限公司、华洋彩印公司和林再德，华洋彩印公司尚未收到香港法院的司法文书。

〔一审裁判理由与结果〕

厦门市中级人民法院认为：本案被告华洋彩印公司提出的管辖权异议，涉及国际民事诉讼中平行诉讼和不方便法院的问题。

平行诉讼，是指相同当事人之间就同一标的在两个或两个以上国家或地区的法院进行诉讼，也称“一事两诉”。由于各国都奉行国家主权原则，而对民事诉讼行使司法管辖权，是国家主权在民事诉讼领域的体现，因此在国际民事诉讼中，平行诉讼是存在的，也是允许的。我国司法实践不排除平行诉讼。对同一案件，只要根据我国法律或者我国参加的国际条约规定，我国法院有管辖权，则不问该案是否在其他国家或者地区起诉，或者该案是否已由其他国家或者地区审理，或者其他国家或者地区是否已对该案作出判决，均不影响我国法院对该案的管辖。

原告郭叶律师行以华洋彩印公司为被告，在厦门市中级人民法院提起的代理合同纠纷诉讼，是涉港民事诉讼。香港是我国的一个独立司法区域，目前与内地尚未建立解决管辖权冲突和相互承认与执行法院裁决的司法协助关系。故香港法院是否受理同一诉讼，不是内地法院能否受理的前提。华洋彩印公司以郭叶律师行已经在香港法院提起诉讼，内地法院再受理就成为“一事二诉”为由，主张将本案移交香港法院处理，理由不能成立。

不方便法院的问题，是指依照本国法律或国际条约规定，受案法院对某一国际民事诉讼享有管辖权，但该管辖权的实际行使，将给当事人和法院的工作带来种种不便，无法保障司法公正，也不能使争议得到迅速有效的解决，当别国法院对这一诉讼同样享有管辖权时，受案法院即可以自身属不方便法院为由，依职权或者根据被告的请求，裁定拒绝行使管辖权。这说明，这种国际民事诉讼不仅受案法院享有管辖权，还应当有一个以上可替代受案法院的别国法院同样享有管辖权。受案法院能否以自身是不方便法院为由拒绝行使管辖权，通常考虑的因素有：（1）原告选择该法院起诉的理由；（2）被告到该法院应诉是否方便；（3）争议行为或交易的发生地位于何处；（4）证据可否取得；（5）适用法律的查明是否方便；（6）可否完成对所有当事人的送达；（7）判决可否执行；（8）语言交流是否方便；（9）本院案件积压情况；等等。还应当指出，尽管被告有权以“不方便法院”为由抗辩原告的起诉，但受案法院是否采纳，应当由受案法院根据案件的具体情况，从及时、有效和最大限度地保护当事人合法权益出发，自由裁量。

《中华人民共和国民事诉讼法》第二百三十七条①规定：“在中华人民共和国领域内进行涉外民事诉讼，适用本编规定。本编没有规定的，适用本法其他有关规定。”第二十四条②规定：“因合同纠纷提起的诉讼，由被告住所地或者合同履行地人民法院管辖。”本案被告华洋彩印公司的住所地在厦门，原告郭叶律师行以华洋彩印公司为被告，在厦门市中级人民法院提起的代理合同纠纷诉讼，厦门市中级人民法院有权管辖。本案合同履行地在香港，双方当事人在合同上约定了适用香港法律并由香港法院行使非排他性的管辖权，香港法院当然也有权管辖。解决内地与香港法院的管辖权冲突与解决其他涉外案件一样，既要维护内地法院的司法管辖权，也要加强双方的互助与合作。本案是代理合同纠纷之诉，若由香港法院审理本案，一旦判决华洋彩印公司承担义务，由于华洋彩印公司的住所和财产均在内地，当事人只有在内地重新诉讼，才有可能使生效判决得到执行。为避免当事人重复诉讼，及时有效地保障当事人的合法权益，本案由厦门市中级人民法院审理最为合适，厦门市中级人民法院不能以自身是不方便法院为由拒绝行使管辖权。

据此，厦门市中级人民法院于2003年8月13日裁定：

驳回被告厦门华洋彩色印刷有限公司对本案管辖权提出的异议。

裁定书送达后，双方当事人在法定的上诉期间内都没有提出上诉，裁定已发生法律效力。

---

① 对应2012年《民事诉讼法》第261条。

② 对应2012年《民事诉讼法》第23条。

第十二章　适格当事人

规则16：民政部门不具有作为身份不明死亡受害人人身损害赔偿纠纷赔偿权利的主体资格，不是案件的适格诉讼主体

——江苏省高淳县民政局与王昌胜、吕芳、天安保险江苏分公司交通事故人身损害赔偿纠纷案①

【裁判规则】

交通事故引发的人身损害赔偿案件中，死亡受害人的身份未能被确定，经公安部门刊发启示未发现其近亲属，政府民政部门作为原告提起民事诉讼，要求赔偿义务人承担赔偿责任的，因民政部门不是法律规定的赔偿权利人，与案件不存在民事权利义务关系，且其法定职责不包括代表或代替权利主体提起民事诉讼，故民政部门不是案件的适格诉讼主体，其起诉应依法驳回。

【规则理解】

一、当事人作为原告适格的界定

（一）传统观点对原告的认识

按照我国民事诉讼理论的传统观点，民事诉讼中的当事人是指因民事上的权利义务关系发生纠纷，以自己的名义进行诉讼，并受人民法院裁判拘束的直接利害关系人。② 要求法院行使民事裁判权的人，即提起诉讼的人称为原告，其被诉的相对人称为被告。《民事诉讼法》第119条规定："起诉必须符合下列条件：（一）原告是与本案有直接利害关系的公民、法人和其他组织……"。根据该条规定，原告必须与案件有直接利害关系，必须是因自己的民事权益受到侵害或者与他人发生争议，否则，法院将不予受理或者驳回起诉，采的即是"直接利害关系规则"的传统观点。主要目的有二：一是赋予民事主体在自身应受法律保护的利益受损或者面临

① 《中华人民共和国最高人民法院公报》2007年第6期。

② 章武生主编：《民事诉讼法新论》，法律出版社2002年版，第159页。

危险时起诉的权利，保障当事人诉权的行使；二是避免原告滥用诉权，使一方当事人无端陷入诉讼，同时将一些与案件无关的人排除在诉讼之外，确保民事诉讼过程中所耗费的司法资源具有现实效益。相对于适格原告以直接利害关系作为约束条件，我国《民事诉讼法》对被告则没有作出适格性要求的规定，仅依原告主张而确定。《民事诉讼法》第119条在起诉条件中仅规定有明确的被告即可，因此，被告适格与否属于实体审理判断事项，不影响被告的当事人地位和诉讼程序的进行。如被告最终确定不是争执的实体权利义务关系人，即非适格被告，法院应实体判决驳回原告对该被告的诉讼请求。

（二）对原告必须与案件有直接利害关系的突破

尽管理论界较多学者认为我国《民事诉讼法》对原告主体适格要求门槛过高，混淆了形式当事人和正当当事人的区别，不利于民事主体的权益保护，建议将诉讼上的当事人概念与实体法完全分离，当事人主体地位仅以原告主观主张为准。① 但从历次《民事诉讼法》修订过程看，原告的适格性要求始终没有改变。需要注意的，在2012年《民事诉讼法》修改时，增加了关于公益诉讼的规定，该法第55条规定："对污染环境、侵害众多消费者合法权益等损害社会公共利益的行为，法律规定的机关和有关组织可以向人民法院提起诉讼。"该条规定根据公益诉讼旨在保护公共利益、受害人具有不特定性、适用"不告不理"原则难以维护公共利益的特点，规定"法律规定的机关和有关组织"可以为公益诉讼的适格原告。从该条规定看，原告的主体资格已经突破了普通民事诉讼的"直接利害关系规则"要求，这意味着我国民事诉讼当事人正式区分为两大类：一是为保护自己利益的直接利害关系人；一是为保护他人利益的间接利害关系人。但间接利害关系人成为适格原告仍然有严格的法定限制，在公益诉讼中必须是有明确的法律依据规定能够提起该诉讼的机关和组织，这体现了从主体层面控制滥诉风险的立法考量。

二、人身损害赔偿纠纷中的适格主体

（一）人身损害赔偿纠纷中的适格原告

侵权损害赔偿是侵权责任法提供给受害人的救济方式。《侵权责任法》第2条规定："侵害民事权益，应当依照本法承担侵权责任。本法所称民事权益，包括生命权、健康权、姓名权、名誉权、荣誉权、肖像权、隐私权、婚姻自主权、监护权、所有权、用益物权、担保物权、著作权、专利权、商标专用权、发现权、股权、继承权等人身、财产权益。"第3条规定："被侵权人有权请求侵权人承担侵权

---

① 毕玉谦、谭秋桂、杨路：《民事诉讼研究及立法论证》，人民法院出版社2006年版，第163页；章武生主编：《民事诉讼法新论》，法律出版社2002年版，第160页。

责任。”根据上述规定，人身侵权损害赔偿纠纷的权利主体，又称为赔偿权利人，是侵权损害赔偿纠纷的适格原告，其享有侵权损害赔偿请求权。一般来说，赔偿权利人是被侵权人即受害人，但《侵权责任法》第 18 条做了一些特别规定，包含如下内容：

一是被侵权人死亡的，其近亲属有权请求侵权人承担侵权责任。关于近亲属的范围，《民法通则意见》第 12 条规定：“民法通则规定的近亲属包括配偶、父母、子女、兄弟姐妹、祖父母、外祖父母、孙子女、外孙子女。”《继承法》第 10 条规定：“遗产按照下列顺序继承：第一顺序：配偶、子女、父母。第二顺序：兄弟姐妹、祖父母、外祖父母……”在确定原告主体资格适格与否时，应当按照《民法通则意见》对近亲属的解释进行理解。

二是被侵权人死亡的，支付被侵权人医疗费、丧葬费等合理费用的人有权请求侵权人赔偿费用，但侵权人已支付该费用的除外。对于支付上述合理费用的人是侵权人以外的第三人时，该第三人为赔偿权利人，其请求权依据在理论上有不同的解释：（1）无因管理说，即第三人是侵权人的无因管理人；（2）不当得利说，即第三人的行为使得赔偿义务人获得利益；（3）侵权行为说，即第三人是因侵权行为而遭受损害的人。从立法者意思，其似乎是采侵权行为说。①

（二）人身损害赔偿纠纷中的适格被告

侵权损害赔偿的义务主体，又称为赔偿义务人，是指应当承担侵权损害赔偿责任的主体，通常情况下是案件的被告。《侵权责任法》第 3 条笼统规定赔偿义务人为侵权人，不是特别准确。赔偿义务人的确定，要考虑各类具体的侵权责任。在普通的过错责任中，赔偿义务人是实施侵权行为的人，即侵权人。但是在其他情况下，应当是法律规定的责任人，如监护人、雇主、动物饲养人、工作物的所有人等。②《最高人民法院关于审理人身损害赔偿案件适用法律若干问题的解释》③ 专门就人身损害赔偿纠纷的当事人资格问题做出了规定。该司法解释第 1 条规定：“因生命、健康、身体遭受侵害，赔偿权利人起诉请求赔偿义务人赔偿财产损失和精神损害的，人民法院应予受理。本条所称‘赔偿权利人’，是指因侵权行为或者其他致害原因直接遭受人身损害的受害人、依法由受害人承担扶养义务的被扶养人以及

---

① 全国人大常委会法制工作委员会民法室编：《〈中华人民共和国侵权责任法〉条文说明、立法理由及相关规定》，北京大学出版社 2010 年版，第 68 页。

② 王利明、周友军、高圣平：《中国侵权责任法教程》，人民法院出版社 2010 年版，第 326 页。

③ 最高人民法院法释［2003］20 号。

死亡受害人的近亲属。本条所称'赔偿义务人'，是指因自己或者他人的侵权行为以及其他致害原因依法应当承担民事责任的自然人、法人或者其他组织。"该条对人身损害赔偿诉讼的赔偿权利人以及赔偿义务人的规定较《侵权责任法》更为具体明确，在损害赔偿案件中均为适格主体。

三、死亡的被侵权人无近亲属或近亲属无法查明时的原告资格

（一）不同的学说

对于被侵权人因侵权行为而死亡，又无法查明近亲属或者没有近亲属的案件，是否存在赔偿权利人即适格原告的问题，由于立法没有做出规定，理论界和实务部门对此有相当大的争议。主要形成两种观点：

1. 否定说。该观点认为，在立法没有授权的情况下，由民政局或其他政府机关"代诉"的行为缺乏法律依据和正当性基础。虽然经公安部门在报纸上刊发启示后直至案件一、二审期间，死亡被侵权人的赔偿权利人尚未出现，但尚不能排除赔偿权利人客观存在的可能。赔偿权利人在知悉案件有关情况后，依法仍然可以要求赔偿义务人承担民事赔偿责任。因此，"代诉"行为不仅无法律依据，还可能损害赔偿权利人的权利，反而容易引起新的矛盾和纠纷。

2. 肯定说。该观点认为，此种情况属法律漏洞，侵权人严重违法却免责，违背基本法理和社会公平正义理念，司法实践应作漏洞填补，应由特定机关作为原告起诉。但对由何机关或组织作为原告起诉主要有以下三种不同观点：第一种观点认为，应由检察院作为原告起诉，其依据是我国《民事诉讼法》第15条规定的支持起诉原则。该条规定："机关、社会团体、企业事业单位对损害国家、集体或者个人民事权益的行为，可以支持受损害的单位或者个人向人民法院起诉"。第二种观点认为，应由民政局作为原告代位起诉。理由为：（1）受害人近亲属缺位时可采用推定近亲属存在这一技术处理，此没有加重侵权人的义务；（2）《城市生活无着落的流浪乞讨人员救助管理办法》第4条第1款规定："县级以上人民政府民政部门负责流浪乞讨人员的救助工作，并对救助站进行指导、监督。"该规定明确了民政局对流浪人员的救助职责，民政局的代位起诉行为是对死者"近亲属"的帮助和救济，可以理解为"社会救济"、"社会服务"的范畴；（3）公共服务的性质是积极行政，要求行政机关在法定权限内积极作为，推定民政局有代为诉讼的职能，不违反权力不得推定原则。[①] 第三种观点认为，赔偿权利主体即适格原告应当包括两类：一是为死者支付治疗费、丧葬费等费用的人。依据《侵权责任法》第18条的规定，

---

① 屈茂辉、武彬："受害人近亲属缺位的死亡赔偿法律问题"，载《法学》2008年第2期。

他们属于赔偿权利人；二是可以请求死亡赔偿金的人。死亡赔偿金属于死者的遗产。结合《继承法》第32条“无人继承又无人受遗赠的遗产，归国家所有；死者生前是集体所有制组织成员的，归所在集体所有制组织所有”的规定，如果死者没有继承人，死者生前的集体所有制组织或国家是继承人，则应当由集体所有制组织或者国家作为赔偿权利人。①

（二）垫付费用权利人的主体资格

《民事诉讼法》第119条规定原告必须符合“直接利害关系”的适格性要件。根据《侵权责任法》和《最高人民法院关于审理人身损害赔偿案件适用法律若干问题的解释》的规定，受害人死亡的，赔偿义务人应当赔偿医疗费、丧葬费以及被扶养人生活费、死亡补偿费等。因此，需要根据赔偿义务细化不同赔偿权利人的请求权基础。

对于垫付费用权利人的主体资格，《侵权责任法》第18条第2款规定，被侵权人死亡，支付被侵权人医疗费、丧葬费等合理费用的人是侵权人以外的第三人，其有权请求侵权人赔偿费用。2006年7月1日起施行的《机动车交通事故责任强制保险条例》第24条规定：“国家设立道路交通事故社会救助基金……有下列情形之一时，道路交通事故中受害人人身伤亡的丧葬费用、部分或者全部抢救费用，由救助基金先行垫付，救助基金管理机构有权向道路交通事故责任人追偿：（一）抢救费用超过机动车交通事故责任强制保险责任限额的；（二）肇事机动车未参加机动车交通事故责任强制保险的；（三）机动车肇事后逃逸的。”《侵权责任法》第53条规定：“机动车驾驶人发生交通事故后逃逸，该机动车参加强制保险的，由保险公司在机动车强制保险责任限额范围内予以赔偿；机动车不明或者该机动车未参加强制保险，需要支付被侵权人人身伤亡的抢救、丧葬等费用的，由道路交通事故社会救助基金垫付。道路交通事故社会救助基金垫付后，其管理机构有权向交通事故责任人追偿。”根据上述规定，因维护受害人权益垫付各种合理费用，表面上看是为及时救济受害人而采取的临时救济措施，但实质上是由于侵权行为引起的损害，故与争议的侵权法律关系有直接利害关系。因此，如果承担了无名流浪汉的丧葬费、抢救费、治疗费等合理费用的组织或个人，包括但不限于民政局或救助站，其享有依法向侵权行为的赔偿义务人提起诉讼请求支付费用的权利。此种情况下的原告，其行使诉权符合直接利害关系的要求。如其未承担相关费用，则不符合直接利害关系的要求。本案中，高淳县民政局在一、二审期间均未能提供其支付了本案被害无

① 王利明、周友军、高圣平：《中国侵权责任法教程》，人民法院出版社2010年版，第326页。

名男子丧葬善后费用的证据，属于不能提供证据证明直接利害关系的存在，法院认定其不享有原告主体资格是恰当的。

（三）被扶养人生活费、死亡赔偿金的赔偿权利人的主体资格

被扶养人生活费、死亡赔偿金的赔偿权利人分别为死亡受害人承担扶养义务的被扶养人和死亡受害人的近亲属。民政局、检察院等机关显然不属于法律和司法解释规定的死亡受害人的近亲属、被抚养人，其与因侵权法律关系而产生的被抚养人生活费、死亡赔偿金争议没有直接利害关系，因此，不能作为适格原告，其起诉不符合《民事诉讼法》第119条第1项的规定。但是审判实践中，由于被侵权死亡的无名流浪汉在短时间内难于查找近亲属、被扶养人，无法行使请求权，客观上可能造成证据灭失甚至超过诉讼时效，严重损害该受害人及近亲属、被扶养人权益的情况，可否推定侵权行为发生地的民政局等特定机关有权代位诉讼？我们认为，第一，根据《城市生活无着的流浪乞讨人员救助管理办法》第2条、第4条第1款、第6条第2款、第7条的规定，县级以上城市人民政府应当根据需要设立流浪乞讨人员救助站。救助站对属于救助对象的求助人员，应当及时提供救助，不得拒绝。救助站应当根据受助人员的需要提供下列救助：（一）提供符合食品卫生要求的食物；（二）提供符合基本条件的住处；（三）对在站内突发急病的，及时送医院救治；（四）帮助与其亲属或者所在单位联系；（五）对没有交通费返回其住所地或者所在单位的，提供乘车凭证。县级以上人民政府民政部门负责流浪乞讨人员的救助工作，并对救助站进行指导、监督。从上述规定可以看出，民政部门及救助站对城市生活无着的流浪乞讨人员实施的救助，是一种临时性的救助措施，其工作职责并不包括代表或代替上述人员提起民事诉讼。根据行政权力不得推定的行政法原则，不应对其具体职能进行扩张性解释。《民事诉讼法》第15条的支持起诉条款，旨在为受损害的单位或个人愿意提起民事诉讼但又不能独立保护自己的合法权益的弱势群体，提供协助和支持。帮助其实现诉讼权利，也没有授权机关、社会团体、企业事业单位以自己的名义代替受害的单位和个人提起诉讼。此外，从第55条公益诉讼的立法精神看，立法者对为他人利益进行诉讼的主体资格进行了严格的法定限制，要求必须有法律的明确授权，不允许司法实践进行推定。因此，认为检察院、民政局、救助站以及其他组织有权依《民事诉讼法》第15条代无名流浪汉提起诉讼的理由是不能成立的。第二，由司法实践确定民政局有权代位诉讼，不仅缺乏程序法上的依据，而且可能会产生损害当事人的诉讼权利乃至导致民政局行政责任的争议。一旦确定民政局为无名流浪者的法定担当诉讼主体，就意味着民政局负有该等行政职责，在其行使诉权的条件、范围和程序均没有明确法律规定的情况下，容易引发新的争议。由于民政局代位诉讼的真正利益相关方是作为侵权受害人

的无名流浪者可能存在的继承人，如果最终证明死者确实没有继承人，民政局并不因为救助行为而取得对被救助人的财产或者权利的继承资格。另一方面，赔偿权利人短期内尚未出现，但并不排除赔偿权利人客观存在的可能。赔偿权利人知悉情况后，是否有权另行提起诉讼或参加诉讼；其是否可以处分自己的实体权利和诉讼权利；民政局代位诉讼的请求与赔偿权利人的意思表示发生冲突如何处理；代位判决的效力是否能够扩张约束未参加诉讼的赔偿权利人；诉讼费用是否列入民政局的行政开支等等问题，都需要有法律规定予以明确。

综上，对于死亡的无名流浪者无近亲属或难以查明时的原告主体资格问题，应当通过立法授权特定主体起诉的方式加以解决，同时需明确起诉前的公告程序、诉讼行为对赔偿权利人的约束力以及取得胜诉判决但无赔偿权利人时的死亡赔偿金归属等问题。

【拓展适用】

一、当事人适格的不同学说

大陆法系的民事诉讼理论认为，诉讼的成立以及对争议的民事实体权利义务关系作出裁判，必须满足两个方面的要件，即诉讼主体要件和诉讼客体要件。诉讼主体要件包括抽象要件和具体要件。抽象要件是指当事人应当具有诉讼权利能力和诉讼行为能力。具体要件是指当事人应当是适格当事人，又称正当当事人。正当当事人是指在具体的诉讼中，能够以自己的名义起诉或应诉的资格，这种资格被称为诉讼实施权或诉讼追行权、诉讼遂行权。① 正当当事人与当事人（形式当事人）的外延是包含与被包含的关系。判断当事人是否为正当当事人，关键在于当事人是否具有诉讼实施权，从各国民事诉讼立法的发展历史看，诉讼实施权经历了从管理权说到诉的利益说的过程。

1. 以管理权为基础的诉讼实施权标准。管理权说认为，当事人享有诉讼实施权的基础是对争议标的享有管理权或者处分权。只有在实体法上对于争议的财产或者法律关系享有管理权或者处分权的民事主体参加并实施诉讼，诉讼才具有实质意义。管理权说的判断标准比较明确，也符合人们的惯常思维。但是把管理权作为诉讼实施权的基础，有其局限性。起诉的人或者被诉的相对人是否适格，其是否对争议标的有管理权或处分权，有的需要在诉讼过程中经过审理才能查清。如果具体到各种诉讼中：（1）在给付之诉中，原告只要主张自己有给付请求权，就是适格的原告，而被原告主张有给付义务的人，即为适格的被告。（2）在确认之诉中，就该法

---

① 张卫平：《民事诉讼教程》，法律出版社1998年版，第132页。

律关系有争执的当事人为适格的原被告。(3)在变更之诉中，依照法律规定可成为当事人的就是适格的当事人。

2. 以诉的利益为标准。所谓诉的利益，是指原告谋求判决时的利益，即诉讼追行利益。它是原告所主张的利益（原告认为这种利益存在而作出主张）面临危险和不安时，为了祛除这种危险和不安而诉诸于法的手段即诉讼，从而谋求判决的利益及必要，这种利益由于原告主张的实体利益现实地陷入危险和不安时才得以产生。[①] 换言之，民事主体认为自己的一项应当受法律保护的利益面临危险或者不安时，就可以提起诉讼并谋求对自己有利的判决。民事主体请求法院保护的这种利益，就是诉的利益。民事主体只要有诉的利益，就可以成为正当当事人，在诉讼程序中提出主张和抗辩。[②] 大陆法系奉行“实体法的确定”原则，因此，大陆法系的诉的利益是以制定法为确定标准的。英美法系的诉的利益除来源于制定法以外，通过法官自由裁量权决定也是一个重要来源。《美国联邦民事诉讼规则》第 17 条(a)规定：“每一诉讼应以实际有利害关系的当事人的名义提起。遗嘱执行人、遗产管理人、监护人、受托保管人、明示信托的受托人，为他人利益订立合同或以自己的名义为他人利益订立合同的当事人，或者经法律授权的当事人，可以为未参加诉讼的当事人的利益以自己的名义起诉。”但美国联邦最高法院在 70 年代后的一些判决中已经修改了原告出庭地位的要求，原告如能证明他事实上已受法律和行为的影响（在其经济利益或其他方面）；他的权利要求属于宪法或立法所要保护的范围，则认为其具备原告地位。[③]

诉的利益说与管理权说的不同之处在于，诉的利益的存在并不以起诉者实际享有法律预先设定的权利为前提。即使当事人对请求法院承认和保护的权利没有管理权或处分权，但只要有诉的利益，仍然可被认为是正当当事人。诉的利益说的意义在于：第一，诉的利益应在起诉与受理阶段就做出衡量和判断，而当事人是否享有实体权利须待诉讼程序开始后，通过实体审理再予以确定。因此，诉的利益具有介乎实体法与程序法之间的“中间性”，一方面与实体法的权利或者利益存在明显区

---

① 参见［日］山木户克己：“诉的利益之法构造——诉的利益备忘录”，载《吉川追悼文集》（下），第 73 页。转引自［日］谷口安平：《程序的正义与诉讼》，王亚新、刘荣军译，中国政法大学出版社 2002 年版，第 188 页。

② ［日］谷口安平：《程序的正义与诉讼》，王亚新、刘荣军译，中国政法大学出版社 1996 年版，第 159 页。

③ 王福华：“民事起诉制度研究”，载《法制与社会发展》2001 年第 6 期。

别，另一方面又与实体法的权利或利益存在紧密联系。[①] 第二，诉的利益说扩张了正当当事人的范围，没有实体权利的主体可以通过对确认之诉的胜诉判决获得权利保障和认可。同时，诉的利益说为诉讼担当、团体诉讼、公益诉讼的当事人主体资格提供了理论基础，从而充分保障了当事人的诉权。

二、当事人民事诉讼权利能力与当事人适格

当事人民事诉讼权利能力，又称当事人能力，是指能够享有民事诉讼权利和承担民事诉讼义务的能力，即能够成为民事诉讼当事人的法律资格。[②] 诉讼上的权利能力与实体上的权利能力有密切关系。实体上的权利能力是程序上权利能力的基础，凡有实体上权利能力的人，都具有诉讼权利能力。民事诉讼权利能力的取得和消灭与民事权利能力的取得和消灭是相适应的。例如，自然人的诉讼权利能力始于出生，终于死亡；法人的诉讼权利能力，始于法人成立，终于法人的终止。但在有些情况下，也可能出现诉讼权利能力和民事权利能力相分离的现象，即诉讼权利能力独立于民事权利能力存在，无民事权利能力却有诉讼权利能力。例如，非法人组织、破产程序中的清算组织、继承诉讼中的遗产管理人等。

德国《民事诉讼法》第50条规定："（1）有权利能力者，有当事人能力；（2）无权利能力的社团可以被诉；在诉讼中，该社团具有权利能力的社团地位。"日本《民事诉讼法》第29条规定："非法人的社团或财团，有一定的代表人或管理人的，可以以其名义起诉或被诉。"我国《民事诉讼法》虽然没有明确规定诉讼权利能力和实体权利能力的关系，但在第48条规定："公民、法人和其他组织可以作为民事诉讼的当事人。法人由其法定代表人进行诉讼。其他组织由其主要负责人进行诉讼。"即公民、法人和其他组织，具有诉讼权利能力，可以作为民事诉讼当事人。《民事诉讼法解释》第52条进一步明确了"其他组织"的涵义，规定，《民事诉讼法》第48条规定的其他组织是指合法成立、有一定的组织机构和财产，但又不具备法人资格的组织，包括：（1）依法登记领取营业执照的个人独资企业；（2）依法登记领取营业执照的合伙企业；（3）依法登记领取我国营业执照的中外合作经营企业、外资企业；（4）依法成立的社会团体的分支机构、代表机构；（5）依法设立并领取营业执照的法人的分支机构；（6）依法设立并领取营业执照的商业银行、政策性银行和非银行金融机构的分支机构；（7）经依法登记领取营业执照的乡镇企业、街道企业；（8）其他符合本条规定条件的组织。

---

① 毕玉谦、谭秋桂、杨路：《民事诉讼研究及立法论证》，人民法院出版社2006年版，第162页。

② 章武生主编：《民事诉讼法新论》，法律出版社2002年版，第161页。

当事人诉讼权利能力和当事人适格是两个不同的概念。当事人诉讼权利能力属于诉讼主体要件中的抽象要件，是针对一般诉讼而言的一种抽象资格。《民事诉讼法》第48条关于公民、法人和其他组织可以作为民事诉讼当事人的规定，指的就是当事人诉讼权利能力。当事人适格则是针对具体诉讼而言的具体要件，案件不同，当事人适格性的要求亦不相同。当事人具有诉讼权利能力，并不一定就是某个案件的适格当事人。①

【典型案例】

江苏省高淳县民政局与王昌胜、吕芳、天安保险江苏分公司交通事故人身损害赔偿纠纷案

上诉人（原审原告）：江苏省高淳县民政局。

法定代表人：张朝霞，该局局长。

被上诉人（原审被告）：王昌胜，驾驶员。

被上诉人（原审被告）：吕芳。

被上诉人（原审被告）：天安保险股份有限公司江苏省分公司。

负责人：袁雪楼，该分公司总经理。

〔基本案情〕

原告江苏省高淳县民政局（以下简称高淳县民政局）因与被告王昌胜、吕芳、天安保险股份有限公司江苏省分公司（以下简称天安保险江苏分公司）发生交通事故人身损害赔偿纠纷，向江苏省高淳县人民法院提起诉讼。

原告高淳县民政局诉称：2005年4月2日19时30分许，被告王昌胜、吕芳因交通肇事，致一名60至70岁无名男子当场死亡。2005年4月20日，高淳县公安局交巡警大队作出第2005023号交通事故认定书，认定王昌胜、吕芳对此次交通事故负同等责任，被害无名男子不负事故责任。事故发生后，高淳县公安局交巡警大队于2005年4月4日在《南京日报》上刊登认尸启事，因无人认领，遂于同年4月21日将该无名男子尸体火化，骨灰暂由高淳县殡仪馆保管。王昌胜、吕芳驾驶的机动车辆均在被告天安保险江苏分公司投保了第三者责任险，责任限额分别为5万元和20万元。原告作为负责救助社会流浪乞讨人员的专门机构，承担了对社会流浪乞讨人员的救助工作，工作职责中也应包括支持社会流浪乞讨人员主张权利的内容。本案中，被害无名男子的生命健康权理应得到法律保护，该男子遭遇交通事故身亡，原告承担了有关处理事宜，故有权就其死亡向三被告主张赔偿。高淳县人民检察院作为法律监督机构，也支持原告依法提起损害赔偿诉讼，并为此作出了宁高检民行建［2006］12号检察建议书。请求判令天安保险江苏分公司在第三者责任强制保险限额

① 江伟主编：《民事诉讼法》，高等教育出版社、北京大学出版社2000年版，第100页。

内赔偿原告166331元。

被告王昌胜、吕芳、天安保险江苏分公司一致辩称：民政局依职责对社会上的流浪乞讨人员进行救助，二者之间形成的关系属于行政法律关系，而不是民事法律关系。原告高淳县民政局代本案受害人主张交通事故人身损害赔偿，没有法律依据，不具备民事主体资格，在本案中不具有诉权。本案受害人尸体的火化、保管都是有偿的，丧葬费用被告方已经实际支付，高淳县民政局没有提供证据证明其对本案受害人实施过救助，其诉讼主张缺乏事实依据。请求驳回高淳县民政局的起诉。

高淳县人民法院一审查明：2005年4月2日19时30分许，被告王昌胜驾驶车牌号为苏AQ0128的三轮运输车，沿双望线从北向南行驶至4KM路段时，将一名60至70岁无名男子撞倒在东侧机动车道内，恰遇被告吕芳驾驶车牌号为苏AAV822的小轿车由南向北驶经该路段，从该男子身体上碾压而过，致该男子当场死亡。2005年4月20日，高淳县公安局交巡警大队作出第2005023号交通事故认定书，认定王昌胜、吕芳对此次交通事故负同等责任，被害无名男子不负事故责任。事故发生后，高淳县公安局交巡警大队于2005年4月4日在《南京日报》上刊登认尸启事，因无人认领，遂于同年4月21日将该无名男子尸体火化，骨灰暂由高淳县殡仪馆保管。王昌胜的苏AQ0128号三轮车及吕芳的苏AAV822号小轿车均在被告天安保险江苏分公司投保了第三者责任险，责任限额分别为5万元和20万元。

另查明：原告高淳县民政局的工作职责包括对社会流浪乞讨人员实施救助。

〔一审裁判理由与结果〕

高淳县人民法院认为：本案的争议焦点是：原告高淳县民政局是否本案适格诉讼主体，能否就本案被害无名男子的死亡向被告王昌胜、吕芳、天安保险江苏分公司主张赔偿。

原告高淳县民政局作为政府负责救助社会流浪乞讨人员的专门机构，与本案被害无名男子之间仅存在行政法律关系，不存在民事法律关系，故不是本案适格的民事诉讼原告，无权就该无名男子的死亡向被告王昌胜、吕芳、天安保险江苏分公司主张交通事故人身损害赔偿。

据此，高淳县人民法院于2006年12月4日裁定如下：

驳回原告高淳县民政局的起诉。

〔当事人上诉及答辩意见〕

高淳县民政局不服一审裁定，向南京市中级人民法院提起上诉。其主要理由是：1. 民政局负责对生活无着的社会流浪乞讨人员进行救助，这种救助职责不仅体现为对上述人员的生活提供保障，还应包括当上述人员受到人身侵害后，实施代为提起诉讼的司法救助；2. 上诉人虽然属于行政机关，但在本案中实际承担了被害无名男子尸体火化等丧葬善后事宜，故与该无名男子之间不仅存在行政法律关系，也存在一定的民事法律关系；3. 上诉人提出的赔偿死亡赔偿金和丧葬费的诉讼请求，符合最高人民法院有关司法解释的规定。本案中，被害无名男子确无亲属代其主张民事权利，如果否定上诉人的民事诉讼主体资格，将会在客观上导致侵权人逃避应当承担的民事赔偿责任，有悖于法律基本原则。请求二审法院撤销原审裁定。

被上诉人王昌胜经南京市中级人民法院依法传唤，未到庭参加诉讼，亦未作答辩。

被上诉人吕芳、天安保险江苏分公司一致辩称：民政局依职责对社会上的流浪乞讨人员进行救助，二者之间形成的关系属于行政法律关系，而不是民事法律关系。上诉人高淳县民政局代本案受害人主张交通事故人身损害赔偿，没有法律依据，不具备民事主体资格，在本案中不具有诉权。本案受害人尸体的火化、保管都是有偿的，丧葬费用被上诉人已经实际支付，高淳县民政局没有提供证据证明其对本案受害人实施过救助，其诉讼主张缺乏事实依据。原审裁定正确，请求驳回高淳县民政局的上诉，维持原审裁定。

〔二审查明的事实〕

南京市中级人民法院经二审，确认了一审查明的事实。

〔二审裁判理由与结果〕

南京市中级人民法院二审认为：本案二审应当解决的争议焦点，仍然是上诉人高淳县民政局是否本案适格诉讼主体，能否就本案被害无名男子的死亡向被上诉人王昌胜、吕芳、天安保险江苏分公司主张赔偿的问题。

上诉人高淳县民政局不是本案适格诉讼主体，无权就本案被害无名男子的死亡向被上诉人王昌胜、吕芳、天安保险江苏分公司主张交通事故人身损害赔偿。

第一，《中华人民共和国民事诉讼法》（以下简称民事诉讼法）第一百零八条①规定："起诉必须符合下列条件：（一）原告是与本案有直接利害关系的公民、法人和其他组织。……"这里规定的"与本案有直接利害关系"，即指民事权利义务关系。高淳县民政局是否与本案存在民事权利义务关系，必须根据法律规定加以确定。首先，根据《最高人民法院关于审理人身损害赔偿案件适用法律若干问题的解释》的规定，受害人死亡的，赔偿义务人应当赔偿丧葬费、死亡赔偿金等。该司法解释同时规定，赔偿权利人"是指因侵权行为或者其他致害原因直接遭受人身损害的受害人、依法由受害人承担扶养义务的被扶养人以及死亡受害人的近亲属"。据此，人身损害赔偿案件中，受害人死亡的，赔偿权利人是依法由死亡受害人承担扶养义务的被扶养人以及死亡受害人的近亲属。高淳县民政局显然不属于该司法解释规定的"赔偿权利人"，不具备就本案被害无名男子的死亡要求被上诉人王昌胜、吕芳、天安保险江苏分公司向其承担人身损害赔偿责任的主体资格。其次，高淳县民政局在

---

① 对应2012年《民事诉讼法》第119条。

一、二审期间均未能提供其支付了本案被害无名男子丧葬善后费用的证据，不能认定高淳县民政局与被上诉人王昌胜、吕芳、天安保险江苏分公司之间存在民事权利义务关系。因此，高淳县民政局与本案不存在直接利害关系，其起诉不符合民事诉讼法第一百零八条第（一）项的规定。

第二，根据《城市生活无着的流浪乞讨人员救助管理办法》第二条、第四条第一款、第六条第二款、第七条的规定，县级以上城市人民政府应当根据需要设立流浪乞讨人员救助站。救助站对流浪乞讨人员的救助是一项临时性社会救助措施。县级以上人民政府民政部门负责流浪乞讨人员的救助工作，并对救助站进行指导、监督。救助站对属于救助对象的求助人员，应当及时提供救助，不得拒绝。救助站应当根据受助人员的需要提供下列救助：（一）提供符合食品卫生要求的食物；（二）提供符合基本条件的住处；（三）对在站内突发急病的，及时送医院救治；（四）帮助与其亲属或者所在单位联系；（五）对没有交通费返回其住所地或者所在单位的，提供乘车凭证。从上述规定可以看出，民政部门及救助站对城市生活无着的流浪乞讨人员实施的救助，是一种临时性的救助措施，救助的内容是暂时帮助流浪乞讨人员解决基本生活需要，其工作职责并不包括代表或代替上述人员提起民事诉讼。上诉人高淳县民政局认为其依法负有的救助职责中包括代替社会流浪乞讨人员提起民事诉讼的上诉理由，没有法律依据。民事诉讼形成于平等民事主体之间，高淳县民政局作为行政机关，在没有法律授权的情况下介入民事诉讼，有悖于我国法律基本原则。

第三，根据《最高人民法院关于审理人身损害赔偿案件适用法律若干问题的解释》的规定，本案的赔偿权利人应当是依法由被害无名男子承担扶养义务的被扶养人以及该无名男子的近亲属。本案中，虽然经公安部门在报纸上刊发启示后直至本案一、二审期间，被害无名男子的赔偿权利人尚未出现，但尚不能排除赔偿权利人客观存在的可能。赔偿权利人在知悉本案有关情况后，依法仍然可以要求赔偿义务人承担民事赔偿责任，被上诉人王昌胜、吕芳、天安保险江苏分公司依法应当承担的民事赔偿责任并未彻底免除。

综上，南京市中级人民法院二审认定上诉人高淳县民政局不是本案适格的诉讼主体，其上诉请求缺乏法律依据，不予支持。原审法院裁定驳回高淳县民政局的起诉并无不当，应予维持。南京市中级人民法院依照民事诉讼法第一百零八条第（一）项、第一百五十四条①之规定，于2007年3月27日裁定如下：

驳回上诉，维持原裁定。

一、二审案件受理费各50元，合计100元，由上诉人高淳县民政局负担。

本裁定为终审裁定。

---

① 对应2012年《民事诉讼法》第171条。

规则17：法人被依法吊销营业执照后没有进行清算，也没有办理注销登记的，依法仍享有民事诉讼的权利能力和行为能力，开办单位不具备诉讼主体资格

——广西北生集团有限责任公司与北海市威豪房地产开发公司、广西壮族自治区畜产进出口北海公司土地使用权转让合同纠纷案①

【裁判规则】

法人被依法吊销营业执照后没有进行清算，也没有办理注销登记的，不属于法人终止，依法仍享有民事诉讼的权利能力和行为能力；此类法人与他人产生合同纠纷的，应当以自己的名义参加民事诉讼。其开办单位因不是合同当事人，不具备诉讼主体资格。

【规则理解】

一、企业法人营业执照的法律性质

《中华人民共和国企业法人登记管理条例》第2条规定："具备法人条件的下列企业，应当依照本条例的规定办理企业法人登记：（一）全民所有制企业；（二）集体所有制企业；（三）联营企业；（四）在中华人民共和国境内设立的中外合资经营企业、中外合作经营企业和外资企业；（五）私营企业；（六）依法需要办理企业法人登记的其他企业。"第3条第1款规定："申请企业法人登记，经企业法人登记主管机关审核，准予登记注册的，领取《企业法人营业执照》，取得法人资格，其合法权益受国家法律保护。"《公司法》第6条第1、2款规定："设立公司，应当依法向公司登记机关申请设立登记。符合本法规定的设立条件的，由公司登记机关分别登记为有限责任公司或者股份有限公司；不符合本法规定的设立条件的，不得登记为有限责任公司或者股份有限公司。法律、行政法规规定设立公司必须报经批准的，应当在公司登记前依法办理批准手续。"由上述规定可知，我国对企业法人登记设立实行的是登记设立主义和核准设立主义相结合的制度，前者为一般情形，后者为特殊情形。

《中华人民共和国企业法人登记管理条例》第16条第1款规定："申请企业法

① 《中华人民共和国最高人民法院公报》2006年第9期，最高人民法院（2005）民一终字第104号民事判决书。

人开业登记的单位，经登记主管机关核准登记注册，领取《企业法人营业执照》后，企业即告成立。企业法人凭据《企业法人营业执照》可以刻制公章、开立银行账户、签订合同，进行经营活动。”《公司法》第7条第1款规定：“依法设立的公司，由公司登记机关发给公司营业执照。公司营业执照签发日期为公司成立日期。”可见，企业法人设立登记的最终效果集中体现为《企业法人营业执照》的颁发。营业执照具有三层法律意义：

第一，企业法人营业执照是企业法人的成立要件。即营业执照的签发是企业法人成立并获得法人资格不可或缺的条件。企业法人营业执照签发日期为企业法人的成立日期。营业执照的签发日期不仅是企业法人营业资格期限的起点，同时也是企业法人存续期限的起点。

第二，企业法人营业执照是企业完成设立登记、取得法人资格的证明性文件，具有证明企业已经获准注册，并具有法人人格的证据效力。

第三，企业法人营业执照是企业法人取得营业许可，获得经营能力，可以从事合法经营活动的法定依据和公示性文书。企业法人只有在取得营业执照后，才可以凭营业执照刻制公章、开立银行账户、申请纳税登记、进行经营活动。对于企业经营活动的相对人来说，企业法人营业执照是一种公示文书，可以为相对人判断企业法人是否具有合法经营资格提供依据。

二、企业法人被吊销营业执照的法律后果

吊销营业执照，是指工商行政管理机关对违反工商管理法律、法规，情节严重的企业法人，依法取消其法人资格或生产经营资格的一种行政处罚。根据《中华人民共和国企业法人登记管理条例》第30条以及《中华人民共和国公司登记管理条例》第10章的规定，吊销营业执照的法定事由主要有以下几种情形：（1）登记中提交虚假材料，隐瞒真实情况，取得企业法人设立登记，情节严重的；（2）擅自改变主要登记事项或者超出核准登记的经营范围从事经营活动的；（3）伪造、涂改、出租、出借、转让或者出卖《企业法人营业执照》、《企业法人营业执照》副本的；（4）不按照规定办理注销登记的；（5）抽逃、转移资金，隐匿财产逃避债务的；（6）利用企业法人名义从事危害国家安全、社会公共利益的严重违法行为的；（7）公司法人成立后无正当理由超过六个月未开业的，或者开业后自行停业连续六个月以上的；（8）不按照规定报送年检报告书，办理年检的。

（一）吊销营业执照仅终止企业法人的营业资格，不终止企业的法人资格

由于企业法人营业执照的颁发被赋予了双重功能，即证明企业主体资格的取得和营业资格的取得，其既是企业法人资格的取得要件和证明文件，又是企业法人营

业资格的取得要件和证明文件。这就产生了行政机关依法吊销企业法人营业执照时，是仅发生终止营业资格的效力还是同时发生终止营业资格兼法人资格的效力的论争。

一种观点为法人资格终止说。该观点认为随着营业执照的吊销，法人资格随即消灭。我国《民法通则》第45条规定："企业法人由于下列原因之一终止：……（二）解散……"第46条规定："企业法人终止，应当向登记机关办理注销登记并公告。"第47条规定："企业法人解散，应当成立清算组织，进行清算。"《民法通则意见》第60条第2款中规定："对于涉及终止的企业法人债权、债务的民事诉讼，清算组织可以用自己的名义参加诉讼。"2002年国家工商行政管理总局《关于企业法人被吊销营业执照后法人资格问题的答复》[①] 规定："企业法人营业执照是企业法人凭证，申请人经登记主管机关依法核准登记，领取企业法人营业执照，取得法人资格。因此，企业法人营业执照被登记主管机关吊销，企业法人资格随之消亡。"但该种理论模式在实践中产生了难以解释的困惑。一是如果企业法人资格因被吊销营业执照而终止，那么企业不再是法人，也就不能以企业的财产对外独立承担民事责任，此时企业类似于拟制的合作组织，则应当由企业的投资人对企业债务承担连带清偿责任，这显然与企业法人制度的基本理论和实践不相一致。[②]二是法律规定清算组织仅负责对解散法人财产进行保管、清理、处理、清偿等清算工作，若其参加诉讼也仅是代表原企业法人，否定企业的法人资格不仅存在逻辑上的矛盾，而且导致司法实践中无法送达诉讼文书、债权债务关系长期无人清理、企业借机逃废债务等难题。

另一种观点为营业资格终止说。2000年1月29日，《最高人民法院关于人民法院不宜以一方当事人公司营业执照被吊销已丧失民事诉讼主体资格为由，裁定驳回起诉问题的复函》[③] 中认为，根据《民法通则》第40条、第46条和《中华人民共和国企业法人登记管理条例》第33条的规定，企业法人营业执照被吊销后，应当由其开办单位（包括股东）或者企业组织清算组依法进行清算，停止清算范围外的活动。清算期间，企业民事诉讼主体资格依然存在。人民法院不应以公司被吊销企业法人营业执照，丧失民事诉讼主体资格为由，裁定驳回起诉。其后《最高人民法

---

① 工商企字［2002］第106号；已失效。

② 蒋大兴、章琦："从统一主义走向分离主义：企业登记效力立法改革研究"，载《南京大学法律评论》2000年秋季号。

③ 最高人民法院法经［2000］23号。

院关于企业法人营业执照被吊销后，其民事诉讼地位如何确定的请示的复函》[①] 规定："企业法人被吊销营业执照后，应当依法进行清算，清算程序结束并办理工商注销登记后，该法人才归于消灭。因此，企业法人被吊销营业执照后至被注销登记前，该企业法人仍应视为存续，可以以自己的名义进行诉讼活动。"上述复函表明最高人民法院的观点为企业法人营业执照被吊销，仅导致企业法人停止清算范围外的一切活动，企业法人资格不因此消灭。

《公司法》第180条规定："公司因下列原因解散：……（四）依法被吊销营业执照、责令关闭或者被撤销……"第183条规定："公司因本法第一百八十条第（一）项、第（二）项、第（四）项、第（五）项规定而解散的，应当在解散事由出现之日起十五日内成立清算组，开始清算……"第186条第3款规定："清算期间，公司存续，但不得开展与清算无关的经营活动……"第188条规定："公司清算结束后，清算组应当制作清算报告，报股东会、股东大会或者人民法院确认，并报送公司登记机关，申请注销公司登记，公告公司终止。"《中华人民共和国公司登记管理条例》第44条规定："经公司登记机关注销登记，公司终止。"上述规定表明《公司法》亦明确采纳营业资格终止说，公司法人被吊销营业执照至清算程序结束期间，其法律人格仍然存续。

我们赞同营业资格终止说。吊销营业执照属于工商行政管理部门以其行政职权作出的一种行政处罚，后果是企业法人营业资格被剥夺，企业法人丧失了从事经营活动的行为能力。企业法人必须停止进行新的经营活动，否则属于非法经营。根据《民法通则》第40条、《中华人民共和国企业法人登记管理条例》第33条以及《公司法》的相关规定，企业法人被吊销营业执照的，应当依法进行清算，即企业法人停止积极活动，进入清算程序了结既有的法律关系。企业法人只有在依法清算完毕并办理注销登记之后才正式终止法人资格。因此，企业法人被吊销营业执照后至被注销登记前，该企业法人仍应视为存续。吊销营业执照仅终止企业法人的营业资格，并不终止企业法人的法律人格。

（二）吊销营业执照是解散企业法人并启动清算程序的法定原因

《中华人民共和国企业法人登记管理条例》第33条规定："企业法人被吊销《企业法人营业执照》，登记主管机关应当收缴其公章，并将注销登记情况告知其开户银行，其债权债务由主管部门或者清算组织负责清理"，但对如何开始清算程序缺乏配套规定。《公司法》第180条规定："公司因下列原因解散：……（四）依法被吊销营业执照、责令关闭或者被撤销……"第183条规定："公司因本法第一

---

① 最高人民法院法经［2000］24号。

百八十条第（一）项、第（二）项、第（四）项、第（五）项规定而解散的，应当在解散事由出现之日起十五日内成立清算组，开始清算。有限责任公司的清算组由股东组成，股份有限公司的清算组由董事或者股东大会确定的人员组成。逾期不成立清算组进行清算的，债权人可以申请人民法院指定有关人员组成清算组进行清算。人民法院应当受理该申请，并及时组织清算组进行清算。”根据上述法律规定，企业法人被吊销营业执照构成企业法人解散的法定原因，具有宣告企业法人解散的效力。但此仅为企业法人解散程序的开端，要彻底终结企业的法人资格必须进行清算。解散程序从开始到企业法人注销登记要经过成立清算组—依法清算—清算报告报股东大会或主管机关确认—注销登记—公告等五项法律程序。只有清算程序结束并办理工商注销登记后，企业法人资格才归于消灭。

三、清算中企业法人的法律性质以及诉讼主体资格

（一）企业法人清算的法律性质

企业法人清算，是指企业法人解散后，依照法定程序处分企业法人财产，了结各种法律关系，并最终使企业法人资格归于消灭的行为。鉴于清算中的企业法人客观上存在处理企业法人各种法律关系的需要，各国均确认清算中企业法人具有法律人格，但其权利能力被限制在与清算有关的事务中，这种受限的特殊人格被称为清算法人。①

对于清算法人的理论基础，亦有两种不同的学说。第一种为新设清算法人说。企业法人资格因解散而消灭，但出于清算目的，法律专为企业法人的清算目的设立了一个新的法人。这种法人的能力是特殊的，享有的是对原企业法人债权债务进行清算的权利能力和行为能力。② 第二种为同一人格兼拟制说。清算法人与解散前企业法人属同一企业法人，企业法人在清算目的范围内视为依然存续。惟因清算中的企业法人在清算时期，除为便利清算目的而暂时经营业务外，丧失其他营业活动能力，因此，其权利能力受到法定限制，与解散前的企业法人有诸多不同。③

（二）清算中企业法人的诉讼主体资格

《公司法司法解释二》明确采纳了同一人格兼拟制说。该司法解释第 10 条规定：“公司依法清算结束并办理注销登记前，有关公司的民事诉讼，应当以公司的名义进行。公司成立清算组的，由清算组负责人代表公司参加诉讼；尚未成立清算

---

① 范健、王建文：《公司法》，法律出版社 2008 年版，第 424 页。

② 陈丽丽：“清算中公司的诉讼主体地位及清算组相关法律问题研究”，载《行政与法》2007 年第 8 期。

③ 柯芳枝：《公司法论（下）》，台湾三民书局 2009 年版，第 555 页。

组的，由原法定代表人代表公司参加诉讼。”该规定的意义在于：第一，明确了解散后的企业法人与解散前企业法人具有同一人格，企业法人在清算目的范围内仍被视为存续。解散前企业法人的权利义务不因解散而发生变更，权利义务承担主体仍为企业法人本身。第二，澄清了解散后企业的诉讼主体资格问题。由于企业法人资格仍然存续，其相应具有诉讼主体资格，因此，在企业法人依法清算结束并办理注销登记前，企业法人应当以自己的名义参加民事诉讼。第三，规范了清算组的诉讼地位和企业法人的诉讼代表人。无论企业法人解散后是否成立清算组，均应当以该企业法人的名义起诉应诉。即企业法人是诉讼当事人，即使在已成立清算组的情况下，清算组仍然不能成为诉讼当事人，其仅是代表企业法人进行诉讼活动，并由清算组负责人作为该企业法人的代表人参加诉讼。对于尚未成立清算组的，则由原法定代表人作为该企业法人的代表人参加诉讼。易言之，企业法人被吊销营业执照后，企业法人仍具有诉讼主体资格，企业法人的开办单位（股东或主管机关）不能代替企业法人成为诉讼主体。

《民法通则意见》第60条第2款以清算组为诉讼当事人的观点，源自于《民法通则》第45条的规定。上述规定将清算组作为独立的诉讼主体，否定了清算中的企业法人的法律主体地位。由于清算组不是最终的法律责任承担者，却被列为诉讼主体，最后仍然由清算中的企业法人以其独立财产承担民事责任，而我国民事诉讼法欠缺判决效力扩张约束第三人的既判力理论，因此，不仅逻辑上存在悖论，也导致实践中部分被吊销营业执照、被撤销的法人之开办单位逃避清算义务，损害债权人的利益。《民事诉讼法解释》制定时，注意到《民法通则意见》第60条第2款以及《民事诉讼法意见》第51条“企业法人未经清算即被撤销，有清算组织的，以该清算组织为当事人”表述已不妥当，应当以“注销”作为企业法人终止的时间节点，因而规定“企业法人解散的，依法清算并注销前，以该企业法人为当事人。”

四、企业法人未依法清算即被注销的，清算义务人为当事人

如前所述，吊销营业执照是剥夺企业营业资格的行政处罚，企业法人营业资格被吊销后应当进行清算，清算后果是了结企业债权债务、分配剩余财产、终止企业法人。与吊销不同的是，注销则是消灭企业法人资格的行政行为，亦属于消灭企业法人资格的民事法律事实、企业法人终止的结果或标志。企业法人自注销时起其民事主体资格不复存在。

然而，实践中存在企业法人未经依法清算即办理注销的情形，对此《公司法司法解释二》于第20条明确规定：“公司解散应当在依法清算完毕后，申请办理注销登记。公司未经清算即办理注销登记，导致公司无法进行清算，债权人主张有限责任公司的股东、股份有限公司的董事和控股股东，以及公司的实际控制人对公司债务承担清偿责任的，人民法院应依法予以支持。公司未经依法清算即办理注销登记，股东或者第三人在公司登记机关办理注销登记时承诺对公司债务承担责任，债权人主张其对公司债务承担相应民事责任的，人民法院应依法予以支持。”《民事诉讼法解释》第 64 条规定：“……未依法清算即被注销的，以该企业法人的股东、发起人或者出资人为当事人”。该条考虑到现实中开办单位已相对少见，且还存在主管部门、出资人等情形，故使用了“出资人”概念包括开办单位或主管部门。

【拓展适用】

一、企业法人设立登记的不同立法模式

企业法人登记依照登记内容和效力，主要分为设立登记、变更登记和注销登记。其中，设立登记是企业法人登记的主要内容，变更登记和注销登记相对处于从属地位。企业法人设立登记的首要职能在于登记机关确认或者宣示企业法人的独立人格。

企业法人设立登记的立法模式，分为设立要件主义和对抗要件主义。依据设立要件主义，设立登记是企业法人设立的要件之一，非经设立登记，企业法人不得成立。英国、美国、德国、日本公司法以及我国台湾地区“公司法”均采设立要件主义。设立要件主义较好地反映了企业法人作为拟制法人的观念，法律关系更为简明。

对抗要件主义，不以登记为企业法人成立的要件，而以登记作为企业法人成立后对抗第三人的要件。例如，法国将公司章程签署作为公司成立的要件，但只有在商业登记簿上进行注册登记，才具有对抗第三人的效力。对抗要件主义有助于真实反映企业法人设立过程中的复杂关系。

我国采设立要件主义，且在企业法人设立登记的立法制度上采取的是合并主义模式，即企业取得法人资格的同时取得营业资格，这就使企业法人营业执照成为企业法人资格的取得要件和证明文件。近年来，国内学者开始质疑该种立法模式，认为从理论上说，企业法人设立登记的创设效力来源于企业法人登记机关将企业法人设立之事实记载于登记档案，此时设立要件全部成就，而不是来自于企业法人营业执照的签发。因此，企业法人营业执照仅有助于证明设立要件的成就，其不是企业法人资格的取得要件，而只是证明性文件。故我国制定法应当采取分离主义模式，区分企业法人的营业资格和法人资格，以使两者之间的逻辑关系更为清晰。企业法人营业执照是企业法人营业资格的证明，企业的法人地位由企业法人登记机关制备的登记档案所证明，只要企业法人登记机关尚未将企业法人从登记档案中剔除，企业的法人资格就得以存续。①

二、清算义务人成为共同诉讼主体的情形

清算义务人是指基于其与企业法人之间存在的特定法律关系而在企业法人解散时对企业法人负有依法组织清算义务，并在企业法人未及时清算给相关权利人造成损害时依法承担相应责任的民事主体。很长一段时期内，法律对清算义务人并没有明确的界定。《民法通则意见》第59条规定："企业法人解散或者被撤销的，应当由其主管机关组织清算小组进行清算……"。《中华人民共和国企业法人登记管理条例》第33条规定："企业法人被吊销《企业法人营业执照》，登记主管机关应当收缴其公章，并将注销登记情况告知其开户银行，其债权债务由主管部门或者清算组织负责清理。"2005年修订前的《公司法》第192条规定："公司违反法律、行政法规被依法责令关闭的，应当解散，由有关主管机关组织股东、有关机关及有关专业人员成立清算组，进行清算。"《国家工商行政管理局关于公司被吊销营业执照后其清算工作组织实施问题的通知》② 指出，《公司法》第192条的有关主管机关是指依照国家法律、行政法规有关责令公司关闭的部门或机关，不包括公司登记机关。

2013年修订后的《公司法》第183条明确，有限责任公司的清算组由股东组成，股份有限公司的清算组由董事或者股东大会确定的人员组成。《公司法司法解释二》第18条进一步规定，股份有限公司的清算义务人为公司全体董事和控股股东。该条规定："有限责任公司的股东、股份有限公司的董事和控股股东未在法定期限内成立清算组开始清算，导致公司财产贬值、流失、毁损或者灭失，债权人主张其在造成损失范围内对公司债务承担赔偿责任的，人民法院应依法予以支持。有限责任公司的股东、股份有限公司的董事和控股股东因怠于履行义务，导致公司主要财产、账册、重要文件等灭失，无法进行清算，债权人主张其对公司债务承担连带清偿责任的，人民法院应依法予以支持。上述情形系实际控制人原因造成，债权人主张实际控制人对公司债务承担相应民事责任的，人民法院应依法予以支持。"对于股份有限公司而言，尤其是公众性的上市公司，股权高度分散，众多的小股东往往不能参与公司经营管理，清算组能否及时组成、是否对公司依法进行清算，均受到公司控股股东的实际控制和影响，因此将股份有限公司的清算义务人界定为控股股东以及实际控制人是合理的。对于未组建公司形态的企业法人，司法实践中仍

① 叶林主编：《公司法原理与案例教程》，中国人民大学出版社2010年版，第78、79页。

② 工商企字［1997］第183号；已失效。

以出资人（包括开办单位或主管机关）作为清算义务人。

前文已论述，企业法人被吊销营业执照后法人资格仍然存续，相应具有民事诉讼主体资格，开办单位不应代替其成为民事诉讼的主体。那么企业法人被吊销营业执照后，清算义务人在何等情形下，会与企业法人成为共同诉讼主体？从诉因方面考察，特定情形仅限于法律及司法解释的规定，清算义务人会与被吊销营业执照的企业法人成为共同诉讼主体的情形包括两类：一是清算责任之诉；二是清算赔偿责任之诉：

1. 清算责任之诉。清算责任之诉是原告认为清算义务人在企业法人解散后未依照法定程序和期限实施清算，主张其应承担履行清算义务而提起的诉讼。清算责任的来源是法律的直接规定，《公司法》第 183 条对清算责任作出了明确规定，逾期不成立清算组清算的，债权人可以申请人民法院指定有关人员组成清算组，进行清算。对不尽清算责任的清算主体，人民法院可以根据债权人的起诉，援引法律的规定迳行判决。[①] 值得注意的是，清算责任的请求主体除债权人以外，也包括因清算义务人不尽清算义务而受到损害的公司股东。

2. 清算赔偿责任之诉。当清算义务人未履行清算义务，造成公司偿债能力下降，并最终导致债权人的利益不能完全实现时，清算义务人不仅需承担清算责任，还需要承担清算赔偿责任。清算赔偿责任，性质上属于侵权责任，即清算义务人的行为损害债权人债权，需承担侵害作为相对权的债权的侵权责任。《最高人民法院关于企业法人营业执照被吊销后，其民事诉讼地位如何确定的请示的复函》规定，如果该企业法人组成人员下落不明，无法通知参加诉讼，债权人以被吊销营业执照企业的开办单位为被告起诉的，人民法院也应予以准许。该开办单位对被吊销营业执照的企业法人，如果不存在投资不足或者转移资产逃避债务情形的，仅应作为企业清算人参加诉讼，承担清算责任。该复函中已经提出了清算责任和清算赔偿责任的区别。《公司法司法解释二》明确规定了清算赔偿责任，并根据清算义务人不履行清算义务的形态做出详细规定。第一种是不作为的怠于履行清算义务，即该司法解释第 18 条规定的未在法定期限内组成清算组开始清算的行为；第二种是恶意处置公司财产、欺诈取得注销登记、未经清算即办理注销登记的侵权作为行为。该司法解释第 19 条规定，有限责任公司的股东、股份有限公司的董事和控股股东，以及公司的实际控制人在公司解散后，恶意处置公司财产给债权人造成损失，债权人主张其对公司债务承担相应赔偿责任的，人民法院应依法予以支持。

---

① 最高人民法院经济审判庭编：《经济审判指导与参考》第 3 卷，法律出版社 2000 年版，第 99 页。

三、合同相对性与诉讼当事人适格

《合同法》第8条第1款规定："依法成立的合同，对当事人具有法律约束力。当事人应当按照约定履行自己的义务，不得擅自变更或者解除合同"。一般认为，合同仅仅是当事人之间的债权债务关系，不涉及第三人，因而合同一般不对第三人产生任何法律拘束力，这就是所谓的合同相对性原则。

合同相对性原则包含主体相对性、内容相对性、责任相对性以及诉权的相对性四个方面的内容。主体相对性，指合同关系只能发生在特定的主体之间，只有合同当事人一方能够向合同的另一方当事人基于合同提出请求或提起诉讼，而不能向与其没有合同关系的第三人提出合同上的请求及诉讼。① 内容的相对性指除法律、合同另有规定以外，只有合同当事人才能享有某个合同所规定的权利与义务，并承担由该合同产生的责任，除合同当事人以外的任何第三人不能主张合同上的权利。责任的相对性，即违约责任的相对性。《合同法》第64条规定："当事人约定由债务人向第三人履行债务的，债务人未向第三人履行债务或者履行债务不符合约定，应当向债权人承担违约责任"。第65条规定："当事人约定由第三人向债权人履行债务，第三人不履行债务或者履行债务不符合约定，债务人应当向债权人承担违约责任"。违约责任是违反合同义务的产物，"债务是责任发生的前提，而责任则是债务人不履行其义务时，国家强制债务人履行债务和承担责任的表现，所以责任与债务时相互依存不可分离的。"②

诉讼当事人适格，是指对于特定的诉讼，可以自己的名义成为诉讼当事人的资格。《民事诉讼法》第119条规定："……原告是与本案有直接利害关系的公民、法人和其他组织……"强调原告须与案件有直接利害关系，也即是强调民事诉讼当事人与民事实体权利义务主体的同一性。故在私益性质的合同纠纷案件中，呈现出诉权的相对性。判断当事人是否适格时，应注意考察合同主体的相对性。只有合同的一方当事人可以向合同另一方当事人提起诉讼，其不能对第三人提起诉讼，即使是由于第三人的原因造成违约。同样，第三人也不能基于合同直接向合同的当事人提起诉讼，因第三人与合同当事人不具有直接的合同权利义务关系，故不是适格原告。需要注意的是，合同相对性原则在许多国家已有不同程度的修正或突破。我国合同法在这个问题上也有新的发展，例如《合同法》第73条至第75条规定的债权人代位权和撤销权，使得合同效力及于当事人之外的第三人，这些合同相对性原则的例外情形也对诉讼当事人的主体适格性产生相应的影响。

---

① 王利明："论合同的相对性"，载《中国法学》1996年第4期。

② 王利明："论合同的相对性"，载《中国法学》1996年第4期。

【典型案例】

广西北生集团有限责任公司与北海市威豪房地产开发公司、广西壮族自治区畜产进出口北海公司土地使用权转让合同纠纷案

上诉人（原审被告）：广西北生集团有限责任公司，住所地：广西壮族自治区北海市北海大道168号。

法定代表人：何玉良，该公司董事长。

委托代理人：张波，北京市天如律师事务所律师。

被上诉人（原审原告）：北海市威豪房地产开发公司，住所地：广西壮族自治区北海市四川路口岸大厦9楼。

法定代表人：刁江南，该公司总经理。

委托代理人：李崇文，北京市凯文律师事务所律师。

委托代理人：胡小顺，北京市凯文律师事务所律师。

被上诉人（原审原告）：广西壮族自治区畜产进出口北海公司，住所地：广西壮族自治区北海市四川路口岸大厦9楼。

法定代表人：彭家龙，该公司总经理。

委托代理人：李崇文，北京市凯文律师事务所律师。

委托代理人：胡小顺，北京市凯文律师事务所律师。

〔**基本案情**〕

上诉人广西北生集团有限责任公司（以下简称北生集团）与被上诉人北海市威豪房地产开发公司（以下简称威豪公司）、广西壮族自治区畜产进出口北海公司（以下简称北海公司）土地使用权转让合同纠纷一案，广西壮族自治区高级人民法院于2005年9月20日作出（2005）桂民一初字第3号民事判决。北生集团不服该判决，向本院提起上诉。本院依法组成合议庭，于2006年2月10日开庭审理了本案。北生集团的委托代理人张波，威豪公司及北海公司的委托代理人李崇文、胡小顺到庭参加诉讼。本案现已审理终结。

一审法院经审理查明：1993年3月3日，北生集团与威豪公司签订《土地合作开发协议书》约定，双方合作开发乡镇企业城范围内土地150亩；威豪公司按每亩20.5万元标准交付合作开发费用，共计3075万元；协议签订后两个工作日内，威豪公司支付北生集团土地合作开发费500万元作为定金，同时将原有的土地蓝线图正本和北生集团与广西壮族自治区北海市乡镇企业城招商中心（以下简称招商中心）签订的土地合作开发协议交给威豪公司保管；北生集团原则上在收到定金后，从招商中心办理好以威豪公司为该150亩土地占有人的蓝线图和转换合同，办理的手续费由北生集团负担；威豪公司在签约后10日内再付1000万元，其余的1575万元在1993年5月1日前付足；北生集团办理蓝线图及转换合同，最迟不能超过13日（自合同签订之日起)，逾期北生集团赔偿给威豪公司100万元，同时本合同有效执行；威豪公司付清全款，北生集团根据威豪公司要求同意向威豪公司转让土地使用权，威豪公司提供办理红线图及土地使用权证所需的立项等全部文件，北生集团负责为其办理红线图及土地使用权证；协议自签字盖章，交纳定金之日起正式生效。同日，双方又签订《补充协议》约定，北生集团与招商中心合作开发该150亩土地，尚欠合作开发费50%即600万元。在1993年5月1日威豪公司支付全款前，北生集团欠交土地合作开发费的损失由其自行承担，如果招商中心提高土地价格，加价部分由北生集团承担；如果收回土地，北生集团应在损失发生时将所收的款项全部退还给威豪公司，并在5日内赔偿500万元；如威豪公司未能在1993年5月1日前付足款给北生集团，威豪公司则赔偿500万元。同日，北生集团将土地示意图正本交付给威豪公司。威豪公司法定代表人刁江南出具了收条。

合同签订后，威豪公司分别于1993年3月4日、3月13日及4月30日支付500万、1000万、1000万元给北生集团，北生集团开具了收款收据。但北生集团未依约办理蓝线图及转换合同，也未为威豪公司办理土地使用权证。北生集团至今未取得讼争土地的土地使用权，也未对讼争土地进行开发利用。双方当事人均当庭确认威豪公司在诉讼前一直未向北生集团主张过权利。

一审法院另查明，威豪公司系由北海公司申办成立，其性质为全民所有制企业法人，主管部门为北海公司。由于威豪公司未按规定申报工商年检，2003年11月26日，广西壮族自治区北海市工商行政管理局作出行政处罚决定书，决定吊销威豪公司的营业执照，但至今尚未成立清算组进行清算。北生集团在1997年1月1日前的名称为浙江广厦建筑集团北海公司；1997年1月1日变更为广西北海浙江广厦建筑有限责任公司；2002年8月23日变更为广西北生企业（集团）有限责任公司；2002年9月19日再次变更为北生集团。

一审法院还查明，2000年1月26日，广西壮族自治区北海市中级人民法院就柳州市恒通房地产开发公司（以下简称恒通公司）与威豪公司及成都三业投资开发股份有限公司（以下简称三业公司）土地使用权转让合同纠纷一案作出（1999）北民初字第66号民事判决，认定威豪公司转让给恒通公司的150亩土地是根据1993年3月3日其与北生集团签订的《土地合作开发协议书》受让而来。但威豪公司与三业公司未取得该幅土地的使用权即与恒通公司签订土地使用权转让协议，在一审期间也未补办土地使用权手续，因此，该土地使用权转让合同无效。遂判决威豪公司返还其从恒通公司取得的土地款2820万元及该款利息。该判决已为生效判决。

威豪公司、北海公司向一审法院提起诉讼称，1993年3月3日，威豪公司与北生集团的前身浙江广厦建设集团北海公司签订《土地合作开发协议书》约定，双方合作开发北海乡镇企业城范围内的土地150亩，威豪公司按照每亩20.5万元的标准向北生集团支付开发费用，北生集团应将土地使用权办理到威豪公司名下。协议订立后，威豪公司先后共支付2500万元，但北生集团未履行合同约定义务。事后，威豪公司发现北生集团无权签订该合作开发协议，协议违反了法律强制性规定，属无效合同。由于威豪公司两年未参加工商年检，现由其开办单位北海公司与威豪公司共同清理威豪公司的债权债务，故请求：1. 确认双方签订的《土地合作开发协议书》无效；2. 判令北生集团向其返还因无效合同取得的合作开发费用2500万元，并赔偿利息损失28395234.25元（自北生集团收到款项之日起到实际返还之日止，暂计至2005年4月29日）。

北生集团答辩称：1. 北海公司没有按照法定程序成立清算组对威豪公司进行清算，该公司又不是讼争合同的当事人，故北海公司不具备原告的主体资格。2. 威豪公司与北生集团签订的《土地合作开发协议书》的性质是合同权利义务之转让。北生集团原与招商中心约定由招商中心出地，北生集团出资，共同合作开发土地。而北生集团与威豪公司签订的合同即是将北生集团的出资义务转让给了威豪公司。该合同没有违反法律强制性规定，合同合法有效。由于威豪公司未依约支付全额款项，致使北生集团不能协助威豪公司取得土地使用权，威豪公司对此应自行负责。3. 威豪公司的起诉已经超过了法定诉讼时效期间。《土地合作开发协议书》约定自合同签订之日起最迟不能超过13日，北生集团应办理土地的蓝线图及转换合同，但北生集团并没有在该期限内办理好上述手续，威豪公司在1993年3月16日就知道或应当知道其权利被侵害。此外，在另案诉讼中，2000年1月26日，广西壮族自治区北海市中级人民法院在（1999）北民初字第66号民事判决书中，已认定威豪公司未能取得土地使用权，亦不能协助恒通公司取得土地使用权，遂判决威豪公司返还土地款及赔偿利息损失给恒通公司。广西壮族自治区北海市中级人民法院作出该判决时，威豪公司就知道或应当知道其权利被侵害，诉讼时效最迟应该自此时起算，而威豪公司一直未向北生集团主张权利，直到2005年才提起诉讼，已超过了法定诉讼时效期间。故请求法院依法驳回威豪公司的诉讼请求。

〔一审裁判理由与结果〕

一审法院经审理认为，本案争议焦点为：1. 北海公司是否为本案适格原告；2.《土地开发协议书》是否无效；3. 威豪公司及北海公司的起诉是否超过了法定诉讼时效期间。

关于第一个争议焦点，即北海公司是否为适格原告的问题，一审法院认为，北海公司在本案中为适格原告。因为威豪公司系北海公司开办的全民所有制企业，威豪公司被工商管理部门依法吊销营业执照后，其民事行为能力受到一定的限制，且至今未成立清算组进行清算，北海公司作为该公司的开办单位、主管部门及唯一的出资方有权利及义务对威豪公司的债权债务进行清理。该公司作为共同原告参加诉讼并无不当。北生集团主张其是与威豪公司签订的合同，北海公司不是合同相对人，因而无权参加诉讼的理由不成立，不予支持。

关于第二个争议焦点，即《土地合作开发协议书》是否无效的问题，一审法院认为，威豪公司与北生集团签订的《土地合作开发协议书》，名为合作开发，实为土地使用权转让，该协议为无效合同。依据《最高人民法院关于审理房地产管理法施行前房地产开发经营案件若干问题的解答》① 第7条"未取得土地使用证的土地使用者为转让方与他人签订的合同，一般应当认定无效，但转让方已按出让合同约定的期限和条件投资开发利用了土地，在一审诉讼期间，经有关主管部门批准，补办了土地使用权登记或变更登记手续的，可认定合同有效"之规定，北生集团未取得讼争土地的使用权即与威豪公司签订协议转让该土地的使用权，且既未对土地进行实际的投资开发，也未在一审审理期间补办有关土地使用权登记或变更登记手续，因此，双方当事人签订的《土地合作开发协议书》无效。依据无效合同返还原则，北生集团应返还其收取的购地款2500万元及利息。

北生集团答辩认为，《土地合作开发协议书》合法有效，该协议的性质是合同权利义务的转让，即北生集团将其与招商中心签订的土地合作开发协议中的权利义务转让给威豪公司。但在一审审理期间，北生集团不能提供其与招商中心签订的协议或其他证据证明其与招商中心之间具有土地合作开发关系。而北生集团与威豪公司签订的《土地合作开发协议书》中也没有任何关于共同出资、共同经营、共担风险的约定。相反该协议书第六条约定威豪公司付清全款后，北生集团向威豪公司转让土地使用权，并为威豪公司办理土地使用权证。显然，威豪公司与北生集团之间的法律关系并非土地合作开发合同的权利义务转让，而是土地使用权的转让。即使《土地合作开发协议书》是合同权利义务的转让，北生集团的转让行为未得到原合同相对方的同意，该转让行为亦无效。所以，北生集团关于合同合法有效的抗辩主张没有事实和法律依据，不予采信。

北生集团还认为，威豪公司未按照《补充协议》的约定付足全部款项，致使其无法协助威豪公司取得该幅土地的使用权，威豪公司对此应自行负责。一审法院认为，依照《最高人民法院关于审理房地产管理法施行前房地产开发经营案件若干问题的解答》第7条的规定，北生集团作为土地使用权的转让方应当取得土地使用权后方可转让该土地使用权。北生集团在本案中的转让行为违反了上述规定。受让方未付清全部款项并不能使北生集团的违法行为合法化，也不是导致涉案合同无效的原因。北生集团的该抗辩主张与司法解释的规定相悖，不予支持。

关于第三个争议焦点，即威豪公司、北海公司的起诉是否超过法定诉讼时效期间的问题，一审法院认为，威豪公司、北海公司的起诉没有超过法定诉讼时效期间。当事人向法院请求保护民事权利的诉讼时效期间为两年，诉讼时效期间从知道或应

---

① 《最高人民法院关于废止1980年1月1日至1997年6月30日期间发布的部分司法解释和司法解释性质文件（第九批）的决定》。

当知道权利被侵害时起计算。首先，《中华人民共和国民法通则》规定的两年的诉讼时效期间适用于债权请求权，不适用于形成权。而威豪公司、北海公司关于确认合同无效的请求属于形成权之诉，不应受两年诉讼时效的限制。其次，因合同无效产生的财产返还请求权在性质上属于债权请求权范畴，理应受《中华人民共和国民法通则》关于诉讼时效期间的规定的限制，诉讼时效期间从原告知道或应当知道权利被侵害时起算。鉴于当事人并不享有确认合同无效的法定权力，合同只有在被法定裁判机关确认为无效之后，才产生不当得利的财产返还请求权及该请求权的诉讼时效问题。因此，威豪公司与北生集团签订的《土地合作开发协议书》被法院宣告无效后，威豪公司才享有财产返还请求权。如北生集团不予返还，威豪公司才知道或应当知道该权利受到侵害，诉讼时效才开始起算。以合同被宣告无效为无效合同诉讼时效的起点，威豪公司、北海公司的起诉没有超过法定诉讼时效期间。北生集团提出以合同被宣告无效为诉讼时效的起算点，可能会导致以无效合同为基础的民事关系长期处于不稳定状态，但诉讼时效原则体现的是国家公权力对私权的合理干预，以及在公共利益与私人利益产生冲突时，立法对公共利益的倾斜与保护。同时，在涉及无效合同财产返还的诉讼中，对《中华人民共和国民法通则》第一百三十七条如何适用，司法实践中还存在另一种诠释：即以无效合同的履行期限为确定诉讼时效的依据。其理由是无效合同的当事人通常在合同被法定机关确认为无效前，并不知道合同无效，当事人对无效合同约定的合同利益有合理的预期。如无效合同约定了履行期限，在该履行期限届满后；如合同未约定履行期限，在当事人主张权利后，合同相对方仍不能完全履行义务，当事人即知道或应当知道其"合同权利"受到侵害，则应积极地行使诉讼权利，维护自身利益。但由于本案双方当事人未对土地使用权转让的履行时间进行约定，威豪公司、北海公司从未向北生集团主张过权利，北生集团也从未告知过威豪公司不能办理土地使用权转让手续，威豪公司不知道也不应知道北生集团不能履约。所以，无论是以合同被法定裁判机关宣告无效，还是以无效合同的履行期限为依据确定诉讼时效的起算点，威豪公司、北海公司在2005年提起返还财产的诉讼，均未超过法定诉讼时效期间。

北生集团认为，《土地合作开发协议书》约定北生集团应在合同签订之日起13日内为威豪公司办理蓝线图和转换合同。北生集团未在该期限内履行上述义务，威豪公司就应当知道其权利受到侵害，诉讼时效即开始起算。一审法院认为，首先，合同的诉讼时效计算应以合同主要义务的履行期限为依据。《土地合作开发协议书》中约定的威豪公司支付购地款的对价是北生集团转让土地使用权给威豪公司，办理蓝线图等只是附随义务，其履行期限并不能替代合同主要义务的履行期限，也不应作为确定整个合同的诉讼时效的依据。其次，《土地合作开发协议书》约定，如果北生集团未能在合同订立之日起13日内办理蓝线图和转换合同，合同仍然继续有效执行。实际上在该时间之后，双方也还在继续履行合同。可见，未及时办理蓝线图及转换合同并不影响合同其他权利义务的履行。再次，从现实操作而言，土地使用权过户的全部手续通常也不可能在13日内能办理完毕。因此，无论从法理、合同约定、实际履约情况还是从现实操作的情况分析，在合同签订后的13日内北生集团虽未依约办理好蓝线图等，但并不能据此推断威豪公司就知道或应当知道北生集团不能履行转让土地使用权的义务。

此外，北生集团还认为，广西壮族自治区北海市中级人民法院作出（1999）北民初字第66号民事判决后，威豪公司就知道或应当知道其权利被北生集团侵害，诉讼时效期间即开始起算。一审法院认为，广西壮族自治区北海市中级人民法院审理的是威豪公司与恒通公司的争议，并未就本案原、被告之间的纠纷进行审理。广西壮族自治区北海市中级人民法院判决认定威豪公司与恒通公司之间的合同不能履行、合同无效，并不能推导出威豪公司与北生集团之间的合同不能履行或无效，两者之间没有必然的逻辑关系。依照《最高人民法院关于审理房地产管理法施行前房地产开发经营案件若干问题的解答》第7条的规定，威豪公司与北生集团之间的土地使用权转让协议在威豪公司提起诉讼时，实质上还处于效力待定状态，即如在本案一审诉讼期间北生集团能补办有关土地使用权的手续，合同仍然可以有效履行。此外，威豪公司与北生集团之间的合同没有约定办理土地使用权转让的履行期限，虽然威豪公司与恒通公司产生了诉讼，威豪公司仍未向北生集团主张权利，北生集团也未告知威豪公司不能办理土地使用权转让手续。所以，威豪公司虽在与恒通公司的诉讼中败诉，但并不能由此推定威豪公司知道或应当知道北生集团侵害了其权利，从而致使其不能履行与恒通公司之间的合同义务。

综上所述，北海公司作为威豪公司的开办单位、主管部门及唯一的出资方有权参加诉讼，对威豪公司的债权进行清理。威豪公司与北生集团之间的《土地合作开发协议书》名为合作开发，实为土地使用权转让，该协议违反了法律法规强制性规定，为无效合同。北生集团取得2500万元购地款及利息没有合法依据，应予以返还。威豪公司、北海公司提起诉讼，符合法律关于诉讼时效期间的规定，其诉权应依法受到保护。依照《中华人民共和国民法通则》第六十一条第一款、第九十二条、第一百三十五条、第一百三十七条及《最高人民法院关于审理房地产管理法施行前房地产开发经营案件若干问题的解答》第7条之规定，经一审法院审判委员会讨论决定，判决：（一）威豪公司与北生集团于1993年3月3日签订的《土地合作开发协议书》为无效合同；（二）北生集团返还威豪公司、北海公司2500万元及利息（利息计算从北生集团取得款项之日起至判决规定的履行期限届满为止，按中国人民银行同期一年期存款利率计算）。上述债务义务人应于判决生效之日起15日内履行完毕，逾期则应加倍支付迟延履行期间的债务利息。案件受理费282986元，由北生集团负担。

〔当事人上诉及答辩意见〕

北生集团不服一审判决，向本院提起上诉，请求：1. 撤销一审判决；2. 驳回威豪公司、北海公司的诉讼请求；3. 由威豪公司、北海公司承担本案的全部诉讼费用。

（一）北海公司不是本案适格原告。北海公司作为威豪公司的开办单位、主管部门及唯一的出资方，虽然有权利和义务对威豪公司的债权债务进行清理，但并无法律规定，在法人尚未注销时，其开办单位有权作为当事人代为或共同参加诉讼。这在根本上违背了法人独立的原则。法人的民事权利能力和民事行为能力，从法人成立时产生，到法人终止时消灭。威豪公司虽然系由北海公司申请开办，但被依法吊销了营业执照之后并没有在包括其开办单位北海公司在内的组织下进行清算，也没有办理注销登记。因此威豪公司仍然是一个依法独立存在的法人。被吊销营业执照并不影响威豪公司依法保持独立的民事权利能力和其他民事行为能力，威豪公司仍然有权且只能以自己的名义独立行使法律赋予的各项民事权利，包括参加诉讼。因此，一审法院认定北海公司为本案适格原告显属错误。

（二）威豪公司的起诉已过诉讼时效。1. 一审法院关于“原告确认合同无效的请求属于形成权之诉，不应受两年诉讼时效的限制”的认定，没有法律依据。关于请求确认无效合同是否适用诉讼时效的问题，我国法律没有明确规定，一直以来在理论界和实务界都存在一定的争议。我国是成文法国家，在法律没有明确规定无效合同不适用诉讼时效制度的情况下，人民法院不宜也不应该把存在争议的学理、学说作为定案的依据，应该同样适用法律关于诉讼时效的规定，即以 2 年为限。2. 一审法院认定“以合同被宣告无效为无效合同诉讼时效的起点”是错误的。一审法院认为，“鉴于当事人并不享有确认合同无效的法定效力，合同只有在被法定裁判机关确认为无效之后，才产生不当得利的财产返还请求权及该请求权的诉讼时效问题”。北生集团认为，合同是否有效并不影响当事人主张权利，故确认合同无效和返还财产请求权是可以分开且应该分开的两个问题。法院不能抛开法律规定，自行推定威豪公司何时知道其权利受损，否则诉讼时效将形同虚设。而且，合同无效虽然存在违法因素，但本案涉及的财产均为当事人自由处分的范围，属私权，不是国家必须主动干预的范畴。简单的以合同被宣告无效为财产返还请求权诉讼时效的起点，必然导致以无效合同为基础的民事关系长期处于不稳定状态，不利于整个社会经济生活的健康发展。3. 权利人的权利是否受到侵害是一个价值判断问题，应由法定裁判机关确定，但权利人知否其权利受到侵害则是一个事实问题，要靠证据来认定。威豪公司与恒通公司的土地转让合同被判无效，确实不能推导出本案合同无效，从而确定威豪公司的权利受到侵害，但可以据此认定威豪公司应当知道自己的权利受到了侵害。首先，北生集团对涉案土地并无使用权，也没有实际投资开发利用土地，经过十几年，仍然不能办理土地转让手续，其与威豪公司的土地转让合同违反法律的强制性规定，极有可能被判无效；其次，威豪公司已经向恒通公司承担了法律责任，遭受了巨大的经济损失。威豪公司权利受到侵害的事实已经发生。而威豪公司怠于行使自己的权利，从未向北生集团提出主张，致使诉讼时效期间届满。

威豪公司及北海公司答辩认为，一审判决认定事实清楚，适用法律正确，应予维持。北生集团的上诉请求不能成立，应予驳回。

（一）关于北海公司的主体问题。北海公司是威豪公司的开办单位，威豪公司已于2003年11月26日被广西壮族自治区北海市工商行政管理局吊销营业执照，并被责令由主办单位、投资人或清算组进行清算。威豪公司至今未成立清算组，因此作为主办单位的北海公司有权利有义务对威豪公司的债权债务进行清算工作。本次诉讼，亦是对威豪公司债权债务的清算工作之一，由北海公司同权利义务已受限制的威豪公司共同参加诉讼，符合法律规定。

（二）关于诉讼时效问题。威豪公司的起诉没有超过诉讼时效，威豪公司的诉讼请求应当得到法院的支持。1. 无效合同的确认不适用诉讼时效，无效合同产生的财产返还请求权的诉讼时效期间应自合同被确认无效之日起算。无效合同的确认不受诉讼时效期间限制。合同无效是法律所代表的公共权力对合同成立过程进行干预的结果。确认合同效力是价值判断的范畴，只要法律、行政法规认为合同是无效的或损害社会公共利益的，就应当认定合同无效，而不应考虑合同无效经历的时间过程。此外，诉讼时效制度适用于债权请求权，而确认合同无效则属于形成权，确认合同无效之诉属确认之诉，不适用诉讼时效制度。合同无效是一种法律状态，法律不应强求当事人随时随地对合同效力进行审视，从而使交易处于不确定的状态。当事人在善意履行合同过程中，不发生对合同效力认定及无效合同财产处理的主张起算诉讼时效问题。无效合同产生的财产返还请求权的诉讼时效期间应自合同被确认无效之日起算。如果说以“民事关系的稳定”为借口使无效合同经过时间的延续达到与有效合同相同的事实结果，这显然是违背立法宗旨。2. 即使无效合同的诉讼时效应从知道或应当知道权利被侵害之日起计算，北生集团有关威豪公司的诉讼请求已过诉讼时效的主张也是不能成立的。首先，威豪公司与北生集团之间的《土地合作开发协议书》未就主债务的履行约定履行期限。对于无履行期限的合同，根据我国民法通则与合同法的相关规定，诉讼时效的起算有如下几种：（1）债权人催告当时债务人就表示立即履行，实际上未履行的，诉讼时效自催告次日起算；（2）如果当事人协商一致，确定一个明确的履行期限的，诉讼时效自该期限届满之次日起算；如果当事人就履行期限协商不成，在任何一方提出了一个合理的履行期限后，诉讼时效自该合理期限之次日起算；（3）债权人向债务人主张债权，债务人当即明确拒绝，而该拒绝含有将来也不履行债务的意思，那么，诉讼时效应从该拒绝之日的次日起计算。本案中，上述几种情况均不存在，因此本案不存在威豪公司知道或应当知道权利被侵害的事实，诉讼时效并未起算。实际上，正是双方当事人结合北海市房地产业的状况，从最大限度维护双方利益的角度出发，共同认可合同处于一个持续的事实状态，因此不存在权利被侵害的情形。3. 威豪公司与北生集团之间的合同效力非经裁判机关裁决，当事人及任何第三人都无权认定合同效力，威豪公司也不能援引另案的判决，来主观推断其在本案合同中的权利被侵害。事实上，威豪公司与第三人订立合作开发合同时，对北生集团何时能真正取得争议地块的土地使用权并不明确，对由此产生的可能对第三人的违约早有合理预知，并愿意承担此种风险，因北生集团即便不能在威豪公司与第三方约定的期限内取得该地块的国有土地使用权，威豪公司也不能想当然的单方推定北生集团违约。况且，在威豪公司与恒通公司的争议经广西壮族自治区北海市中级人民法院（1999）北民初字第66号民事判决书判决后，北生集团在本案一审前，依然存在依法取得约定地块国有土地使用权，并依合同约定再转让给威豪公司的可能性。事实上，威豪公司与北生集团之间的合同并非绝对无效的合同，如果北生集团在本案一审期间能够取得争议土地的国有土地使用权，该合同仍可认定为有效合同。威豪公司未能在另一诉讼一审期间取得争议地块的国有土地使用权，并不等于北生集团不能在此后取得国有土地使用权。根据最高人民法院《关于审理房地产管理法施行前房地产开发经营案件若干问题的解答》的精神，如果北生集团在本案一审期间能够取得争议地块的国有土地使用权，双方的合作开发合同仍可以被认定为有效合同。事实上，当时威豪公司的权利也未遭受侵害，直到起诉前，威豪公司及北海公司仍希望北生集团继续履行交付土地使用权的义务，但北生集团至今无法完成该合同义务，直接导致了合作开发合同的无效。

〔最高人民法院查明的事实〕

本院二审查明的事实与一审法院查明的事实相同。

〔最高人民法院裁判理由与结果〕

本院认为，本案二审双方当事人争议焦点有二：其一、北海公司是否具备原告的主体资格；其二、威豪公司的起诉是否超过诉讼时效期间。

（一）关于北海公司是否具备原告的主体资格。

经查，威豪公司是由北海公司申办成立的。由于威豪公司未按规定申报工商年检，2003年11月26日，广西壮族自治区北海市工商行政管理局作出行政处罚决定书，决定吊销威豪公司的营业执照，但至今尚未成立清算组进行清算。根据《中华人民共和国民法通则》第三十六条的规定："法人是具有民事权利能力和民事行为能力，依法独立享有民事权利和承担民事义务的组织。法人的民事权利能力和民事行为能力，从法人成立时产生，到法人终止时消灭。"《中华人民共和国公司登记管理条例》第三十八条规定："经公司登记机关核准注销登记，公司终止。"① 威豪公司虽然系由北海公司申请开办，但被依法吊销了营业执照之后并没有进行清算，也没有办理公司的注销登记，因此威豪公司仍然享有民事诉讼的权利能力和行为能力，即有权以自己的名义参加民事诉讼。北海公司作为威豪公司的开办单位，虽然有权

---

① 对应2016年修改的《中华人民共和国公司登记管理条例》第44条。

利和义务对威豪公司的债权债务进行清理，但在威豪公司尚未注销时，其开办单位作为当事人共同参加诉讼，没有法律依据。北海公司不是威豪公司与北生集团所签合同的缔约人，其与北生集团之间没有直接的民事法律关系。因此，一审法院认定北海公司为本案适格原告，于法无据。北生集团关于北海公司不具备本案原告的诉讼主体资格的上诉请求，应予支持。

（二）关于威豪公司的起诉是否超过诉讼时效期间。

一审法院认为，威豪公司与北生集团签订的《土地合作开发协议书》，名为合作开发，实为土地使用权的转让协议。因北生集团未取得讼争土地的使用权即与威豪公司签订协议转让该土地的使用权，且既未对土地进行实际的投资开发也未在一审审理期间补办有关土地使用权登记或变更登记手续，故双方当事人签订的《土地合作开发协议书》应为无效。一审法院上述关于合同性质及效力的认定，符合本案事实，适用法律正确。且双方当事人对合同效力亦无异议。

依照《中华人民共和国民法通则》第一百三十五条、第一百三十七条之规定，当事人向人民法院请求保护民事权利的诉讼时效期间为二年，诉讼时效期间从知道或者应当知道权利被侵害时起计算。本院认为，合同当事人不享有确认合同无效的法定权利，只有仲裁机构和人民法院有权确认合同是否有效。合同效力的认定，实质是国家公权力对民事行为进行的干预。合同无效系自始无效，单纯的时间经过不能改变无效合同的违法性。当事人请求确认合同无效，不应受诉讼时效期间的限制，而合同经确认无效后，当事人关于返还财产及赔偿损失的请求，应当适用法律关于诉讼时效的规定。本案中，威豪公司与北生集团签订的《土地合作开发协议书》被人民法院确认无效后，威豪公司才享有财产返还的请求权，故威豪公司的起诉没有超过法定诉讼时效期间。

北生集团主张，双方签订的《土地合作开发协议书》约定，北生集团应在合同签订之日起 13 日内为威豪公司办理蓝线图和转换合同，北生集团未在该期限内履行上述义务，威豪公司就应当知道其权利受到侵害，诉讼时效即开始起算。本院认为，双方当事人签订的《土地合作开发协议书》约定，如果北生集团未能在合同订立之日起 13 日内办理蓝线图和转换合同，合同仍然继续有效执行，只是北生集团应承担相应的违约责任，即赔偿威豪公司 100 万元。因此，合同仍处在继续履行状态，未及时办理蓝线图及转换合同并不影响合同其他权利义务的履行，而且，上述义务也不是双方合同的主要义务。故在合同签订后的 13 日内北生集团虽未依约办理好蓝线图等，但并不能据此推断威豪公司就知道或应当知道北生集团不能履行转让土地使用权的义务。北生集团的该点上诉理由，不能成立。

北生集团上诉还认为，广西壮族自治区北海市中级人民法院作出（1999）北民初字第 66 号民事判决后，威豪公司就知道或应当知道其权利被北生集团侵害，诉讼时效期间即开始起算。本院认为，一审法院对此问题的认定，理据充分。广西壮族自治区北海市中级人民法院审理的是威豪公司与恒通公司的争议，与本案没有直接的联系。广西壮族自治区北海市中级人民法院判决认定威豪公司与恒通公司之间的合同无效，并不能推导出威豪公司与北生集团之间的合同亦为无效。依照《最高人民法院关于审理房地产管理法施行前房地产开发经营案件若干问题的解答》第7条的规定，威豪公司与北生集团之间的土地使用权转让协议在威豪公司提起诉讼时处于效力待定状态，即如在本案一审诉讼期间北生集团能补办有关土地使用权的手续，合同仍然可以有效并得到履行。北生集团也未告知威豪公司不能办理土地使用权转让手续。所以，威豪公司虽在与恒通公司的诉讼中败诉，但并不能由此推定威豪公司知道或应当知道北生集团侵害了其权利。北生集团的该点上诉理由，亦不能成立。

综上，依据《中华人民共和国民事诉讼法》第一百五十三条①第一款第（二）项之规定，判决如下：

一、维持广西壮族自治区高级人民法院（2005）桂民一初字第3号民事判决第一项；

二、变更广西壮族自治区高级人民法院（2005）桂民一初字第3号民事判决第二项为：广西北生集团有限责任公司于本判决生效后15日内返还北海市威豪房地产开发公司2500万元及利息（利息从取得款项之日起，按中国人民银行同期一年期存款利率计算）。

一审案件受理费、二审案件受理费共计565 972元，由广西北生集团有限责任公司负担。

本判决为终审判决。

---

① 对应2012年《民事诉讼法》第170条。

第十三章　公益诉讼

规则18：少数民族乡政府为维护本区域内的公众权益，可以以自己的名义对侵犯本族民间文学艺术作品合法权益的行为提起诉讼

——饶河县四排赫哲族乡政府与郭颂、中央电视台、北京北辰购物中心侵犯民间文学艺术作品著作权纠纷案①

【裁判规则】

依照宪法和法律在少数民族聚居区设立的乡级地方国家政权，当少数民族民间文学艺术受到侵害时，为维护本区域内公众的利益，以自己的名义提起诉讼，不违反法律的禁止性规定。

【规则理解】

一、民间文学艺术作品著作权的内涵及法律特征

（一）民间文学艺术作品著作权的内涵

世界知识产权组织（WIPO）和联合国教科文组织（UNESCO）1976年共同制定的《发展中国家突尼斯版权示范法》将民间文学艺术作品定义为："在某一国家领土范围内可以认定由该国国民或者种族群落创造的、代代相传并构成其传统文化遗产之基本组成部分的全部文学、艺术和科学作品。"② WIPO和UNESCO在1982年制定的《保护民间文学艺术表达、防止不正当利用及其他侵害行为的国内示范法条款》（以下简称《示范条款》）将"民间文学艺术表达"定义为"由具有传统文化艺术特征的要素构成，并由某一国家和地区的一个群体或者某些个人创造和维系，反映该群体传统文化艺术期望的全部文艺产品。"③ 第2条列举了民间文学艺术作品的具体形式：（1）口头表达形式；（2）音乐表达形式；（3）活动表达形式；

① 《中华人民共和国最高人民法院公报》2004年第7期。

② ［俄］E.P.加佛里洛夫："民间文学艺术作品的法律保护"，载《版权参考资料》1984年第7期。

③ 管玉鹰：《知识产权视野中的民间文艺保护》，法律出版社2006年版，第1页。

(4) 有形的表达形式，如民间艺术品、乐器、建筑艺术等。①

（二）民间文学艺术作品著作权的法律特征

从前述关于民间文学艺术作品的定义可以看出，民间文学艺术作品与普通作品都是智力创作活动的结晶，都属于智力成果的范畴，都具有无形性、地域性等特征，民间文学艺术作品属于著作权保护的范围。民间文学艺术作品与其他文学艺术作品相比，又具有自身的特殊性，表现在以下几个方面：②

1. 作者的群体性。民间文学艺术作品是群体创造性思维活动的结果，不是没有作者。民间文学艺术作品的作者不是传统版权法意义上的个人作者，而是有关群体。

2. 作品的独创性。民间文学艺术作品的独创性表现在两个方面：首先表现为群体的独创性，相对于其他群体，本群体的民间文学艺术作品具有高度的独创性。每一群体的每一部民间文学艺术作品都各有特点和个性，这是不同的创作群体在其独特的历史传统、民俗人情、地理环境、社会心理、审美视角、艺术追求和表现手段等因素影响下进行创作的结果。其次表现为传承人的独创性，传承人相对于前人，传承中必有一定独创性的发挥。

3. 存在形态的非物质性。民间文学艺术作品只是未固定的表达，不是不能固定。多数民间文学艺术以口头等非物质的形态存在于民间，存在于集体记忆和个人记忆之中，是有关群体的传统习惯，是其独特生命力的体现。有些群体则受文明程度的限制，缺乏复制的人才、工具和手段（如文字）。版权保护制度应当顺应这一特殊客体的个性，排除对其物质固定的要求。

我国《著作权法》第6条规定："民间文学艺术作品的著作权保护办法由国务院另行规定"，但国务院尚未正式出台相应的保护办法。从该条规定可以看出，民间文学艺术作品在我国属于著作权法保护的范围，但现阶段尚未形成完善的权利保护制度。

二、民间文学艺术作品权利的行使主体

民间文学艺术作品是在长期的历史发展传承过程中，以滚雪球的方式吸纳了特定群体不同时代、不同地域、不同文化素养的创作主体和传承主体的世界观和价值观，创造过程体现了群体的参与性，是集体智慧的结晶，因此权利应当属于来源群

---

① 郑成思："世界各国的民间文学艺术保护状况"，载《中国知识产权报》2001年11月9日。

② 李永明、杨勇胜："民间文学艺术作品的版权保护"，载《浙江大学学报（人文社会科学版）》2006年第7期。

体所有。但是来源群体不具有民事行为能力，在权利行使上存在较大障碍。

对于这一问题的解决，当前主要存在三种主张：第一种是国家说，主张由国家直接享有民间文学艺术作品著作权，由国家版权行政主管部门或文化行政主管部门具体行使权利，民间文学艺术来源群体不作为权利人，仅作为受益人或民间文学艺术作品的持有人。第二种是信托说，认为由来源群体享有著作权，由具备法人资格的信托公司、民间团体或其他集体管理机构根据委托授权的信托模式代为行使和管理权利。第三种是法定代理说，认为法律规定由民间文学艺术来源群体享有著作权，应当通过引进并适当改造民事代理制度中的法定代理制度来解决权利主体的行为能力障碍。对于具备法人或其他组织主体资格的部分民间文学艺术来源群体，以及对于享有民间文学艺术权利的具备完全民事行为能力的自然人，则由其自己行使权利。①

民间文学艺术作品的版权首先应该归属于创作民间文学艺术作品的群体，这是基本原则。依据创造性的劳动应获得相应的版权权利和权利义务对等的原则，不同的主体参与了民间文学艺术作品的传承、发掘、整理、完善、提高、传播、保存、保护，民间文学艺术作品的原创者、传承人、发现人、记录人、收集人、整理人、传播人以及民间组织等也应享有相应的权利（版权或其他权利）。从这个意义上讲，与民间文学艺术作品相关的权利主体又是多层次的。②

《示范条款》规定各国可在“主管部门”和“有关居民团体”之间进行选择。对民间文学艺术作品提供著作权保护的国家大都选择了“主管部门”，即认定国家就是权利主体，权利的行使与实现是通过“主管机关”来行使。只有极少量的国家选择“有关居民团体”来行使民间文学艺术作品的权利。从广义上讲，民间文学艺术作品是在特定民族或特定区域的群体间世代相传，体现该民族或该区域群体社会历史和文化生活特点的艺术表现形式。从本质上看，民间文学艺术作品具有不同于著作权法保护的一般客体的显著特性。相对于著作权法所保护的主体一般为特定的自然人、法人而言，民间文学艺术作品的主体具有不特定性。民间文学艺术作品的形成和发展是某个民族或某个区域的群体持续创作并世代传承的过程，其权利主体不易确定，其属于该民族或该区域的群体共同创作和享有的作品，从此种意义上，民间文学艺术作品的创作主体带有群体性，其权利应归属于该民族或该区域的群体共同享有。很多国家立法把民间文学艺术作为本国特定民族的群体性作品。民间文

① 张耕：“论民间文学艺术版权主体制度之构建”，载《中国法学》2008 年第 3 期。

② 李永明、杨勇胜：“民间文学艺术作品的版权保护”，载《浙江大学学报（人文社会科学版）》2006 年第 7 期。

学艺术在特定区域或民族中流行，并在流传过程中不断被人们加工、完善，逐渐成为特定地区、特定民族的群体作品，已不具有创作者的个性特征，而具有鲜明的民族风格和地方特色，因此，将民间文学艺术作品作为某一特定民族群体共有的作品看待，有利于对民间文学艺术作品的传承和发展，有利于尊重创作民间文学艺术作品的特定民族群体的民族感情，因为任何对民间文学艺术作品的歪曲和割裂，都会伤害到创作民间文学艺术作品的特定民族群体的情感。①

《示范条款》确定的许可使用民间文学艺术（表达）的授权和收取使用费的主体，是采用法律规定的形式指定的国家主管部门或社会群体，排除了公民个人对民间文学艺术（表达）行使所有者的权利。按照条款规定，对国家主管部门作出的许可及不许可决定，使用申请人对其决定可以上诉，国家主管部门所收取的费用必须用于促进或保护本国民间文化的目的。而对于社会群体作为授权主体的，其可以自由作出是否许可的决定，所收取的费用也由其自行决定使用方式。国家指定人民政府文化行政部门行使相关权利，以维护国家和相关群体的权利不受侵犯。享有民族民间文化的智力成果权的群体中的公民、法人或其他组织，认为该群体的精神权利或物质权利受到侵害时，可以向有关的文化行政部门申请维护其权利，由该文化行政部门向司法机关提起诉讼。文化行政部门在国家或民族权益受到侵害时，可以直接提出诉讼请求。此外，鉴于民间文学艺术的集体性，利益的公共性，也可以借鉴公益诉讼制度作为一种对民间文学艺术作品版权侵权行为的救济制度。

三、民间文学艺术作品侵权纠纷对公益诉讼制度的引入

讨论民间艺术作品权利是否属于公共利益的范畴，有必要对“公共利益”的内涵作一分析。公共利益的特点主要有：（1）不可分性和公共性；（2）非排他的相容性和相关性；（3）不确定性。以约翰·罗尔斯为代表的新自由主义理论认为，公共利益和私人利益的区别是复杂细微的，主要区别在于公共利益具有不可分性和公共性。所谓不可分性和公共性，是指这种利益不可能只提供给社群中某个人，而不提供给其他人。当把公共利益提供给某个人时，它必然也同时自动地为同一社群的其他成员所享有，例如城市卫生。所谓非排他的相容性和相关性，公共利益的供给是整体的、普遍的，绝大多数情况下表现为非排他性，从整体上有利于社群。所谓不确定性是指公共利益的内容具有不特定性，不仅在某一时期、某一地域很难确定，而且随着时间、地域不同而呈历史的、动态的特征。

民间文学艺术作品的权利归属具有特殊性，权利主体为来源群体，其利益具有

---

① 邵明艳：“让‘乌苏里船歌’的歌声更悠扬——民间文学艺术作品法律保护的探讨”，载《电子知识产权》2005年第9期。

公共性、不可分性的特点，代表着来源群体的共同利益。本案所涉的乌苏里船歌是赫哲族世代传承的民间曲调，是赫哲族群体共同创作和每一个成员享有的精神文化财富。它不归属于赫哲族的某一成员，但又与每一个赫哲族成员的权益有关，属于不特定多数人受益的公共利益，由赫哲族全体组成的集合体享有权利。由于来源群体作为权利主体，其是抽象的集合体，一旦受到侵害，难以通过普通民事诉讼得到救济，事实上也可能全部利益主体都参加诉讼。鉴于民间文学艺术作品的集体性，利益的公共性，引入公益诉讼制度，允许非直接利害关系人起诉，有利于民间文学艺术作品权利被侵权时的有效救济。

四、公益诉讼的起诉主体

（一）诉的利益

诉的利益是指当事人的合法权益受到侵害或与他人发生纠纷时，需要运用诉讼手段予以救济的必要性。按照传统诉的利益学说，诉的利益决定民事可诉性和原告适格性，"无利益即无诉权"，原告起诉必须是为与自己有直接利害关系的纠纷。[①]《民事诉讼法》第119条规定："起诉必须符合下列条件：（一）原告是与本案有直接利害关系的公民、法人和其他组织……"传统诉的利益学说，即"直接利害关系规则"是建立在任何民事权益都有积极的捍卫者，一旦其权益受损，权利人必然会向法院寻求救济的假设基础上的。其主要目的有二：一是避免原告滥用诉权，使另一方当事人无端陷入诉讼；二是将与案件无关的人排除在诉讼之外，节约有限的司法资源。然而，诉的利益学说使民事诉讼法局限于保护私权，限制了其在保护公共利益方面的功能发挥。环境侵权、消费者侵权等侵权行为对公众利益的损害巨大，但由于利益主体的不特定性以及个体救济成本过高等因素，个体受害者往往放弃救济。随着现代社会结构和法律调整模式的变迁，社会对保护公共利益的关注程度日益提高，建立公益诉讼制度成为2012年《民事诉讼法》修改的一项重要内容。《民事诉讼法》第55条规定："对污染环境、侵害众多消费者合法权益等损害社会公共利益的行为，法律规定的机关和有关组织可以向人民法院提起诉讼"，首次在我国确立了民事公益诉讼制度。从该条规定看，公益诉讼是相对于代表个体利益的私益诉讼而言的。私益诉讼应当遵循《民事诉讼法》第119条的规定，原告应当是与案件有直接利害关系的公民、法人和其他组织。公益诉讼不以诉的利益作为限定原告的条件，但原告必须具备主体资格的法定性，即只有"法律规定的机关和有关组织"才有资格提起公益诉讼。

---

① ［日］谷口安平：《程序的正义与诉讼》，王亚新、刘荣军译，中国政法大学出版社1996年版，第151页。

（二）提起公益诉讼的主体

关于我国公益诉讼的原告主体问题，立法过程中争议较大。全国人大常委会法制工作委员会2011年10月24日提交的第一次审议稿，规定公益诉讼的起诉主体为“有关机关、社会团体”，在2012年4月24日提交的第二次审议稿中，对起诉主体作了进一步限缩，公益诉讼的起诉主体限定为“法律规定的机关和有关社会团体”，立法最终通过稿与第二次审议稿基本相同，唯一的修改是将“有关社会团体”改为“有关组织”。“有关组织”与“有关社会团体”相比，范围更为宽泛，包括非营利性的社会团体，也包括营利性的组织、非法人组织等。根据《民事诉讼法》第55条的规定，公益诉讼的案件范围限于损害社会公共利益的污染环境、侵害众多消费者合法权益等案件，公益诉讼的原告限于法律规定的机关和有关组织。其中，“法律规定的机关”是指法律明确规定有权提起公益诉讼的国家机关。“有关组织”不受法律规定的限制，具体哪些组织可以提起公益诉讼，一是立法机关后续的立法予以明确；二是立法没有明确的，最高人民法院可以根据审判实践加以确定。

1. 法律规定的“有关机关”

所谓法律规定的“有关机关”，要求可以提起公益诉讼的国家机关，必须有明确的法律依据。由于民事诉讼本来是平等主体之间的诉讼，而公益诉讼只是一种授权性的诉讼，因此这种授权必须是法律的明确授予。作为能提起公益诉讼的行政机关，不仅要求其设立和职能，而且其可以提起公益诉讼的权利都必须由法律明确规定。在我国与社会公共利益有关的机关很多，权力机关、行政机关、审判机关、检察机关等都与公共利益有关，显然，人大机关、审判机关是不能作为公益诉讼主体的。从现行法律规定来看，目前明确可以提起民事公益诉讼的行政机关，包括两类：

一是海洋环境监管部门。《海洋环境保护法》第90条第2款规定，“对破坏海洋生态、海洋水产资源、海洋保护区，给国家造成重大损失的，由依照本法规定行使海洋环境监督管理权的部门代表国家对责任者提出损害赔偿要求。”该条款既是赋权条款，也是限定条款，即将海洋生态资源损失索赔主体限定为行使海洋环境监督管理权的部门。

二是检察机关。2015年7月1日，第十二届全国人民代表大会常务委员会第十五次会议通过了《关于授权最高人民检察院在部分地区开展公益诉讼试点工作的决定》，授权最高人民检察院在生态环境和资源保护、国有资产保护、国有土地使用权出让、食品药品安全等领域开展提起公益诉讼试点。试点地区确定为北京、内蒙古、吉林、江苏、安徽、福建、山东、湖北、广东、贵州、云南、陕西、甘肃十三个省、自治区、直辖市。提起公益诉讼前，人民检察院应当依法督促行政机关纠正违法行政行为、履行法定职责，或者督促、支持法律规定的机关和有关组织提起公益诉讼。试点期限为二年。2015 年 7 月 2 日，最高人民检察院发布《检察机关提起公益诉讼改革试点方案》，规定了检察机关在履行职责中发现污染环境、食品药品安全领域侵害众多消费者合法权益等损害社会公共利益的行为，在没有适格主体或者适格主体不提起诉讼的情况下，可以向人民法院提起民事公益诉讼。检察机关以公益诉讼人身份提起民事公益诉讼，被告没有反诉权。检察机关在提起民事公益诉讼之前，应当履行诉前程序，依法督促或者支持法律规定的机关或有关组织提起民事公益诉讼。经过诉前程序，法律规定的机关和有关组织没有提起民事公益诉讼，社会公共利益仍处于受侵害状态的，检察机关可以提起民事公益诉讼。

2. 有关“社会组织”

“社会组织”作为公益诉讼的原告也必须是法律和司法解释有明确规定的。立法机关在民事诉讼法修订说明中强调，哪些组织适宜提起公益诉讼，可以在制定相关法律时作出进一步明确规定，还可以在司法实践中逐步探索。根据现行法律和司法解释的规定，可以提起民事公益诉讼的社会组织有：

一是符合条件的消费者协会。2013 年修订的《消费者权益保护法》增加了提起消费者权益保护公益诉讼的主体，该法第 47 条规定，“对侵害众多消费者合法权益的行为，中国消费者协会以及在省、自治区、直辖市设立的消费者协会，可以向人民法院提起诉讼。”

二是专门从事环境保护公益活动的社会组织。2014 年修订的《环境保护法》增加了提起环境保护公益诉讼的社会组织的规定。该法第 58 条规定：“对污染环境、破坏生态，损害社会公共利益的行为，符合下列条件的社会组织可以向人民法院提起诉讼：（一）依法在设区的市级以上人民政府民政部门登记；（二）专门从事环境保护公益活动连续五年以上且无违法记录。符合前款规定的社会组织向人民法院提起诉讼，人民法院应当依法受理。提起诉讼的社会组织不得通过诉讼牟取经济利益。”

司法实践中，为进一步明确环保公益诉讼的起诉主体，保障有序、有效地开展环境公益诉讼，最高人民法院于 2014 年 12 月公布了《最高人民法院关于审理环境民事公益诉讼案件适用法律若干问题的解释》，于 2015 年 1 月 7 日起施行。该司法解释第 2 条至第 5 条明确，提起环境公益诉讼的社会组织应当符合下列条件：（1）属于依照法律、法规的规定在设区的市级以上人民政府民政部门登记的社会团体、民办非企业单位以及基金会等社会组织；（2）社会组织章程确定的宗旨和主要业务范围是维护社会公共利益，且从事环境保护公益活动的。（3）社会组织提起的诉讼所涉及的社会公共利益，应与其宗旨和业务范围具有关联性。（4）社会组织在提起诉讼前五年内未因从事业务活动违反法律、法规的规定受过行政、刑事处罚的。

从我国现行管理体制看，行政主管部门等有关机关是公共利益的主要维护者和公共事务的管理者，作为公益诉讼的起诉主体具有较大的优势，既可以促使其依法积极行政，又可以利用诉讼救济的方式弥补行政手段的不足。本案判决认为，赫哲族乡政府是依据我国宪法和法律的规定在少数民族聚居区内设立的乡级地方国家政权，可以作为赫哲族部分群体公共利益的代表。赫哲族乡政府为维护本区域内的赫哲族公众的权益，有权以自己的名义对侵犯赫哲族民间文学艺术作品合法权益的行为提起诉讼，有效保护了赫哲族群体的公众利益，有积极的示范意义。在《民事诉讼法》确立公益诉讼制度以后，根据原告主体资格法定性的要求，民间文学艺术作品著作权纠纷的起诉主体，亟须由相关法律作出进一步的明确规定。

需要明确的，我国法律和司法解释未将个人纳入公益诉讼的主体范围。一是从我国的现行管理体制和减少滥诉风险的角度看，为促使公益诉讼制度在我国适度开展，同时又能有序进行，目前提起公益诉讼的主体不宜过宽，如果放开个人的公益诉讼主体资格，可能会造成诉讼数量过多的局面；二是个人举证能力薄弱，取证困难，在目前社会条件下，也不适合作为公益诉讼的起诉主体。当然在很多情况下，损害公共利益的行为也会损害个人利益，如公民个人为受害者，其可以依据《民事诉讼法》第119条规定的“直接利害关系规则”得到救济。

【拓展适用】

一、公益诉讼的起源及在世界各国的发展

公益诉讼的出现最早可追溯到古罗马时期。罗马法的程式诉讼包括私益诉讼和公益诉讼，私益诉讼是保护个人所有权利的诉讼，仅特定的人才能提起；而公益诉讼是为了保护社会公共利益的诉讼，除法律有特别规定外，凡市民均可提起。[①]

近现代以来，美、英、法、德、日、印度等许多国家均在民事诉讼法、环境保护法、消费者权益保护法、反不正当竞争法等单行法中建立了公益诉讼制度。从各国的立法发展看，公益诉讼代表人制度分为专门的官方公益代表机构和民间公益代表人。官方公益代表机构包括检察机关和其他政府机构。民间公益代表人制度以公益团体和公民个人作为起诉主体，但对其代表公益的领域和方式通常都有严格的立法限制，没有法律规定，公益团体和公民个人不能作为公益代表人。根据公益诉讼

① 周枏：《罗马法原理》（下册），商务印书馆1996年版，第886页。

起诉主体的不同，可以划分为四种不同的立法例：①

一是由公民提起公益诉讼。典型的有美国的公民诉讼、日本的民众诉讼等。20世纪40年代后，美国以司法判例的形式确立了“私人检察总长理论”，为了保护公共利益，国会有权制定法律授权其他当事人以私人检察总长的身份提起公益诉讼，主张社会公益。美国联邦政府在1970年至1972年间修改了《清洁空气法》、《水质污染管制法》、《噪音管制法》，规定任何人无须证明自己受到违法行为的直接侵害，都可以根据上述法律的规定，对违法行为提起诉讼。美国《联邦采购法》规定，任何人均可代表美利坚合众国对政府采购中的腐败和有损于美国公共利益的行为提起诉讼，在获胜以后，可以在收益中获得一个相应的比例作为奖赏。

二是由公益团体提起公益诉讼。一些大陆法系国家通过制定法使某些社会团体具备公益诉讼的原告资格，如德国和法国的团体诉讼制度。德国在《反不正当竞争法》、《一般契约条款法》、《关于侵害消费者权利和其他权利之停止侵害诉讼法》等法律中分别赋予竞争者、事业团体、消费者团体等公益团体提起公益诉讼的资格。

三是由政府机关提起公益诉讼。例如美国的证券委员会可以提起诉讼，要求违反信息披露义务的公司及董事等交出股票交易所得，以此赔偿因此给其他股东造成的损失。1938年《公平劳动基准法》规定劳工部长应受雇人的书面请求，要求雇主支付工资，有可以自行向法院要求发布禁令，要求雇主支付工资的诉权。俄罗斯《联邦消费者权利保护法》规定，对于损害范围不确定的消费者的违法行为，作为国家机关的反垄断政策和支持新经济结构国家委员会，联邦标准化、度量衡和检验国家委员会，卫生防疫监督委员会，联邦生态和自然资源部等都有权在自己的职权范围内向法院提起诉讼。

四是由检察机关提起公益诉讼。检察机关作为公共利益代表提起诉讼是大多数国家的立法选择。法国1976年《民事诉讼法》中规定检察机关可以以主当事人或联合当事人的身份参与民事诉讼。与民事诉讼法相适应，法国民法典从实体法的角度规定了检察机关提起公益诉讼的范围。美国1890年《谢尔曼反托拉斯法》规定，凡以托拉斯或其他形式订立合同，实行企业兼并或阴谋限制州际商业和对外贸易活动，均属非法，检察官依司法部长的指示可以提起诉讼。德国1960年《德国法院法》确立联邦最高检察官作为联邦公益的代表人，因此德国的公益诉讼在团体诉讼外，还包括检察官提起的公益诉讼和公民提起的宪法诉讼。

---

① 颜运秋：《公益诉讼理念研究》，中国检察出版社2003年版，第113~118页。

二、检察机关在公益诉讼中法律地位的探讨[①]

在过去的实践中，就检察机关提起民事及行政公益诉讼，究竟居于何种法律地位，一直存在争议。主要有以下几种观点：[②] 第一，法律监督说。这种观点认为，在检察机关提起的民事诉讼中，无论它以何种方式参与诉讼，它所处的地位只能是法律监督者。当检察机关提起诉讼时，其法律监督的特殊性表现在，既是对民事违法事件实施监督，又是对权利人不当放弃诉权实施监督。在这里，法律监督权转换化为起诉权，这种观点有两个核心思想：其一，检察机关之所以提起民事诉讼，是基于法律授予的民事检察监督权。换言之，检察机关提起的民事诉讼，实质上不过是检察机关实施法律监督的一种手段。其二，由于检察机关提起诉讼只是其法律监督的一种手段，因而在民事诉讼中，检察机关只能是程序意义上的原告人，既不享有胜诉的利益，也不应承担败诉的风险。第二，双重身份说。这种观点认为，检察机关提起公益诉讼时虽然处于原告地位，但是检察机关的性质和宪法定位决定了它不同于一般的原告。检察机关既是原告人，又是法律监督者。既享有原告的诉讼权利，又应拥有民事检察监督权。[③] 第三，原告说。这种观点认为，在检察机关提起的公益诉讼中，由于检察机关的起诉行为能够引起诉讼的发生和诉讼程序的开始，检察机关提起诉讼后声明诉讼请求，并有权要求法院传唤被告人应诉等，检察机关与通常民事诉讼中的原告一样，居于原告的诉讼法律地位。其不仅享有一般原告的诉讼权利，如有权要求法官回避，依法传唤证人，而且承担原告的义务。这种观点的核心思想在于：赞同授予检察机关提起公益诉讼的权利，但不赞同授予检察机关大于一般民事诉讼当事人的诉讼权利。第四，公诉人说。这种观点认为，检察机关在它提起的公益诉讼中居于公诉人的法律地位，与其提起的刑事诉讼，没有实质区别。在这两种行为中检察机关并没有独立的自身利益，因此，都应当居于公诉人的法律地位。这种观点实质上是将检察机关的公诉权运用到民事诉讼中，以求从形式上实现检察机关诉权的统一。第五，公益代表人说。这种观点认为，在检察机关提起的公益诉讼中，检察机关是公益权利的代表，其诉讼目的在于维护社会的公共利益。

根据全国人大常委会《关于授权最高人民检察院在部分地区开展公益诉讼试点

① 参见江必新主编：《民事诉讼新制度讲义》，法律出版社2013年版，第65~66页。

② 参见廖中洪："检察机关提起民事诉讼若干问题研究"，载《现代法学》2003年第3期；廖永安："论检察机关提起民事诉讼"，载《湘潭大学社会科学学报》2001年第2期；《检察机关参与公益诉讼研究》课题组："检察机关提起公益诉讼的法律地位和方式比较研究"，载《综合来源》2005年第5期。

③ 马秀梅："从民事公诉看检察机关的法律地位"，载《检察日报》2002年11月12日。

工作的决定》以及最高人民检察院关于《检察机关提起公益诉讼改革试点方案》的规定，检察机关在履行职责中发现污染环境、食品药品安全领域侵害众多消费者合法权益等损害社会公共利益的行为，在没有适格主体或者适格主体不提起诉讼的情况下，可以向人民法院提起民事公益诉讼。检察机关在履行职责中发现生态环境和资源保护、国有资产保护、国有土地使用权出让等领域负有监督管理职责的行政机关违法行使职权或者不作为，造成国家和社会公共利益受到侵害，公民、法人和其他社会组织由于没有直接利害关系，没有也无法提起诉讼的，可以向人民法院提起行政公益诉讼。检察机关在民事公益和行政公益诉讼中的身份均为公益诉讼人。

2016 年 2 月 25 日，最高人民法院公布《人民法院审理人民检察院提起公益诉讼案件试点工作实施办法》，第 4 条规定，“人民检察院以公益诉讼人身份提起民事公益诉讼，诉讼权利义务参照民事诉讼法关于原告诉讼权利义务的规定。民事公益诉讼的被告是被诉实施损害社会公共利益行为的公民、法人或者其他组织”，第 14 条规定，“人民检察院以公益诉讼人身份提起行政公益诉讼，诉讼权利义务参照行政诉讼法关于原告诉讼权利义务的规定。行政公益诉讼的被告是生态环境和资源保护、国有资产保护、国有土地使用权出让等领域行使职权或者负有行政职责的行政机关，以及法律、法规、规章授权的组织。”从上述规定看，无论是民事公益诉讼还是行政公益诉讼人，其诉讼权利义务分别参照民事诉讼法和行政诉讼法关于原告诉讼权利义务的规定确定，因此，检察机关是实际居于原告地位的诉讼当事人，而非法律监督者或支持起诉人。但是，由于公益诉讼的特殊性，检察机关作为诉讼权利义务主体与普通民事诉讼的原告亦有所区别，例如在民事公益诉讼中被告无权对检察机关提起反诉。

三、公益诉讼案件的范围及受理

（一）法律明确规定的两类案件

第一类是环境污染公害案件。在我国，伴随着工业化、城市化进程和人口的大量增加，环境污染问题越来越严重，出现了淡水资源危机、水土流失、土壤沙漠化、森林资源减少等一系列环境问题。虽然我国《宪法》第 9 条、第 10 条、第 26 条以及《环境保护法》中均有环境保护的明确规定，但环境保护与公害治理效果仍不理想，特别是司法救济不到位，原因在于诉讼程序设置不科学，民事诉讼法的原有规定，侧重于私益诉讼，公益诉讼难以真正得到司法救济。为此，2012 年《民事诉讼法》将环境保护案件加入民事公益诉讼范畴，以有效地保护环境资源。第二类是侵害众多消费者合法权益的案件。在消费者权益保护立法方面，我国通过消费者权益保护法与相关法律如《产品质量法》、《食品卫生法》（已失效）、《药品管理法》等相互衔接。面对侵害众多消费者利益的行为，常常缺乏公平合理的解决途径。为此，2012 年《民事诉讼法》将侵害众多消费者合法权益的事件明确纳入公益诉讼的范围。

（二）进入公益诉讼值得探讨的几类案件

1. 侵害国家财产权益案件。公有制是我国经济基础，国有资产是全体人民的共同财富，是社会公共利益的重要内容之一。国家通过对国有资产的占有、使用和管理行使国家公权力，维护社会公共秩序，建设公共设施，建立公共福利。任何对国有资产的侵害就是对社会公共利益的侵害。根据国家国有资产管理局的统计和测算，目前平均每天约有 1 个亿的国有资产流失。2000 年，国家审计署统一组织了对全国 1290 户国有及国有控股大中型企业 1999 年的资产，负债和损益情况的审计，共查出企业国有资产流失 228. 8 亿元。[①] 而相当多的国有资产流失案由于无人主张权利，无法进入司法程序。国有资产流失本质上就是侵害所有权问题，对所有权的保护最有效的方式是民法保护。因此，有必要把此类案件纳入民事公益诉讼范围。

2. 破坏社会道德风尚，违背公序良俗等涉及公共利益、公共秩序、公共安全的案件。这类案件如果依法不能进入刑事司法程序，可以考虑作为民事公益诉讼案件。

3. 垄断、不正当竞争、双方相互串通严重损害社会公共利益等案件。随着经济体制改革的深入，国家的经济政策逐渐将一些基础性产业推向市场，继而在公用事业领域，出现了一批如铁路、电力、电信、供水等垄断企业。个别垄断企业操纵市场牟取暴利、强迫交易等，引起民众不满。对这些问题，除加强市场监管力度外，不断完善有关法律，借鉴国际上通行的做法，可以考虑将反垄断、不正当竞争、双方相互串通严重损害社会公共利益等案件纳入行政公益诉讼范围，赋予有关机关对损害国家利益和社会公共利益的行为以公益起诉权。

4. 行政不作为或违法行为造成公共利益严重受损的案件。[②] 例如，破坏风景名胜、文物的违法规划许可等；政府出让土地、出售国有企业、政府采购、工程发包等行为；政府机关修建高档豪华办公楼、违规巨额投资、违规公费开支等事实行为。根据全国人大常委会《关于授权最高人民检察院在部分地区开展公益诉讼试点工作的决定》的规定，试点期满后，对实践证明可行的，应当修改完善有关法律。因此，今后检察机关提起公益诉讼的案件范围、诉讼地位以及相关程序，将具有更

---

① 赵欣：“民事公益诉讼制度设计与实务探析”，载《河北法学》2009 年第 12 期。

② 周信权、林世雄：“检察机关提起公益诉讼之制度构建”，载《国家检察官学院学报》2010 年第 3 期。

加明确的法律依据。

（三）把握好民事公益诉讼的受理

对于民事公益诉讼的受理，第一，应正确区分民事公益诉讼与行政行为。对属于行政管理职权范围内的事项，告知当事人向有关机关申请解决。对于行政机关提起民事公益诉讼的，要审查行政机关是否已经用尽了法律法规规定的行政执法措施，如果行政机关还可以通过行使行政权力对违法行为予以制裁、维护社会公共利益的，一般不宜受理。对于当事人因行政机关不作为或对其处理决定不服等事宜提起的诉讼，属于行政诉讼，不应作民事诉讼受理。

第二，关于民事公益诉讼的受理条件。《民事诉讼法解释》第284条规定："环境保护法、消费者权益保护法等法律规定的机关和有关组织对污染环境、侵害众多消费者合法权益的鞥损害社会公共利益的行为，根据民事诉讼法第五十五条规定提起公益诉讼，符合下列条件的，人民法院应当受理：（一）有明确的被告；（二）有具体的诉讼请求；（三）有社会公共利益受到损害的初步证据；（四）属于人民法院受理民事诉讼法范围和受诉人民法院管辖。"《最高人民法院关于审理环境民事公益诉讼案件适用法律若干问题的解释》第8条规定了环境公益诉讼的具体受理条件，应当提交下列材料："（一）符合民事诉讼法第一百二十一条规定的起诉状，并按照被告人数提出副本；（二）被告的行为已经损害社会公共利益或者具有损害社会公共利益重大风险的初步证明材料；（三）社会组织提起诉讼的，应当提交社会组织登记证书、章程、起诉前连续五年的年度工作报告书或者年检报告书，以及由其法定代表人或者负责人签字并加盖公章的无违法记录的声明。"因此，当事人提起民事公益诉讼时，人民法院不仅要审查起诉人是否具备2012年《民事诉讼法》第55条的规定，而且要审查是否符合《民事诉讼法》第119条第2项至第4项规定的受理条件以及第121条有关起诉状的规定，当事人还要提供初步证据证明环境污染或者侵害众多消费者合法权益等侵权行为及其对社会公共利益的危害性，并说明其诉讼请求的合理性。对不具备起诉条件的，人民法院应裁定不予受理。

第三，如果数个原告针对同一损害社会公共利益的行为提起公益诉讼，符合法定条件的，可以合并审理。根据《民事诉讼法解释》第287条的规定，人民法院受理公益诉讼案件后，依法可以提起诉讼的其他机关和有关组织，可以在开庭前向人民法院申请参加诉讼。人民法院准许参加诉讼的，列为共同原告。公益诉讼案件受害者众多，涉及范围广泛，对同一侵权行为，很可能存在多个有起诉权的公益诉讼主体，为有效保障有起诉权主体的知情权，在环境公益诉讼中规定了立案公告制度。《最高人民法院关于审理环境民事公益诉讼案件适用法律若干问题的解释》第10条规定："人民法院受理环境民事公益诉讼后，应当在立案之日起五日内将起诉状副本发送被告，并公告案件受理情况。有权提起诉讼的其他机关和社会组织在公告之日起三十日内申请参加诉讼，经审查符合法定条件的，人民法院应当将其列为共同原告；逾期申请的，不予准许。”需要注意的是，环境公益诉讼中原告参加诉讼的时间限制为公告之日起三十日，不同于《民事诉讼法解释》规定的“开庭前”。

第四，公民、法人和其他组织以其人身、财产受到损害为由申请参加公益诉讼的，应告知其另行起诉。《民事诉讼法解释》第288条规定：“人民法院受理公益诉讼案件，不影响同一侵权行为的受害人根据民事诉讼法第一百一十九条规定提起诉讼”，因此民事公益诉讼的受理不影响受损害的当事人提起私益诉讼的权利。

第五，对于以下两种情形的公益诉讼，人民法院应依照法律和司法解释的规定进行审查，不符合法定条件的，不予受理。一是单纯以诉讼为业的组织提起的民事公益诉讼。目前相关法律对提起民事公益诉讼的主体作了限制性规定，除从正面规定原告主体资格要求的限制外，还要求提起诉讼的社会组织不得通过诉讼牟取经济利益。例如《环境保护法》第五十八条的规定。因此，单纯以诉讼为业的组织不能直接作原告提起诉讼，但可以接受原告委托作为诉讼代理人参与诉讼。[①] 二是重复起诉的公益诉讼。根据《民事诉讼法解释》第291条的规定，公益诉讼案件的裁判发生法律效力后，其他依法具有原告资格的机关和有关组织就同一侵权行为另行提起公益诉讼的，人民法院裁定不予受理，但法律、司法解释另有规定的除外。《最高人民法院关于审理环境民事公益诉讼案件适用法律若干问题的解释》第28条规定，“环境民事公益诉讼案件的裁判生效后，有权提起诉讼的其他机关和社会组织就同一污染环境、破坏生态行为另行起诉，有下列情形之一的，人民法院应予受理：（一）前案原告的起诉被裁定驳回的；（二）前案原告申请撤诉被裁定准许的，但本解释第二十六条规定的情形除外。环境民事公益诉讼案件的裁判生效后，有证据证明存在前案审理时未发现的损害，有权提起诉讼的机关和社会组织另行起诉的，人民法院应予受理。”

四、公益诉讼的管辖

（一）地域管辖

《民事诉讼法》第28条规定：“因侵权行为提起的诉讼，由侵权行为地或者被告住所地人民法院管辖。”公益诉讼案件一般为侵权案件，因此地域管辖参照一般民事侵权管辖的规定，由侵权行为地或者被告住所地法院管辖。由于海洋环境污染

① 注：删除第二点的原因是：该问题目前尚不明确，对此环资委和人大法工委有意见分歧，前者认为只能由海洋保护局提起，后者认为其他社会组织也有权提起，可以并行。

案件的特性性，该类公益诉讼案件由海事法院专门管辖，并适用《海事诉讼特别程序法》的相关规定。据此，《民事诉讼法解释》第285条规定："公益诉讼案件由侵权行为地或者被告住所地中级人民法院管辖，但法律、司法解释另有规定的除外。因污染海洋环境提起的公益诉讼，由污染发生地、损害结果地或者采取预防污染措施地海事法院管辖。对同一侵权行为分别向两个以上人民法院提起公益诉讼的，由最先立案的人民法院管辖，必要时由它们的共同上级人民法院指定管辖。"

（二）级别管辖

根据《民事诉讼法》第18条和第19条规定，中级人民法院和高级人民法院管辖"在本辖区有重大影响的"第一审民事案件；第20条规定最高人民法院管辖在全国有重大影响的第一审民事案件。公益诉讼案件，往往涉及重大公共利益受侵害的情况，甚至严重影响当地公众甚至全国公众的合法权益和切身利益，涉及社会公共安全和稳定，影响巨大。对于此种案件，基层法院受理后，不便于协调处理，因此《民事诉讼法解释》第285条规定由侵权行为地或者被告住所地中级人民法院管辖。同时，《最高人民法院关于审理环境民事公益诉讼案件适用法律若干问题的解释》第6条第1、2款规定："第一审环境民事公益诉讼案件由污染环境、破坏生态行为发生地、损害结果地或者被告住所地的中级以上人民法院管辖。中级人民法院认为确有必要的，可以在报请高级人民法院批准后，裁定将本院管辖的第一审环境民事公益诉讼案件交由基层人民法院审理。"第7条规定："经最高人民法院批准，高级人民法院可以根据本辖区环境和生态保护的实际情况，在辖区内确定部分中级人民法院受理第一审环境民事公益诉讼案件。中级人民法院管辖环境民事公益诉讼案件的区域由高级人民法院确定。"

五、提起公益诉讼主体的诉讼请求

诉讼请求是民事诉讼需要解决的一个核心问题。民事诉讼程序的进行是围绕诉讼请求展开的，诉讼的最终结果也正是法院对诉讼请求是否成立的法律判断。

（一）公益诉讼中的赔偿损失请求权

公益诉讼案件，无论是环境污染还是侵害众多消费者权益，一般应为侵权纠纷。① 原则上，民事公益诉讼的原告可以依据《侵权责任法》第15条的规定，请求责任人承担停止侵害、消除危险、恢复原状、赔偿损失等责任。目前有争议的问题主要是民事公益诉讼的原告可否请求损害赔偿。但就赔偿损失而言，似乎存在某种法律逻辑上的疑问，未受侵害的主体能否代替受侵害的主体提出损害赔偿请求？

---

① 虽然侵害消费者权益存在合同纠纷和侵权纠纷的竞合情况，但涉及不特定、众多消费者权益的公益诉讼，则以侵权纠纷确定案件性质为妥。

我国对于侵权损害赔偿作用的定位一直以补偿性为主，无损害则无赔偿，其目的是使受到损害的权利得到救济，使受害人能恢复到未受到损害前的状态。公益诉讼面临的困局是，公益诉讼原告虽然具有代表公共利益的职责，但它自身并未因被告的侵权行为受到实质性的损害。这就不可回避公益诉讼理论上的另一个深层次问题——谁是公益诉讼的诉讼利益享有者？正如“公地悲剧”理论所展示的情况，公共利益没有明确的权利人，所谓公共利益受损的直接表现就是特定个体利益受损的集合，继而使众多不特定个体的利益处于可能受损的危险环境之中。如果按传统的损害赔偿理论，只有权益受到直接侵害的个体方有权利主张损害赔偿，公益诉讼的原告不能享有请求权。①

我们认为，首先，如果公益诉讼只负责解决行为意义上的侵权责任（如停止侵害、恢复原状），其中的给付请求（如赔偿损失）需要具体受损人单独或集体再行提起诉讼。这显然不符合诉讼经济原则的要求，也有违“一事不再理”的民事诉讼基本规则。其次，尽管民事公益诉讼的性质决定了原告不能通过诉讼获得私利，但具有公益诉讼主体资格的原告代表国家提起公益诉讼时，其代表的是国家利益，而不是自身利益或特定个体利益，其提出的损害赔偿请求的受益对象也是国家，而不是原告本身或其他个体受害者。从《海洋环境保护法》第 90 条第 2 款的规定来看，对破坏海洋生态、海洋水产资源、海洋保护区，给国家造成重大损失的，由依照该法规定行使海洋环境监督管理权的部门代表国家对责任者提出损害赔偿要求，诉讼即原告享有请求赔偿损失的权利。《最高人民法院关于审理环境民事公益诉讼案件适用法律若干问题的解释》第 18 条的规定也明确了对污染环境、破坏生态，已经损害社会公共利益或者具有损害社会公共利益重大风险的行为，原告可以请求被告承担赔偿损失的民事责任。第三，从域外经验来看，较多采用损害赔偿的形式。例如在美国，为履行检察机关在民事诉讼中的职责，总检察长下设多个机构，从诸多方面保证其在民事诉讼中维护公共利益。其中的环境与自然资源保护庭旨在执行美国的保护环境法、防止空气污染条例、防止污染水流条例等法规，并在这些案件中负责调查、起诉、和解和监督判决的执行等。② 检察机关提起的环境民事公益诉讼有两种：一是执行之诉（enforcement action），二是公共妨害之诉（public nuisance action）。执行之诉是检察机关根据成文法（主要是一些环境方面的成文法律，如《清洁水法》、《清洁空气法》等）提起的，这些成文法中通常会指明罚金的大约数

① 蒋勇：《新民事诉讼法与律师实务》，人民法院出版社 2012 年版，第 83～84 页。

② 参见徐卉：“检察官参与民事诉讼制度的比较研究”，载江伟主编：《比较民事诉讼法国际研讨会论文集》，中国政法大学出版社 2004 年版，第 359～366 页。

额。公共妨害之诉是根据普通法提起的，在普通法上公共妨害是对于公共财产权的一种不合理的干扰，包括扰乱公共健康、安全、和平或便利的行为。[①] 在提起公共妨害之诉时，检察机关充当社会受托人的角色（trustee of the public）保护环境利益，罚金的数量通常由陪审员或在没有陪审员的情况下由法官根据案件具体情况作出决定。[②] 如在一起涉及水污染的案件中，环境与自然资源庭与得克萨斯州一起，达成综合性的同意判决，确定由被告公司支付3000万美元的民事罚款，以改进防止管道渗漏项目，支出至少500万美元用于在三个遭受污染的州内建设相关环境项目。[③] 美国由检察机关提起环境公益诉讼的根据，来自成文法的授权，通过公益诉讼而从被告即污染企业处获得的罚款上缴国库并用于损害环境的治理。同时，检察机关提起的诉讼均不为环境受害人代行损害赔偿请求权，亦不与环境受害人的民事诉权相冲突。环境受害人依然可以作为当事人就环境损害要求环境侵害人予以赔偿，其根据来源于普通法上的侵权之诉，获得的赔偿金归受害人所有。最后应注意的是，民事公益诉讼原告提起公益诉讼的权利不能代替实体当事人行使损害赔偿请求权，受害人仍然可以基于民事诉权自行行使损害赔偿请求权。在没有获得公益受害人明确授权的情况下，法律规定的机关和社会组织若代其就公益损害主体主张损害赔偿，缺失相应的基础和依据，难免有越俎代庖之嫌，并有可能导致法律规定的机关和社会组织行使民事公益诉权与受害人的民事诉权相矛盾与冲突。人民法院判决责任人承担赔偿责任的，应一并判决原告受领赔款后向国库交纳。公益诉讼原告申请人民法院执行有关生效判决时，人民法院应当要求其提供财政部门指定的收款账户。

（二）提起公益诉讼主体主张禁止性诉讼

禁止之诉的目的在于停止被告的非法侵权行为。在司法实践中，原告提起公益诉讼的目的不仅仅是索赔，还包括诉请法院判决禁止侵害者继续实施侵害行为，保护潜在的受害者。但法院在诉讼中一般没有支持禁止性诉讼请求。以葛锐诉郑州铁路分局一案为例，河南淮阳县青年葛锐以郑州市火车站厕所收费违法为由起诉郑州铁路分局。法院最终判决葛锐胜诉，郑州铁路分局返还葛锐0.3元厕所收费。然而根据媒体报道，郑州火车站在败诉后，仍然继续收取入厕费用。[④] 如果葛锐可以提

---

① See Black's Law Dictionary with Pronunciations, West, Sixth Edition, p. 1230; Restatement (Second) of Toas § 821B.

② 蔡彦敏："中国环境民事公益诉讼的检察担当"，载《中外法学》2011年第1期。

③ See U. S. Department Justice Environment and Natural Resources Division: Fiscal Year 2000, Summary of Litigation Accomplishments.

④ 周泽："公益诉讼，且慢喝彩"，载《法制日报》2001年6月2日。

出禁止性诉讼请求，郑州火车站就不能在败诉后继续收费，可以避免再出现相同情形的受害者。因此，在公益诉讼中仅仅解决原告提出的补偿请求不能起到有效保护公共利益的作用。只有允许公益诉讼主体提起禁止性诉讼，才能有效阻止不法侵害公共利益的行为。[①]《最高人民法院关于审理环境民事公益诉讼案件适用法律若干问题的解释》第 18 条规定，“对污染环境、破坏生态，已经损害社会公共利益或者具有损害社会公共利益重大风险的行为，原告可以请求被告承担停止侵害、排除妨碍、消除危险、恢复原状、赔偿损失、赔礼道歉等民事责任。”第 19 条第 1 款规定，“原告为防止生态环境损害的发生和扩大，请求被告停止侵害、排除妨碍、消除危险的，人民法院可以依法予以支持。”上述规定明确赋予原告提起禁止性诉讼的权利，并同时明确了支持禁止性诉讼请求相关条件。

六、公益诉讼原告的处分权

在民事诉讼中，处分权主要包括放弃或者变更诉讼请求、请求调解及和解、撤诉或上诉等。根据《民事诉讼法》第 55 条，法律规定的机关和社会组织有权提起公益诉讼。民事公益诉讼提起诉讼主要是基于程序性权利，而非实体性权利。关于公益诉讼原告是否享有处分权的问题。[②] 第一种观点认为，公益诉讼涉及的是公共利益，因此公益诉讼中，一般不提倡以和解方式结案。第二种观点认为，公益诉讼标的公益性本质与纠纷解决过程中诉讼的可调解性或合意性并不必然矛盾。作为我国民事诉讼法基本原则的处分原则也是公益诉讼中当事人双方合意或调解解决纠纷的根基所在。原被告双方如能在达成合意的基础上进行调解，不失为一种解决纠纷的好方法。第三种观点认为，公益诉讼案件的审理程序，“不能适用普通的民事诉讼程序，而应当构建一种特别的诉讼程序，从国外的立法经验来看，其中一大部分是通过非诉讼程序来解决的，法院的职权主义与非诉法理在程序设计中得以充分肯定”。[③]

《民事诉讼法解释》第 289 条、第 290 条分别对公益诉讼中的调解、和解以及撤诉问题作出了规定。第 289 条规定：“对公益诉讼案件，当事人可以和解，人民法院可以调解。当事人达成和解或者调解协议后，人民法院应当将和解或者调解协议进行公告。公告期间不得少于三十日。公告期满后，人民法院经审查，和解或者调解协议不违反社会公共利益的，应当出具调解书。和解或者调解协议违反社会公共利益的，不予出调解书，继续对案件进行审理并依法作出裁判。”第 290 条规定：“公益诉讼案件的原告在法庭辩论终结后申请撤诉的，人民法院不予准许。”

---

① 赵欣：“民事公益诉讼制度设计与实务探析”，载《河北法学》2009 年第 12 期。

② 翟健锋：“检察机关提起公益诉讼程序性问题探析”，载《政法学刊》2010 年第 4 期。

③ 廖永安：“论检察机关提起民事诉讼”，载《湘潭大学学报》2001 年第 2 期。

首先，民事公益诉讼允许适用调解、和解，肯定了我国《民事诉讼法》所确立的基本原则——处分原则与自行和解的权利等。同时充分考虑了公益诉讼的特殊性。民事公益诉讼具有当事人众多、侵害范围广、因果关系复杂、取证困难等特点，原告面临起诉、取证、执行方面的巨大成本，允许适用调解、和解将大大减轻原告负担。在公益诉讼中，用和解或调解方式来缓解社会公益与企业、行业利益之间的矛盾，是世界各国普遍倡导和鼓励的纠纷解决方式。和解或调解可以使公共利益及时得到有效填补，并不必然损害社会公共利益。且调解、和解是双方妥协的结果，被告更愿意主动履行调解书的内容，因此允许适用调解、和解有利于经济地解决纠纷，彻底化解社会矛盾。

其次，和解或调解制度本身要求无论公益诉讼或者私益诉讼均不得损害社会公共利益，因此《民事诉讼法解释》对调解协议、和解协议设置了公告制度和公共利益审查制度，既确保调解协议、和解协议接受不特定公众的监督，又强调法院审查协议时对公共利益的维护。

其三，《民事诉讼法解释》对公益诉讼原告的撤诉作出限制性规定，彰显了职权主义。之所以规定原告在法庭辩论终结后申请撤诉，人民法院不予准许，是考虑到公益诉讼周期长、涉及利益广泛，在法庭辩论终结后，相关诉讼程序基本结束，原告、被告、法院乃至社会公众已支付了巨大的诉讼成本，允许原告撤诉，则其他有起诉权的主体仍可再次起诉，将消耗大量司法及社会资源。但需要注意的是，该条规定仅是一般原则，也存在法律和司法解释规定的例外情形。《最高人民法院关于审理环境民事公益诉讼案件适用法律若干问题的解释》第 26 条规定，负有环境保护监督管理职责的部门依法履行监管职责而使原告诉讼请求全部实现，原告申请撤诉的，人民法院应予准许。也即是说，因环保部门依法履行监管职责而使原告诉请内容全部实现，环境民事公益诉讼追求的司法效果已经达到，此时无继续进行公益诉讼的必要，对原告的撤诉申请，人民法院应予准许。

七、公益诉讼中的举证责任分配

过去的公益诉讼实践中，对于举证责任分配存在以下几种观点：第一种观点认为，① 根据不同诉讼主体予以不同的举证责任。检察机关提起的民事公益诉讼，适用一般的举证责任分担规则，即“谁主张，谁举证”；社会组织提起的公益诉讼适用“举证责任倒置”原则。第二种观点认为，② 在民事公益诉讼中，证据的分散性和专业

---

① 赵欣：“民事公益诉讼制度设计与实务探析”，载《河北法学》2009 年第 12 期。

② 周信权、林世雄：“检察机关提起公益诉讼之制度构建”，载《国家检察官学院学报》2010 年第 3 期。

性给原告举证带来了较大的难度，被告在证据占有和取得方面都有着绝对优势，为了实现主体地位平衡和公益诉讼目的，应当实行举证责任倒置。第三种观点认为，[①]在检察机关提起民事公益诉讼的案件中，检察机关不应当承担全部举证责任，但也不能实行举证责任倒置，而应当由检察机关承担主要举证责任，除某些专业技术方面的证据由被告承担举证责任外，其他举证责任都应当由检察机关承担。

从《最高人民法院关于审理环境民事公益诉讼案件适用法律若干问题的解释》的规定看，环境公益诉讼区分不同情形，实行“谁主张，谁举证”的一般原则和特定情形下举证责任倒置相结合的原则。其中，第 13 条规定，原告请求被告提供其排放的主要污染物名称、排放方式、排放浓度和总量、超标排放情况以及防治污染设施的建设和运行情况等环境信息，法律、法规、规章规定被告应当持有或者有证据证明被告持有而拒不提供，如果原告主张相关事实不利于被告的，人民法院可以推定该主张成立。此外，该司法解释放宽了法院依职权调取证据及委托鉴定的范围，并对原告自认设置了限制性条件。其第 14 条规定：“对于审理环境民事公益诉讼案件需要的证据，人民法院认为必要的，应当调查收集。对于应当由原告承担举证责任且为维护社会公共利益所必要的专门性问题，人民法院可以委托具备资格的鉴定人进行鉴定。”第十六条规定：“原告在诉讼过程中承认的对己方不利的事实和认可的证据，人民法院认为损害社会公共利益的，应当不予确认。”我们认为，公益诉讼中举证责任分配对诉讼的进行和结果都具有极为重要的影响。无论适用举证责任分担的一般原则，还是实行举证责任倒置，都是为了保证诉讼的公平、公正和诉讼经济。为此，公益诉讼中的举证责任应区分不同情况合理分担。原告应负一般性举证责任，证明公共利益遭受或可能遭受侵害的事实，并证明诉的利益需要采用司法途径的合理性、现实性、迫切性。凡涉及技术问题，被告应当承担解释说明其行为合法、合规的责任，说明根据现有科学水平和自身掌握的技术不足以防止侵害，或者各种防止对策在侵害控制的技术上和经济上的困难，或者一旦采取使用者所要求的措施就会给公共事业带来显著障碍等。

八、公益诉讼费用的承担

诉讼是需要成本的，诉讼成本最直接表现为向法院交纳的诉讼费用。诉讼费用制度，是实现当事人诉权保障和防止滥用诉权的重要平衡器。[②] 其实质是确定国家与当事人之间以及当事人彼此之间诉讼成本的均衡分担。合理的诉讼费用制度既能

---

① 柯阳友、冯慧敏：“检察机关提起民事抑或行政公益诉讼”，载《河北大学学报》（社科版）2011 年第 3 期。

② 参见常怡主编：《比较民事诉讼法》，中国政法大学出版社 2002 年版，第 476 页。

保障国民获得司法裁判的权利，又能对滥用诉讼权利予以必要的限制。① 一般而言，诉讼费用包括案件受理费、裁判费用和当事人的费用。案件受理费和裁判费用，是指当事人进行民事诉讼向法院交纳和支付的费用；当事人的费用是指当事人用于诉讼的差旅费、案件调查费以及聘请律师的费用等。

诉讼费用制度的设计是和国家的诉讼理念相吻合的，，反映着诉讼制度的价值目标，也体现着诉讼制度的发展方向。如在德国和英国，为保障当事人行使诉权，将律师费用作为诉讼费用的内容，以避免贫困的当事人在权利受到侵害或发生争议时因经济原因而在运用司法制度上畏缩不前，同时，又促使当事人在起诉前，全面评价自己的案件，审慎地行使诉权。② 在美国，政府对于诉讼提供巨额财政补贴，法院采取低廉的司法收费制度，同时，律师费用由双方当事人分别负担，一般不纳入诉讼费用，以激励民众运用司法机制维护权益，并培育了美国的诉讼文化。③ 在我国，案件受理费和裁判费用则采取以败诉方承担为原则的处理方式，当事人的费用包括律师费用以自己承担为一般原则，旨在减少纳税人负担和国家财政开支，防止当事人滥用诉权，促进民事纠纷在各种解决机制上的合理分流。④

民事公益诉讼费用的承担规则，应当与我国公益诉讼制度的价值目标相联系。学界有观点认为，⑤ 民事公益诉讼案件诉讼费用，应当区别于普通民事案件的诉讼收费标准，免收案件受理费或者仅象征性按件收取受理费，以支持和激励有关主体积极运用民事公益诉讼制度维护社会公共利益。另外，在原告败诉的情况下，诉讼费用由国库承担。因诉讼给被告方造成损失的，被告方可以通过申请国家赔偿请求国家偿付其付出的实际费用；公益诉讼原告胜诉的，法院可判令被告方承担诉讼费用。同时，为了保证公益诉讼顺利进行，减轻国家财政负担，可以从对侵权责任人的罚款中，由各级政府设立“公益诉讼基金”，用于民事公益诉讼的必要支出。

当然，就目前而言，人民法院执行的是国务院于 2006 年 12 月 19 日发布的《诉讼费用交纳办法》，诉讼费用的交纳（包括缓减免）由国务院统一规定。民事公益诉讼的诉讼费用的交纳，在国家没有出台特别规定之前，仍应执行《诉讼费用交纳办法》的规定。但需要注意的是，《最高人民法院关于审理环境民事公益诉讼案件适用法律若干问题的解释》对于环境民事公益诉讼的诉讼费用问题作出特别规

---

① 参见廖永安等：《诉讼费用研究》，中国政法大学出版社 2006 年版，第 268 页。

② 常怡主编：《比较民事诉讼法》，中国政法大学出版社 2002 年版，第 477～487 页。

③ 参见［美］史蒂文·苏本、玛格瑞特·伍：《美国民事诉讼的真谛》，蔡彦敏、徐卉译，法律出版社 2002 年版，第 37 页。

④ 江伟主编：《民事诉讼法》（第三版），高等教育出版社 2007 年版，第 261～262 页。

⑤ 蔡彦敏：“中国环境民事公益诉讼的检察担当”，载《中外法学》2011 年第 1 期。

定。一是将合理律师费及为诉讼支出的其他合理费用纳入诉讼费用范围，建立败诉方承担合理诉讼成本的原则。该司法解释第22条规定："原告请求被告承担检验、鉴定费用，合理的律师费以及为诉讼支出的其他合理费用的，人民法院可以依法予以支持。"二是加大缓减免诉讼费用的力度。该司法解释第33条规定："原告交纳诉讼费用确有困难，依法申请缓交的，人民法院应予准许。败诉或者部分败诉的原告申请减交或者免交诉讼费用的，人民法院应当依照《诉讼费用交纳办法》的规定，视原告的经济状况和案件的审理情况决定是否准许。"三是部分诉讼成本可酌情从被告承担的环境修复费用或损失赔偿款中支付。该司法解释第24条规定："人民法院判决被告承担的生态环境修复费用、生态环境受到损害至恢复原状期间服务功能损失等款项，应当用于修复被损害的生态环境。其他环境民事公益诉讼中败诉原告所需承担的调查取证、专家咨询、检验、鉴定等必要费用，可以酌情从上述款项中支付。"上述规定旨在避免因高昂的诉讼成本而阻碍环境公益诉讼的进行，体现司法实践支持和鼓励环境公益诉讼的态度，也为今后建立健全公益诉讼的诉讼费用制度奠定了坚实基础。

【典型案例】

饶河县四排赫哲族乡政府与郭颂、中央电视台、北京北辰购物中心侵犯民间文学艺术作品著作权纠纷案

上诉人（原审被告）：郭颂，海南省歌舞团离休人员。

上诉人（原审被告）：中央电视台。

法定代表人：赵化勇，该台台长。

被上诉人（原审原告）：黑龙江省饶河县四排赫哲族乡人民政府。

法定代表人：傅刚，该乡乡长。

原审被告：北京北辰购物中心。

法定代表人：刘铁林，该中心总经理。

〔基本案情〕

原告黑龙江省饶河县四排赫哲族乡人民政府（以下简称赫哲族乡政府）因与被告郭颂、中央电视台、北京北辰购物中心（以下简称北辰购物中心）发生民间文学艺术作品著作权纠纷，向北京市第二中级人民法院提起诉讼。

原告诉称：《乌苏里船歌》是赫哲族民歌，属于我国著作权法保护的民间文学艺术作品，赫哲族人民依法应享有署名权等精神权利和获得报酬权等经济权利。1999年11月12日，在"南宁国际民歌艺术节"晚会上，中央电视台称《乌苏里船歌》系汪云才、郭颂创作而非赫哲族民歌，侵害了原告的权利。此后，该晚会被录制成VCD向全国发行，使侵权行为的影响进一步扩大。北辰购物中心销售了含有原告享有著作权的《乌苏里船歌》的侵权CD、图书和磁带，亦侵犯著作权，请求判令：(1)在中央电视台播放《乌苏里船歌》数次，说明其为赫哲族民歌，并对其侵犯行为做出道歉；(2)赔偿原告经济损失人民币40万元，精神损失人民币10万元；(3)承担本案诉讼费以及因诉讼支出的费用8305.43元。

在庭审过程中，原告明确指控被告对《乌苏里船歌》曲调的著作权侵权，而不涉及该音乐作品的歌词部分。

原告赫哲族乡政府提交的主要证据有：

1.《赫哲族文学艺术概况》1958年刊载的《想情郎》曲调、1959年《歌曲》刊载的《狩猎的哥哥回来了》歌曲、1965年《歌曲》刊载的《一直唱到北京去见毛主席》、1979年《黑龙江民歌》刊载的《我的家乡多美好》、1997年《中国民间歌曲集成·黑龙江卷》刊载的《嫁令阔》音乐作品，用以证明上述作品均为赫哲族民歌，《乌苏里船歌》的基本曲调与上述曲调相同。

2. 证人吴明荣、张志权、尤志贤、王永厚的证言，用以证明《想情郎》是赫哲族广为流传的民歌，《乌苏里船歌》是根据该民歌的基本曲调改编而成的。

3. 1964年出版的《红色的歌》、1980年版《中国歌曲选》刊载的《乌苏里船歌》均标明为赫哲族民歌，汪云才、郭颂编曲；1991年民族出版社《中国少数民族艺术词典》载明《乌苏里船歌》，赫哲族歌曲。汪云才、郭颂根据赫哲族传统民歌《想情郎》作词编曲。用以证明《乌苏里船歌》非郭颂创作歌曲；

4.“南宁国际民歌艺术节”开幕式晚会VCD三盘。VCD彩封上标明：南宁国际民歌艺术节组委会赠，限量8000套；《大地飞歌》VCD节目单载明：主办：中央电视台、南宁市人民政府，其中《乌苏里船歌》署名为：“作曲：汪云才、郭颂”；

5. 北辰购物中心销售的《20世纪中华歌坛名人百集珍藏版·郭颂》磁带、《同一首歌》相聚2000大型演唱会第二部CD光盘、南海出版公司出版的《流行金曲大全》图书，上述音像制品和图书中均有《乌苏里船歌》，其署名均为“作曲：汪云才、郭颂”；

6.《中国电视报》2000年第25期登载的《第九届全国青年歌手电视大奖赛(专业组)评委简介》，载明：“郭颂本人创作和与他人合作的《乌苏里船歌》等艺术歌曲，地方韵味浓郁……独树一帜”。

7. 原告因本案诉讼而支出的住宿费、交通费票据19张，用以证明因诉讼支出的费用为8000余元。

被告郭颂辩称：目前在全国赫哲族民族乡有三个，原告只是其中之一，不能代表全体赫哲族人提起诉讼。以《想情郎》为代表的赫哲族民间传统曲调，只是一首古老的四句萧曲，没有歌词，而《乌苏里船歌》既有新创作的曲子又有歌词，是他与胡小石、汪云才借鉴西洋音乐的创作手法共同创作的。原告虽提出侵权指控，却未明确他侵犯了何种权利，也未具体指出如何侵权，故不同意其诉讼请求。

被告郭颂提供的证据有：

1. 黑龙江省音乐家协会的证明，用以证明《乌苏里船歌》是郭颂、胡小石、汪云才深入赫哲族地区挖掘和搜集赫哲族民歌，并根据赫哲族传统民歌的音调和风格创作的反映赫哲族人民新生活的作品。

2. 中国作家协会名誉委员骆文的书面证言，用以证明郭颂在1963年创作《乌苏里船歌》第三段歌词的情况。

3. 哈尔滨电视台原文艺编导杨桂荣书面证言，用以证明1962年邀请郭颂到电视台演唱《乌苏里船歌》的情况。

4. 汪云才、胡小石的书面证言，用以证明与郭颂共同创作《乌苏里船歌》的过程。

5. 《〈歌声中的20世纪〉——一百年中国歌曲精选》及1979年至1980年期间刊登《乌苏里船歌》的部分刊物，署名均为汪云才、郭颂曲。

被告中央电视台辩称：原告没有证据证明其有权代表所有赫哲族人民就有关民间文学艺术作品主张权利；对于民间文学艺术作品的保护，我国著作权法只作出了原则性的规定，缺乏具体的内容，迄今国务院尚未出台相关法规，因此，著作权法有关著作权人及其权利归属等相关规定并不适用于民间文学艺术作品。中央电视台播出的节目中有关《乌苏里船歌》的署名完全是在尊重历史事实的基础上，经多方查阅资料而得出的结论，迄今未发现与该署名相抵触的权威性资料，作为播出单位其已经尽到了审查义务。晚会主持人表述只是议论客观事实，并未侵犯原告的著作权。原告诉称该晚会节目被录制成VCD向全国发行没有任何证据，因为该艺术节组委会录制的VCD数量仅有8000套，且不公开发行，只是作为资料和礼品赠送，并没有以此进行营利活动。

被告中央电视台提供的证据有：

2001年2月9日南宁国际民歌艺术节组委会给中央电视台出具的函，用以证明艺术节组委会已将开幕式晚会制作成CD、VCD、DVD光盘，并将这些音像制品作为资料和礼品发放，不做商业性发行。

被告北辰购物中心辩称：我中心销售的商品有合法、严格的进货渠道和合同，但对于商品的知识产权问题，我中心并无审查义务，不应成为本案的被告。

被告北辰购物中心提供的证据有：

北辰购物中心与北京大世界音像店、北京儒士源精品书店所签引厂进店协议书，北京儒士源精品书店和北京大世界音像店出具的涉案出版物进货证明，证明北辰购物中心所售出版物有合法进货渠道。

在本案审理过程中，汪云才书面表示，郭颂有权代表其处理与该音乐作品有关的事项。

庭审质证中，三被告对原告提供证据的真实性不持异议，但表示原告无权主张权利；原告有关诉讼支出方面的票据缺乏合理性，不应由被告负担。原告对三被告提交证据的真实性不持异议，但认为郭颂提供的证据不能证明其主张，反而证明郭颂对侵权的事实和状态是明知的，同时也证明歌曲《乌苏里船歌》是以赫哲族民歌为基础进行改编而成的。

根据双方当事人的申请，北京市第二中级人民法院委托中国音乐著作权协会对音乐作品《乌苏里船歌》与《想情郎》等曲调进行鉴定。中国音乐著作权协会从双方当事人认可的10名候选人中，确定了3位专家作为鉴定人进行了鉴定。鉴定结论认为：《乌苏里船歌》是在《想情郎》等赫哲族民歌的曲调基础上编曲或改编而成。鉴定结论送达给双方当事人后，赫哲族乡政府同意该鉴定结论。郭颂认为3位鉴定人将作品肢解分析背离了客观事实，致使鉴定意见的结论片面而不具权威性。郭颂的委托代理人请求由10名鉴定人参加，重新进行鉴定，并从学术方面提出了异议。中央电视台认为3位鉴定人各自的意见与整体鉴定结论有区别，鉴定结论只能代表两个人的意见，对其权威性有质疑；《狩猎的哥哥回来了》有明确的作者，不应该归入民间文学艺术作品的范畴，不应作为鉴定对比素材；鉴定结论中基本概念不清。针对被告在质证中提出的异议，中国音乐著作权协会与鉴定人又向法院提交了书面质询意见，内容为：(1) 鉴定人是根据原始材料进行客观分析比较的；(2) 无论是“单乐段加引子”、“尾声的结构”、还是“单三段体结构”的表述均不影响到对其重要部分（带有三段歌词的主体部分）进行的技术性比较和客观分析；(3)《乌苏里船歌》歌曲的主体部分与《想情郎》均为典型的“起、承、转、合”结构，《乌苏里船歌》歌曲的主体部分在四句式的完整结构后，在一、二段加了一个小的带副词的补充句，而在第三段是没有补充句的；(4) 鉴定人完全同意中国音乐著作权协会做出的简明的鉴定报告，认可《乌苏里船歌》是在《想情郎》等赫哲族民歌的曲调基础上编曲或改编而成的结论。鉴于被告没有充分证据证明鉴定在程序上和结论上存在瑕疵，北京市第二中级人民法院对该鉴定结论予以确认。此外，北京市第二中级人民法院还依职权向中央人民广播电台调取了该台在1963年第一次录制《乌苏里船歌》的原始记录。

北京市第二中级人民法院查明：

赫哲族是一个世代生息繁衍在我国东北地区的少数民族。《想情郎》是一首流传在乌苏里江流域赫哲族中最具代表性的民间曲调，该曲为只有四句曲调的萧曲，现已无法考证该曲调的最初形成时间和创作人，第一次被记录下来是20世纪50年代末。1962年，郭颂、汪云才、胡小石到乌苏里江流域的赫哲族聚居区进行采风，收集到了包括《想情郎》等在内的赫哲族民间曲调。在此基础上，郭颂、汪云才、胡小石共同创作完成了《乌苏里船歌》音乐作品。中国音乐著作权协会对其的鉴定结论为：“1.《乌苏里船歌》的主部即中部主题曲调与《想情郎》、《狩猎的哥哥回来了》的曲调基本相同，《乌苏里船歌》的引子及尾声为创作；2.《乌苏里船歌》是在《想情郎》、《狩猎的哥哥回来了》原主题曲调的基础上改编完成的，应属改编或编曲，而不是作曲。”1963 年，该音乐作品首次在中央人民广播电台进行了录制。在中央人民广播电台的录制记录上载明：“录制：(19) 63 年 12 月 28 日；名称：《乌苏里船歌》；时间：3 分 20 秒；作者：东北赫哲族民歌；演播：黑龙江歌舞团郭颂；伴奏：武汉歌舞剧院乐队。”1964 年 10 月，百花文艺出版社出版的《红色的歌》第 6 期刊载了歌曲《乌苏里船歌》，在署名时注明为赫哲族民歌，汪云才、郭颂编曲。

1999 年 11 月 12 日，中央电视台与南宁市人民政府共同主办了“南宁国际民歌艺术节”开幕式晚会。在郭颂演唱完《乌苏里船歌》后，中央电视台节目主持人说：“刚才郭颂老师演唱的《乌苏里船歌》明明是一首创作歌曲，但我们一直以为它是赫哲族人的传统民歌。”南宁国际民歌艺术节组委会将此次开幕式晚会录制成 VCD 光盘，中央电视台认可共复制 8000 套作为礼品赠送。原告没有证据证明主办者进行了商业销售。

另查明，北辰购物中心销售的刊载《乌苏里船歌》音乐作品的各类出版物上，署名方式均为“作曲：汪云才、郭颂”，其中包括郭颂演唱的民歌专集录音带《世纪中华歌坛名人百集珍藏版·郭颂》、郭颂向法院提交的《(歌声中的 20 世纪)——一百年中国歌曲精选》及 1979 年以来刊登《乌苏里船歌》的部分刊物，署名方式也均为：“作曲：汪云才、郭颂”。原告用于本案诉讼的合理支出为 3000 元。

〔一审裁判理由与结果〕

北京市第二中级人民法院认为：

本案争议的焦点问题是：(1) 原告赫哲族乡政府是否有权以自己的名义提起对赫哲族民间音乐作品保护的诉讼？(2)《乌苏里船歌》音乐作品的曲调是否根据赫哲族民间曲调改编？

关于原告赫哲族乡政府是否有权以自己的名义提起对赫哲族民间音乐作品保护的诉讼问题。民间文学艺术是指某一区域内的群体在长期生产、生活中，直接创作并广泛流传的、反映该区域群体的历史渊源、生活习俗、生产方式、心理特征、宗教信仰且不断演绎的民间文化表现形式的总称。由于民间文学艺术具有创作主体不确定和表达形式在传承中不断演绎的特点，因此，民间文学艺术作品的权利归属具有特殊性。一方面它进入公有领域，另一方面它又与某一区域内的群体有无法分割的历史和心理联系。赫哲族世代传承的民间曲调，是赫哲族民间文学艺术的组成部分，也是赫哲族群体共同创作和每一个成员享有的精神文化财富。它不归属于赫哲族的某一成员，但又与每一个赫哲族成员的权益有关。因此，该民族中的每一个群体、每一个成员都有维护本民族民间文学艺术不受侵害的权利。原告作为依照宪法和法律在少数民族聚居区内设立的乡级地方国家政权，既是赫哲族部分群体的政治代表，也是赫哲族部分群体公共利益的代表。在赫哲族民间文学艺术可能受到侵害时，鉴于权利主体状态的特殊性，为维护本区域内赫哲族公众的利益，原告以自己的名义提起诉讼，符合宪法和法律确立的民族区域自治法律制度，且不违反法律的禁止性规定。被告关于原告不具有诉讼主体资格的抗辩主张，不予采纳。

关于《乌苏里船歌》音乐作品的曲调是否是根据赫哲族民间曲调改编的问题。《乌苏里船歌》音乐作品是郭颂等人在赫哲族世代流传的民间曲调的基础上，运用现代音乐创作手法再度创作完成的。郭颂作为该作品的合作作者之一，享有《乌苏里船歌》音乐作品的著作权。但是其在《乌苏里船歌》创作中吸收了《想情郎》等最具代表性的赫哲族传统民间曲调。被告郭颂也并不否认在创作《乌苏里船歌》主曲调时使用了部分《想情郎》曲调，中国音乐著作权协会所作鉴定结论也表明该音乐作品主部即中部主题曲调与《想情郎》、《狩猎的哥哥回来了》的曲调基本相同。因此，应认定《乌苏里船歌》主曲调是郭颂等人在赫哲族民间音乐曲调《想情郎》的基础上，进行了艺术再创作，改编完成的作品。郭颂、中央电视台关于《乌苏里船歌》属原创作品的主张，不予采纳。

以《想情郎》为代表，世代在赫哲族中流传的民间音乐曲调，属于赫哲族传统的民间文学艺术作品。民间文学艺术作品的著作权受法律保护。对于民间文学艺术保护，在禁止歪曲和商业滥用的前提下，鼓励对其进行合理开发及利用，使其发扬光大，不断传承发展。但是利用民间文学艺术作品进行再创作，应当说明所创作的新作品的出处。这是我国民法通则中的公平原则和著作权法中保护民间文学艺术作品的法律原则的具体体现和最低要求。1990 年《中华人民共和国著作权法》第十二条规定："改编、翻译、注释、整理已有作品而产生的作品，其著作权由改编、翻译、注释、整理人享有，但行使著作权时，不得侵犯原作品的著作权。"因此，郭颂等人在使用音乐作品《乌苏里船歌》时，应客观地注明该歌曲曲调是源于赫哲族传统民间曲调改编的作品。

郭颂在"南宁国际民歌艺术节"开幕式晚会的演出中对主持人意为《乌苏里船歌》系郭颂原创作品的失当的"更正性说明"未做解释，同时对相关出版物中所标注的不当署名方式予以认可，其行为是有过错的。在中央电视台主办的"南宁国际民歌艺术节"开幕式晚会上，主持人发表的陈述与事实不符，中央电视台作为演出组织者，对其工作人员就未经核实的问题，过于轻率地发表议论的不当行为，应采取适当的方式消除影响。被告北辰购物中心销售了载有未注明改编出处的《乌苏里船歌》音乐作品的出版物，应停止销售行为。但北辰购物中心能够提供涉案出版物的合法来源，主观上没有过错，不应承担赔偿责任。鉴于民间文学艺术作品具有其特殊性，且原告未举证证明被告的行为造成其经济损失，故原告依据我国著作权法的规定，请求法院判令郭颂、中央电视台、北辰购物中心承担公开赔礼道歉、赔偿经济损失和精神损失的主张，缺乏事实根据和法律依据，不予支持，但应根据案件的具体情况消除影响，还应承担原告因诉讼而支出的合理费用。

据此，北京市第二中级人民法院依照《中华人民共和国民法通则》第四条、第一百三十四条第一款第（九）项和修正前的《中华人民共和国著作权法》第十二条之规定，判决：

一、郭颂、中央电视台以任何方式再使用音乐作品《乌苏里船歌》时，应当注明“根据赫哲族民间曲调改编”；

二、郭颂、中央电视台于本判决生效之日起三十日内在《法制日报》上发表音乐作品《乌苏里船歌》系根据赫哲族民间曲调改编的声明；

三、北京北辰购物中心立即停止销售任何刊载未注明改编出处的音乐作品《乌苏里船歌》的出版物；

四、郭颂、中央电视台于本判决生效之日起30日内各给付黑龙江省饶河县四排赫哲族乡人民政府因本案诉讼而支出的合理费用1500元；

五、驳回黑龙江省饶河县四排赫哲族乡人民政府的其他诉讼请求。

〔当事人上诉及答辩意见〕

一审宣判后，郭颂、中央电视台不服，向北京市高级人民法院提起上诉。

郭颂上诉的理由是：(1) 赫哲族乡政府不具备原告的主体资格；(2) 一审判决存在“判非所诉”的问题；(3) 中国音乐著作权协会所作的鉴定在程序和实体方面均存在问题；(4) 一审判决适用法律错误。

中央电视台上诉的理由除与郭颂的 (1)、(2) 部分相同外，还认为已经尽到了合理的审查义务，不构成侵权行为。如《乌苏里船歌》的署名确有不当，将停止传播错误的信息，但不应承担刊登声明、支付原告诉讼费用等侵权法律责任。

赫哲族乡政府、北辰购物中心服从一审判决。

〔二审查明的事实〕

北京市高级人民法院经过审理，确认了一审法院查明的事实。

二审期间，郭颂为了证明中国音乐著作权协会在鉴定人员的推荐及鉴定结论的最终形成等方面存在程序上的问题，提供了郭颂的代理律师对中国音乐著作权协会名誉会长吴祖强的调查笔录以及该协会常务理事徐沛东、赵季平、张丕基出具的书面证言。4位证人表示不知道3位鉴定人的推荐及最终确定以及讨论鉴定结论的事宜。郭颂还提交了2003年1月26日由中国轻音乐协会和黑龙江省音乐家协会主办的《继承发展民族民间音乐创作研讨会》上的专家论证意见，以证明音乐界权威专家与鉴定结论持有截然相反的看法。赫哲族乡政府同时提交1个新的证据以证明鉴定结论是正确的。该证据是黑龙江省电视台播放的电视节目VCD复制品，节目包括对《乌苏里船歌》的曲作者之一汪云才的采访，汪云才在接受采访时表示，歌曲的序唱是赫哲族的原始资料、原始唱法，是赫哲族吴进才唱的伊玛堪；歌曲创作源于赫哲族民歌《想情郎》；《乌苏里船歌》是赫哲族歌曲，是赫哲族音乐。郭颂也向法院提交了汪云才的书面申明意见，以证明上述VCD中涉及汪云才被采访的部分内容是不真实的。

〔二审裁判理由与结果〕

北京市高级人民法院认为：

世代在赫哲族中流传、以《想情郎》为代表的音乐曲调，属于民间文学艺术作品，应当受到法律保护。涉案的赫哲族民间文学艺术作品是赫哲族成员共同创作并拥有的精神文化财富。它不归属于赫哲族某一成员，但又与每一个赫哲族成员的权益有关。该民族中的任何群体、任何成员都有维护本民族民间文学艺术作品不受侵害的权利。赫哲族乡政府是依据我国宪法和法律的规定在少数民族聚居区内设立的乡级地方国家政权，可以作为赫哲族部分群体公共利益的代表。故在符合我国宪法规定的基本原则、不违反法律禁止性规定的前提下，赫哲族乡政府为维护本区域内的赫哲族公众的权益，可以以自己的名义对侵犯赫哲族民间文学艺术作品合法权益的行为提起诉讼。郭颂、中央电视台关于赫哲族乡政府不具备原告诉讼主体资格的上诉理由不能成立。

因本案一审中赫哲族乡政府将诉讼请求变更为确认《乌苏里船歌》乐曲属于改编作品，且郭颂也对此进行了答辩，故一审法院根据当事人变更的诉讼请求对《乌苏里船歌》乐曲是否属于改编作品进行了审理，符合法律规定。一审法院判决未明确赫哲族乡政府当庭变更了诉讼请求一节，有不妥之处，但并不属于上诉人郭颂、中央电视台所称的“判非所诉”。

本案二审期间郭颂提供的四位证人的书面证言，其内容并不能证明中国音乐著作权协会所作的鉴定在程序上存在问题，故不予采信。一审中虽然鉴定人员未出庭接受质询，但经过法院准许，以书面形式答复了当事人的质询，并不属于程序不当，故对郭颂关于中国音乐著作权协会所作的鉴定在程序方面存在问题的上诉理由，不予支持。

著作权法所指的改编，是指在原有作品的基础上，通过改变作品的表现形式或者用途，创作出具有独创性的新作品。改编作为一种再创作，应主要是利用了已有作品中的独创部分。对音乐作品的改编而言，改编作品应是使用了原音乐作品的基本内容或重要内容，应对原作的旋律作了创造性修改，却又没有使原有旋律消失。在本案中，根据鉴定人关于《乌苏里船歌》的中部乐曲的主题曲调与《想情郎》和《狩猎的哥哥回来了》的曲调基本相同的鉴定结论，以及《乌苏里船歌》的乐曲中部与《想情郎》和《狩猎的哥哥回来了》相比又有不同之处和创新之处的事实，《乌苏里船歌》的乐曲中部应系根据《想情郎》和《狩猎的哥哥回来了》的基本曲调改编而成。《乌苏里船歌》乐曲的中部是展示歌词的部分，且在整首乐曲中反复三次，虽然《乌苏里船歌》的首部和尾部均为新创作的内容，且达到了极高的艺术水平，但就《乌苏里船歌》乐曲整体而言，如果舍去中间部分，整首乐曲也将失去根本，因此可以认定《乌苏里船歌》的中部乐曲系整首乐曲的主要部分。在《乌苏里船歌》的乐曲中部系改编而成、中部又构成整首乐曲的主部的情况下，《乌苏里船歌》的整首乐曲应为改编作品。郭颂关于《乌苏里船歌》与《想情郎》、《狩猎的哥哥回来了》的乐曲存在不同之处和创新之处且在表达上已发生了质的变化的上诉理由，并不能否定《乌苏里船歌》的乐曲基本保留了赫哲族民歌基本曲调的事实，郭颂在上诉中认为中国音乐著作权协会所做的鉴定与事实不符合关于《乌苏里船歌》全曲不应认定为改编作品的上诉理由不能成立，不予支持。

中央电视台主持人的陈述虽然已经表明《乌苏里船歌》系根据赫哲族音乐元素创作的歌曲，但主持人陈述的本意仍为《乌苏里船歌》系郭颂原创，与事实不符。中央电视台对其工作人员所发表的与事实不符的评论，应当采取适当的方式消除影响，原审法院判决中央电视台在《法制日报》上发表更正声明并无不当。

综上，北京市高级人民法院依照《中华人民共和国民事诉讼法》第一百五十三条①第一款第（一）项之规定，于2003年12月17日判决：

驳回上诉，维持原判。

---

① 对应2012年《民事诉讼法》第170条。

第十四章　公司代表诉讼

规则19：对股东代表诉讼达成的调解协议，须经股东所在的公司和未参与诉讼的其他股东同意后，人民法院才能确认其效力

——浙江和信电力开发有限公司、金华市大兴物资有限公司与通和置业投资有限公司、广厦控股创业投资有限公司、上海富沃企业发展有限公司、第三人通和投资控股有限公司损害公司权益纠纷案①

【裁判规则】

有限责任公司的股东依照《公司法》第152条的规定，向公司的董事、监事、高管人员或者他人提起股东代表诉讼后，经人民法院主持，诉讼各方达成调解协议的，该调解协议不仅要经过诉讼各方一致同意，还必须经过提起股东代表诉讼的股东所在的公司和该公司未参与诉讼的其他股东同意后，人民法院才能最终确认该调解协议的法律效力。

【规则理解】

一、股东代表诉讼

（一）股东代表诉讼的概念

股东代表诉讼，又称股东派生诉讼，是指当公司的正当权益受到他人侵害，特别是受到董事、监事、高管人员或者他人的侵害，而公司怠于或不能行使权利时，有限责任公司的股东或者股份有限责任公司的符合法定条件的股东以自己名义为公司的利益对侵害人提起诉讼的制度。股东代表诉讼是股东为了公司的利益兼为自己的利益而提起的诉讼，性质上应属于行使共益权，而非自益权，其胜诉的利益直接归属公司。②

---

① 《中华人民共和国最高人民法院公报》2009年第6期，最高人民法院（2008）民二终字第123号民事调解书。

② 赵旭东：《新公司法案例解读》，人民法院出版社2005年版，第345页。

（二）股东代表诉讼的法律特征

股东代表诉讼除了具备一般民事诉讼所具有的特征外，还具有其自身独有的特征：

1. 股东代表诉讼兼具有代位诉讼和代表诉讼的双重特性。第一，代位诉讼是指公司作为独立于股东的具有法人资格的主体，在其合法权利受到侵害时，本应亲自行使诉权，但由于公司怠于行使诉权，任由公司的合法权益遭受侵害，此时，股东为了公司的利益，以自己的名义代位行使公司的诉权。代位诉讼是股东代表诉讼最本质的特征，原告股东仅享有形式意义上的诉权，实质意义上的诉权则归属于公司。第二，代表诉讼是指在股东代表诉讼中，因还有公司其他股东的存在，原告股东代位行使公司诉权，意味着原告股东同时代表其他股东提起了诉讼，股东代表诉讼的判决、调解结果对公司及其全体股东具有既判力和拘束力，其他股东不得就同一理由再行起诉，公司亦不得再就同一理由为公司利益提起直接诉讼。

2. 公司的法律地位具有特殊性。股东代表诉讼中，原告是享有提起代表诉讼权利的股东，被告是因对公司实施不正当行为而对公司负有民事责任的董事、监事、高管人员等侵权行为人，公司在诉讼中既非原告，也非被告。实践中公司经常被列为第三人参加诉讼。

3. 股东代表诉讼判决、调解的效力直接及于公司，而非原告股东，因为股东代表诉讼的诉讼标的是公司与被告之间的权利义务关系，公司当然受生效判决、调解既判力的约束。

二、股东代表诉讼调解特别规则

依照《民事诉讼法》第 97 条和第 98 条的规定，调解协议生效的时间因调解协议的形式不同而有所不同。调解达成协议后需要制作调解书发给当事人的，调解书经双方当事人签收后，即具有法律效力。调解达成协议后不需要制作调解书的，只将协议内容记入笔录，由双方当事人、审判人员、书记员签名或者盖章后，即具有法律效力。民事案件经调解达成协议后，应当制作调解书。但下列案件在调解达成协议后，可以不制作调解书：调解和好的离婚案件；调解维持收养关系的案件；能够即时履行的案件；其他不需要制作调解书的案件。而股东代表诉讼作为一项特别的诉讼制度，适用民事诉讼的法院调解的一般原则，同时也应适用《公司法》规定的特别规则，即调解协议不能损害公司以及未参加诉讼股东利益。

（一）确立股东代表诉讼调解特别规则的原因

第一，《公司法》规定股东代表诉讼的目的是制约公司经营者的权力，保护公司和中小股东的利益。人民法院在审理股东代表诉讼案件中如果为了追求调解结果，不惜损害公司以及其他未参加诉讼股东的利益，则违背了《公司法》的立法精神，是不可取的。

第二，股东代表诉讼在性质上属于行使共益权，作为原告的股东是为了公司的利益而提起股东代表诉讼，股东代表诉讼从本质上要求原告与被告达成的调解协议不能损害公司利益。公司的注册资本由全体股东出资组成，每个股东都对公司享有一定的股权，原告损害公司的利益，实际上也损害其他未参加诉讼的公司股东的利益。

第三，根据公司契约理论，公司基于股东之间的合同而成立，原告股东与未参加诉讼的股东签订的公司章程具有合同性质，未参加诉讼的股东根据合同章程履行了出资义务，理应享有相应的权利。为了保证其他股东的合同利益，维护公司的稳定性，原告必须遵守诚实信用原则，在股东代表诉讼调解中，不得损害公司和其他股东的利益。

（二）股东诉讼调解中可能损害公司或其他股东利益的情形

在股东诉讼调解中，可能会出现以下损害公司和其他股东利益的情形。

1. 互相串通型。通常表现为原告与被告相互串通，私下交易，以原告对被告作出妥协让步达成调解协议，换取被告对原告在其他方面给予的利益，两者共同损害公司和其他股东的利益。

2. 不负责任型。通常表现为原告惧怕诉讼成本加大和案件事实复杂，不愿意再去费时费心费力地将诉讼程序继续下去，在被告提出调解的情况下，不为公司和其他股东的权利据理力争，轻易接受被告提出的调解方案，导致原告在调解中作出的妥协和让步明显不合理，协议内容显失公平，从而损害了公司和其他股东的利益。

3. 滥用权利型。通常表现为原告就不属于自己处分权限范围的事项，超出诉讼请求的范围，与被告达成调解协议，从而损害公司与其他股东的利益。

4. 重大误解型。通常表现为原告基于对某个事项的错误理解而与被告达成了具有重大误解内容的调解协议，从而损害公司与其他股东的利益。

（三）股东代表诉讼调解协议的司法审查

为防止股东代表诉讼调解协议损害公司及未参加诉讼股东的利益，唯一有效的途径就是加强人民法院对调解协议内容的审查和监督。我国《公司法》没有针对人民法院对股东代表诉讼调解协议进行强制性审查作出具体规定。但国外有立法先例，如美国法律规定，没有法院的批准，代表诉讼的原告和被告不能通过和解和撤诉了结诉讼；法院批准了结诉讼须以公司的净利益为标准，包括金钱利益和非金钱利益；在法院批准前，应给予有利害关系的股东参加听证的机会①。

---

① 参见美国法律研究院：《公司治理原则：分析和建议》，楼建波等译，法律出版社2006年版，第744页。

由于股东代表诉讼中诉讼利益涉及原告、公司和未参加诉讼股东等多个层面，诉讼本身具有一定的复杂性，人民法院对调解协议内容的审查不能仅局限于协议的形式内容，更需从调解协议对公司和其他未参加诉讼股东可能会产生的法律后果的角度去审查。因此，人民法院审查协议内容时，需发动公司未参与诉讼股东的监督作用，在征得公司及其他未参与诉讼股东对调解协议内容的同意后，再确认该调解协议的法律效力。

另需注意的是，由于股东代表诉讼达成调解协议后有可能不申请人民法院出具民事调解书，而以原告申请撤诉的方式结案。在这种情况下，人民法院对原告的撤诉申请是否予以批准，也需要对协议内容进行审查后作出裁定。对于协议内容损害公司和其他股东利益的，人民法院不应准许原告撤诉，而应当在查清事实的基础上继续诉讼程序，直到依法作出判决。人民法院针对股东代表诉讼必须发挥监督作用，防止原告滥用股东代表诉讼的权利，损害公司和其他股东的合法权益。

【拓展适用】

一、公司诉讼的内涵及特征

（一）公司诉讼的内涵

公司诉讼，并非立法的正式用语，学界对其理解与界定并不统一。有观点认为，公司诉讼有广义与狭义之分，广义的公司诉讼是指以公司为法律关系主体的权利义务争议，包括所有与公司有关的诉讼，按其性质分为公司刑事诉讼、公司行政诉讼、公司民商事诉讼。狭义的公司诉讼主要指公司法加以调整和解决的属于公司独有的诉讼，是公司在设立、存续、变更、消灭的过程中，公司、公司股东、董事、经理等高级管理人员、清算组成员以及债权人之间基于出资合同、公司章程和公司法上的权利义务等所发生的诉讼的总称。在公司法实践中取广义的公司诉讼概念更有助于纠纷的审理。[①] 有观点认为，公司诉讼是指在公司运行过程中，因公司相关利益主体违反公司法律关系中特定的权利义务而引发的适用特殊程序的民事诉讼，是公司纠纷的司法解决形式。[②] 还有观点认为，“公司诉讼”一词从字面含义上只能解释为“涉公司的诉讼”。到目前为止，公司法理论界尚未就“公司诉讼”形成一个广为接受的、确切周全的定义。鉴于公司诉讼这一概念不具规范性，欠缺明确性，所以，学界在研究公司法上的特殊纠纷的司法救济问题时大都避免直接使

---

① 参见褚红军主编：《公司诉讼原理与实务》，人民法院出版社 2007 年版，第 7 页。

② 参见金剑锋等：《公司诉讼的理论与实务问题研究》，人民法院出版社 2008 年版，第 15 页。

用“公司诉讼”这一提法，而采用“公司法上的诉”或“公司法上的诉讼”的概念指代通过司法救济方式解决公司法上的特殊纠纷的活动[①]。笔者认为，民事诉讼法所规定的公司诉讼为狭义的公司诉讼，即公司在设立、存续、变更或终止过程中，公司的各个利益主体，基于发起人协议、公司章程和公司法规定的权利义务，发生与公司治理有关的、主要由公司法等民商事法律调解的纠纷，而由人民法院适用特殊机制解决的民事诉讼活动。正因为公司诉讼是现代公司制度下的特定主体违反有关公司具体法律制度的规定而引发的一类特殊民事诉讼，在诉讼主体、诉讼程序、起诉期间、证明责任、诉讼结果归属和判决效力等方面与一般的民事诉讼都有所区别，但公司诉讼的本质是民事诉讼，其审理程序除适用《民事诉讼法》外，还要适用《公司法》。

（二）公司诉讼的特征

公司诉讼除具有一般民事诉讼的特征外，具有以下特点：

1. 诉讼主体具有多元性。公司的相关利益主体包括发起人、公司、股东、董事、高管人员、清算组、公司债权人、公司债务人等。从主体的角度讲，引起公司诉讼的纠纷来自公司内部的法律关系和外部的法律关系，公司两个或多个主体之间发生纠纷导致法律关系复杂，单个纠纷的解决结果可能会涉及其他主体的利益，确定权利义务主体时比较复杂。

2. 法律关系比较复杂。《公司法》和公司章程决定公司内部主要是按照权力分配构建其运作机制，公司内部设立各个组织机构行使不同的职权。股东会虽是最高权力机关，享有公司重大事项的决定权，但非常设机构。由股东会之下设立董事会负责执行，董事会对外代表公司，对内享有日常经营管理事务的决策权和执行权，依据多数决原则进行议事，董事会下设经理，负责公司的日常经营管理。绝大多数纠纷都是因为“人”行使权力不当而引起的，公司内部职权配置模式的多层次、多分支，必然导致公司纠纷的复杂性，公司诉讼涉及的法律关系因公司的权利分配架构比较特殊，因而比一般的民事诉讼所呈现的法律关系复杂。

3. 与公司相关联。《民事诉讼法》第 26 条规定，因公司设立、确认股东资格、分配利润、解散等纠纷提起的诉讼，由公司住所地人民法院管辖。而该条并未明确使用“公司诉讼”的概念，也未全部列举适用本条规定的诉讼的案型仅表述为“因公司设立、确认股东资格、分配利润、解散等纠纷提起的诉讼”。该条所规范的公司诉讼，主要是指有关公司设立、确认股东资格、分配利润、公司解散等公司组

① 参见谢文哲：《公司法上的纠纷之特殊诉讼机制研究》，法律出版社 2009 年版，第 73 页。

织行为的诉讼，也被称为公司组织诉讼。[①] 这类诉讼具有如下特征：[②]（1）此类诉讼与公司的组织法性质有关，往往存在与公司组织相关的多数利害关系人，涉及多数利害关系人的多面法律关系的变动，因此需要团体法性质的诉的程序统一的规律。（2）此类诉讼大多具备形成之诉的性质，以改变法律关系的判决——形成判决为目的，即原告改变既有法律关系的请求只有依法院的判决才产生法律关系变更的效力。将公司法上的诉作为形成之诉的理由在于，关于组织法性质的法律关系的诉讼对已形成的团体法律关系带来变动，如允许自由主张方法，就会给团体法律关系带来不稳定。[③]（3）此类诉讼均关涉公司，许多情况下，被告就是公司。是因为诉的对象是公司的组织法性质的法律关系，判决的效力当然应该及于公司，而且通过将公司作为被告，可以对与公司相关的利害关系人都产生效果。（4）时常出现须进行诉的合并的情形。公司诉讼往往涉及多数利害关系人的多面法律关系的变动，因此，就同一个公司的同一个组织行为会提起数个诉讼。为防止出现相同事实相异判决，法院应进行诉的合并。[④]（5）此类诉讼判决效力具有特殊性。原告败诉时，意味着原告主张的变更法律关系的请求不成立，因此判决的效力不及于第三人，其他利害关系人可以另行提起诉讼。但原告胜诉时，产生与一般民事诉讼原告胜诉不同的法律效果。第一，一般民事诉讼中生效判决的既判力原则上仅仅及于当事人之间，但公司诉讼对大部分第三人也发生法律效力即所谓判决的对世效力。[⑤] 第二，对于一般民事诉讼，宣告某一法律行为无效或被撤销的判决一经确定，该法律行为自始丧失效力即判决具有溯及力，但为维护公司法律关系的稳定，在公司诉讼中否认判决的溯及力，一般仅对将来发生效力。[⑥]

---

① 参见［日］前田庸：《公司法入门》，王作全译，北京大学出版社 2012 年版，第 60 页。

② 参见最高人民法院民事诉讼法修改研究小组编著：《中华人民共和国民事诉讼法修改条文理解与适用》，人民法院出版社 2012 年版，第 65 页。

③ 参见［韩］李哲松：《韩国公司法》，吴日焕译，中国政法大学出版社 2000 年版，第 83 页。

④ 参见［韩］李哲松：《韩国公司法》，吴日焕译，中国政法大学出版社 2000 年版，第 84 页。

⑤ 参见［日］前田庸：《公司法入门》，王作全译，北京大学出版社 2012 年版，第 60 页。

⑥ 参见［韩］李哲松：《韩国公司法》，吴日焕译，中国政法大学出版社 2000 年版，第 85 页。

（三）公司诉讼案件的类型

按照诉讼标的，公司诉讼从宏观上可分为三大类型：公司资本诉讼、人格否认诉讼和股权诉讼。由于公司诉讼本质上属于民事诉讼，2011 年 2 月 18 日最高人民法院发布《案由规定》第八部分“与公司有关的纠纷”中，对公司诉讼案件的具体案由作出了规定，共包括二十五种公司诉讼类型，具体是：（1）股东资格确认纠纷；（2）股东名册记载纠纷；（3）请求变更公司登记纠纷；（4）股东出资纠纷；（5）新增资本认购纠纷；（6）股东知情权纠纷；（7）请求公司收购股权纠纷；（8）股权转让纠纷；（9）公司决议纠纷（包括公司决议效力确认纠纷和公司决议撤销纠纷）；（10）公司设立纠纷；（11）公司证照返还纠纷；（12）发起人责任纠纷；（13）公司盈余分配纠纷；（14）损害股东利益责任纠纷；（15）损害公司利益责任纠纷；（16）股东损害公司债权人利益责任纠纷；（17）公司关联交易损害责任纠纷；（18）公司合并纠纷；（19）公司分立纠纷；（20）公司减资纠纷；（21）公司增资纠纷；（22）公司解散纠纷；（23）申请公司清算；（24）清算责任纠纷；（25）上市公司收购纠纷。

二、公司的诉讼主体资格

公司诉讼的主体不超出公司、股东、董事和高管人员、债权人和债务人五种，五种主体之间交织组合构成公司诉讼的各种模式形态：股东诉股东、股东诉公司、股东诉董事和高管人员、股东诉债务人；公司诉股东、公司诉董事和高管人员、公司诉债务人；债权人诉股东、债权人诉董事和高管人员、债权人诉公司等。其中，公司在公司诉讼中的诉讼地位问题比较复杂，需要正确理解和认识。

（一）公司的原告主体资格

公司是指股东依照《公司法》的规定，以出资方式设立，股东以其出资额或所持股份为限对公司承担责任，公司以其全部资产对公司债务承担责任的企业法人[①]。公司作为独立法人，拥有独立的财产，设有独立的组织机构，独立承担财产责任。为维持公司的正常运营及法律特性，公司需同时拥有财产权和经营管理权。公司基于维护其财产权或经营管理权，与股东、董事和高管人员、债务人发生公司诉讼纠纷，应处于原告的诉讼地位。如公司要求股东履行出资义务、要求撤销关联交易、要求返还公司印章、要求公司经理遵守竞业禁止规定等。

（二）公司的被告主体资格

股东权是公司制度中最重要的权利之一，股东享有股东权。股东权从性质可分

---

① 赵旭东主编：《公司法学》，高等教育出版社 2003 年版，第 2 页。

为财产权和管理参与权，从权利内容来看包括发放股票或其他股权证明请求权、股息红利分配请求权、股东会临时召集请求权或自行召集权、出席股东会并行使表决权、对公司财务的监督检查权等，股东权的权利主体自然是股东，侵害权利的主体不外乎公司、其他股东、董事等高管人员，遇公司侵害股东权利时，如因公司拒绝确认、赋予股东权、阻碍行使股东权等而发生纠纷，股东寻求权利救济提起诉讼时，应将公司列为被告，如股东要求公司办理股权变更登记、要求公司公开财务账簿等。

应当注意的是，由于《公司法》涉及董事、经理等高管人员的义务性规定多，权利性规定少，董事、经理等高管人员履行义务有权获得工作报酬。对于董事、经理等高管人员要求获得工作报酬的权利，不属《公司法》调整的范畴，而由《劳动法》调整，因此，董事、经理等高管人员提起的劳动纠纷不属于公司诉讼，而属于一般的民事诉讼。

另外，由于公司与其债权人、债务人之间发生的债权债务纠纷一般由《民法通则》、《合同法》等法律规范调整。为了维护债权人的利益，《公司法》和相关司法解释特别规定，债权人在衡量公司能力不能满足债权时可以采取相应的补救措施，如股东瑕疵出资的，公司债权人除要求公司承担责任外，还可以要求公司股东承担瑕疵出资责任；公司法人人格否认诉讼；公司债权人提出的要求公司董事及高管人员与公司共同承担损害赔偿责任的诉讼。因此，此类诉讼的主体并不局限于债权人和公司，必要时也可以把负有间接侵权和间接违约责任的股东、董事经理等高管人员纳入诉讼主体，作为共同的被告。

三、特殊情形下的公司主体资格

（一）设立中情形的公司主体资格

公司领取了法人营业执照，即宣告公司已经合法设立、依法拥有法人人格，对社会产生公示效力。第三人基于公示信赖，与之发生法律关系，债权人如果产生债权债务纠纷，则以设立的公司为诉讼对象主张权利，此时的被告具有诉讼的主体资格。公司在取得营业执照之前不具有法人资格，不能独立对外承担民事责任，不具备诉讼主体资格。实践中，在公司设立阶段或者公司设立前，发起人为设立公司的目的以自己的名义对外签订合同而产生纠纷，债权人如何行使权利保障债权，《公司法》未有涉及，但最高人民法院《公司法司法解释三》予以规定。该司法解释第2条规定：“发起人为设立公司以自己名义对外签订合同，合同相对人请求该发起人承担合同责任的，人民法院应予支持。公司成立后对前款规定的合同予以确认，或者已经实际享有合同权利或者履行合同义务，合同相对人请求公司承担合同责任的，人民法院应予支持”；第3条规定：“发起人以设立中公司名义对外签订合同，公司成立后合同相对人请求公司承担合同责任的，人民法院应予支持。公司成立后有证据证明发起人利用设立中公司的名义为自己的利益与相对人签订合同，公司以此为由主张不承担合同责任的，人民法院应予支持，但相对人为善意的除外”。第4条规定：“公司因故未成立，债权人请求全体或者部分发起人对设立公司行为所产生的费用和债务承担连带清偿责任的，人民法院应予支持。部分发起人依照前款规定承担责任后，请求其他发起人分担的，人民法院应当判令其他发起人按照约定的责任承担比例分担责任；没有约定责任承担比例的，按照约定的出资比例分担责任；没有约定出资比例的，按照均等份额分担责任。因部分发起人的过错导致公司未成立，其他发起人主张其承担设立行为所产生的费用和债务的，人民法院应当根据过错情况，确定过错一方的责任范围”。第5条规定：“发起人因履行公司设立职责造成他人损害，公司成立后受害人请求公司承担侵权赔偿责任的，人民法院应予支持；公司未成立，受害人请求全体发起人承担连带赔偿责任的，人民法院应予支持。公司或者无过错的发起人承担赔偿责任后，可以向有过错的发起人追偿”。

（二）设立瑕疵情形的公司主体资格

公司设立瑕疵，是指经公司登记机关核准登记并获营业执照而宣告成立的公司，在设立过程中，存在不符合公司法规定的条件或程序的情形。它使公司成立后在法律上处于一种有别于正常公司的地位与状态①。

1. 实际出资达到了法定最低资本额而未达到应缴资本额的情形。2005年《公司法》法定资本制的主要特点是资本或者股份的一次发放，而不是一次缴纳股款，公司设立中可以采用分期缴纳股款的方式，因此，允许公司设立后出现实际出资达到了法定最低资本额而未达到应缴资本额的情形。2013年《公司法》修订时，将法定资本制进行了修改，改为认缴资本制，同时将法定最低资本额也予以取消。因此，可能出现的问题是，公司设立中公司股东无须及时缴纳公司章程明确规定的应缴资本，但公司设立后股东未依约及时缴纳出资而使公司实际资本额未达到应缴资本额的情形。

2. 出资比例结构不符合公司法规定的情形，如违反2005年《公司法》第27条关于“全体股东的货币出资金额不得低于有限责任公司注册资本的百分之三十”规定的，可以采取追加货币出资的补救方式。但2013年《公司法》修订时，将该条款内容予以了删除。

---

① 李瑞钦：“公司设立瑕疵的法人人格问题研究”，载《法律适用》2009年第8期。

3. 无民事行为能力人或限制民事行为能力人为公司股东的情形。对于这种违反法律关于公司设立发起人须具备完全民事能力要求的，可以通过股权转让予以补救。我国《公司法》对瑕疵设立的公司是否具有法人人格没有作出明确的规定，但采取原则承认的原则，在《公司法》和司法解释的某些条款中暗含承认瑕疵设立公司的有效性，如《公司法》第 198 条规定："违反本法规定，虚报注册资本、提交虚假材料或者采取其他欺诈手段隐瞒重要事实取得公司登记的，由公司登记机关责令改正，对虚报注册资本的公司，处以虚报注册资本金额百分之五以上百分之十五以下的罚款；对提交虚假材料或者采取其他欺诈手段隐瞒重要事实的公司，处以五万元以上五十万元以下的罚款；情节严重的，撤销公司登记或者吊销营业执照。"该规定表明，即便公司设立违反公司法所规定的条件和程序，只要得到改正，使得公司获得法人营业执照，公司法人人格即应得到维持，公司不应当被宣告无效。最高人民法院法复［1994］4 号《关于企业开办其他企业被撤销或者歇业后民事责任承担问题的批复》规定，企业法人倘若存在着设立瑕疵，包括注册资本不实和不符合其他法人条件，人民法院可在个案中对其法人资格进行认定，即注册资本虽未缴足，但已达到了最低注册资本的要求并符合其他法人条件的，承认其法人资格。随着 2013 年《公司法》的实施，即使未达到认缴资本的数额，只要符合公司设立的其他条件，也应承认其法人资格。公司具有法人资格即具有诉讼主体资格。

（三）设立无效情形的公司主体资格

公司法对公司设立条件作了明确规定，不具备这些条件而设立公司，即构成公司设立瑕疵，也有可能导致公司设立无效。我国 2005 年《公司法》对否认瑕疵公司的法人人格予以适当限制，否认公司法人人格有如下几种情形：（1）所有发起人均不具备发起人资格时，无人可以合法主张公司股权的；（2）实际缴纳资本通过一定宽限期的补正仍低于法定注册资本的；（3）缺少公司名称和住所、公司注册资本、股东及其出资约定的章程；（4）公司目的违法或违反社会公共利益的；（5）公司设立未取得政府机关的批准以及未履行创立大会等程序的。根据 2013 年《公司法》的规定，法定注册资本不是公司成立的必备条件，如出现未达到过去所谓"最低法定注册资本"的情形时，也不能否认公司的法人人格。对于根据《公司法》第 198 条规定，达到情节严重的，撤销公司登记或者吊销营业执照。撤销公司登记或者吊销营业执照，即达到否认公司人格，认定公司设立行为无效。此时公司不具有法人资格，也就不具有诉讼主体资格。

实践中，要注意公司设立无效是否具有溯及力的问题。按照民事行为无效或撤销的一般规则，只要公司设立行为确定无效或者撤销，其效力自始无效。我国《公司法》对此未作出明确规定，但依《公司法》的基本原则和相关司法解释的基本精神，笔者认为，公司设立行为无效对被确认无效之前的公司行为没有溯及力，公司和股东不得以公司设立无效为由对抗善意第三人。理由为：(1) 在公司经登记并取得营业执照后，公司股东即必须对公司的设立承担责任，并对公司资本的充足性和真实性承担担保义务，确保出资的真实、有效。公司股东对公司设立行为无效应当承担责任。(2) 公司的设立行为的无效或者撤销会广泛地影响第三人的利益或者社会利益。如果确认有溯及力会带来弊端，许多第三人与公司之间的善意交易会亦会相继认定无效，由无效交易产生的返还财产、恢复原状责任等会导致一系列复杂的法律后果，损害善意第三人的利益。

四、公司诉讼的特殊地域管辖

特殊地域管辖之所以特殊，是相对于一般地域管辖而言，是根据不同民事案件的特殊情况来确定具体的管辖法院。民事诉讼实行“原告就被告”的一般地域管辖原则，公司诉讼一般会涉及公司的组织法性质的诉讼，存在与公司组织相关的多数利害关系人，涉及多数利害关系人的多项法律关系的变动，且胜诉判决产生对世效力。由于公司股东等多数利害关系人可能来自不同地区，如果按照被告住所地管辖，将会导致以该等利害关系人为被告的部分案件管辖权过于分散，当事人和法院陷于管辖权争议之中，影响司法效率。我国《民事诉讼法》在 2012 年修改时关注到公司诉讼案件具有的自身独有的特点，考虑到诉讼便利和诉讼效率，对部分与公司有关的纠纷案件的管辖问题作出规定，即该法第 26 条规定，“因公司设立、确认股东资格、分配利润、解散等纠纷提起的诉讼，由公司住所地人民法院管辖”。因此，公司诉讼应当实行特殊地域管辖，即公司诉讼由公司住所地人民法院管辖。为进一步明确公司住所地人民法院管辖的内涵，最高人民法院于 2015 年 2 月 4 日公布的司法解释对此作出规定，即《民事诉讼法解释》第 22 条规定，“因股东名册记载、请求变更公司登记、股东知情权、公司决议、公司合并、公司分立、公司减资、公司增资等纠纷提起的诉讼，依照民事诉讼法第二十六条规定确定管辖。”

（一）公司住所地

住所是指公司经营管理及业务活动的核心机构所在地。依照公司法的规定，公司住所是公司章程的必要记载事项，也是公司设立的必要条件，对于确定债务的履行地、登记管辖地、诉讼管辖法院、法律文书的送达处所和涉外民事关系的准据法具有极其重要的法律意义[①]。对于公司住所地的确定，《民法通则》和《公司法》都有相应规定。《民法通则》第39条规定，“法人以它的主要办事机构所在地为住所。”《公司法》第10条规定，“公司以其主要办事机构所在地为住所。”而根据《中华人民共和国公司登记管理条例》第12条规定，公司的住所应当在其公司登记机关辖区内，因此，公司的住所是公司注册地。对于公司解散纠纷，最高人民法院专门规定了地域管辖和级别管辖的适用标准，即《公司法司法解释二》[②]第24条规定，“解散公司诉讼案件和公司清算案件由公司住所地人民法院管辖。公司住所地是指公司主要办事机构所在地。公司办事机构所在地不明确的，由其注册地人民法院管辖。基层人民法院管辖县、县级市或者区的公司登记机关核准登记公司的解散诉讼案件和公司清算案件；中级人民法院管辖地区、地级市以上的公司登记机关核准登记公司的解散诉讼案件和公司清算案件。”因此，解散公司诉讼案件由公司住所地人民法院管辖，公司住所地是指公司主要办事机构所在地，公司办事机构所在地不明确的，由其注册地人民法院管辖。同时，在实践中应注意公司住所地与公司注册地、公司经营场所、生产场地、销售网点以及公司分支机构所在地等相区别。

（二）由公司住所地管辖的公司诉讼的种类[③]

1. 公司设立诉讼。公司设立是指发起人依照法律规定的条件和程序，为组建公司并使其取得法人资格而依法完成的一系列法律行为的总称。《公司法》对公司的设立规定了严格的法定条件和程序。通常认为，公司设立始于发起人订立协议之时，终于公司设立成功取得法人资格或者设立失败进行清算时。公司设立纠纷，即指发起人依照法律规定的条件和程序，在组建公司并使其取得法律人格的一系列行为中，与第三方、公司或其他发起人而产生的纠纷。在公司设立中可能产生的纠纷诉讼主要是：（1）与公司设立相关交易行为的责任承担诉讼；（2）公司设立失败的责任承担诉讼；（3）公司设立瑕疵诉讼。公司虽经依法登记并取得营业执照而成立，但实际上存在着不符合法定条件、程序而设立的情形，从而导致公司设立瑕疵诉讼，包括设立撤销之诉和设立无效之诉。

2. 确认股东资格诉讼。股东资格有两种含义，一是成为有限责任公司股东的

---

① 参见刘俊海：《现代公司法》，法律出版社2008年版，第58～59页。

② 最高人民法院2008年5月12日公布，法释［2008］6号。

③ 参见江必新主编：《新民事诉讼法理解适用与实务指南》，法律出版社2012年版，第101～102页；沈德咏主编：《最高人民法院民事诉讼法司法解释理解与适用》，人民法院出版社2015年版，第164～166页。

一般条件或者前提；二是成为某有限责任公司股东的具体身份，此处的股东资格是指后者。股东资格的取得分为原始取得与继受取得。原始取得是指基于对公司的出资行为初始取得股东资格，继受取得指基于买卖、赠与、继承、公司合并、善意取得等原因从其他股东处取得股东资格。但现实中行为主体虽然实际出资设立公司并履行了相应的义务，却因在工商管理部门未进行相应登记而难以得到法律上的认可，或者因出资瑕疵、股权转让等事由，股东资格或者身份难以确定，从而导致其诉请法院确认其股东资格。确认股东资格诉讼比较复杂，主要有以下类型：（1）公司登记设立时的股权登记错误，真实股东方要求确认改正的；（2）自然人股东死亡，其继承人要求继承股权份额的；（3）存在冒名股东、挂名股东情形的；（4）隐名股东与显名股东发生争议，隐名股东要求显名的；（5）因股权转让行为，受让方提请股权确认的；（6）集体企业改制中的股权确认；（7）涉外股东资格确认之诉。

3. 公司分配利润诉讼。公司分配利润，是指公司对依法留足公积金后剩余的利润进行分配，以使股东能按其所持有的股份取得股利。股东基于其股东地位，有权请求公司向其分配利润。这种权利即股利分配请求权，是股东自益权的一种。在公司存续的情况下，利润分配请求权是股东从公司获取投资回报的主要手段。但由于利润分配方案需要经过股东（大）会通过，在资本多数决原则下，大股东可能利用股利政策损害中小股东的利益。在公司的实际运作中，公司可能有可供分配的利润，但却以各种理由不正当地拒绝向股东分配；或者公司过分提取任意公积金而损害股东的股利分配权，从而引发股东向公司提起分配利润纠纷。因此，公司分配利润纠纷最直接的表现形式即是股东诉请公司支付一定数额的分配利润。在司法实践中，根据股东起诉的不同状况，公司分配利润诉讼的类型：（1）股东诉请公司分配利润有明确的股东会决议的；（2）股东诉请公司分配利润无明确的股东会决议的；（3）股权转让后原股东诉请公司分配利润；（4）公司债权人诉请违法分配利润损害其利益，如果公司不执行《公司法》规定的利润分配限制条件而向股东分配利润，即构成非法分配，公司债权人有权以违法分配损害其利益为由提起诉讼。

4. 公司解散诉讼。公司解散是指已成立的公司因发生法律或章程规定的事由而停止经营活动，开始清理公司财产、了结公司债权债务关系的一种状态。公司解散能引起公司人格消灭。根据解散事由的不同，公司解散可分为公司自行解散、强制解散、司法解散等形式。这里所指的公司解散诉讼主要是指公司僵局出现时，公司股东提起解散公司申请而与公司、其他股东之间发生的纠纷。《公司法》第 182 条规定了公司僵局作为申请法院裁判公司解散的事由。该条规定，公司经营管理发生严重困难，继续存续会使股东利益受到重大损失，通过其他途径不能解决的，持有公司全部股东表决权10%以上的股东，可以请求人民法院解散公司。实践中，存在小股东利益受到损害，股东之间缺乏合作诚意，公司经营严重困难，财务状况恶化，虽未达到破产界限，但是继续维持会使股东利益受到更大损失；或者因股东之间分歧严重，股东会、董事会又不能作出公司解散的决议，公司处于僵局状态的情况。在这种情况下，符合法定条件的股东可以提起公司解散之诉。公司解散纠纷，按公司僵局产生的原因，可大致分为因股东会僵局提起的公司解散纠纷和因董事会僵局提起的公司解散纠纷两大类①。如果股东在公司章程中对出现公司僵局情形时的管辖法院有明确约定，则应首先遵从章程的约定。

5. 股东名册记载诉讼。《公司法》明确规定，股东名册是有限责任公司和股份有限公司必须具备的文件，是公司依法置备的记载股东及其持股情况的簿册。股东名册必须记载股东的姓名或名称、持股数量等内容；当股东转让股权或者发生其他应当变更股东名册记载事项时，公司应当予以变更。否则，将产生股东名册记载诉讼。

6. 公司组织形式变更诉讼。所谓公司组织形式变更，是指公司在不中断法人资格的情况下，由一种公司形式变更为另一种公司形式。《公司法》第9条第1款规定，“有限责任公司变更为股份有限公司，应当符合本法规定的股份有限公司的条件。股份有限公司变更为有限责任公司，应当符合本法规定的有限责任公司的条件。”《公司法》第43条、第103条还分别对有限责任公司变更为股份有限公司以及股份有限公司变更为有限责任公司的股东会或股东大会决议通过的条件作了规定。此外，该法第95条规定，有限责任公司变更为股份有限公司时，折合的实收股本总额不得高于公司净资产额。当公司变更组织形式违反《公司法》有关规定时，公司股东等利害关系人可以提起公司组织形式变更诉讼。

7. 公司合并诉讼。所谓公司合并是指两个或两个以上公司依照法定的条件和程序，合并为一个公司的行为。公司合并包括吸收合并和新设合并两种形式。吸收合并是指一个以上的公司并入现存公司，被吸收的公司消灭。新设合并是指两个以上的公司合并设立一个新的公司，原有公司消灭。公司合并产生的法律后果是：第一，公司组织结构的变化；第二，权利义务的概括转移。首先，公司合并必然导致一个或一个以上的公司消灭，此种公司消灭不需要经过清算程序。同时，吸收合并中的吸收公司继续存在，但发生了变化；新设合并中产生了新的公司。其次，公司

① 刘龙飞：《公司诉讼实务精要》，中国法制出版社2011年版，第8、126、157、263页。

合并的结果导致了存续公司或者新设公司承受被合并公司的债权债务。由于公司合并涉及多家公司股东及债权人的利益，为了防止公司合并侵害中小股东或债权人的利益，《公司法》规定了严格的公司合并程序。公司合并需要的程序，第一，由合并各方签订合并协议；第二，经过股东会决议通过；第三，编制资产负债表及财产清单；第四，通知或者公告债权人；第五，履行相应的登记程序。如果公司合并违反了法律、行政法规的强制性规定，则会引发公司合并无效纠纷。

8. 公司分立诉讼。所谓公司分立是指一个公司依照法定条件和程序，分裂为两个或者两个以上公司的行为。公司分立包括新设分立和存续分立两种形式。新设分立是指公司分立为两个或两个以上的新的公司，原公司消灭。存续分立是指公司分立为两个或两个以上的新的公司，但原公司仍然存续。公司分立产生的法律后果：一是公司组织结构的变化；二是权利义务的法定转移。首先，公司分立导致一个或一个以上的公司设立，该公司的营业来自于既有公司的营业分割，而不是既有公司的转投资行为。对于新设分立，还同时导致既有公司的消灭，其消灭也不需要经过清算程序。其次，公司分立的结果导致了分立公司债务的法定承担，即除非公司在分立前与债权人就债务清偿达成的书面协议另有约定，公司分立前的债务由分立后的公司承担连带责任。由于公司分立涉及多家公司股东及债权人的利益，为了保护中小股东或债权人的利益，《公司法》规定了公司分立的严格程序。对于公司分立，需要经过股东会决议通过，制定分立计划或者分立协议，编制资产负债表及财产清单，通知或公告债权人，进行财产分割，并办理登记手续。如果公司分立违反了法律、行政法规的强制性规定，则会导致公司分立无效纠纷。

9. 公司资产变动诉讼。公司存续期间，其注册资本可能增加或减少。因公司资本变动会影响公司股东及公司债权人的利益，故《公司法》对公司变更注册资本规定了一定的条件和程序，尤其是对公司减少注册资本还规定了严格的债权人保护程序。如果公司资本变动违反了《公司法》规定的条件和程序，则会导致公司资本变动诉讼。常见的公司资本变动诉讼包括：股份公司或者有限公司资本增加违法时，请求判决新股发行无效或者增资无效的诉讼；股份公司或者有限公司资本减少违法时，请求判决资本减少无效的诉讼。

（三）司法实践应当注意的问题

虽然《民事诉讼法》明确规定了公司诉讼的管辖规则，但其适用范围仍是需要注意的问题，《民事诉讼法》第26条所列举的几种公司诉讼情形均属组织法上、公司内部治理结构纠纷，并不是所有与公司有关的诉讼都属于公司诉讼，也不是所有与公司有关的诉讼都适用《民事诉讼法》第26条的规定由公司住所地法院管辖。对于股东与股东之间出资违约责任纠纷、股权转让纠纷、公司与股东之间的出资纠纷等主要属于给付之诉性质的案件，均或多或少牵涉公司。此类纠纷或者属于传统的民事纠纷范畴，或者虽涉及公司法上的权利义务关系，但并不具有组织法上纠纷的性质，也不涉及多层法律关系，因此可以适用一般的民事诉讼程序进行受理和裁判。对于公司其他股东、高管等侵犯公司权益的情形，因侵权行为地或者侵权结果发生地就是公司住所地，因此其与由公司诉讼管辖规则确定的管辖法院是同一的；对于案外人与公司的合同、侵权纠纷，因其不属于公司诉讼而与普通民事主体之间的合同、侵权纠纷无异，因此应当按照民事诉讼法关于地域、级别或专属管辖的原则确定管辖法院。总之，对与公司有关的诉讼是否由公司住所地法院管辖，要进行综合判断分析，包括“纠纷是否涉及公司利益、对该纠纷的法律适用是否适用公司法”等。

【典型案例】

浙江和信电力开发有限公司、金华市大兴物资有限公司与通和置业投资有限公司、广厦控股创业投资有限公司、上海富沃企业发展有限公司、第三人通和投资控股有限公司损害公司权益纠纷案

上诉人（原审原告）：浙江和信电力开发有限公司。住所地：浙江省义乌市江滨中路368号。

法定代表人：曾汉权，该公司董事长。

委托代理人：潘灿君，浙江裕丰律师事务所律师。

委托代理人：方军，浙江凯富律师事务所律师。

上诉人（原审原告）：金华市大兴物资有限公司。住所地：浙江省金华市区青春路147号。

负责人：方岳林，该公司执行董事。

委托代理人：潘灿君，浙江裕丰律师事务所律师。

委托代理人：方军，浙江凯富律师事务所律师。

上诉人（原审被告）：通和置业投资有限公司。住所地：浙江省杭州市曙光路15号世贸中心B座8楼。

法定代表人：王晓鸣，该公司董事长。

委托代理人：余永祥，浙江天册律师事务所律师。

委托代理人：姚克力，该公司职员。

上诉人（原审被告）：广厦控股创业投资有限公司。住所地：浙江省杭州市玉古路166号3楼。

法定代表人：楼忠福，该公司董事局主席。

委托代理人：姚克力，该公司职员。

原审被告：上海富沃企业发展有限公司。住所地：上海市浦东昌里路335号

401室。

法定代表人：金建中，该公司执行董事。

委托代理人：戴锡华，该公司员工。

原审第三人：通和投资控股有限公司。住所地：浙江省金华市八一南街588号。

法定代表人：曾永强，该公司董事长。

委托代理人：陈宗霞，北京市君泽君律师事务所律师。

〔基本案情〕

上诉人浙江和信电力开发有限公司（以下简称和信公司）、金华市大兴物资有限公司（以下简称大兴公司）为与上诉人通和置业投资有限公司（以下简称通和置业）、广厦控股创业投资有限公司（以下简称广厦创业）、原审被告上海富沃企业发展有限公司（以下简称富沃公司）、原审第三人通和投资控股有限公司（以下简称通和控股）损害公司权益纠纷一案，不服浙江省高级人民法院（2007）浙民二初字第5号民事判决，向本院提起上诉。本院依法组成合议庭进行了审理。本案现已审理终结。

原审法院查明：通和控股成立于1999年4月30日，注册资本金为68000万元。其中和信公司出资5000万元，占出资比例的7.35%，大兴公司出资1830万元，占出资比例的2.69%，深圳市恒信德威实业发展有限公司（以下简称恒信公司）出资34824万元，占出资比例的51.21%，浙江广厦股份有限公司（以下简称广厦股份）出资12500万元，占出资比例的18.38%。通和置业系2002年6月13日设立的有限责任公司，其中通和控股持有95%的股权，金华市金威产权管理服务有限公司（即恒信公司的原名，2004年11月12日该公司从浙江金华市迁入广东深圳市登记注册，企业名称变更为恒信公司）持有5%的股权。2004年9月15日，通和控股分别与上海城市房地产有限公司、恒信公司签订股权转让协议，通和控股将其持有的通和置业35%、30%的股权出让。同年9月17日通和置业向当地工商行政管理部门办理了变更登记手续，恒信公司、上海城市房地产有限公司持有通和置业各35%股权，通和控股持有30%股权。2004年12月21日，以恒信公司、上海城市房地产有限公司、通和控股为股权出让方，富沃公司、浙江金科实业有限公司（以下简称金科公司）为股权受让方，通和置业为第三人签订通和置业股权转让框架协议，约定：股权出让方同意将其持有通和置业的全部股权转让给股权受让方，其中恒信公司将其持有的通和置业35%股权转让给富沃公司，上海城市房地产有限公司将其持有的通和置业5%股权转让给富沃公司、30%股权转让给金科公司，通和控股将其持有的通和置业30%股权转让给金科公司。本次股权转让完成后，通和置业的股权结构和股东名册变更为：富沃公司持有40%股权，金科公司持有60%股权。股权出让方依据该协议约定义务出让通和置业股权应获得的总收益款为6亿元，收益款由两部分组成，股权出让方向股权受让方出让通和置业全部股权的股权转让金为3.5亿元，股权出让方自通和置业获得项目利润补偿款为2.5亿元。其中富沃公司应支付股权转让金1.4亿元，即应付通和控股1.225亿元，在股权转让合同有效签署生效后10个工作日支付3000万元，余款在150个工作日内付清。应付恒信公司1750万元，在股权转让合同有效签署生效后的10个工作日内支付1000万元，余款在150个工作日内付清。同日，通和控股分别与上海城市房地产有限公司、恒信公司签订解除股权转让协议，均约定由于上海城市房地产有限公司、恒信公司未按股权转让协议约定支付股权转让款，各方同意解除股权转让协议，该股权标的的权利义务均由通和控股承担，上海城市房地产有限公司、恒信公司不再享有该股权的权利和义务，上海城市房地产有限公司、恒信公司承诺在通和控股找到受让方后，按照通和控股的书面授权，与通和控股指定的受让方签订股权转让协议，将股权以通和控股指定的价格、付款方式全部划入通和控股指定的银行账户。同日，通和控股分别与上海城市房地产有限公司、恒信公司签订授权委托书，授权上海城市房地产有限公司将其持有的通和置业30%股权转让给上海邦联科技实业有限公司、5%股权转让给富沃公司，授权恒信公司将其持有的通和置业35%股权转让给富沃公司。同一天，上海城市房地产有限公司分别与上海邦联科技实业有限公司、富沃公司签订股权转让协议，将通和置业30%股权转让给上海邦联科技实业有限公司，将5%的股权转让给富沃公司，其中富沃公司的受让价为1750万元。恒信公司与富沃公司签订股权转让协议，将35%股权转让给富沃公司，转让价为12250万元。通和控股分别与金科公司、上海邦联科技实业有限公司签订股权转让协议，将其持有的10%、20%股权转让给两公司。协议签订当天，上海城市房地产有限公司、恒信公司分别给受让人出具付款委托书，要求将股权转让款划入通和控股账户。协议签订后，富沃公司于2004年12月24日向通和控股支付4500万元。2005年6月23日，通和控股、富沃公司、恒信公司签订还款协议，约定，三方确认富沃公司需向通和控股支付的债务本金数额为9500万元，其中富沃公司应付通和控股而未付的股权转让款7750万元，通过调账方式应由富沃公司支付给通和控股的债务1750万元。三方同意富沃公司应付而未付的1750万元由富沃公司直接支付给通和控股，通和控股同时冲减富沃公司所欠通和控股相同数额的债务。富沃公司在2005年6月30日前偿还债务本金500万元，2006年6月30日前偿还债务本金4500万元，并从2005年7月1日始按年利率8.5%的比例向通和控股计付资金占用费。2006年12月31日前偿还所余债务本金4500万元，并从2005年7月1日始按年利率8.5%的比例向通和控股计付资金占用费。资金占用费随相应本金一次性支付。2005年6月22日、同年6月29日，富沃公司先后支付通和控股350万元、150万元。

2006年1月，通和置业经工商行政管理部门核准变更登记，公司股权依法变更为广厦创业持有50%股权，东阳市江南置业有限公司持有40%股权，金科公司持有10%股权。2006年2月28日，通和控股作出2006年第二次临时股东会决议，通过了

《关于委托广厦创业代公司追回部分应收账款的议案》，同意广厦创业全权行使通和控股的债权人权利，代为追回通和置业利润补偿款15912.5万元以及富沃公司受让通和置业股权的欠款7250万元及利息，通和控股不再行使该项权利。2006年10月，通和置业又经变更登记，广厦创业持有通和置业100%股权。2006年11月7日，通和控股向广厦创业出具委托付款书，要求广厦创业将收回的富沃公司股权转让款5112万元直接支付给浙江大学生物科技股份有限公司。同年11月10日，广厦创业作为付款人，向该公司支付5112万元。2007年1月12日、3月2日，广厦创业先后向通和置业发出催款函，要求通和置业支付通和控股项目利润补偿款15912.5万元。2007年3月12日、4月16日，和信公司、大兴公司等通和控股股东先后给通和控股发出《关于要求公司立即通过诉讼追回被违法占用资金和转移项目的函》和《关于要求公司立即通过诉讼追索应收债权，切实维护公司及其股东合法权益的紧急催告函》，要求公司通过诉讼向广厦创业、通和置业、富沃公司追回公司的巨额应收债权，追回被广厦创业侵吞的蚌埠新区发展股份有限公司股权转让款和分红等。2007年4月17日，通和控股总裁徐泉函复和信公司、大兴公司等，称基于公司当时的状况及用章的审批程序，公司无法根据股东的要求提起诉讼、向通和置业、富沃公司和广厦创业追索公司的巨额应收债权。2007年4月25日，和信公司、大兴公司共同向原审法院提起诉讼，请求：（1）通和置业立即向通和控股支付利润补偿款23750万元及利息1049.71万元；（2）富沃公司立即向通和控股支付股权转让款9000万元及利息1419.5万元；（3）撤销通和控股对广厦创业的委托代收的授权；若广厦创业已经收取部分债权，则应返还通和控股；（4）通和置业、富沃公司、广厦创业承担诉讼费用。

另查明，2007年10月，广厦创业将其持有的全部股权转让给广厦股份，现广厦股份持有通和置业100%股权。根据通和置业2006年财产表报，截止2006年12月31日，通和置业处于亏损状态。但广厦股份2007年半年度报告载明，通和置业在报告期内，为公司贡献净利润136926503.08元。

〔一审裁判理由与结果〕

原审法院认为，和信公司、大兴公司作为通和控股的股东，在公司怠于行使权利的情况下，依照《中华人民共和国公司法》第一百五十二条[①]的规定，有权提起股东派生诉讼，其具备原告的主体资格。和信公司、大兴公司在本案中提起的诉讼分别涉及利润补偿款、股权转让款的支付以及解除委托关系等三项请求，而请求的对象虽涉及三个不同的主体，但由于原告的请求是以实现股权转让款这一同一标的作为其事实上的牵连而构成了必要的共同诉讼，该案可以合并审理。

通和置业未按股权转让框架协议的约定在公司取得盈利的情况下，向通和控股

---

① 对应2013年《公司法》第151条。

支付补偿款，应就其盈利的部分承担支付补偿款的民事责任。富沃公司未按股权转让协议及还款协议的约定，如数向通和控股支付股权转让款，应按实际欠款额承担付款并赔偿损失的民事责任。广厦创业在接受通和控股委托当时，未如实告知其与通和置业之间存在的关联关系，且在接受委托后，也未积极履行委托人的义务，原告在通和控股怠于行使任意解除权的情况下，提起代位诉讼，理由正当。故判决：一、通和置业投资有限公司于该判决生效之日起10日内支付通和投资控股有限公司补偿款130080177.93元；二、上海富沃企业发展有限公司于该判决生效之日起10日内支付通和投资控股有限公司股权转让款3888万元及利息（从2005年7月1日至2006年11月10日止，款项为9000万元按还款协议约定的年利率8.5%计付；2006年11月11日至付清之日止，款项为3888万元按还款协议约定的年利率8.5%计付）；三、撤销通和投资控股有限公司对广厦控股创业投资有限公司的委托代收债权的授权；四、驳回原告浙江和信电力开发有限公司、金华市大兴物资有限公司的其他诉讼请求。如果未按该判决指定的期间履行金钱给付义务，应当按照《中华人民共和国民事诉讼法》第二百二十九条之规定，加倍支付迟延履行期间的债务利息。案件一审受理费1802760元，由原告浙江和信电力开发有限公司、金华市大兴物资有限公司共同负担901380元，被告通和置业投资有限公司负担630966元，被告上海富沃企业发展有限公司负担270414元。

〔最高人民法院裁判理由与结果〕

二审审理期间，经本院主持调解，本案各方当事人基于自愿、合法原则，经友好协商，于2009年3月17日达成如下调解协议：

一、关于和信公司、大兴公司、通和控股与通和置业、广厦创业间权利义务的协议。

1. 通和置业应支付利润补偿款的数额及支付方式。

1.1 和信公司、大兴公司、通和控股与通和置业经过友好协商，一致确认：通和置业实际产生的净利润已经超过了2.5亿元，通和置业应当支付通和控股总利润补偿款贰亿叁仟柒佰伍拾万圆（23750万元）。各方一致同意通和置业以追加利润分配的形式向通和控股支付该利润补偿款，即通和置业在23750万元的基础上扣除所交25%企业所得税后向通和控股支付壹亿柒仟捌佰壹拾贰万伍仟圆（17812.5万元）。

1.2 通和置业应于2009年6月30日前向通和控股提供证明通和置业向原股东通和控股追加分配的利润壹亿柒仟捌佰壹拾贰万伍仟圆（17812.5万元）已经完税的以下材料：

1.2.1 通和置业股东会向原股东通和控股追加分配利润壹亿柒仟捌佰壹拾贰万伍仟圆（17812.5万元）的决议原件贰（2）份。

1.2.2 证明通和置业股东会在作出向原股东通和控股分配利润壹亿柒仟捌佰壹拾贰万伍仟圆（17812.5万元）的决议时，通和置业可向股东分配的利润大于壹亿柒仟捌佰壹拾贰万伍仟圆（17812.5 万元）的、经具有证券从业资格审计机构出具的通和置业的审计报告复印件贰（2）份（需经通和置业盖章确认与原件一致）。

1.2.3 证明通和置业向原股东通和控股追加分配的利润壹亿柒仟捌佰壹拾贰万伍仟圆（17812.5 万元）已经完税的完税证明文件复印件贰（2）份（需经通和置业盖章确认与原件一致）。

1.3 如通和置业未提供本协议第 1.2 款规定的材料且通和控股为通和置业支付的利润补偿款承担了纳税义务，则通和置业应当在壹亿柒仟捌佰壹拾贰万伍仟圆（17812.5 万元）之外另行补偿通和控股因获得的利润补偿款缴纳的税款。通和置业应在接到通和控股通知后 10 日内向通和控股支付前述税款。若逾期支付，则应自逾期之日起支付违约金，违约金的数额按通和控股需缴纳税款乘以四倍的中国人民银行同期贷款基准利率计算。

2. 通和置业支付利润补偿款的时间。

2.1 通和置业应于 2009 年 3 月 31 日前向通和控股支付柒仟壹佰贰拾伍万圆（7125 万元），其余壹亿零陆佰捌拾柒万伍仟圆（10687.5 万元）应于 2009 年 6 月 30 日前向通和控股支付。协议各方一致确认通和置业已经向通和控股支付了叁仟万圆（3000 万元），该叁仟万圆（3000 万元）从前述价款中相应扣减。

2.2 若通和置业在 2009 年 3 月 31 日前向通和控股支付的税后利润补偿款不足柒仟壹佰贰拾伍万圆（7125 万元），则和信公司、大兴公司、通和控股有权要求通和置业及其保证人立即向通和控股支付壹亿柒仟捌佰壹拾贰万伍仟圆（17812.5 万元）全款，并有权申请人民法院强制执行通和置业及其保证人的财产，不受上述分期支付约定的限制。

3. 通和置业付款义务的担保。

3.1 广厦创业自愿为通和置业履行本协议约定的付款义务提供不可撤销的连带责任保证担保，并放弃就本协议项下的全部事项提出异议、抗辩和诉讼的权利。

3.2 广厦建设集团有限责任公司（以下简称广厦建设）自愿为通和置业履行本协议约定的付款义务提供不可撤销的连带责任保证担保，并放弃就本协议项下的全部事项提出异议、抗辩和诉讼的权利。

3.3 楼忠福先生自愿为通和置业履行本协议约定的付款义务提供不可撤销的连带责任保证担保，并放弃就本协议项下的全部事项提出异议、抗辩和诉讼的权利。

3.4 本协议第 3.1 款至 3.3 款所约定担保的担保范围包括以下各项：

3.4.1 通和置业应向通和控股支付的税后利润补偿款壹亿柒仟捌佰壹拾贰万伍仟圆（17812.5 万元）；

3.4.2 通和置业按照本协议第 1.3 款应向通和控股补偿的税款及违约金；

3.4.3 通和置业按照本协议第 5 条的规定应向和信公司、大兴公司支付的诉讼费；

3.4.4 通和置业按照本协议应承担的违约责任；

3.4.5 和信公司、大兴公司、通和控股为催收通和置业利润补偿款、违约金支出的费用等。

4. 通和控股委托广厦创业委托收款代理权的撤销。

协议各方一致确认：2006 年 2 月 28 日通和控股临时股东会决议内容是通和控股委托广厦创业代为向通和置业和富沃公司收取到期债权，而不是通和控股将该等应收股权转让收益款的债权转让或无偿赠予广厦创业。同时，协议各方一致确认：自一审判决之日（2008 年 5 月 13 日）起通和控股委托广厦创业收取债权的代理权终止。

5. 诉讼费用承担。

5.1 本案一审判决和信公司、大兴公司承担的 901380 元，通和置业承担的 630966 元，共计 1532346 元（该诉讼费已全部由和信公司、大兴公司垫付），由通和置业承担佰分之柒拾（70%），和信公司、大兴公司共同承担佰分之叁拾（30%），即通和置业承担 1072642.2 元，和信公司、大兴公司共同承担 459703.8 元。

5.2 和信公司、大兴公司的二审诉讼费由通和置业承担佰分之柒拾（70%），和信公司、大兴公司共同承担佰分之叁拾（30%）。和信公司、大兴公司共已缴纳二审诉讼费 2570870 元，根据调解案件诉讼费减半收取的原则，和信公司、大兴公司的二审诉讼费暂按 1285435 元计算，故通和置业应承担 899804.5 元，和信公司、大兴公司共同承担 385630.5 元。

5.3 按本协议第 5.1、5.2 款确定的原则综合计算，通和置业应承担和信公司、大兴公司已支付的一审、二审诉讼费中的壹佰玖拾柒万贰仟肆佰肆拾陆圆柒角（1972446.7 元）。通和置业应于本协议签订之日起五日内向和信公司、大兴公司偿付诉讼费壹佰玖拾柒万贰仟肆佰肆拾陆圆柒角（1972446.7 元）。

5.4 如最高人民法院最终裁定和信公司、大兴公司的二审诉讼费数额与本协议第 5.2 款估算的数额（1285435 元）不一致，对于和信公司、大兴公司的二审诉讼费以最高人民法院裁定的数额为准，由通和置业承担佰分之柒拾（70%），和信公司、大兴公司共同承担佰分之叁拾（30%）。

5.5 通和置业、广厦创业的二审诉讼费由通和置业、广厦创业分别自行承担。

6. 违约责任。

6.1 若通和置业未能按照本协议约定的时间、期限支付利润补偿款，则通和置业应向通和控股支付违约金，违约金按通和置业未支付数额乘以四倍的中国人民银行同期贷款基准利率计算。

6.2 若通和置业未能按照本协议约定的时间、期限向和信公司、大兴公司支付诉讼费，则通和置业应向和信公司、大兴公司支付违约金，违约金按通和置业未支付数额乘以四倍的中国人民银行同期贷款基准利率计算。

7. 协议生效及其他。

各方承诺本协议是各方真实、自由的意思表示。各方一致同意本协议经各方签字或盖章，并经通和控股股东会通过或通和控股其他股东同意后生效，并一致同意将调解协议交最高人民法院审查并制作调解书。

二、关于和信公司、大兴公司、通和控股与富沃公司间权利义务的协议。

1. 对一审判决的服从。

各方一致表示服从一审判决第二项“上海富沃企业发展有限公司于本判决生效之日起10日内支付通和投资控股有限公司股权转让款3888万元及利息（从2005年7月1日至2006年11月10日止，款项为9000万元按还款协议约定的年利率8.5%计付；2006年11月11日至付清之日止，款项为3888万元按还款协议约定的年利率8.5%计付）”。

各方一致表示服从一审判决中关于富沃公司负担270414元案件受理费的判决。

2. 富沃公司欠通和控股债务数额的确定。

各方一致确认：按照一审判决第二项确定的方法计算，截至2009年2月28日，富沃公司应向通和控股支付的利息共计1827.245万元，本息合计5715.245万元（伍仟柒佰壹拾伍万贰仟肆佰伍拾圆整）。

3. 富沃公司欠通和控股债务的偿还。

各方一致同意，富沃公司以其转让深圳市恒信德威实业发展有限公司37.64%股权的转让款偿还其欠通和控股的债务，并同意由股权受让方直接将5715.245万元（伍仟柒佰壹拾伍万贰仟肆佰伍拾圆整）支付至通和控股，付款时间不迟于2009年2月28日。

协议各方一致确认，富沃公司已经将前述全部价款5715.245万元（伍仟柒佰壹拾伍万贰仟肆佰伍拾圆整）支付给了通和控股。

4. 诉讼费用的支付。

鉴于本案一审判决富沃公司负担的诉讼费270414元（贰拾柒万零肆佰壹拾肆圆整）已由和信公司、大兴公司预缴，富沃公司应于本协议签订之日起5日内向和信公司、大兴公司偿付诉讼费270414元（贰拾柒万零肆佰壹拾肆圆整）。

5. 各方承诺本调解协议是各方真实、自由的意思表示。各方一致同意，本协议经各方签字或盖章，并经通和控股股东会通过或通和控股其他股东同意后生效，并一致同意将本协议交最高人民法院审查并制作调解书。

本院经审查认为，以上调解协议是各方当事人在自愿基础上的真实意思表示，不违反法律、行政法规的禁止性规定。调解协议的内容不仅经过了提起代表诉讼的股东即和信公司、大兴公司以及作为诉讼第三人的公司即通和控股的同意，而且也已经经过了通和控股中的其他所有股东的书面同意，所以调解协议没有损害通和控股及其股东的利益。本院对以上调解协议予以确认。

本调解书与判决书具有同等法律效力。

本案一审案件受理费 1802760 元，浙江和信电力开发有限公司、金华市大兴物资有限公司共同负担 459703.8 元，通和置业投资有限公司负担 1072642.2 元，上海富沃企业发展有限公司负担 270414 元。本案二审为调解方式结案，案件受理费减半收取为 640917.75 元，浙江和信电力开发有限公司、金华市大兴物资有限公司共同负担 192275.33 元，通和置业投资有限公司负担 448642.42 元。

第十五章　诉讼调解与和解

规则 20：诉讼和解协议是案件当事人为终止争议或者防止争议再次发生，通过让步或处分自己的权益而形成的合意，和解协议的内容不限于当事人的诉讼请求事项

——杨培康与无锡活力保健品有限公司侵犯发明专利权纠纷案①

【裁判规则】

诉讼和解协议是案件当事人为终止争议或者防止争议再次发生，通过让步或处分自己的权益而形成的合意，和解协议的内容不限于当事人的诉讼请求事项。

在当事人具有较高的文化程度，并有代理律师一同参与诉讼、调解、和解活动的情形下，当事人在和解协议上签字同意并收取了对方当事人按照和解协议支付的款项，此后又以调解违背其真实意愿为由申请再审的，其再审申请不符合民事诉讼法规定的情形，应予驳回。

【规则理解】

一、诉讼和解协议的内涵及法律特征

（一）诉讼和解协议的内涵

诉讼和解是当事人根据《民事诉讼法》第 50 条的规定对自己的诉讼权利和民事实体权利行使处分权。诉讼和解协议，是指当事人在诉讼过程中为了终止争议或者防止争议再次发生，在相互让步的基础上自行协商，合意解决纠纷所达成的协议。从协议的本质要件来看，需具备两个条件：一是当事人的意思表示要真实，必须属于本人的意思表示，且意思表示要明确。二是各方当事人的意思表示要一致，达成合意。意思表示没有达成合意不能称为和解协议。

（二）诉讼和解协议的法律特征

诉讼和解是解决民事案件的一种方式，当事人达成和解协议是其核心内容。诉

---

① 《中华人民共和国最高人民法院公报》2009 年第 11 期，最高人民法院（2008）民申字第 1185 号民事裁定书。

讼和解协议与法院调解相比具有以下主要特征：

1. 和解协议中的权利义务主体是案件的各方当事人，包括原告、被告和第三人，和解协议内容反映的是当事人之间的民事权利义务关系，只在当事人之间产生法律上的约束力。

2. 和解协议本身不具有生效法律文书的强制执行力，靠当事人双方自觉履行，不能作为人民法院的执行根据；但经人民法院依法确认后，便产生生效调解书的法律效力。人民法院主持达成的调解协议具有强制执行的法律效力。

3. 和解协议发生在诉讼过程中，是当事人自己协商，解决纠纷，没有人民法院的主持和参与，当事人达成和解协议的目的是为了终结已经启动的民事诉讼程序。但和解协议达成并不直接产生终结民事案件诉讼程序的后果，当事人可以申请人民法院对和解协议进行审查确认，民事案件以调解方式结案，也可以由当事人自觉履行和解协议，以原告申请撤诉的方式结案。而调解协议必须是在人民法院的主持下，通过深入细致的工作，使双方当事人达成解决纠纷的协议。

二、诉讼和解中的意思自治原则

（一）诉讼和解中意思自治的涵义

意思自治原则，又称私法自治原则，是指法律确认民事主体得自由地基于其意志去进行民事活动的基本准则。基于私法自治原则，法律制度赋予并且保障每个民事主体都具有在一定的范围内，通过民事行为，特别是合同行为来调整相互之间关系的可能性。私法自治原则的核心是确认并保障民事主体的自由①。但意思自治原则确立的自由不是绝对的，绝对的自由会导致自由本身不可能实现或不可能很好地实现。

（二）意思自治原则在诉讼和解中的具体体现

诉讼和解与法院调解同属于民事调解解决纠纷机制的范畴。《民事诉讼法》关于调解自愿的规定体现了当事人意思自治原则，但由于“自愿”一词仅有不受他人强迫的含义，难以涵括“私法自治”或“意思自治”的丰富内涵，《民事调解规定》在协议内容方面作出新的突破，强化了对意思自治原则的适用，被称为诉讼调解内容的扩张。具体体现在：第一，调解协议内容超出诉讼请求的，人民法院可以准许。从《民事调解规定》第9条的规定可以看出，诉讼和解过程中，当事人根据意思自治原则，可以不局限于原告的诉讼请求范围，把几个涉及不同民事法律关系的纠纷放在一个案子中进行协商，一次性地解决双方之间的所有纠纷，人民法院也可以不受“不告不理”原则的限制，不把案件的调解范围限定于原告提出的诉讼请

---

① 王利明：《民法》，中国人民大学出版社2010年版，第29页。

求，而给当事人自行和解在程序上提供便利。第二，人民法院对于调解协议约定一方不履行协议应当承担民事责任的，应予准许。《民事调解规定》第 10 条第 1 款规定，允许当事人为实现自己的权利而给不履行和解协议的当事人设定违反协议约定的违约责任，有利于督促和解协议的及早自动履行。第三，调解协议约定一方提供担保或者案外人同意为当事人提供担保的，人民法院应当准许。《民事调解规定》第 11 条规定，允许当事人根据意思自治原则，利用《合同法》、《物权法》设立的担保制度实现自己的债权，以保证债权能够得到实现。同时，《民事调解规定》在当事人订立和解协议的内容方面进行了限制，具体体现在：第一，《民事调解规定》第 10 条第 2 款规定，调解协议约定一方不履行协议，另一方可以请求人民法院对案件作出裁判的条款，人民法院不予准许。该规定旨在明确当事人作出的意思表示不能干预人民法院行使审判权，查清事实，依法裁判。第二，《民事调解规定》第 12 条规定，调解协议具有下列情形之一的，人民法院不予确认：1. 侵害国家利益、社会公共利益的；2. 侵害案外人利益的；3. 违背当事人真实意思的；4. 违反法律、行政法规禁止性规定的。另外，根据《最高人民法院关于进一步发挥诉讼调解在构建社会主义和谐社会中积极作用的若干意见》（法发［2007］9 号），当事人达成和解协议或者调解协议后申请人民法院制作调解书的，人民法院应当依法对调解协议或者和解协议进行审查。审查内容包括：1. 协议是否违反了法律、行政法规的强制性规定；2. 是否侵害国家利益和社会公共利益；3. 协议内容是否属于当事人处分权的范畴；4. 当事人争议的法律关系是否涉及案外人的权益；5. 协议指定转移的财产上是否存在案外人权利；6. 协议内容是否符合善良风俗和公共道德；7. 调解是否存在明显违反当事人真实意思的情形等。上述规定旨在明确当事人应当遵守调解的基本原则，在合法性的基础上自愿调解。

（三）对意思表示是否真实的判断

当事人针对私权利作出真实意思表示，可能会产生一定的法律后果，但一旦该法律后果对当事人不利时，当事人又否定自己曾经作出的意思表示。当时的意思表示是否真实，只有当事人自己最清楚，外人不可得知，人民法院对当事人作出的意思表示是否真实进行判断，具有相当难度。实践中可以结合以下方面进行判断：1. 从主体的角度，包括主体的民事行为能力、身份、文化程度、职业、对案件争议事实的了解程度等。2. 从过程的角度，包括起始时间、地点、细节、次数、签字行为、协议内容及内容的变化、参与前期诉讼的情况等。3. 从结果的角度，包括协商的结果是否公平合理、是否符合案件事实、是否得到履行等。4. 从当事人主张的角度，包括当事人主张是否符合法律逻辑、理由是否成立、是否具有证据支持等。

三、对诉讼和解违反意思自治原则的司法救济

当事人的自行和解虽然是以终结诉讼为目的，但是达成和解协议以后，并不能直接产生终结诉讼的效果，我国民事诉讼也没有将自行和解作为一种独立的结案方式。因此，根据当事人在自行和解过程中向人民法院行使权利的不同，将产生不同的结案方式。一种是当事人自主协商，达成协议，由原告撤诉而终结诉讼。另一种是当事人将协商的结果向法院进行相一致陈述，并经法院审查，确认协议效力，纠纷以诉讼调解的方式解决。基于不同的结案方式，对诉讼和解中违反意思自治所实施的司法救济也不相同。

（一）对原告申请撤诉方式结案的救济

以原告申请撤诉方式结案的，诉讼和解协议只在当事人之间产生法律上的约束力，如果一方当事人关于违反意思自治原则的主张成立，可以依据《民法通则》和《合同法》的相关规定，申请人民法院撤销或变更和解协议；或在符合法律规定的条件下，重新起诉。

（二）对调解方式结案的救济

以调解方式结案的，诉讼和解协议经过人民法院的确认已经发生与判决相同的法律效力，一方当事人不履行，另一方当事人可以申请人民法院强制执行。如果一方当事人关于违反意思自治原则的主张成立，应当依据《民事诉讼法》关于当事人对生效调解书申请再审的相关规定，向人民法院申请再审，通过审判监督程序撤销已生效的调解协议。

【拓展适用】

一、诉讼调解中当事人行使反悔权的把握

（一）诉讼调解中当事人行使反悔权的内涵

根据我国《民事诉讼法》第99条规定，“调解未达成协议或者调解书送达前一方反悔的，人民法院应当及时判决”，这意味着当事人对已经达成的调解协议可以反悔且无须说明理由，人民法院送达调解书时，只要一方当事人拒绝签收，调解协议就不能生效。此称当事人的“反悔权”。根据《民事诉讼法》第97条第3款关于“调解书经双方当事人签收后，即具有法律效力”的规定，当事人的“反悔权”是调解书送达发生法律效力之前一种权利，调解书发生法律效力后，任何一方当事人均不享有“反悔权”，当事人对生效调解书只有申请再审的权利，人民法院是否再审，需通过人民法院进行再审审查后再决定。需注意的是，当事人不仅在自己签收民事调解书之前享有“反悔权”，在另一方当事人还未签收调解书的情况下，也享有“反悔权”。

（二）在实践中当事人行使反悔权所带来的弊端

《民事诉讼法》对“反悔权”的规定建立在充分尊重当事人调解自愿原则的基础之上。设立当事人的“反悔权”，其目的实际上是为了给予那些非真正自愿达成调解协议的当事人以一种自我救济的权利，这种权利无需依赖他人就能实现。在过去我国法制不健全、法官的素质和当事人的法律水平普遍不高的背景下，规定当事人在调解中具有法定的反悔权，以防止法官威压、诱骗、违法调解，在调解中袒护一方当事人，具有一定的合理性。但在司法实践中，“反悔权”日渐成为对当事人处分权的一种放纵，发挥着鼓励当事人草率作出调解行为的作用，有悖于诉讼效率和效益原则，使当事人的权利义务关系长期处于一种不确定状态，客观上损害了当事人的利益。同时，也有一些法官为了防止当事人反悔，在当事人达成调解协议后还未制作法院调解书时，即让当事人在调解书送达回证上签收，违反《民事诉讼法》规定的法院调解程序，使得“反悔权”的规定流于形式。当事人反悔系对民事诉讼诚实信用原则的违反，法院为防止当事人反悔而让当事人倒签民事调解书系对调解程序的违反，均不可取。实践中，当事人行使反悔权带来的不利后果可以归纳为：第一，违背民法基本原则，倡导不诚实。当事人达成调解协议属于民事法律行为的范畴，《民法通则》第 57 条规定，“民事法律行为从成立时起具有法律约束力。行为人非依法律规定或者取得对方同意，不得擅自变更或者解除”。当事人根据自愿原则达成的调解协议虽不具有强制执行力，但在双方当事人之间产生法律约束力，调解协议成立后，双方当事人均应依约履行，在协议达成后不能反悔，实行自我否定，否则与《民法通则》的基本原则相悖。《民事诉讼法》第 13 条规定的“民事诉讼应当遵循诚实信用原则”与民事诉讼领域的禁反言制度一脉相承，其立法目的主要在于防止一方当事人利用前后相互矛盾的诉讼行为来达到损害相对方当事人诉讼利益的目的。当事人对调解协议反悔，在民事诉讼中出尔反尔，与诚实信用原则、禁反言制度相违背。《民事诉讼法》将当事人的“反悔权”作为一项诉讼权利给予保护，在实体法领域和程序法领域都是对诚实信用原则的违背。第二，当事人对在人民法院主持下自愿达成的调解协议随意反悔，在一定程度上损害了法院的司法权威，且造成人民法院为调解所投入的司法资源（包括法官资源、时间资源和制作调解书的资源等）的浪费。第三，反悔权制度造成调解效力不稳定，在相当程度上给予一些当事人恶意拖延诉讼、转移财产、给对方当事人增加诉累的机会和理由，助长调解中的草率行为，损害对方当事人的利益。

（三）诉讼调解中当事人行使反悔权的限制

针对实践中存在的问题，最高人民法院出台的有关司法解释作出了一些变通规定。《最高人民法院关于适用简易程序审理民事案件的若干规定》第 15 条规定：

“调解达成协议并经审判人员审核后，双方当事人同意该调解协议经双方签名或者捺印生效的，该调解协议自双方签名或者捺印之日起发生法律效力。当事人要求摘录或者复制该调解协议的，应予准许。调解协议符合前款规定的，人民法院应当另行制作民事调解书。调解协议生效后一方拒不履行的，另一方可以持民事调解书申请强制执行”。《民事调解规定》第 13 条规定：“根据民事诉讼法第九十八条第一款第（四）项规定，当事人各方同意在调解协议上签名或者盖章后生效，经人民法院审查确认后，应当记入笔录或者将协议附卷，并由当事人、审判人员、书记员签名或者盖章后即具有法律效力。当事人请求制作调解书的，人民法院应当制作调解书送交当事人。当事人拒收调解书的，不影响调解协议的效力。一方不履行调解协议的，另一方可以持调解书向人民法院申请执行”。《民事诉讼法解释》第 151 条规定，“根据民事诉讼法第九十八条第一款第四项规定，当事人各方同意在调解协议上签名或者盖章后即发生法律效力的，经人民法院审查确认后，应当记入笔录或者将调解协议附卷，并由当事人、审判人员、书记员签名或者盖章后即具有法律效力。前款规定情形，当事人请求制作调解书的，人民法院审查确认后可以制作调解书送交当事人。当事人拒收调解书的，不影响调解协议的效力。”上述司法解释的规定取消了当事人在达成调解协议后签收调解书前的反悔权，实际上突破了调解书须经双方当事人签收才具有法律效力的立法规定。但应当注意的是，上述司法解释中有“当事人同意调解协议经签名或者捺印生效”或“当事人同意在调解协议上签名或者盖章后生效”的规定，表明调解协议经签名、捺印或者盖章后生效均以当事人的同意为条件，以此限制当事人的“反悔权”。

二、当事人约定在离婚调解协议上签名的法律效力

当事人经人民法院主持调解，达成离婚调解协议，双方均同意在调解协议上签名或者盖章后生效。人民法院根据调解协议制作成调解书，此后，一方当事人拒绝履行调解协议内容，并拒绝领取调解书，其离婚调解协议效力如何？婚姻关系是否解除？存在两种意见，第一种意见认为，调解书经双方当事人签收后，即具有法律效力，某男拒绝签收调解书，调解书并未发生效力，婚姻关系尚未解除。第二种意见认为，某男与某女的婚姻关系已解除，根据《民事调解规定》第 13 条的规定，当事人同意在调解协议上签名或者盖章后生效，当事人拒收调解书的，不影响调解协议的效力。笔者认为，根据《民事诉讼法》第 97 条规定“调解达成协议，人民法院应当制作调解书。调解书应当写明诉讼请求、案件的事实和调解结果。调解书由审判人员、书记员署名，加盖人民法院印章，送达双方当事人。调解书经双方当事人签收后，即具有法律效力”，第 98 条规定“下列案件调解达成协议，人民法院

可以不制作调解书：（一）调解和好的离婚案件；（二）调解维持收养关系的案件；（三）能够即时履行的案件；（四）其他不需要制作调解书的案件。对不需要制作调解书的协议，应当记入笔录，由双方当事人、审判人员、书记员签名或者盖章后，即具有法律效力”，通常情况下经人民法院主持调解达成协议的案件，人民法院应当制作调解书，并送达双方当事人后，该调解书即发生法律效力。同时，法律明确规定四类案件，当事人调解达成协议后，可以不制作调解书，由书记员将调解协议内容记入笔录，由双方当事人、审判人员、书记员签名或者盖章后，该调解协议即对双方当事人发生法律效力。关于“其他不需要制作调解书的案件”，《民事诉讼法》没有进一步明确，而《民事调解规定》第 13 条规定，“根据民事诉讼法第九十八条第一款第（四）项规定，当事人各方同意在调解协议上签名或者盖章后生效，经人民法院审查确认后，应当记入笔录或者将协议附卷，并由当事人、审判人员、书记员签名或者盖章后即具有法律效力。当事人请求制作调解书的，人民法院应当制作调解书送交当事人。当事人拒收调解书的，不影响调解协议的效力。一方不履行调解协议的，另一方可以持调解书向人民法院申请执行”，该规定可理解为对“其他不需要制作调解书的案件”的进一步明确，且从《民事诉讼法》第 98 条第 1 款第 1 项关于“调解和好的离婚案件可以不制作调解书”的规定进行反推，调解解除婚姻关系的离婚案件应当制作调解书。此外，就离婚诉讼而言，当事人协议离婚，必将涉及婚姻当事人身份关系的解除以及财产分割、子女抚养等内容，需要一定的法律文书予以载明，如果不制作调解书，既不利于当事人之间身份关系变化的确定，也不利于当事人今后的生产生活。因此，笔者同意第一种意见，对于调解离婚的案件，人民法院应当制作调解书。第二种意见简单地认为所有案件只要当事人各方均同意在调解协议上签名或者盖章后生效的，经人民法院审查确认后即发生效力，既没有结合《民事诉讼法》第 97 条和第 98 条第 1 款第 1 项的规定，也没有准确理解《民事调解规定》第 13 条规定所针对的是不需要制作调解书的案件，系对法律条文理解不全面、不深入。因此，当事人虽然在人民法院制作的离婚调解协议上签名，但事后拒绝签收离婚调解书，故该离婚调解书尚不发生法律效力。在这种情况下，人民法院应当根据当事人的请求，以及夫妻感情是否确已破裂的事实和财产状况、子女情况等，及时作出裁判，并依法定程序送达裁判文书。

三、司法确认案件的内涵及构成要素

（一）司法确认案件的内涵

所谓司法确认程序，是指人民法院适用《民事诉讼法》第 194 条和第 195 条的规定对当事人申请司法确认调解协议案件进行审查的民事特别程序。司法确认调解协议案件，也可以称为司法确认案件[①]，是指对于涉及当事人之间民事权利义务的纠纷，经行政机关、人民调解组织、商事调解组织、行业调解组织或者其他具有调解职能的组织调解达成具有民事合同性质的协议，双方当事人共同到人民法院申请确认调解协议的法律效力的一种新类型案件。这里的调解不包括司法机关的诉讼调解。

（二）司法确认案件的构成要素

司法确认调解协议案件的构成要素包括：1. 以发生纠纷的双方当事人已经在调解组织主持下达成调解协议为前提，前提如果不存在，人民法院审理的对象就不存在。这里的调解组织不仅包括人民调解组织，还包括行政机关、商事调解组织、行业调解组织或者其他具有调解职能的组织，但不包括法院调解组织。2. 由双方当事人共同向调解组织所在地的基层人民法院提出申请。3. 申请人民法院确认调解协议，目的在于使调解协议发生法律效力，可作为执行依据。4. 提起时限是调解协议生效之日起30日内，这里生效是指调解协议成立时对双方当事人产生法律约束力。

四、司法确认程序案件的管辖

根据《最高人民法院关于建立健全诉讼与非诉讼相衔接的矛盾纠纷解决机制的若干意见》规定，当事人可以在书面调解协议中选择当事人住所地、调解协议履行地、调解协议签订地、标的物所在地基层人民法院管辖，但不得违反法律对专属管辖的规定。当事人没有约定的，除专属管辖规定的情形外，由当事人住所地或者调解协议履行地的基层人民法院管辖。经人民法院委派或委托有关机关或者组织调解达成的调解协议的申请确认案件，由委派或委托人民法院管辖。而《最高人民法院关于人民调解协议司法确认程序的若干规定》规定，当事人申请确认调解协议的，由主持调解的人民调解委员会所在地基层人民法院或者该法院的派出法庭管辖。人民法院在立案前委派人民调解委员会调解并达成调解协议，当事人申请司法确认的，由委派的人民法院管辖。从上可知，上述两个规定对司法确认案件管辖的规定并不一致。在2012年《民事诉讼法》修改中，也存在不同意见。第一种意见认为，司法确认调解协议的范围不仅仅限定于人民调解协议，还包括经行政机关、人民调解组织、商事调解组织、行业调解组织或者其他具有调解职能的组织主持调解达成的调解协议。基于尊重当事人的选择权，应允许当事人选择调解协议签订地、调解协议履行地、当事人住所地人民法院管辖。第二种意见认为，调解组织往往与纠纷

---

① 最高人民法院民事诉讼法修改研究小组：《〈中华人民共和国民事诉讼法〉修改条文理解与适用》，人民法院出版社2012年版，第389页。

当事人之间联系密切，与当事人通常就在同一个村或者同一个街道，没有必要规定若干选项供当事人选择，可直接规定由调解组织所在地基层人民法院管辖，不仅方便当事人申请确认，也方便人民法院向调解组织了解相关情况。根据《民事诉讼法》第194条规定，“申请司法确认调解协议，由双方当事人依照人民调解法等法律，自调解协议生效之日起三十日内，共同向调解组织所在地基层人民法院提出”，可见，立法采纳了上述第二种意见，明确规定司法确认案件的管辖法院为调解组织所在地基层人民法院。为了细化法律的规定，最高人民法院的司法解释作了进一步明确，《民事诉讼法解释》第353条规定，“申请司法确认调解协议的，双方当事人应当本人或者由符合民事诉讼法第五十八条规定的代理人向调解组织所在地基层人民法院或者人民法庭提出申请。”第354条规定，“两个以上调解组织参与调解的，各调解组织所在地基层人民法院均有管辖权。双方当事人可以共同向其中一个调解组织所在地基层人民法院提出申请；双方当事人共同向两个以上调解组织所在地基层人民法院提出申请的，由最先立案的人民法院管辖。”司法实践中应当注意的是：如果当事人就知识产权中非确权争议达成调解协议并申请司法确认的，管辖法院应同时具有知识产权案件审判权。当然，这种规定并不排除双方当事人在不违反专属管辖的前提下进行协议管辖，当事人在调解协议中选择当事人住所地、调解协议履行地、调解协议签订地、标的物所在地基层人民法院管辖的，有关人民法院也应当依法受理。

五、申请确认调解协议的范围

（一）申请确认调解协议范围的理解

《民事诉讼法》第194条规定，“申请司法确认调解协议，由双方当事人依照人民调解法等法律，自调解协议生效之日起三十日内，共同向调解组织所在地基层人民法院提出”。对上述规定中申请确认调解协议的范围，存在两种不同的理解：第一种观点认为，只有人民调解法和其他由全国人大常委会通过的法律明确规定可以申请司法确认的调解协议才能申请确认。第二种观点认为，除了人民调解法规定可以申请确认的以外，其他法律、行政法规、地方性法规、行政规章以及中央批准的司法改革方案中明确规定可以确认的调解协议，均属于《民事诉讼法》第194条规定的申请确认范围。笔者认为，根据《民事诉讼法》规定，由村民委员会、居民委员会设立的调解委员会，以及乡镇、街道、社会团体或者其他组织根据需要参照人民调解法有关规定设立的人民调解委员会等依法设立的调解民间纠纷的群众性组织主持的调解协议可以申请司法确认。同时，立法运用兜底性规定，即规定由双方当事人依照人民调解法“等法律”，说明立法并没有将可以申请司法确认的调解协议只限定于人民调解协议，而是作了开放性规定，为其他调解组织达成的调解协议申请司法确认提供了法律依据。这既兼顾了我国民间纠纷的特点和人民调解工作的实际情况，将非诉讼解决民间纠纷与诉讼解决民事纠纷予以衔接，也为将来发展留下了空间，如今后的实体法对其他组织的调解与诉讼的衔接作出规定，则依照法律规定办理。从目前而言，根据《最高人民法院关于建立健全诉讼与非诉讼相衔接的矛盾纠纷解决机制的若干意见》规定，“经行政机关、人民调解组织、商事调解组织、行业调解组织或者其他具有调解职能的组织调解达成的具有民事合同性质的协议，经调解组织和调解员签字盖章后，当事人可以申请有管辖权的人民法院确认其效力”。该规定将所有具有相应资质的调解机构主持达成的调解协议都纳入确认范围。笔者赞同第二种观点。

（二）申请确认调解协议不予受理的情形

并非人民调解委员会等调解组织作出的所有调解协议都可以到调解组织所在地基层人民法院申请司法确认。基层人民法院收到当事人司法确认申请后，应当对确认申请进行审查，根据《民事诉讼法解释》第 357 条规定，“……有下列情形之一的，裁定不予受理：（一）不属于人民法院受理范围的；（二）不属于收到申请的人民法院管辖的；（三）申请确认婚姻关系、亲子关系、收养关系等身份关系无效、有效或者解除的；（四）涉及适用其他特别程序、公示催告程序、破产程序审理的；（五）调解协议内容涉及物权、知识产权确权的。人民法院受理申请后，发现有上述不予受理情形的，应当裁定驳回当事人的申请。”

1. 不属于人民法院受理范围的。对不属于人民法院受理民事案件范围的，人民法院应当告知当事人按照相应的程序解决纠纷。有观点认为，根据人民调解法的规定，人民调解委员会调解的民间纠纷既包括民事案件，也包括部分轻微刑事案件。因此，双方当事人对人民调解委员会主持轻微刑事案件调解达成的调解协议，也可以申请司法确认。我们认为，司法确认程序属于民事诉讼法所规定的特别程序，申请司法确认案件必须属于人民法院受理民事案件的范围，而轻微刑事案件不属于“民事调解协议”，故轻微刑事案件不应包括在内。

2. 不属于收到申请的人民法院管辖的。《民事诉讼法》规定，申请司法确认调解协议，由调解组织所在地基层人民法院管辖。双方当事人向调解组织所在地基层人民法院以外的人民法院申请司法确认调解协议的，接受申请的人民法院应当告知当事人向有管辖权的人民法院提出申请。

3. 申请确认婚姻关系、亲子关系、收养关系等身份关系无效、有效或者解除的。公民之间的身份、收养、婚姻等法律关系比较复杂，而且影响重大，不仅关系到当事人双方的利益，而且可能影响到第三人的利益，甚至影响到社会公共利益和公序良俗等。因此，对于这类调解协议不能简单地通过司法确认程序解决，而应通过诉讼或其他法定方式解决。

4. 涉及适用其他特别程序、公示催告程序、破产程序审理的。因为这类纠纷属于法律规定的特定程序处理的案件，不可适用申请司法确认程序处理。对于符合上述情形的申请，人民法院应当在三日内作出不予受理决定，并及时向当事人送达不予受理通知书。对不属于人民法院受理民事案件范围的，应当告知当事人按照相应的程序解决纠纷；对不属于本院管辖的，人民法院应告知当事人向有管辖权的人民法院提出申请。

5. 调解协议内容涉及物权、知识产权确权的。（1）物权确权之争指的是因物权的归属、内容发生争议的，利害关系人要求法院确认其物权的情况，涉及当事人的重大利益。物权确权之诉是确认之诉的一种形态，在性质上是民事诉讼，即由平等主体之间的一方当事人针对另一方当事人就物权的权属争议提起的诉讼。物权的确认包括两方面的内容：一是对物权归属的确认。它即是保护物权的前提，也是对他物权的确认。二是对物的内容的确认。就是指当事人对物权的内容发生争议时，请求人民法院对物权的内容加以确认。同时物权确权问题涉及较为复杂的法律关系和较多的证据材料，双方当事人的争议也可能比较多，需要适用诉讼程序审理，才能承载人民法院对事实审查的需要。（2）知识产权的“确权”问题专业性强，需由有权机关根据法律的规定确认权利的存在及其效力。知识产权的确权，既包括对权利的审查与授予，也包括授予之后对权利效力的再次确认。调解协议的内容涉及知识产权确权的，人民法院在审查时受两个方面的限制，一是管辖权的限制。因为司法确认案件均由基层人民法院或其派出法庭管辖，但并不是所有的基层人民法院都有知识产权案件的管辖权。故对于那些没有知识产权管辖权的法院来说，它们是不能受理这类案件的。二是审理方式的限制。因为知识产权确权问题比较复杂，人民法院一般应适用普通程序对其进行审查，有的还要采取证据保全等诉讼措施，适用司法确认程序达不到法院审查该类问题的基本要求。

在人民法院受理确认调解协议申请后，尚未做出裁定之前，一方当事人就调解协议的履行或者调解协议的内容另行提起诉讼的，人民法院应当告知当事人可以选择确认调解协议的特别程序或普通民事诉讼程序主张权利，经告知后，如果当事人坚持起诉的，人民法院应当裁定终结特别程序。

六、司法确认案件的审查内容

司法确认案件的审查属于非讼特别程序审查，重点是审查当事人主体是否适格、争议标的是否真实、当事人对调解协议内容是否理解、处分结果是否符合自愿原则、是否合法等。

（一）审查调解协议是否违反法律强制性规定。法律规范中的强制性规范，是指无条件的、绝对必须遵守的规范，不允许当事人自行约定予以排除适用。学理上认为，强制性规定可以分为效力性强制性规定和管理性强制性规定。而根据合同法有关司法解释的相关规定，只有效力性强制性规定才是导致合同无效的原因。由于对调解协议的确认而非对效力的评判，故不论是调解协议违反了效力性强制性规定还是管理型强制性规定，都应当予以驳回。

（二）审查调解协议是否损害国家利益、社会公共利益、他人合法权益；之所以规定审查调解协议时，必须考虑其有没有损害国家利益、社会公共利益、他人合法权益，这主要是因为诉讼外调解和判决的价值不同，诉讼外调解有衔接国家法和习惯法、传承道德、引导社会自治的特殊功能。同时，调解协议虽然是双方当事人合意解决纠纷处分其权利义务的结果，但调解协议不得侵害他人合法权益。司法实践中，经常会发生当事人双方达成协议的目标就是侵犯第三人的权利，双方均期待能有效排除他人权利，通过司法确认达到损害第三人利益的目的。为了防止虚假调解和通过调解侵害他人合法权益的情况发生，法官在审查调解协议时必须重点审查调解协议是否侵害他人合法权益。因此，在司法审查中，法院需要着重注意涉及第三人权利的情形，不能仅以当事人的合意及表面证据进行判断，需保证不损害国家利益、社会公共利益和他人合法权益。

（三）审查调解协议是否损害社会公序良俗。调解能够在非常广泛的范围内解决各类纠纷，在审查确认调解协议时，不能仅仅考虑调解协议是否违法，还应审查调解协议是否损害了社会公共秩序和社会道德风尚。

（四）审查调解协议是否违反自愿原则。当事人达成调解协议以及达成的调解协议内容必须取决于双方当事人的真实意愿。只有遵守自愿原则，所达成的调解协议才能反映当事人的真实意思，也才能达到彻底解决纠纷的目的。如果法院在审查过程中发现调解协议可能违背当事人真实意思，存在当事人在违背真实意思的情况下签订调解协议、调解协议显失公正、调解组织或者调解员强迫调解或者与案件有利害关系的情况等情形，都应当认真探寻当事人的真实意愿，向当事人讲明司法确认的法律意义，可以询问当事人是否撤回司法确认申请。

（五）审查调解协议内容是否明确。确认调解协议的目的之一是使调解协议获得现实的强制执行力，强制执行的前提是执行的内容明确具体，如果执行内容不明确，不能执行，确认调解协议也就无意义。但司法实践中，如果发现调解协议内容有瑕疵，可以通过释明的途径并根据当事人意愿决定是否予以确认，或者在发现调解协议语言不规范后，可以征得当事人同意在不改变调解协议意愿和实质内容情况下对原协议进行修改等。由此，在实践中可以根据具体情况给予双方当事人消除不明内容的机会，这对有效发挥调解的司法减负功能具有重要意义。

（六）审查调解协议内容是否有其他不能进行司法确认的情形。随着社会的发展、科技的进步和各类新型社会关系的不断涌现，考虑到现实情况的复杂性，确定一个兜底性的条款是很有必要的。这其实是一个授权性的条款，即对一些可能出现的新的情形，授予法官自由裁量权，由法官参照相关法律规定和民事法律的基本原理，发挥司法智慧自主做出判断，既方便法官司法，也丰富司法实践和立法积累。

总之，根据《民事诉讼法解释》第360条规定，“经审查，调解协议有下列情形之一的，人民法院应当裁定驳回申请：（一）违反法律强制性规定的；（二）损害国家利益、社会公共利益、他人合法权益的；（三）违背公序良俗的；（四）违反自愿原则的；（五）内容不明确的；（六）其他不能进行司法确认的情形。”

七、司法确认案件审查结果的表现形式

对司法确认程序采取何种法律文书，不仅仅是一个用何种文书形式来固定审查结果的问题，更涉及对案件法律性质的界定。《民事诉讼法》确定的法律文书形式有四种，即判决书、调解书、裁定书和决定书，由于判决书适用于法院经审理后裁判的事项，司法确认程序不是法院审理后裁判的，故不能适用；调解书适用于法院组织的调解，若在司法确认程序中使用调解书，则无法有效区分司法调解与诉讼外调解的特质；决定书仅适用于诉讼中的程序性事项，而调解协议司法确认属于实体性事项，决定书不能很好地解决实体性事项，也不宜使用；裁定书既可用于程序事项又可用于实体事项，采用裁定书的方式也可区分法院组织的调解和其他调解组织的调解，故从理论上讲，使用裁定书较好。同时，仲裁机构与人民调解委员会等其他调解组织均为法律认可的纠纷调解机构，法院审查仲裁裁决是否有效采用的是裁定书的形式，而审查调解协议书也可参照，采用裁定书的形式。从立法来看，《民事诉讼法》没有沿袭《最高人民法院关于人民调解协议司法确认程序的若干规定》有关司法确认案件使用“确认决定书或不予确认决定书”的规定，而是明确规定了司法确认案件法律文书形式为裁定书。因此，自《民事诉讼法》生效日起，人民法院确认调解协议效力的案件将不再使用决定书、确认书等形式。

人民法院作出的确认调解协议有效的裁定具有强制执行力，如果一方当事人拒绝履行或者未全部履行的，对方当事人可以向人民法院申请执行。应当明确的是，作为执行依据的文书应当是人民法院作出的确认调解协议的裁定，而非调解协议本身。虽然申请强制执行的当事人可以把调解协议作为法院裁定文书的附件一并提交，但仅以调解协议本身却不能构成合法有效的执行依据，其执行的内容应为法院确认后的协议内容。

八、司法确认案件不符合法定情形的处理

（一）司法确认案件裁定驳回申请的情形

根据《民事诉讼法》第195条规定，“人民法院受理申请后，经审查，符合法律规定的，裁定调解协议有效，一方当事人拒绝履行或者未全部履行的，对方当事人可以向人民法院申请执行；不符合法律规定的，裁定驳回申请，当事人可以通过调解方式变更原调解协议或者达成新的调解协议，也可以向人民法院提起诉讼”，由此可见，调解协议不符合法律规定、不符合确认条件的，人民法院裁定驳回申请。有下列情形之一的，人民法院应当裁定驳回确认调解协议的申请：（1）违反法律、行政法规强制性规定的；（2）损害国家利益、社会公共利益的；（3）侵害案外人合法权益的；（4）涉及是否追究当事人刑事责任的；（5）损害社会公序良俗的；（6）内容不明确，无法确认的；（7）其他应当驳回申请的情形。

（二）不宜直接确认调解协议无效的原因

人民法院经审查作出驳回申请裁定时，应当在裁定中写明原因和理由，对于因调解协议内容存在不明确、无法确认等情形而驳回申请的案件，裁定中不宜对调解协议效力作出评价。人民法院作出驳回申请裁定后，可根据情况告知当事人有权再次通过人民调解方式变更原调解协议或者达成新的调解协议，也可以向人民法院提起诉讼，而不应直接对该调解协议效力作出评价，否则不利于当事人后期的处理。这里需要注意的是，《民事诉讼法》与《人民调解法》的规定不完全一致。《人民调解法》规定法院审查的结果包括依法确认调解协议有效和依法确认调解协议无效两种情形，而《民事诉讼法》规定对于不符合法律规定的调解协议，裁定驳回申请，而不是直接确认其无效。之所以如此安排，主要是考虑到以下原因①：（1）当事人申请确认调解协议效力，并未申请确认其无效。法院直接确认无效，不符合司法被动性的要求。（2）未经当事人申请，法院就确认其无效，导致当事人不能就相关事项充分表达意见，其诉讼权利难以得到有效保障。（3）由人民法院直接确认无效，意味着法院需要进行更多的实体审查，将在司法确认程序中投入更多的司法资源，这与司法确认程序便捷的特点不符，不利于发挥司法确认程序的优势。（4）法院未确认调解协议的原因有很多，并不限于违法或者无效。有些调解协议虽然不宜进行司法确认，但仍然可以并应当鼓励当事人继续履行，而不宜简单地确认其无

---

① 参见江必新主编：《民事诉讼新制度讲义》，法律出版社2013年版，第274页。

效。(5) 人民法院裁定驳回当事人申请后，当事人对调解协议还有补救措施，可以再次协商变更原协议或者达成新的调解协议。如果当事人不愿继续调解，也可以向法院提起诉讼。所以，裁定驳回当事人的申请，是为当事人预留了解决纠纷的空间。(6) 司法确认程序属于特别程序，不应像一般程序那样设置上诉、再审的程序。

(三) 司法确认案件裁定驳回申请后的救济

调解协议经审查后不符合法律规定的，裁定驳回当事人申请。人民法院裁定驳回当事人申请的，当事人可以选择对其有利的救济途径：

1. 当事人可以通过调解组织重新对纠纷进行调解，在双方自愿的基础上变更原调解协议或者就有关争议达成新的调解协议，然后再向人民法院申请确认变更后的或者新达成的调解协议。

2. 当事人可以向法院提起诉讼。一般是指当事人之间就原纠纷向法院提起的诉讼。包括当事人请求履行调解协议的给付之诉；请求变更、撤销调解协议的形成之诉；请求确认调解协议无效的确认之诉。需要注意的是，法院受理以上诉讼申请之后，审理范围限于调解协议本身，还是应扩展到当事人之间的原纠纷，一直存在争论。我们认为，要解决这个问题主要取决于当事人的诉讼请求①。

(1) 关于当事人请求履行调解协议的给付之诉。原告请求履行调解协议，被告以调解协议可撤销或者无效为由抗辩时，法院的审理范围应以调解协议本身为限。但经法院审理后认为，被告关于调解协议可撤销或者无效的抗辩成立的，即可依双方当事人的主张将审理范围扩展到原来的纠纷。如果原告以原来的纠纷起诉，而被告则以调解协议的存在作为抗辩的，人民法院也不宜将审理范围限定于调解协议本身，而应在原纠纷的范围内审理为宜。总之，基于彻底解决纠纷，实现案结事了，对于当事人请求履行调解协议的给付之诉在诉讼标的以及审理范围上应当根据案件的具体情况确定。

(2) 关于当事人请求变更、撤销调解协议的形成之诉。如果当事人请求人民法院对调解协议加以变更，或者撤销调解协议，一般情况下应限定于调解协议本身的诉讼标的，不宜扩展到对原来的纠纷进行审理。需要注意的是，第一，如果法院经审理判决驳回原告变更、撤销调解协议的诉讼请求，原则上可视为对调解协议本身效力的司法确认。但由于形成判决不具有执行力，如果被告向法院申请强制执行调解协议，还需另行提起给付之诉。被告也可以自行或者经法院释明而以反诉的方式提起请求执行调解协议的给付之诉，在诉讼中一并解决。第二，如果人民法院判决

① 参见江必新主编：《民事诉讼新制度讲义》，法律出版社2013年版，第275页。

支持原告变更、撤销调解协议的请求，也可以根据当事人的主张对原来的纠纷进行审理并作出裁判，此时的形成之诉转化为给付之诉，故案件的审理范围应从调解协议扩展到原来的纠纷。

（3）关于当事人请求确认调解协议无效的确认之诉。如果法院审理之后驳回原告的诉讼请求，该裁判视为对调解协议的司法确认。如果法院经审理认为原告的请求应当予以支持，则以确认的裁判宣告调解协议自始无效。此后，当事人既可以重新选择调解组织重新达成调解协议，也可以向人民法院提起诉讼。

九、人民法院作出的确认调解协议不宜申请再审

人民法院作出确认有效裁定书或者驳回申请裁定书，送达双方当事人后发生法律效力。关于确认调解协议能否申请再审的问题，存在不同意见。一种意见认为，在人民法院确认调解协议后，当事人认为违反自愿原则或调解违法的，可以申请再审。另一种意见认为，确认调解协议案件要求当事人双方共同申请本身就是要求当事人双方不存在争议，如果人民法院发现存在民事争议的，应当依据《民事诉讼法》第179条的规定裁定终结程序，告知当事人另行起诉。如果人民法院认定该调解协议违法或违反自愿原则的，应当驳回确认申请。人民法院裁定驳回当事人确认申请的，当事人可以通过调解方式变更原调解协议或者达成新的调解协议，也可以向人民法院提起诉讼。我们认为，由于司法确认程序属于非讼特别程序，当事人的程序权利并没有像在普通程序中那样得到充分的保护。这涉及司法确认裁定书的既判力问题。所谓既判力，是指当事人之间原争议的民事法律关系已经人民法院判决解决并确定生效，当事人不得对此再提起诉讼或者在以后的诉讼中主张与该判决相反的内容，人民法院也不得对当事人之间原争议的民事法律关系再进行判决或者在以后的诉讼中作出与该判决相冲突的判决。① 作为前诉拘束后诉的法律效果，既判力可以分为“一事不再理”的“消极既判力”和先决事项拘束此后其他诉讼中法官判断的“积极既判力”。有观点认为，司法确认裁定的作出基于非讼简便程序，经确认程序而作出的裁定不能如同终局判决一样对此后诉讼标的同一的诉讼发生遮断的效果，并不具备消极的既判力。② 故从既判力根据论的角度而言，司法确认裁定应当具有某种程度或者某些方面的既判力效力，但绝不具有与判决完全同等的效力，即司法确认裁定应具有消极既判力，但不能产生预决效力。也就是说，当事人收到确认有效裁定书和驳回申请裁定书后，不得上诉，也不得申请复议，也不应申

---

① 江伟、肖建国：《民事诉讼法》，中国人民大学出版社2011年版，第277页。

② 王亚新：“《民事诉讼法》修改与调解协议的司法审查”，载《清华法学》2011年第3期。

请再审。其主要理由为①：第一，调解协议与普通的民事合同不同，调解协议经过司法确认之后即具有了法律约束力，被赋予了国家公权力，任何当事人不得任意反悔，如一方当事人不履行，另一方当事人有权申请强制执行。第二，司法确认制度设立的主要目的是为了充分发挥诉讼外调解的作用，方便人民群众简便、快捷地解决民事纠纷。如果允许当事人在确认裁定作出之后就同一事实再行起诉，则会减损司法确认制度的功能价值，与立法的目的相背。第三，根据处分原则和诚实信用原则，调解协议的法律效力来源于双方当事人之间的合意，当事人自愿达成调解协议，也就没有必要在人民法院予以司法确认后再设置上诉、复议或者再审程序；调解协议经双方当事人共同申请司法确认，法院作出的确认裁定书并不违背当事人的意志，当事人认可后就应当自觉接受其约束。

十、案外人的救济

确认调解协议案件属于非讼案件。非讼案件，是指利害关系人或起诉人在没有民事权益争议的情况下，请求人民法院确认某种事实和权利是否存在，从而引起一定的民事法律关系发生、变更或消灭的案件。非讼案件的重要特征是当事人之间不存在民事权益争议。这一特征决定了当事人不得反诉、调解、上诉或对案件审理结果申请再审，而只能通过申请人民法院根据新情况撤销原判决、作出新判决，或另行诉讼的方式获得救济。根据《民事诉讼法》和相关法律的规定，针对非讼案件规定的特殊程序，主要包括特别程序、督促程序、公示催告程序和破产程序。特别程序包括：选民资格案件、宣告失踪死亡案件、认定财产无主案件、确认调解协议案件和实现担保物权案件。

《最高人民法院关于人民调解协议司法确认程序的若干规定》规定了案外人的权利救济途径，即案外人认为经人民法院确认的调解协议侵害其合法权益的，可以自知道或者应当知道权益被侵害之日起一年内，向作出确认决定的人民法院申请撤销确认决定。《民事诉讼法》规定了第三人撤销之诉制度，是否可以适用确认调解协议案件？答案是否定的。根据《民事诉讼法解释》第297条的规定，“对下列情形提起第三人撤销之诉的，人民法院不予受理：（一）适用特别程序、督促程序、公示催告程序、破产程序等非讼程序处理的案件；（二）婚姻无效、撤销或者解除婚姻关系等判决、裁定、调解书中涉及身份关系的内容；（三）民事诉讼法第五十四条规定的未参加登记的权利人对代表人诉讼案件的生效裁判；（四）民事诉讼法第五十五条规定的损害社会公共利益行为的受害人对公益诉讼案件的生效裁判。”

---

① 参见江必新主编：《民事诉讼新制度讲义》，法律出版社2013年版，第274页。

可见，非讼程序案件所作的裁判不具有既判力，在其救济上无论是当事人还是利害关系第三人，都适用特别规定，不适用诉讼案件的审判监督程序，也不适用第三人撤销之诉程序。对于案外人的救济，则可根据《民事诉讼法解释》第 374 条的规定，“适用特别程序作出的判决、裁定，当事人、利害关系人认为有错误的，可以向作出该判决、裁定的人民法院提出异议。人民法院经审查，异议成立或者部分成立的，作出新的判决、裁定撤销或者改变原判决、裁定；异议不成立的，裁定驳回。对人民法院作出的确认调解协议、准许实现担保物权的裁定，当事人有异议的，应当自收到裁定之日起十五日内提出；利害关系人有异议的，自知道或者应当知道其民事权益受到侵害之日起六个月内提出。”即案外人有证据证明发生法律效力的裁定部分或者全部内容错误，损害其民事权益的，可以自知道或者应当知道其民事权益受到损害之日起六个月内，向作出该裁定的人民法院提起异议，申请撤销确认调解协议的裁定。

人民法院经审查认为案外人的异议请求成立的，应当撤销司法确认裁定书。原司法确认裁定书被撤销后，对依据该裁定书执行的财产可以依法申请执行回转或依法作出相应的处理。需要注意的是，“六个月”的性质属于除斥期间，不适用延长、中止、中断的规定。

【典型案例】

杨培康与无锡活力保健品有限公司侵犯发明专利权纠纷案

再审申请人（一审原告，二审被上诉人）：杨培康。

委托代理人：蒋伯元。

委托代理人：徐瑞。

再审被申请人（一审被告，二审上诉人）：无锡活力保健品有限公司。

法定代表人：梅贤宝，该公司董事长。

委托代理人：程晓玉，江苏正太和律师事务所律师。

〔基本案情〕

再审申请人杨培康因与再审被申请人无锡活力保健品有限公司（以下简称活力公司）侵犯发明专利权纠纷一案，不服江苏省高级人民法院（2008）苏民三终字第0038 号民事调解书，向本院申请再审。本院依法组成合议庭对本案进行了审查，现已审查完毕。

杨培康申请再审称：1. 和解协议不是双方当事人自行达成的，而是二审法院承办法官包办的；2. 在本案诉讼中，杨培康只是请求法院判令活力公司停止侵权，赔偿损失是另案起诉。而二审法院作出的调解书将赔偿损失一并解决，误解了杨培康的真实意愿，打乱了其诉讼计划；3. 二审调解书中的赔偿数额，没有按照专利法第六十条的规定确定。

活力公司辩称：1. 二审民事调解书是依据双方当事人所签《和解协议》作出的。该和解协议是双方当事人经过较长时间酝酿考虑后自愿签订的，杨培康亲笔签字确认，是双方真实的意思表示，内容也不违反法律规定；2. 杨培康具有完全民事行为能力，有较高的文化程度和法律知识，对自己所签和解协议的法律后果应当是明知的，而且，其代理律师参加了庭审及调解的全过程，不会产生杨培康所称的“误会”。

〔最高人民法院查明的事实〕

最高人民法院经审查查明：2005 年 11 月，杨培康以活力公司侵犯其专利权为由，向江苏省南京市中级人民法院提起诉讼，请求法院确认活力公司侵权，判令活力公司停止生产、销售被控侵权产品。一审法院认为，活力公司生产、销售的被控侵权产品落入了专利权的保护范围，构成了对杨培康专利权的侵犯，依法应当承担相应的民事责任。据此判决，活力公司在判决生效后立即停止生产销售被控侵权产品。活力公司不服该判决，向江苏省高级人民法院提起上诉。在二审审理过程中，经法院主持调解，双方当事人达成和解协议。二审法院根据该和解协议制作了民事调解书。

另经审查查明，2008 年 5 月 19 日，杨培康与活力公司签订《和解协议》，杨培康本人及活力公司的特别授权代理人在该协议上签字。杨培康的代理律师参加了二审的庭审及和解、调解活动。杨培康已收到活力公司依和解协议支付的人民币 5.5 万元。

〔最高人民法院裁判理由与结果〕

最高人民法院认为，诉讼和解协议是案件当事人通过相互让步以终止其争议或防止争议再发生而形成的合意，和解协议的内容不限于当事人的诉讼请求事项。本案中，杨培康具有较高的文化程度，其代理律师亦与杨培康一起参加了庭审及和解、调解活动，杨培康本人在和解协议上签字，并接收了活力公司按照协议约定支付的款项。因此，本案并不存在杨培康所称的“调解违背其真实意愿”及违反调解自愿原则的情形。另外，该和解协议的内容亦不违反法律。二审法院根据双方当事人签订的和解协议依法制作调解书，并无不当。杨培康的再审申请不符合《中华人民共和国民事诉讼法》第一百八十二条①规定情形。依照《中华人民共和国民事诉讼法》第一百八十一条②第一款之规定，裁定如下：

驳回杨培康的再审申请。

---

① 对应 2012 年《民事诉讼法》第 201 条。

② 对应 2012 年《民事诉讼法》第 204 条。

第十六章　法律文书的送达

规则21：被告方数个企业法人的法定代表人为同一人，将法律文书仅送达至其中一个企业法人的，不属于审判程序违法

——中国长城资产管理公司昆明办事处与昆明新人人海鲜酒楼有限责任公司、昆明新人人金实酒楼有限责任公司借款合同纠纷案①

【裁判规则】

人民法在院在审理民事案件中，鉴于被告方数个企业法人的法定代表人为同一人，且其在各企业法人中的法定职权与义务基本相同，故在向被告方送达开庭传票等法律文书时，仅送达至其中一个企业法人，并通过该企业法人向被告方其他企业法人转交或者留置送达的做法，并不影响当事人的诉讼权利，不属于审判程序违法。

【规则理解】

一、送达的制度解读

送达制度在民事诉讼中所获得的最重要角色定位即是程序保障的要素之一。这一角色分配的依据来源于送达制度属性，来源于它是法院审判民事案件所必须遵守的基本操作规程，是法院、当事人和其他诉讼参与人之间的诉讼行为的基本联系方式和传递诉讼信息的手段。在民事诉讼中这一制度虽然只是类似于配角的辅助程序，但它在民事诉讼司法实践中所发挥的作用却不容忽视。② 送达是法院、当事人和其他诉讼参与人之间的诉讼行为的基本联系方式和传递诉讼信息的手段，在民事诉讼诸多程序环节中发挥作用，如立案、答辩、民事保全、开庭、判决、上诉乃至执行程序等，送达将各方诉讼主体间的行为联系起来，并在这些程序的运作中显现

---

① 《中华人民共和国最高人民法院公报》2008年第9期，最高人民法院（2007）民二终字第210号民事判决书。

② 王福华："民事送达制度正当化原理"，载《法商研究》2003年第4期。

出独特的价值。在正当程序的建构中，送达制度如果缺失，将导致联系、沟通各方的手段残缺，环环相扣的诉讼程序在运作中也会因此遭受制度上的阻滞。合法的送达是使程序正当化的基本要素之一，其重要意义正如贝勒斯在其《法律的原则》一书中所指出的那样："通知的权益和发表意见的机会是如此之根本，以至于只有存在最重大的理由，并且尽一切可能保护被告的利益时，才可剥夺"。

送达制度是民事诉讼中当事人参与原则得以贯彻的基本保障。从当事人方面而言，当事人享有就有关诉讼事项得到法院通知的权利，缺少诉讼通知的情形应当被视为是侵害当事人接受正当程序审判权的情形之一，当事人可以据此在以后的审判程序中要求更高审级的法院做出新的裁判以弥补该程序缺陷。从法院方面而言，法院有义务就相关诉讼事项给当事人以有效的通知，这是民事裁判具有正当性的基本前提，只有建立在合理化的送达制度基础上的裁判才具有程序的合法性，否则裁判应当被视为具有瑕疵或者严重瑕疵。从制度衡平角度而言，也不能机械地苛求所有的情况下均应保障当事人得到有效送达，在采用常规的送达方式难以送达的情况下，不得已以公告送达等法定方式拟制通知受送达人时，应当被视为是法律对保障参加机会作出的一种妥协。但是这种妥协要有一个最低限度，即要穷尽所有的送达方式后，才能作出是否使用这种妥协手段的决定，否则就与程序保障的规则相悖。

二、留置送达

送达制度是贯穿民事诉讼活动始终，保障诉讼活动顺利进行的重要程序制度。一般而言，法院可以采取直接送达的方式送达文书，但在实践中，有些当事人不配合工作，或是不认可法院判决，并以此拒收文书，甚至闭门不见；或是对送达理解有偏差，认为不接受文书就可以不承担责任等等，导致文书难送达。为了确保民事诉讼活动的顺利开展，平等保护当事人的合法权益，法律规定了留置送达。2012 年修改的《民事诉讼法》第 86 条规定："受送达人或者他的同住成年家属拒绝接收诉讼文书的，送达人可以邀请有关基层组织或者所在单位的代表到场，说明情况，在送达回证上记明拒收事由和日期，由送达人、见证人签名或者盖章，把诉讼文书留在受送达人的住所；也可以把诉讼文书留在受送达人的住所，并采用拍照、录像等方式记录送达过程，即视为送达。"该条的此次修改，与原来法条相比，增加了"也可以把诉讼文书留在受送达人的住所，并采用拍照、录像等方式记录送达过程，即视为送达"的内容。在原来规定的他人见证留置送达基础上，此次修改又增加了送达人自证留置送达的内容，更具有灵活性和可操作性。民事诉讼送达问题占用了相当比例的司法资源，特别是对于基层法院，送达问题已经成为限制司法效率的一个重要因素。如果出现难以送达的情况，更是妨碍了司法活动的进一步开展，致使案件久拖不决，损害了当事人的诉讼利益以及司法权威。传统的他人见证留置送达的规定，虽然有利于维护司法的公信力，但是可操作性并不强：第一，在当事人或其同住的成年家属拒绝签收的情况下，送达人如果再去邀请有关人员到场见证，往往出现人去楼空的现象，是否存在拒收的情况，送达人难以证明；第二，由于人员流动性的增强，有关基层组织或者受送达人所在单位的确定，存在困难；第三，由于司法强制功能的缺失，一般情况下有关基层组织或者受送达人所在单位的代表不愿意到场配合。采取送达人自证留置送达的办法，可以很好地解决或者规避上述问题，能够有效地实现送达的目的。采用见证人见证方式进行留置送达，我们认为，应当符合以下条件：1. 留置送达的对象特定并拒收法律文书。根据法律及司法解释的规定，留置送达的对象仅指受送达人或是同住成年家属，同时，其拒绝接收诉讼文书。2. 有见证人。无见证人的情况下不适用此种方式的留置送达。3. 见证人身份特定。见证人应当是有关基层组织、所在单位的代表。4. 留置送达地点特定。留置送达地仅为受送达人的住所。5. 将诉讼文书留置。在受送达人及相关人员拒绝接收时，送达人必须采取合理的方式，将诉讼文书予以留置，以确保诉讼信息的传递以及诉讼程序的顺利进行。

从《民事诉讼法》修改内容看，规定了“把诉讼文书留在受送达人的住所”的同时，采用“拍照、录像等方式记录送达过程”。采用以拍照、录像等记录送达方式进行留置送达，我们认为，应当符合以下条件：1. 留置送达的对象特定并拒收法律文书。根据法律及司法解释的规定，留置送达的对象仅指受送达人或是同住成年家属，同时，其拒绝接收诉讼文书。《民事诉讼法解释》第 130 条规定，“向法人或者其他组织送达诉讼文书，应当由法人的法定代表人、该组织的主要负责人或者办公室、收发室、值班室等负责收件的人签收或者盖章，拒绝签收或者盖章的，适用留置送达。民事诉讼法第八十六条规定的有关基层组织和所在单位的代表，可以是受送达人住所地的居民委员会、村民委员会的工作人员以及受送达人所在单位的工作人员。”2. 记录送达过程。此种留置送达的方式下，送达人应当以拍照、录像等方式记录送达的过程，作为留置送达的凭证，以证明人民法院完成留置送达工作。3. 留置送达地点特定。留置送达地仅为受送达人的住所。4. 将诉讼文书留置。在受送达人及相关人员拒绝接收时，送达人必须采取合理的方式，将诉讼文书予以留置，以确保诉讼信息的传递以及诉讼程序的顺利进行。从文义上理解，应是送达人要“记录送达过程”，录像的方式自不必说，问题是拍照的方式能否记录送达过程，存有疑问。另外，是否可以采取录音或者其他能够“记录送达过程”的技术手段，也需要明确。上述问题，《民事诉讼法解释》第 131 条规定予以了明确，即“人民法院直接送达诉讼文书的，可以通知当事人到人民法院领取。当事人到达人民法院，拒绝签署送达回证的，视为送达。审判人员、书记员应当在送达回证上注明送达情况并签名。人民法院可以在当事人住所地以外向当事人直接送达诉讼文书。当事人拒绝签署送达回证的，采用拍照、录像等方式记录送达过程即视为送达。审判人员、书记员应当在送达回证上注明送达情况并签名。”

我国民事诉讼法规定留置送达可邀请见证人到场，说明情况，在送达回证上记明拒收事由和日期，并由送达人和见证人共同签名或盖章。但在实践过程中，对“有关基层组织或者所在单位的代表”的含义和范围的理解存有很大争议，有些认为基层组织的范围不仅包括居民委员会、村民委员会，还包括派出所、社区服务中心等等，概念上的不明确不利于留置送达的执行。对此，《民事诉讼法解释》第130条第2款规定，“民事诉讼法第八十六条规定的有关基层组织和所在单位的代表，可以是受送达人住所地的居民委员会、村民委员会的工作人员以及受送达人所在单位的工作人员。”明确了基层组织的范围以及所在单位代表的含义，基层组织是指村民委员会、居民委员会等。所在单位是指受送达人工作、学习的单位；送达人应当将其向受送达人送达法律文书，以及受送达人拒绝接收文书的事由向见证人详细说明，并在送达回证上记明拒收事由和日期，以备日后查证。送达人、见证人在送达回证上签名或者盖章，证明送达人所记载情况属实。要注意的是，居民委员会和村民委员会应当是对受送达人住所地片区的相关事务有管理职能的，不能在住所地之外随意找一个居委会或村委会的工作人员作为见证人。将“所在单位的代表”明确为“所在单位的工作人员”。如果范围过窄，法院很难寻找到合适的见证人，影响留置送达制度的操作性，如果范围过宽，又不利于见证人对法院监督作用的发挥。

另外，在司法实践当中还大量存在着有关当事人之间存在关联关系，如被告方数个企业法人的法定代表人为同一人，且其在各企业法人中的法定职权与义务基本相同的情况，或者数个被告的办公地点同一、人员机构同一，仅仅是单位名称不一致等情况，在上述情况下，人民法院在向被告方送达开庭传票等法律文书时，仅送达至其中一个企业法人，并通过该企业法人向被告方其他企业法人转交或者留置送达的做法，应当理解为并不影响当事人的诉讼权利，不属于审判程序违法。

三、德国、日本、法国、美国有关留置送达的规定

（一）德国的规定

根据《德国民事诉讼法》第186条和第182条的规定，留置送达分为两种情形：一是受送达人无法律上的理由而拒绝收受送达的，将应交付的书状留置于送达地点；二是无法依直接送达和代替送达的规定实施送达的，可以把应交付的书状留

置于管辖送达地的初级法院书记科，或留置于该地的邮局，或留交给该地的乡镇长或警察局局长，并将留置或留交的情形做成书面通知，用平信按照受送达人的姓名地址寄给受送达人，如果无从寄发，可将书面通知贴于该住所的门上，或将通知交给其邻居，使其转交受送达人。

德国民事诉讼法中也规定了可以将诉讼文书交给受送达人以外的特定的人，同样产生送达的法律效果。《德国民事诉讼法》第 181 条规定：在受送达人住宅未能遇见受送达人的，可向其成年的家庭成员或者成年的家庭佣人送达，以上各种人均不能遇见的，可向同居的房主或者房屋出租人送达，但以这些人愿意收受书状为限。从德国民事诉讼法规定可见，德国民事诉讼中主要是在直接送达中采用代替送达方式，并且要求以这些人愿意收受书状为限，换言之，如果这些人不愿意收受书状，法院不能直接将文书留置于这些人处。

（二）日本的规定

受送达人以及受送达人住所内具有辨别能力的雇员、其他职员或者同居人，无正当理由拒绝接受送达的，送达人可将文书留置在应送达的场所。

（三）法国的规定

法国将留置送达分为两种情形：一是根据《法国新民事诉讼法典》第 655 条的规定，执达员无法向受送达人本人送达的，可以将文书留置于受送人的住所，或者在没有住所的情况下留置于其居所，将文书副本交给该住所或者居所在场的任何人，无人在场的，可以将其交给楼房的看门人，还可将其交给邻居。但是，只有在场的人、看门人或者邻居同意接收并报明其姓名、身份时，或者如接收文书副本的人是邻居，仅在其指明住所并出具收据的情况下，才能留下送达文书的副本。执达员应在收件人的住址或住所留下一份说明其已登门送达的通知并写明日期，以告知收件人送达的副本已经送交，同时注明文书的性质、申请送达人的姓名以及副本所交之人的情况。此外，执达员还应当于同一日或者最迟下一个工作日以平信将送达事宜通知当事人。二是根据《法国新民事诉讼法典》第 656 条的规定，如果没有人可以或者愿意接收送达文书副本，执达员经查询证实收件人住在送达文书所指地址，并在送达文书上记明查询事实后，可以将送达文书留置于该住所或者居所。执达员应在收件人的住所或居所留下告知收件人或其专门委托的代理人尽快到市政府去取回文书副本并出具收据或在备注栏内签字的通知，并在同一日或最迟在市政府下一次对外办公第一日，将文书副本交到市政府，由市长、市长代表或者市政府秘书在收件登记簿上载明情况并出具收据。此外，执达员应当于同一日或者最迟下一个工作日以平信将送达事宜通知当事人，平信上应当写明前述通知事项，文书副本已经交至市政府的，应当重申第 656 条的规定。

（四）美国的规定

在受送达人的住所或者居所地无法将送达文书直接交付受送达人，且在该住所或者居所内有与受送达人同住的年龄适当并且具有判断能力的人的，将应送达的文书留置于受送达人住所或者居所与受送达人同住的人，由其保管；如无人保管，将文书副本置于该住所或者居所显而易见的地方，即视为送达。美国民事诉讼法中也规定了留置送达可以适用于受送达人以外的特定人员，并且其范围相较于我国民事诉讼法而言明显宽泛，包括与受送达人同住的年龄适当并且具有判断能力的人。

（五）对德、日、法、美四国有关留置送达的比较分析

从上述四国有关留置送达的规定看出，适用留置送达的条件基本相同，也就是说受送达人拒收或者在受送达人的住所或者居所地无法将送达文书直接交付受送达人，在这一点上与我国民事诉讼法的规定基本相同。在送达主体上，日本坚持送达属于审判权内容，由裁判所为之；德国、法国以及英美法系国家则略有不同，除了法院送达以外，还包括执达官、联邦执行官甚至检察官等。而我国在送达主体上基本与日本相同，仅限于法院工作人员。另外，最为重要的区别在于，上述国家在留置送达的规定上，均没有邀请有关人员到场见证的规定。笔者认为，无论出于何种立场，送达行为都应属司法行为，司法行为的最为重要特质在于其中立性。立法者以及国民出于对司法的信任以及尊重，该司法行为应当无需任何的见证或者其他证明。

【拓展适用】

一、送达地址书面确认制度

（一）送达地址书面确认制度的内涵

根据《最高人民法院关于适用简易程序审理民事案件的若干规定》第8条规定，“人民法院按照原告提供的被告的送达地址或者其他联系方式无法通知被告应诉的，应当按以下情况分别处理：（一）原告提供了被告准确的送达地址，但人民法院无法向被告直接送达或者留置送达应诉通知书的，应当将案件转入普通程序审理；（二）原告不能提供被告准确的送达地址，人民法院经查证后仍不能确定被告送达地址的，可以被告不明确为由裁定驳回原告起诉。”第9条规定，“被告到庭后拒绝提供自己的送达地址和联系方式的，人民法院应当告知其拒不提供送达地址的后果；经人民法院告知后被告仍然拒不提供的，按下列方式处理：（一）被告是自然人的，以其户籍登记中的住所地或者经常居住地为送达地址；（二）被告是法人或者其他组织的，应当以其工商登记或者其他依法登记、备案中的住所地为送达地址。人民法院应当将上述告知的内容记入笔录。”第10条规定，“因当事人自己提供的送达地址不准确、送达地址变更未及时告知人民法院，或者当事人拒不提供自

己的送达地址而导致诉讼文书未能被当事人实际接收的，按下列方式处理：（一）邮寄送达的，以邮件回执上注明的退回之日视为送达之日；（二）直接送达的，送达人当场在送达回证上记明情况之日视为送达之日。上述内容，人民法院应当在原告起诉和被告答辩时以书面或者口头方式告知当事人。”从上述规定可见，最高人民法院首次在简易程序中提出确立当事人送达地址申报、确认以及推定送达制度。随后最高人民法院又出台《最高人民法院关于以法院专递方式邮寄送达民事诉讼文书的若干规定》，该规定第 3 条规定，“当事人起诉或者答辩时应当向人民法院提供或者确认自己准确的送达地址，并填写送达地址确认书。当事人拒绝提供的，人民法院应当告知其拒不提供送达地址的不利后果，并记入笔录。”第 5 条规定，“当事人拒绝提供自己的送达地址，经人民法院告知后仍不提供的，自然人以其户籍登记中的住所地或者经常居住地为送达地址；法人或者其他组织以其工商登记或者其他依法登记、备案中的住所地为送达地址。”第 11 条规定，“因受送达人自己提供或者确认的送达地址不准确、拒不提供送达地址、送达地址变更未及时告知人民法院、受送达人本人或者受送达人指定的代收人拒绝签收，导致诉讼文书未能被受送达人实际接收的，文书退回之日视为送达之日。受送达人能够证明自己在诉讼文书送达的过程中没有过错的，不适用前款规定。”从上述规定可见，最高人民法院进一步完善并确立了送达地址书面确认制度，将之适用范围扩展到普通程序。明确了当事人在送达中的权利与义务，使当事人承担了其本应承担的诉讼责任与风险。这一制度能够改变原告“只要把案子交到法院，法院就得给我找被告”，以及被告提供虚假地址，使得“法院找不到我，案子办不下去也没有办法”错误思想，在很大程度上能够缓解“送达难”问题。①

（二）电子送达书面确认制度

最高人民法院于 2015 年 2 月 4 日公布的《民事诉讼法解释》对送达地址相关内容作了进一步明确。《民事诉讼法解释》第 135 条第 1 款规定：“电子送达可以采用传真、电子邮件、移动通信等即时收悉的特定系统作为送达媒介”。第 136 条规定，“受送达人同意采用电子方式送达的，应当在送达地址确认书中予以确认。”虽然电子信息技术已经比较成熟和完善，但因其以到达对方系统为送达完成，而且缺乏有效的送达回执。信息系统由于可能受到硬件设备以及人为原因或病毒等因素影响，存在不能正确及时接受信息的可能性。因此，受送达人就其是否同意电子方式送达，应当在送达地址确认书中予以确认。人民法院按照当事人在送达地址确认书中写明的手机号、传真号或者电子邮箱地址发送诉讼文书的，可视为送达，除非当

---

① 江必新主编：《新民事诉讼法理解适用与实务指南》，法律出版社 2013 年版，第 329 页。

事人提供证据证明诉讼文书到达指定接收系统的日期不一致。可见，电子送达必须有严格的适用条件。第一，当事人自愿。受送达人要同意接受电子送达。大多数规定电子送达的国家都将当事人自愿作为适用电子送达的前提。如英国规定采用传真、电子邮件及其他电子方式送达的，均要以受送达人同意并且提供电子送达地址为条件。当事人自愿可以是一方当事人自愿选择，对一方当事人选择电子送达的，不影响对另一方适用其他方式送达。第二，当事人提供确切送达地址。因以数据电文到达对方系统即视为送达完成，就必须事先取得受送达人对传真号码或电子邮箱地址的有效确认证明。当事人需要提供确切的手机号码、传真号码或者电子邮箱号等等。如果当事人拒绝提供的，人民法院不应采取电子送达的方式。注意：1. 当事人没有提供送达地址或者提供的送达地址错误，人民法院穷尽各种方式也找不到受送达人，在这种情况下，即便人民法院通过其他方式如上网搜索、其他案卷中填写的地址等获得受送达人的电子邮箱、传真号等等，也不能通过电子送达方式进行送达。2. 当事人因主观原因提供的电子送达地址错误，而人民法院尽一般注意义务没有发现的，导致诉讼文书未能被受送达人实际接收的，按照《民事诉讼法解释》第 135 条①认定到达期日。3. 当事人在电子送达地址变更后未及时告知人民法院，导致诉讼文书未能被受送达人实际接收的，按照《民事诉讼法解释》第 135 条认定到达期日。4. 判决书、裁定书、调解书涉及当事人的重大实体权利和诉讼权利，民事诉讼法明确规定电子送达文书中不包括此三类文书。

对送达地址确认书，人民法院在第一审程序、第二审程序、审判监督程序或者执行程序均可以要求当事人填写。送达地址确认书的内容应当包括送达地址的邮政编码、详细地址以及受送达人的联系电话等内容。但当事人要求对送达地址确认书中的内容保密的，人民法院应当为其保密。对送达地址确认书样式，最高人民法院制作了“最高人民法院送达地址、送达方式确认书”。以申请再审程序为例，其主要内容为：你应当自收到再审申请书副本之日起十五日内提交书面意见及最高人民法院送达地址、送达方式确认书；不提交的，不影响本院审查。本院将通过审判流程信息公开平台向案件当事人及诉讼代理人公开案件进展、提供电子送达和联系法官等服务。如你在本院预留了证件号码、手机号码和送达地址，本院将以手机短信

---

① 《民事诉讼法解释》第 135 条规定：“电子送达可以采用传真、电子邮件、移动通信等即时收悉的特定系统作为送达媒介。民事诉讼法第八十七条第二款规定的到达受送达人特定系统的日期，为人民法院对应系统显示发送成功的日期，但受送达人证明到达其特定系统的日期与人民法院对应系统显示发送成功的日期不一致的，以受送达人证明到达其特定系统显示的日期为准。”

及“最高人民法院审判流程信息公开告知书”的形式向你告知查询密码和查询方式。你可凭预留的证件号码和查询密码通过中国审判流程信息公开网、手机APP客户端、最高人民法院微信、电子触摸屏等接受上述服务。如你尚未在本院预留证件号码、手机号码和送达地址，或预留的上述信息发生变更，请详细填写“最高人民法院送达地址、送达方式确认书”后寄送本院。

“最高人民法院送达地址、送达方式确认书”还设置了是否接受电子送达及其他联系方式一栏。如果当事人选择接受的，可以填写手机号码或者电子邮箱、传真号等信息，人民法院将通过电子媒介向其送达除判决书、裁定书、调解书外的诉讼文书。

此外，送达地址确认书上应当对电子送达的方式、法律后果等进行明确。包括人民法院进行电子送达的地址，以及电子送达的到达日期为人民法院对应系统显示发送成功的日期，但受送达人证明到达其特定系统的日期与人民法院对应系统显示发送成功的日期不一致的，以受送达人证明到达其特定系统的日期为准

（三）二审、申请再审、申请执行程序送达地址的确认

送达是民事诉讼程序中重要的组成部分，它不仅影响着法院审判工作的效率，也影响到当事人在诉讼中程序权利和实体权利的实现。2005年最高人民法院出台的《关于以法院专递方式邮寄送达民事诉讼文书的若干规定》，该规定第4条第3款明确，当事人在第一审、第二审和执行终结前变更送达地址的，应当及时以书面方式告知人民法院。同时，该规定第11条明确，因受送达人自己提供或者确认的送达地址变更未及时告知人民法院，导致诉讼文书未能被受送达人实际接收的，文书退回之日视为送达之日。从该规定的内容看，当事人在一审诉讼时向法院提供或确认的送达地址，在案件进入二审和执行程序后仍然是有效的，送达地址确认书的时间和空间效力可扩充至二审和执行阶段，在一个案件完整的诉讼程序终结前，当事人未申请变更送达地址的情况下，送达地址确认书应该在整个程序中均为有效。实践证明，上述规定在司法实务中可行。民事诉讼法司法解释予以了明确，即《民事诉讼法解释》第137条规定“当事人在提起上诉、申请再审、申请执行时未书面明确变更送达地址的，其在一审程序中确认的送达地址可以作为二审程序、再审程序、执行程序的送达地址。”可见，对于二审、申请再审、申请执行程序送达地址的确认，应当把握好以下几点：一是对送达地址的变更方式只能是书面的，如果当事人口头表示变更的，法院应当要求其准确填写送达地址确认书，明确变更后的地址。实践中，当事人在一审时有诉讼代理人的，送达地址往往为代理人的地址，在二审、审判监督或者执行程序中，诉讼代理人发生变化的，当事人要及时告知人民法院。人民法院在当事人尚未提供第二审程序、审判监督程序或执行程序的诉讼代

理人授权委托手续之前，送达相关文书的，应该及时与受送达人确认一审地址是否正确。二是第一审程序确认的地址可以适用第二审程序、审判监督程序、执行程序。在二审程序、审判监督程序和执行程序中，人民法院向当事人送达地址确认书之前，可以适用第一审的送达地址。对当事人寄回或者重新填写的送达地址确认书，应当适用新的送达确认书中的地址。三是二审期间当事人书面变更送达地址的，人民法院在执行程序或者审判监督程序应按照以二审期间当事人提供或确认的送达地址送达文书。四是当事人在一审时填写了电子送达方式，二审、申请再审、申诉或执行程序不能直接按照送达地址进行电子送达，仍要满足当事人同意的条件。需要注意的是，当事人在一案中提供或确认的送达地址确认书是否适用于同一时期的该当事人在其他案件中的送达。司法解释对此未做出规定，审判实践中存在不同意见。有观点认为，送达地址确认书是当事人向人民法院作出的一种承诺，即承诺该地址为有效的送达地址。具有契约性的特点，基于这种契约性，在特定的相同时期，在不同的案件当中应当均为有效。我们认为，基于法律规范性的要求，同一当事人在同一时期不同案件提供的送达地址确认书不能在其他案件中使用，只能作为人民法院确认当事人送达地址的参考。

二、无须使用送达回证的例外情形

根据《民事诉讼法》的相关规定，人民法院向当事人及其他诉讼参与人送达诉讼文书，一般情形下，应有送达回证。而在某些特殊情况下，有其他方式可以证明人民法院的送达行为的，可不制作送达回证。但该例外情形必须满足四个方面的条件：一是人民法院已依法定程序与方式进行了送达，即人民法院的送达行为已依法完成。二是人民法院无法获取送达回证，此无法获取并非送达人主观上的无法获取，而必须是穷尽各种送达手段后客观上确实无法获取的。三是法律有明确的规定。四是有其他可以证实人民法院送达行为完成的书面证明。

司法实践中，人民法院可不制作送达回证的情形主要有三种，第一，公告送达。在公告送达中，无须送达回证，公告的载体与内容是人民法院送达行为的证明，公告期间届满日为送达日。第二，邮寄送达。人民法院以邮寄方式送达，而当事人没有或拒绝寄、送回送达回证的，可以邮寄之回执作为送达之凭证，当事人签收邮件的日期为送达日期。第三，根据《民事诉讼法解释》第141条的规定，“人民法院在定期宣判时，当事人拒不签收判决书、裁定书的，应视为送达，并在宣判笔录中记明。”根据《民事诉讼法》的相关规定，判决与裁定既可当庭宣判，也可定期宣判。如果是当庭宣判的，人民法院还需要一定的时间来制作裁判文书，等待裁判文书按一定程序制作好后才可能送达当事人，让其签收。对于此种情形下的裁判文书应直接送达或采取其他送达方式，应按规定要求制作相应的送达回证。定期宣判的，宣判完毕即可要求当事人签收裁判文书，当事人同意签收的，则亦应制作相应的送达回证；在当事人拒绝签收裁判文书的情况下可不制作送达回证，但必须满足三个条件：一是仅适用于人民法院定期宣判的情形，非定期宣判的则不适用；二是当事人拒绝签收的是人民法院的判决书、裁定书。三是应当在宣判笔录中载明，法官和书记员在上述宣判笔录上签字。

三、邮寄送达的案件可否适用简易程序

案件受理后，法院以特快专递的形式送达诉讼材料。针对此类案件中事实比较清楚且被告应诉的案件是否可以适用简易程序，实践中存在两种意见。第一种意见认为：根据《最高人民法院关于适用简易程序审理民事案件的若干规定》第 8 条第 1 项规定："原告提供了被告准确的送达地址，但人民法院无法向被告直接送达或者留置送达应诉通知书的，应当将案件转入普通程序审理"。因此类案件没有通过直接送达、留置送达的方式送达应诉通知书，所以不能适用简易程序。第二种意见认为：此类案件，被告地址明确，法院通过直接送达、留置送达的方式也可以送达诉讼材料，但为了节省诉讼成本才适用邮寄送达的方式，不属于上述司法解释中所说的"无法送达"，因此可以适用简易程序。

从《最高人民法院关于适用简易程序审理民事案件的若干规定》第 8 条的规定可见，该规定是原告对被告送达地址的证明义务，明确了按照原告提供的被告的送达地址或者其他联系方式无法通知被告应诉（即无法送达）时的处理方式。只要能够采取一定方式通知被告，并且被告按时应诉的，就不影响案件适用简易程序审理。一般情况下，针对一具体案件，法院在第一次开庭前，向当事人送达相关诉讼材料（如应诉通知书、传票、合议庭组成通知书等）时，就已经确定了是采用普通程序还是简易程序。根据《最高人民法院关于适用简易程序审理民事案件的若干规定》第 2 条规定，"基层人民法院适用第一审普通程序审理的民事案件，当事人各方自愿选择适用简易程序，经人民法院审查同意的，可以适用简易程序进行审理。人民法院不得违反当事人自愿原则，将普通程序转为简易程序。"第 3 条规定，"当事人就适用简易程序提出异议，人民法院认为异议成立的，或者人民法院在审理过程中发现不宜适用简易程序的，应当将案件转入普通程序审理。"如果采用简易程序审理，以特快专递的方式送达了诉讼材料，并且被告应诉，在诉讼过程中，当事人双方均未就适用简易程序提出异议；或者虽然当事人一方或者双方提出异议，但人民法院审查后，认为异议不成立的，则可以继续适用简易程序。根据《民事诉讼法》第 157 条规定，"基层人民法院和它派出的法庭审理事实清楚、权利义务关系

明确、争议不大的简单的民事案件，适用本章规定。基层人民法院和它派出的法庭审理前款规定以外的民事案件，当事人双方也可以约定适用简易程序。”从上可知，如果已决定适用普通程序审理的案件，以特快专递的方式送达了诉讼材料，并且被告应诉后，当事人双方自愿选择适用简易程序，经人民法院审查同意的，也可以适用简易程序进行审理。所以，邮寄送达与是否可以适用简易程序并没有必然联系，关键是被告能按时到庭应诉即可。

【典型案例】

中国长城资产管理公司昆明办事处与昆明新人人海鲜酒楼有限责任公司、昆明新人人金实酒楼有限责任公司借款合同纠纷案

上诉人（原审被告）：昆明新人人海鲜酒楼有限责任公司。

法定代表人：潘福松，该公司总经理。

被上诉人（原审原告）：中国长城资产管理公司昆明办事处。

负责人：许希民，该办事处总经理。

被上诉人（原审被告）：昆明新人人金实酒楼有限责任公司。

法定代表人：潘福松，该公司总经理。

〔基本案情〕

上诉人昆明新人人海鲜酒楼有限责任公司（以下简称海鲜酒楼）为与被上诉人中国长城资产管理公司昆明办事处（以下简称长城公司昆明办事处）、昆明新人人金实酒楼有限责任公司（以下简称金实酒楼）借款合同纠纷一案，不服云南省高级人民法院（2006）云高民二初字第25－3号民事判决，向本院提起上诉。本院依法组成合议庭进行了审理，本案现已审理终结。

原审法院审理查明：1998年1月至2001年12月间，海鲜酒楼分四笔共向中国农业银行昆明市分行贷款1900万元。2001年12月31日，海鲜酒楼分两笔共向中国农业银行昆明市护国支行贷款1070万元。1999年10月12日，海鲜酒楼向中国农业银行富民县支行（以下简称富民县农行）出具《担保承诺书》一份，承诺愿为富民粤宝开发有限责任公司（以下简称粤宝公司）1997年12月23日在富民县农行贷款350万元提供担保，担保期限至2001年12月30日，如到期粤宝公司无力归还贷款，海鲜酒楼愿意代粤宝公司偿还以上贷款本息。之后，粤宝公司归还了20万元借款本金。2001年10月30日，海鲜酒楼再次向富民县农行出具《担保承诺书》一份，承诺愿意为粤宝公司向富民县农行贷款330万元的延期贷款继续提供担保，并愿承担连带责任及还款责任。

根据财政部财债字〔2000〕102号《关于印发〈金融资产管理公司有关财政财务政策的规定〉的通知》及财金〔2000〕44号《关于资产管理公司资本划转有关问题的补充通知》文件的规定，中国农业银行、中国长城资产管理公司共同下发了中长资函〔2001〕813 号《关于资本项下投资项目接收、划转的批复》及中长资发〔2003〕22 号《关于划转资本项下投资项目有关问题的通知》。根据该两份文件精神，省农行将其对海鲜酒楼享有的 3300 万元的债权本金，作为资本划转（即转让）给长城公司昆明办事处，并已获批准。2001 年 12 月 30 日，省农行、原告以及海鲜酒楼签订《协议》一份，约定省农行对被告海鲜酒楼享有的以上 3300 万元债权全部转让给长城公司昆明办事处。

2003 年 3 月 18 日，为进一步明确债务的偿还，海鲜酒楼、金实酒楼、又一村公司共同与长城公司昆明办事处签订《债务协议》一份，主要约定：海鲜酒楼、金实酒楼和又一村公司共同作为债务主体负有向长城公司昆明办事处归还全部债务的义务；贷款期限调整为六年，即 2002 年 1 月 1 日至 2007 年 12 月 31 日；偿还期限为逐年归还长城公司昆明办事处债务本金，即 2003 年归还 400 万元，2004 年归还 450 万元，2005 年归还 500 万元，2006 年归还 800 万元，2007 年归还 1150 万元。此外，该协议第九条第 3 款、第十一条第 1 款还明确长城公司昆明办事处为了确保债权安全性、收益性和流动性，有权按规定期限收回或提前收回债权本金、利息；原告、海鲜酒楼、金实酒楼、又一村公司四方中任何一方违反该协议约定的任何一款，对方均有权依法采取相应维护措施。同日，海鲜酒楼、金实酒楼、又一村公司还共同与长城公司昆明办事处签订《抵押（担保）合同》一份，约定：为保证按《债务协议》的约定履行还款义务，海鲜酒楼、金实酒楼及又一村公司愿意对所欠长城公司昆明办事处的债务承担连带保证责任，同时，海鲜酒楼自愿用坐落于昆明市环城西路 611－613 号 C 座 1－3 层 1151 平方米（产权证号：200204922 号）、昆明市环城西路 611－613 号附属楼 1151 平方米（产权证号：9803122 号）的房产设定抵押，为《债务协议》项下的债务提供抵押担保。长城公司昆明办事处、海鲜酒楼、金实酒楼及又一村公司还就《债务协议》和《抵押（担保）合同》于 2003 年 10 月 8 日到昆明市公证处办理了公证。2003 年 10 月 13 日，长城公司昆明办事处与海鲜酒楼就海鲜酒楼用于抵押的财产到昆明市房产管理局办理了抵押登记，长城公司昆明办事处还领取了登记部门颁发的昆明市房他字第 200312775 号和 200312776 号《房屋他项权证》。

因海鲜酒楼、金实酒楼和又一村公司并未按照《债务协议》的约定履行还款义务，长城公司昆明办事处又与海鲜酒楼、金实酒楼和又一村公司于 2005 年 8 月 12 日签订《补充协议》一份，约定：海鲜酒楼、金实酒楼和又一村公司对省农行所划转给长城公司昆明办事处的 3300 万元债权予以确认，并将还款期限修改为一年期，即自 2005 年 9 月 21 日起至 2006 年 9 月 20 日止，海鲜酒楼、金实酒楼及又一村公司必须在还款期限之前归还长城公司昆明办事处全部贷款本息，在约定的还款期间如海鲜酒楼、金实酒楼和又一村公司连续两个季度不能按现行贷款利率支付利息，则长城公司昆明办事处有权提前收回全部贷款本息。

2004年1月6日、2004年7月13日、2004年12月21日、2005年6月21日以及2005年12月31日，长城公司昆明办事处向海鲜酒楼、金实酒楼及又一村公司先后进行了五次催收。在长城公司昆明办事处催收期间，2005年9月21日至2005年12月21日间，海鲜酒楼共欠当季利息465465元未予以支付；2005年12月22日至2006年7月31日间应支付当季利息1119974.80元，实际支付720000元，尚欠399974.80元未付。截止2006年7月31日，被告海鲜酒楼、金实酒楼、又一村公司共欠贷款本金3300万元，利息及罚息4293247.69元，本息合计37293247.69元。因多次催收未果，长城公司昆明办事处遂诉至法院。

〔一审裁判理由与结果〕

原审法院审理认为：省农行、长城公司昆明办事处与海鲜酒楼签订的《协议》以及长城公司昆明办事处与海鲜酒楼、金实酒楼及又一村公司签订的《债务协议》、《补充协议》以及《抵押（担保）合同》系依据国家法律和相关政策的规定自愿签订，系各方当事人真实意思表示，且《抵押（担保）合同》的抵押双方也到房产登记部门办理了抵押登记，上述四份合同合法有效。在《协议》中约定的省农行向长城公司昆明办事处转让的3300万元债权，由海鲜酒楼向农行借贷的2970万元和为粤宝公司借贷的330万元担保债务组成，海鲜酒楼在签订《协议》时自愿作为债务人来偿还粤宝公司向富民县农行借贷的330万元债务，该行为并不违反国家法律和行政法规的规定，对此应予准许；在签订《债务协议》、《补充协议》时，海鲜酒楼、金实酒楼、又一村公司对上述转让的3300万元债权进行了确认，并自愿作为债务人共同偿还上述3300万元债务，该行为亦未违反国家法律和行政法规的规定，对此也应予准许。上述四份合同签订后，各方当事人均应按上述四份合同的约定，积极履行自己的义务，但海鲜酒楼、金实酒楼及又一村公司并未按双方最后签订的《补充协议》约定的最后还款期限，即在2006年9月20日前偿还3300万元的债务，亦未按季足额支付利息，其行为已构成违约，应承担相应的违约责任。长城公司昆明办事处从省农行处受让取得了本案3300万元债权，其有权向债务人海鲜酒楼、金实酒楼及又一村公司主张权利，长城公司昆明办事处在本案中放弃对又一村公司起诉，仅起诉海鲜酒楼和金实酒楼系其自主行使权利的行为，对此该院予以准许；在本案中，长城公司昆明办事处要求被告海鲜酒楼、金实酒楼承担偿还贷款本息的责任及实现其抵押权的主张有事实和法律依据，对此该院予以支持。鉴于本案合同约定的最后还款期限已届满，双方所签的《债务协议》和《补充协议》因履行期限届满已自然到期，并不存在还要解除的问题，本案中只是存在各方当事人是否按约履行以及是否有违约行为的问题，因此，长城公司昆明办事处请求解除《债务协议》及《补充协议》的主张事实上已无必要。此外，因长城公司昆明办事处未能向法庭提交其支付律师代理费用的相关证据，对其要求对方承担其为实现债权而产生的费用的主张该院不予支持。据此，该院依照《中华人民共和国民法通则》第一百零八条、

《中华人民共和国合同法》第六十条第一款、第二百零六条、第二百零七条以及《中华人民共和国担保法》第五十三条之规定，判决：一、由被告昆明新人人海鲜酒楼有限责任公司、昆明新人人金实酒楼有限责任公司于判决生效之日起十日内向原告中国长城资产管理公司昆明办事处归还借款本金3300万元，截至2006年7月31日的利息及罚息4293247.69元，本息合计37293247.69元，及2006年8月1日起至款项还清之日止的利息及罚息（利息及罚息按照中国人民银行规定的同期逾期贷款利率计付）；二、被告昆明新人人海鲜酒楼有限责任公司、昆明新人人金实酒楼有限责任公司不能偿还上述借款及利息时，原告中国长城资产管理公司昆明办事处可以被告昆明新人人海鲜酒楼有限责任公司的抵押物，即位于昆明市环城西路611－613号C座1－3层产权证号为200204922号和9803122号的房产，折价或者以拍卖、变卖该财产的价款优先受偿。三、驳回原告中国长城资产管理公司昆明办事处的其他诉讼请求。案件受理费99739.45元，财产保全费27760元，鉴定费1500元均由被告昆明新人人海鲜酒楼有限责任公司、昆明新人人金实酒楼有限责任公司共同负担。

〔当事人上诉及答辩意见〕

海鲜酒楼不服原审法院的上述民事判决，向本院提起上诉称：1. 一审判决程序违法。一审审理期间，一审法院于2007年2月28日向上诉人送达了于2007年4月2日进行证据交换，2007年4月3日开庭审理的诉讼文书，并要求上诉人将上述诉讼文书转交本案另外两被告（即昆明新人人金实酒楼有限公司、昆明新人人又一村饮食有限责任公司），在上诉人明确表示无法转交上述开庭诉讼文书后，一审法院将上述开庭文书留置上诉人处，视为对其余两被告的送达。2007年4月2日，上诉人就此向一审法院提出了书面异议，上诉人认为，原审被告金实酒楼，原审被告新人人又一村饮食有限责任公司系独立法人，有各自不同的投资主体和法人资产结构，其注册地址和经营场所均与上诉人注册地址和经营场所不一致，一审法院将诉讼文书留置上诉人处视为对其余两被告的送达，明显不当，剥夺了诉讼当事人的诉讼权利，同时也剥夺了上诉人对本案实体问题与本案其他被告相互质证，甄别的计划以及影响了裁判者对全案的审查和判断。2. 一审判决认定本案所涉及合同有效明显失当。一审法院认为省农行与上诉人和被上诉人签订的《协议》以及上诉人与被上诉人签订的《债务协议》、《补充协议》以及《抵押（担保）合同》有效，显失偏颇。2001年12月30日省农行，上诉人、被上诉人签订协议，该协议第三条约定：“如果乙、丙双方（即上诉人与长城公司）同意合作，重组公司……即有关3300万元的债权将由甲方转让给乙方。”可见，本协议系附条件的法律行为，即本协议生效的条件为上诉人与长城公司“同意合作，重组公司”。本协议在履行过程中，长城公司以上诉人支付投资利润较少为由拒绝重组上诉人，本协议即丧失了生效的条件。上诉人与被上诉人长城公司其后签订的《债务协议》、《补充协议》、《抵押（担保）合同》，应认定为无效合同。2000年11月10日，国务院《金融资产管理公司条例》第二条明确规定：金融资产管理公司，是指经国务院决定设立的收购国有银行不良贷款、管理和处置因收购国有银行不良贷款形成的资产的国有独资银行金融机构。第十条规定，金融资产管理公司在其收购的国有银行不良贷款范围内，从事业务活动，而本案所涉贷款，在原省农行时是按农行正常贷款进行管理的，按照银行贷款五级分类管理办法，该贷款不是不良贷款。长城公司受让及处置该贷款的行为系无效行为。

被上诉人长城公司昆明办事处答辩称：1. 一审法院在本案的审理过程中不存在程序违法的问题。在一审人民法院对本案进行审理的过程中，被答辩人海鲜酒楼为了达到继续占用国有资产进行经营获取经营利益的目的，故意拖延诉讼钻法律的空子，在程序上大做文章，在明知一审法院完全具有管辖权的情况下，为拖延诉讼提出管辖权异议，并在一审法院驳回其对管辖权提出的异议后，向最高人民法院提出上诉，其拖延诉讼的目的和企图由此可见一斑。就在最高人民法院同样作出驳回被答辩人海鲜酒楼管辖权异议的上诉后，被答辩人在一审法院依法向其送达开庭传票、证据交换等相关诉讼文书后，在法庭于2007年4月2日依法对本案公开开庭审理时，被答辩人及其委托代理人均无正当理由拒不到庭参加庭审。被答辩人在根本不遵守庭审时间，不尊重法庭审理的情况下，又故伎重演公然以“一审判决程序违法”，“剥夺了诉讼当事人的诉讼权利”为由请求二审法院对本案“发回重审”，可见被答辩人为达到拖延诉讼的目的已到了无以复加的地步。2. 一审判决对本案所涉合同性质的认定完全符合法律的规定并无任何不当。省农行、答辩人与被答辩人签订的《协议》以及答辩人与被答辩人签订的《债务协议》、《补充协议》以及《抵押（担保）合同》完全系各方当事人自愿签订的，系各方当事人真实的意思表示，且所签订的协议及合同的内容并不违反国家的法律和相关政策的规定，所签《抵押（担保）合同》中涉及的抵押物也依法向登记机关办理了抵押登记。因此一审法院对本案所涉四份合同，作出合法有效的认定完全符合法律的规定，根本不存在“明显失当”的问题。而被答辩人在按照《债务协议》的约定履行了向答辩人归还部分借款的银行利息后，便拒不按照债务协议的约定按期向答辩人归还借款本息，在答辩人多次催收无果的情形下，答辩人为维护自身权益免受被答辩人的继续侵害，向人民法院依法提起诉讼。因此被答辩人将其拒不按照协议约定履行支付利息致使答辩人向法院提起诉讼的违约行为，诡辩成答辩人认为其支付投资利润较少因而拒绝重组公司的无效行为，被答辩人真是为达目的已到了不择手段的地步。综上，一审判决无论在程序上还是在实体的处理上均符合法律的规定并无任何不当，被答辩人在根本未参加法庭对案件进行实体审理的情况下，为达其非法目的提出的上诉请求及事实和理由根本不能成立，为此答辩人请求二审人民法院在查明事实的基础上，依法驳回被答辩人的上诉请求，维持一审法院客观公正的判决。

被上诉人金实酒楼未予答辩。

〔最高人民法院查明的事实〕

最高人民法院查明的事实与原审法院查明的事实基本一致。

〔最高人民法院裁判理由与结果〕

最高人民法院认为：海鲜酒楼与金实酒楼的法定代表人为同一人，两个公司法定代表人的法定职权与义务基本相同。因此，原审法院通过向海鲜酒楼送达开庭传票等法律文书后转交金实酒楼或者留置送达，并不影响当事人的诉讼权利，更未造成当事人实体权利的损害，上诉人关于"审判程序违法"的上诉理由不能成立，本院予以驳回。

云南省农行、长城公司昆明办事处与海鲜酒楼签订的《协议》、长城公司昆明办事处与海鲜酒楼、金实酒楼签订的《债务协议》、《补充协议》和《抵押合同》是各方当事人真实意思表示，对转让的3300万元债权进行了确认，海鲜酒楼、金实酒楼共同承诺偿还上述债务。同时，根据《抵押合同》办理了抵押登记。上述合同符合我国法律法规的规定，内容合法有效，本院予以确认。上述四份合同成立生效后，海鲜酒楼、金实酒楼并未按照双方最后签订的《补充协议》约定的还款期限偿还债务、支付利息，其已构成违约，应当承担违约责任。长城公司昆明办事处有权向债务人海鲜酒楼、金实酒楼主张权利，其请求海鲜酒楼、金实酒楼承担偿还贷款本息的责任和实现抵押权的主张，本院予以支持。海鲜酒楼上诉请求没有事实根据和法律依据，本院予以驳回。原审判决认定事实清楚，适用法律正确，本院根据《中华人民共和国民事诉讼法》第一百五十三条①第一款第（一）项的规定，判决如下：

驳回上诉，维持原判。

二审案件受理费99739.45元由昆明新人人海鲜酒楼有限责任公司负担。

本判决为终审判决。

---

① 对应2012年《民事诉讼法》第170条。

中国法制出版社重点套书征订单
《最高人民法院指导性案例裁判规则理解与适用系列》

江必新　何东宁 等著

《最高人民法院指导性案例裁判规则理解与适用系列》由最高人民法院法官为主撰写，是市面第一次对指导性案例进行最为全面、深入和系统化的分析研究！已出版担保卷、公司卷、公司卷二、合同卷一、合同卷二、合同卷三、合同卷四、劳动争议卷、婚姻家庭卷、房地产卷、侵权赔偿卷一、侵权赔偿卷二、民事诉讼卷、物权卷 14 卷，证据卷等后续分册将陆续推出！

该丛书突破了传统案例类图书的写作模式，采取【裁判规则】、【规则理解】、【拓展适用】、【典型案例】的体例，对指导性案例所形成的裁判规则，进行了深入的理解与适用。

该丛书所归纳的裁判规则弥补了法律和司法解释的不足，并以超越个案审判的视野，对这些规则予以充分阐释，有助于法官等理清裁判思路，统一裁判标准。同时，对相关理论问题进行了系统梳理和深入探讨，拓宽法官、检察官、律师等法律工作者发现问题、解决问题的路径。

本丛书具有很强的指导性、实用性和权威性，适合全国各级法院审判人员及其他法律工作人员使用。

以上图书现由中国法制出版社发行，全国各大书店和当当、亚马逊、京东等网络书店均有售，欢迎订购！

书　名	书　号	定　价	订购册数
最高人民法院指导性案例裁判规则理解与适用·公司卷（第二版）（上下册）	978－7－5093－5922－8	139 元	
最高人民法院指导性案例裁判规则理解与适用·公司卷二	978－7－5093－7621－8	98 元	
最高人民法院指导性案例裁判规则理解与适用·民事诉讼卷（第二版）（上下册）	978－7－5093－8039－0	145 元	
最高人民法院指导性案例裁判规则理解与适用·侵权赔偿卷一	978－7－5093－5444－5	69 元	
最高人民法院指导性案例裁判规则理解与适用·侵权赔偿卷二	978－7－5093－5403－2	69 元	
最高人民法院指导性案例裁判规则理解与适用·劳动争议卷	978－7－5093－4395－1	58 元	

书　名	书　号	定　价	订购册数
最高人民法院指导性案例裁判规则理解与适用·婚姻家庭卷	978－7－5093－4394－4	50元	
最高人民法院指导性案例裁判规则理解与适用·房地产卷	978－7－5093－4393－7	98元	
最高人民法院指导性案例裁判规则理解与适用·担保卷（第二版）（上下册）	978－7－5093－8063－5	139元	
最高人民法院指导性案例裁判规则理解与适用·合同卷一（合同原则、履行、解除、违约责任）	978－7－5093－3806－3	98元	
最高人民法院指导性案例裁判规则理解与适用·合同卷二（合同订立、效力、解释、变更与转让、时效、管辖）	978－7－5093－3805－6	98元	
最高人民法院指导性案例裁判规则理解与适用·合同卷三（旅行合同、转让合同、居间合同、保兑仓合同、委托合同、借款合同、合同欺诈等）	978－7－5093－6742－1	98元	
最高人民法院指导性案例裁判规则理解与适用·合同卷四（预约合同、点击合同、买卖合同、拍卖合同、承揽合同、服务合同、银行卡等）	978－7－5093－6687－5	98元	
最高人民法院指导性案例裁判规则理解与适用·物权卷	978－7－5093－7290－6	88元	
总额和汇款方式			
发票抬头			
联系人和电话			
联系地址	（请注明邮编）		

中国法制出版社联系方式：

市场营销部　贺　纬，电话：010－66062752
市场营销部　袁诗媛，电话：010－66026747
传真：010－66031119
信汇：开户行：兴业银行北京西单支行，行号：309100003157
账号：321060100100008712，户名：中国法制出版社
邮汇：地址：北京市西单横二条2号（华恒大厦5层），邮编：100031
收款人：中国法制出版社